eene plaats van grooten omvang

Eerste druk oktober 1976, tweede druk december 1976.

IJmuiden, 13 Dec. Sedert eenige dagen is men bezig met de verlaging van het Zuiderhoofd van het
Kanaal, over eene lengte van p. m. 2500 M. Het
ongunstige weder in aanmerking genomen, gaat
het werk der uitbaggering van buitenhaven en
kanaal vrij geregeld voort. Op de beide vuurtorens zijn de lichtkappen reeds gedeeltelijk geplaatst. De aan het strand staande toren is met
roode en witte banden geschilderd. Van de landzijde gezien, leveren de torens een verrassend gezicht op en doen, met de omgeving, aan *eene
plaats van grooten omvang* denken. (Rott.N.).

(Algemeen Handelsblad 15 december 1878).

inhoud

7   moeizame ouverture

het verhaal van de amsterdamse koopman 1865

23   mensen en modder

het verhaal van de polderwerker 1865–1876

59   het woelige westen

het verhaal van de telegrafist 1876–1913

117   oorlog en crisis

het verhaal van de 'vrijgestelde' 1914–1945

179   vrede en wederopbouw

het verhaal van de vroedvrouw 1945–1976

220   geraadpleegde bronnen

221   verantwoording afbeeldingen

224   register

232   naschrift van de uitgever

NEGOTIATIE
Amsterdamsche Kanaal-Maatschappij.

DOORGRAVING VAN HOLLAND OP ZIJN SMALST,

TER DAARSTELLING EENER REGTSTREEKSCHE GEMEENSCHAP TUSSCHEN DE NOORD- EN ZUIDERZEE, IN VERBAND MET DE GROOTE SCHEEPVAARTBELANGEN VAN AMSTERDAM EN VAN GEHEEL NEDERLAND.

CONCESSIE, verleend door Z. M. DEN KONING, voor 99 Jaren,
BEKRACHTIGD BIJ DE WET VAN 21 JANUARIJ 1863.

Kapitaal . . . . *f* **18,000,000.**
Subsidie der Stad Amsterdam » **3,000,000.**

Aandeelen groot f 1000, f 500, f 100.
GUARANTIE VAN DEN STAAT

VAN **Vier en een half pCt.** GEDURENDE DE CONSTRUCTIE, TOT EEN MAXIMUM VAN DRIE MILLIOEN GULDEN, EN GEDURENDE EEN TIJDVAK VAN VIJFTIG JAREN NA DE VOLTOOIING VAN HET KANAAL VAN **Vier en een half pCt.** OVER EEN KAPITAAL VAN *f* **15,000,000.**

KOSTELOOZE AFSTAND VAN STAATS-DOMEIN, VOOR ZOOVEEL DE ONDERNEMING BEHOEFT.

LANDAANWINNING van 6000 BUNDERS.

Eere-Voorzitter:
ZIJNE KONINKLIJKE HOOGHEID: DE PRINS VAN ORANJE.

Algemeen Comité:
DE HEEREN.

J. G. JÄGER, Lid van den Raad van Amsterdam.
J. BOELEN, Lid der Provinciale Staten van Noord-Holland en van de Kamer van Koophandel en Fabrieken van Amsterdam.
J. E. BONNIKE, Lid der Provinciale Staten van Noord-Holland, Commissaris der Nederlandsche Bank.
J. J. A. SANTHAGENS, Ridder van de orde van den Nederlandschen Leeuw, Lid der Provinciale Staten van Noord-Holland.
J. C. VAN WESSEM, Ridder der orde van den Nederlandschen Leeuw, Lid van de Eerste Kamer der Staten-Generaal, te Zaandam.
Cu. LE CHEVALIER, Ridder der orde van den Nederlandschen Leeuw, Lid van de Kamer van Koophandel en

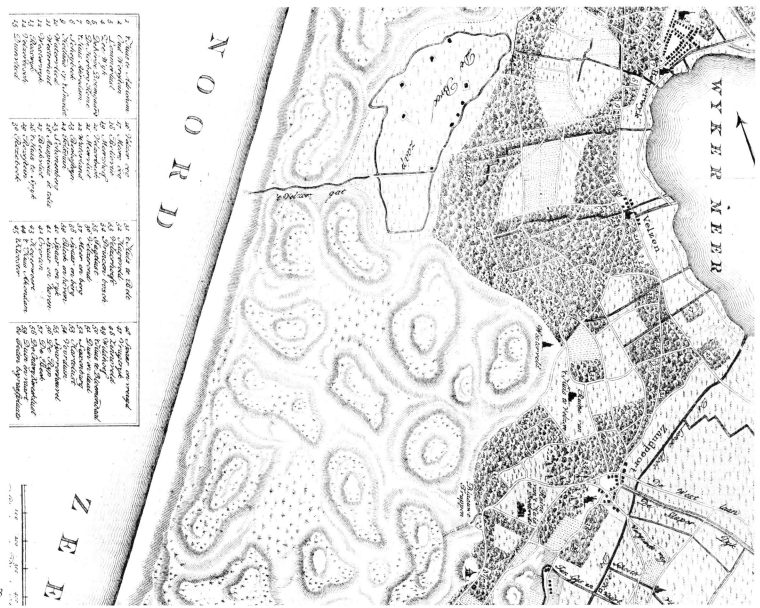

1.
De haven van Amsterdam in 1780. Een
schip, dat door middel van een
scheepskameel over de ondiepte bij Pampus
is gesleept, loopt binnen.
2.
Annonce *Algemeen Handelsblad* 13 maart
1863.
3.
'Kaart van de Omstreeken der stad
Haarlem van de Beverwijk tot Hillegom.
door Gt. van der Paauw Az.' Haarlem,
1805.
4.
Annonce *Algemeen Handelsblad* 13 februari
1863.

moeizame ouverture

het verhaal van de amsterdamse koopman 1865

AMSTERDAMSCHE
KANAAL - MAATSCHAPPIJ.
Verkiezing van Directeuren en Commissarissen.

Ingeleverd 579 billetten, te zamen uitbrengende 2037
stemmen.
Van onwaarde:
Voor de verkiezing van Directeuren : 6 billetten,
te zamen 30 stemmen.
Voor de verkiezing van Commissarissen : 41 bil-
letten, te zamen 142 stemmen.
Volstrekte meerderheid:
Voor Directeuren : .... 1004 stemmen.
Voor Commissarissen:........................... 948 "

GEKOZEN tot DIRECTEUREN:
de Heeren:
S. W. JOSEPHUS JITTA,........ met 1675 stemmen.
J. BOELEN J.Rz.,..................... " 1420 "
H. A. INSINGER,..................... " 1362 "
C. A. E. VAN DEN HONERT, " 1221 "
W. F. HESHUYSEN,................. " 1211 "
Na hen hebben de meeste stemmen verkregen: de Heeren
Mr. J. HEEMSKERK AZN............. 736 stemmen.
P. N. MULLER........................ 693 "
Mr. E. N. RAHUSEN................. 691 "
J. G. JÄGER.......................... 635 "
De overige stemmen waren op verschillende personen
verdeeld.

GEKOZEN tot COMMISSARISSEN:
de Heeren:
J. E. BONNIKE,........................ met 1587 stemmen.
C. F. QUIEN,......................... " 1397 "
J. BOELEN,.......................... " 1280 "
J. VAN EEGHEN,..................... " 1266 "
F. VAN HEUKELOM,................. " 1102 "
J. F. BROMS,......................... " 1099 "
F. W. HEPNER,...................... " 1032 "
L. A. BIENFAIT,...................... " 951 "
Na hen hebben de meeste stemmen verkregen: de Heeren
J. BUNGE............................. 841 stemmen.
W. H. DE HEUS....................... 837 "
J. C. ZIMMERMAN................... 832 "
H. LUDEN.............................. 771 "
PAUL C. VAN VLISSINGEN........... 743 "
JOAN MULLER........................ 632 "
C. P. VAN EEGHEN.................. 626 "
H. J. BLOEMEN....................... 551 "
A. F. INSINGER....................... 518 "
F. C. JASKI.......................... 494 "
J. R. SCHOLTEN...................... 473 "
AUG. J. M. HENDRICHS............. 445 "
J. P. DUDOK VAN HEEL............. 424 "
F. WÜSTE.............................. 395 "
De overige stemmen waren op verschillende personen
verdeeld.
Het Proces-Verbaal ligt ter visie van HH. Aandeelhou-
ders Donderdag en Vrijdag, den 16 en 17 Februarij e. k.,
van 's morgens 10 tot 2 ure, ten kantore van den Notaris
CLAASEN, Oude Turfmarkt, alhier.
Namens het Bureau van Stemopneming :
C. F. QUIEN.
J. VAN EEGHEN.
J. F. BROMS.
TH. EGIDIUS.

8

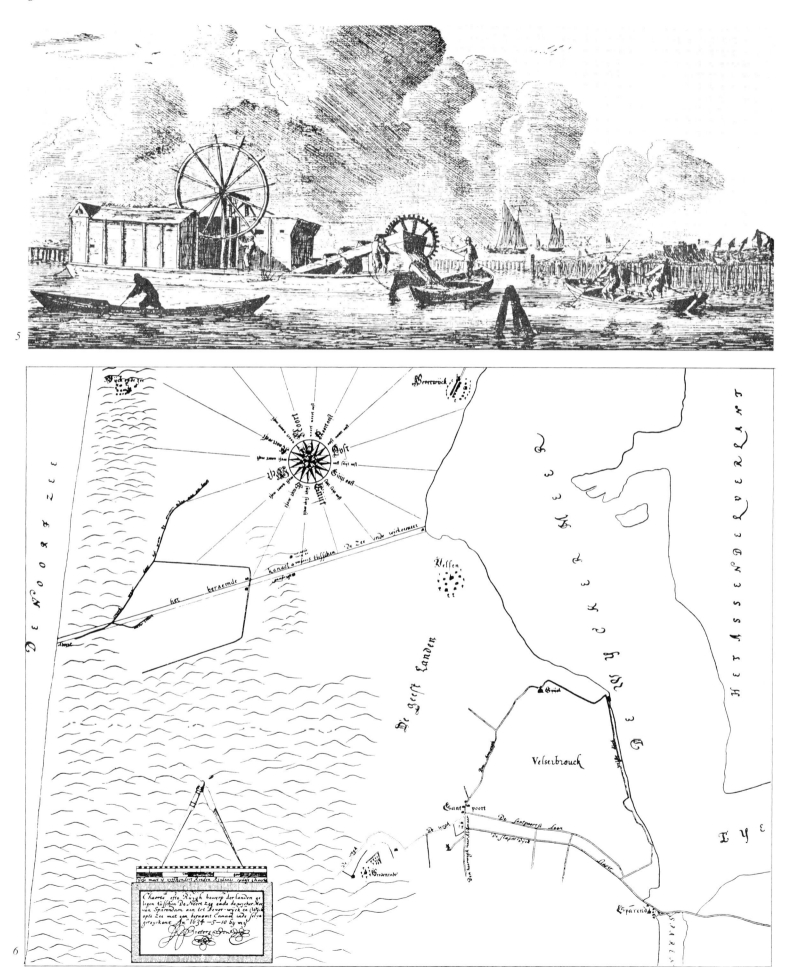

5.
Al vroeg werd Amsterdam geconfronteerd met het probleem van het dichtslibben van zijn haven. Op deze zeventiende-eeuwse prent zien we het gebruik van een moddermolen, waarmee getracht wordt de haven op diepte te houden.

6.
Het eerste plan tot doorgraving van Holland op zijn Smalst ontsproot ca 1629 aan het brein van Jan Pietersz. Dou, landmeter bij het Hoogheemraadschap Rijnland. Zijn ontwerp was niet bedoeld om de toegankelijkheid tot Amsterdam te vergroten, maar beoogde de verbetering van de afwatering van Rijnland.

7.
Titelpagina van Christiaan Brunings *Twee verhandelingen.* Haarlem, 1772.

8.
Teneinde de vaarroute door de Zuiderzee en daarmee de ondiepte bij Pampus te vermijden, zocht Amsterdam naar een nieuwe uitweg. Dat werd het in 1824 voltooide Groot Noordhollandsch Kanaal. Doordat grote stukken van bestaande waterwegen en delen van ringvaarten van de droogmakerijen in het tracé waren opgenomen, werd het lange, bochtige kanaal spoedig te smal voor grotere schepen.
Een prachtig beeld van het kanaal geeft deze prent van een doorijzing van enige koopvaardijschepen bij Purmerend op 9 januari 1830.

8

T W E E
VERHANDELINGEN
OVER DE
VERBETERING DER ONTLASTINGE
V A N
RHYNLANDS
BOEZEM · WATER;
EN HET PROJECT DER
DOORGRAAVINGE
UIT HET
WYKER - MEIR
NAA DE
NOORD - ZEE.

Nescio qua natale solum dulcedine cunctos
Ducit & immemores non sinit esse sui.
OVID.

TE HAARLEM,
BY J. BOSCH, 1772.

7

. . . Laat ik het zonder omwegen zeggen: er komt een einde aan de ellende van onze Amsterdamse kooplieden. *Wij krijgen een weg naar zee.*
Als ik terugkijk op al die jaren van modderen – en modderen is het woord – die wij hebben gesleten om onze handel en onze krijgsvloot een verbinding met de wereldzeeën te bezorgen, dan sla ik mijn handen ineen: Waarom zijn wij niet vroeger begonnen met dit kanaal? Waarom hebben wij tonnen uitgegeven aan dat geploeter over de Zuiderzee, met al die banken en ondiepten, aan dat baggerwerk, aan het slaan van kribben en waterkeringen aan ons IJ, terwijl het slib met bakken onze hoofdstad binnenspoelde en bij de punt van Den Helder bij tijd en wijle honderden schepen op goed tij wachtten om hun ladingen in de stad te brengen..?
Ik hoor nog het gejeremieer van degenen die par force op die Zuiderzeeroute bleven staan. Die dure en omslachtige en miserabele weg, waarbij vooral het oostelijk IJ niet mocht worden afgesloten.
Ik prijs mijn eigen gezond verstand omdat ik steeds voor de kortste weg ben geweest: pal naar het westen, door de duinen, naar zee. Met de vorming van een grote IJ-polder, met spuigangen voor Rijn- en Amstelland – en bovenal met ruimte om forse schuiten door te laten. En let op mijn woorden: die schuiten zullen nog forser worden. Nu moet men niet geloven dat ik zo ongeveer de uitvinder ben van dat kanaalplan, al borrelt mijn geestdrift over. Ik heb mij er terdege rekenschap van gegeven dat er lang voor mij – en tot aan mijn eigen dagen toe – mannen geweest zijn die het IJ en de Noordzee wilden koppelen. Is het niet merkwaardig? Er zijn steeds twee soorten Hollanders geweest: sommigen die naar het stoutmoedige grepen, anderen die bang waren voor elke verandering, elk waagstuk. En van de tweede soort hebben wij, handelslui, meestal alleen maar last.
Bij die stoutmoedigen reken ik de waterbouwkundige Jan Pietersz. Dou, die al in 1634 met het ontwerp kwam voor een afwateringskanaal voor Rijnland, zoals dat toen heette; van de Wijkermeer zou het naar zee lopen. Christiaan Brunings kwam in 1772 met een soortgelijk denkbeeld, dat hij in twee verhandelingen vastlegde, maar de Amsterdammers wilden er niet aan . . . alweer om die afdamming van het oostelijk IJ! In 1824 kregen we het door-

Wyl ik Mevrouw met lust uw zyde zie bekleeden,

In uwe bofschen treedt, en door uw laanen fpoeit,

Of rust zoekt onder 't loof wanneer ge zyt vermoeid;

Verwaardig u 't gefpeel der veldfluit, zagt van toonen,

Te vangen, als gy wilt haar zwak geluid verfchoonen.

'T gewest, daar al wat leeft op 't vrolykst adem haalt,

Daar Hollands fmalste ftreek alleenig zich bepaalt

In weinig lands, maar land, zo vol bekoorlykheden

Als oit een fterveling gelukkig mag betreden,

Daar, fchoon de noordzee dryft zyn golven naar het ftrand,

9 En vindt zyn fchuimend zout te rug gekaatst van 't zand

W. van *Appingedam*, kant. en 1 u. Z. O. van *Onderdendam*, gem.
en ½ u. Z. van *Middelstum*, 20 min. Z. van *Westerwytwert*, waartoe
het behoort.

Het bestaat uit 5 boerderijen, met lage kleilanden, bewoond door
ruim 30 zielen.

BREEKENWEG, weg in *Hunsingo*, prov. *Groningen*, loopende regt
noordwaarts van het d. Leens naar den Zeedijk, liggende het geh.
Grijssloot een weinig ten O. van dezen weg.

BREEMBANG, oud d. in *Oost-Indië*, op het *Sundasche* eil. *Java*,
resid. *Kediri*.

BREEMBROEK, heideveld in *Zalland*, prov. *Overijssel*, gedeeltelijk
gem. en Z. W. van *Hellendoorn*, gedeeltelijk gem. en Z. O. van
Raalte, ten N. van den Haarlerdijk, die het van het Heiterveld
scheidt.

BREEMBROEKSHOEK, geh. in *Zalland*, prov. *Overijssel*, arr. en
3¼ u. N. N. O. van *Deventer*, kant., gem. en ¾ u. O. ten Z. van
Raalte. Het maakt een gedeelte uit van het buurs. *Tijenraan*. Men
telt er 14 h. en 70 inw.

BREEMEER, meertje in het dingspil *Zuideveld*, prov. *Drenthe*, ¾ u.
W. van Odoorn.

BREEN (DE), buurtje in het *Land van Overmaze*, prov. *Limburg*,
arr. en 2½ u. O. N. O. van *Maastricht*, kant. en 2½ u. W. van
Heerlen, gem. en 5 min. O. van *Klimmen*.

BREENHORST, hav. in *Zalland*, prov. *Overijssel*. Zie BREEDENHORST.

BREESAAP of BREEZAAP, geh. in het balj. van *Brederode*, prov.
Noord-Holland, arr. en 2 u. N. ten O. van *Haarlem*, kant. en ¾ u.
W. ten Z. van *Beverwijk*, gem. en ½ u. W. van *Velzen*.

Het is eene duinvallei, ter grootte van 243 bund. 60 v. r. 71 v. ell.,
die vóór meer dan honderd jaren voor een gedeelte ontgonnen, door
eene ringsloot, op zee afloozende, omgeven, en met 7 boerenwoningen
bezet is.

Sedert het jaar 1836 is de tegenwoordige eigenaar, JACOBUS STUART,
bezig, met deze vallei verder te ontginnen, tot landbouw te brengen
en daarop de nieuwe stelsels van landbouw en landhuishoudkunde toe te
passen. Thans (1840) zijn er reeds twaalf landbouwers gevestigd, meestal
Gelderschen en Pruissen van geboorte, wier huisgezinnen te zamen 120
à 130 zielen tellen, terwijl de veestapel bestaat uit 40 paarden, 200
stuks rundvee en 250 à 300 schapen, die alle hun voedsel enkel van
dezen grond krijgen, en bij aanfokking, ook genoegzame mest zullen
opleveren, om bij voortduring de landerijen in kracht te houden.

D	2	1	dito		+	7	3	8
	5	4			/	22	2	12
			N:202 t'huys holland op t'Smalst	+ / 1:13:-			
C	2	3	t'bos om en by t'zelve	+	10	13	12
C	1	1	de Ninkelroft van Velse	+	4	19	+
D	1	2	de Croft van Corver	+	4	8	6
	5				/	20	1	2

9.
Fragment uit Philip Zweerts *Scheibeek, en Mengelpoëzy*. Amsterdam, 1759.
10.
Prent van de herberg Holland op 't Smalst, gelegen aan de Schulpweg bij Scheijbeeck, omstreeks 1700. De herberg ontleende zijn naam aan de landengte tussen het Wijkermeer en de Noordzee.
11.
Fragment uit A.J. van der Aa *Aardrijkskundig Woordenboek der Nederlanden*. Gorinchem, 1840.
12.
Fragment uit het verpondingsregister van Velsen, aangelegd ca 1751. Mevrouw Anna Elisabeth Geelvink, weduwe van de heer Jean Lucas Pels, heer van Hooglande, was toen de eigenares van 't huys holland op t Smalst'.
13.
De hofstede Boschlust in het noordelijk deel van de Breesaap.

13

gravingsplan van Goudriaan en Mentz, eigenlijk een uitvloeisel van hun idee om de 'opslibbing' van de Amsterdamse haven te stoppen door – alweer – het IJ aan de kant van het Pampus af te dammen. En aldoor verhieven zich de kreten van de behoudzuchtigen, die er maar niet aan wilden dat men radicale middelen moest gebruiken. Daar was dan nog dat afdammingsplan in de Franse tijd van de inspecteur van waterstaat, J. Blanken Janszoon, waar zelfs Napoleon zich voor geïnteresseerd heeft, tot die zijn adelaars wel begraven kon. Maar wij hadden vlak daarop in Nederland een vorstelijke ondernemer, een stugge zakenman, een doordrijver als men dat wil. Dat was koning Willem I. Thorbecke heeft voor kort bij de kamerdebatten over de hele kanaalkwestie nog eens onthuld, hoe Willem I destijds de grootste sympathie had voor het plan-Blanken, en op de kaart van Noord-Holland een stevige potloodstreep zette, recht vanuit het IJ door de duinen: 'Graaf daar uw kanaal!'
Nu zeggen de eeuwige bezwaarders dat er nooit enig bewijs is gevonden voor die potloodstreep waar Thorbecke van sprak, en hun opvatting schijnt bevestigd te worden door het feit, dat Wil-

lem I al gauw een andere uitweg voor Amsterdam meende te zien. De oorlogshaven te Nieuwe Diep moest verbeterd en vergroot worden. De handel begon de wieken uit te slaan. Als men – alweer volgens Blanken – een kanaal trok van Amsterdam door de Hollandse boezemwateren naar Nieuwe Diep, zou de hoofdstad geholpen zijn. De miljoenenlening voor de aanleg slaagde; in 1818 begon men te graven; in 1825 opende de koning het Groot Noordhollandsch Kanaal. In Amsterdam was men er wijs mee, alhoewel ik mijn vader heb horen zeggen dat er bij menig Amsterdammer toch een flink stuk angst zat voor een mogelijk groeiende concurrentie van Den Helder.
Van die concurrentie is niet veel terechtgekomen. En het kanaal, een voor zijn tijd respectabel reuzenwerk, heeft ook zijn diensten gedaan, helaas al niet meer in mijn dagen. Amsterdam kwam aan zee, zij het dat die reis over het kanaal drie etmalen duurde; de schepen werden immers met jaagpaarden getrokken... Later kwamen er ook stoomsleepboten, dat is waar; dan deed men twaalf tot twintig uur over in- en uitlopen. Maar dat in- en uitlopen werd al moeilijker, want de sche-

pen namen in omvang en diepgang toe. En zelfs het Groot Noordhollandsch Kanaal verloste ons niet van het ellendig gesleep over de Zuiderzee, van die eeuwenoude 'scheepskamelen' – Meeuwis Meindertsz. Bakker vond ze in 1690 uit – die de schepen over de banken tilden, de zeilende Marker waterschepen die de lichters vlottende hielden, van al wat men nog meer verzonnen heeft om die loodzware scheepsgang tussen Friese en Medemblikse Vlaak en hoe die zandplaten verder mogen heten, te vergemakkelijken. Amsterdam zat klem en niet elke koopman, helaas, besefte dat! Bij mijn generatie rees de nieuwe zorg of wij zouden kunnen blijven meedoen. Havens verloren hun stapelfunctie en werden transito-punten: en dat moest snel gaan, met het minste verlies aan tijd en geld.
Wij zagen hoe in het buitenland grote scheepvaartlijnen ontstonden. Er ontwikkelde zich een wilde vaart in erts, steenkool, graan. In Californië werd goud ontdekt, evenzo aan de Kaap, in Zuid-Amerika en Australië. Wij wilden zaken doen – met alles en iedereen, als we maar konden. De zeilschepen vielen allengs uit de vaart, de raderboot kwam... en de raderboten kon-

14

15

14.
De in cultuur gebrachte duinvlakte van de Breesaap. Het rechthoekige verkavelingspatroon is duidelijk te herkennen.

15.
Een van de zeer oude stolpboerderijen op de rand van de Breesaap was de Kralenberg. Het was van oudsher pachthoeve van Velserbosch. In 1919 werd Hoogovens de laatste eigenaar.

16.
Fragment uit de Cassa Breesaap 1851–1860, het register van inkomsten en uitgaven van de heren Bik en Arnold.

Het land Breesaap.					
Namen der Heurders.	Namen der Boerderyen.	Morgen	Roeden	Huurprys 1856.	
van der Kolk	Weltevreden	23	72	510	—
P. Gerrits	Middenhoven	31	24	520	70
A. Schorel	Schapenlust	23	58	449	—
Patels	Breesaap-Oost	19	38	404	44
Schermer	Maria-hof	23	373	530	—
Ch.t Gerrits	Werklust	4	190	189	—
Brinkman	Kalkoven	19	346	591	—
Jan Mooi	Breesaap-West	24	144	500	—
F. Braam	Paltzerhof	18	457	200	—
Ch.t Warmenhoven	Noord-Duin			185	—
Jaap Eek					

den niet door het Groot Noordhollandsch Kanaal!

De hele Amsterdamse haven moest vernieuwd worden, anders zouden we de buitenlandse vaart verliezen. De reis moest versneld worden. Het idee van de kortste weg – dat, wat men de doorgraving noemt van Holland op zijn Smalst – leefde op. Ik herinner me de geruchtmakende brochure van Faddegon en Kloppenburg met een lange titel – ze wilden de hele Zuiderzee bedijken en droogleggen, ze wilden kanalen vanaf de IJssel bij Arnhem langs Amsterdam tot in de Noordzee. Het waren geen ingenieurs en ze gaven ook niet aan hoe men al die kunstwerken zou moeten maken . . . maar ze woelden ideeën op! Het was 1848, een jaar van revoluties. Ook bij ons op de Dam had het gerommeld, er was volksbeweging, zij het niet van lange duur; een beweging waarvan ik niet houd. Maar er kwam ook beweging in de geesten. In hetzelfde revolutiejaar lazen wij in Potgieters *Gids* een dol en fantastisch stuk, 'Een uitstapje naar IJ-Muiden'. Het was van de hand van mr S. Vissering, jurist, staathuishoudkundige, literator, econoom, net als ik een volbloed Thorbeckiaan (hij heeft Thorbecke later aan de Leidse universiteit

opgevolgd); en hij had kennelijk ook de brochure van Faddegon en Kloppenburg goed gelezen, want hij kwam voor de dag met een soort wetenschappelijke fantasie: te weten hoe zich vanuit het IJ door de duinen een machtig kanaal zou stuwen, aan de zee-mond omgord door een nieuwe havenstad, die hij derhalve IJ-Muiden genoemd had, een stad met spoorwegen en scheepvaart, een burcht voor de handel, de industrie en het toerisme, waarbij er ten overvloede een IJ-polder zou ontstaan die de Haarlemmermeer in vruchtbaarheid en welvaart verre zou overvleugelen . . .

Om dat stuk is gelachen, men vond het goed geschreven en kostelijk verzonnen, en voor de rest – een fantasie. Wetenschappelijke fantasie, heb ik het genoemd. Ik ben blij te kunnen zeggen dat ik bij de Amsterdamse groep behoor – en altijd behoord heb – die wel wat aandurft; en zou een kanaal, een stad, een spoorweg aan een eventuele mond van het IJ nu werkelijk zo dol zijn? Waren het geen haalbare realiteiten?

Wij hebben gelijk gekregen!

Maar dat gelijk heeft wat voeten in de aarde gehad. Daar zijn reputaties bij opgekomen en geknauwd. Daar is

voor gestreden, daar zijn nederlagen bij geleden en overwinningen geboekt . . . En dan zegt men dat de koopman, deze kruidenier en krententeller, zo'n dof en saai bestaan leidt. Men had ze mee moeten maken in Amsterdam, die jaren '50 tot '65 . . ! Ons kooplui werd ziel en gemoed door duizend tegenstrijdigheden bestormd en door elkaar geschud. Pennen en drukpersen hebben geijverd, redenaars zijn er hees bij geworden, voor wij dit jaar hebben bereikt – dat ik noemen wil *het jaar van het moedig begin*.

Laat ik mijn best doen te vertellen hoe het zover gekomen is.

Daarbij moet ik eerst de naam van Froger noemen. Willem Anthony Froger, nazaat van Hugenootse inkomelingen; een wiskundig genie, als jong officier al leraar op dezelfde militaire academie waar hij was opgeleid. Maar het ging hem niet om militaire glorie, al heeft hij in de Tiendaagse Veldtocht braaf tegen de Belgen gevochten. Zijn ware kunst bestond in de mechanica, in bouwkunde en vestingbouwkunde; en dat laatste bracht hem in conflict met 's lands regering, omdat hij met kracht had geprotesteerd tegen de afbraak van de (inderdaad dure) vestingen aan onze zuidgrens. Froger nam zijn straf-

17

Reeds is bij de boekhandelaars J. H. en G. van Heteren alhier, een vliegend blaadje verschenen, dat heden avond alom voor 2 cents langs de met vlaggen versierde straten en grachten der stad wordt verspreid. Dat blaadje, waarin de voordeelen der doorgraving in populairen stijl worden uiteengezet, wordt besloten met een lied, waaruit wij de volgende regels overnemen:

18

> Brengt nu de schatten bij elkaâr, hoezee!
> 't Wacht nu op de millioenen maar, hoezee!
> 't Zij rijk of arm, een elk draag bij,
> De winst die vindt Gij in het Y,
> In handel, koopvaardij! (bis)

19

AMSTERDAM, 24 Januarij.

Door den direkteur van het kabinet des Konings is HEDEN per telegraaf aan den burgemeester dezer stad bekend gemaakt, dat Z. M. de Koning HEDEN reeds "MET GENOEGEN" de wet tot verbetering der waterwegen van Amsterdam en Rotterdam naar de Noordzee, bekrachtigd heeft. *Amsterfor 25/26 Jan 1863* 20

Uit Velzen schrijft men ons van gisteren:
"In de afgeloopen week hebben chefs van het technisch gedeelte der kanaal-onderneming het terrein der doorgraving hier en in de omstreken opgenomen; ook worden bereids, door meer ondergeschikte beambten, de noodige opmetingen gedaan voor het definitieve plan van dit grootsche werk, dat in deze streken eene ongekende welvaart zal verspreiden." *Amstfor 29 Febr 1863* 21

Ingezonden.

De doorgraving van Holland op zijn smalst.

Het jaar 1863, heugelijk voor Hollands doorgraving, staat in een eigenaardig verband met de namen van personen en korporatiën, enz., die tot de verwezenlijking van dit grootsche denkbeeld medewerkten, zoo als blijkt uit de onderstaande cijfers.

Het jaartal 1863 is zamengesteld uit de cijfers

$$\begin{array}{r}1\\8\\6\\3\\\hline\end{array}$$

De som dier cijfers is $\overline{18}$

De som der letters van de volgende namen geven hetzelfde getal, als:

Z. M. Koning Willem drie............... heeft 18 letters.
Holland op zijn smalst...................... " 18 "
Johan Gottlieb Jäger...................... " 18 "
Voorhaven Wijk aan Zee................ " 18 "
Hoofdstad Amsterdam.................... " 18 "

Het produkt der cijfers van gemeld jaartal of
$$1 \times 8 \times 6 \times 3 = 144$$
$$144 = 8 \times 18$$

De som der letters van de namen der personen en staatsligchamen, die bij de behandeling van het wetsontwerp werden genoemd, zijnde:

Kabinet des Konings.................................. 17 letters.
Ministerie Thorbecke .... 19 "
Raad van state.. 12 "
Eerste Kamer der Staten-Generaal............ 28 "
Tweede Kamer der Staten-Generaal.......... 28 "
J. Messchert van Vollenhoven.................... 24 "
Frans van Heukelom................................... 16 "

maakt te zamen $\overline{144} = 8 \times 18$

De jaarhonderd is... 18
De millioenen voor de daarstelling van het werk benoodigd, worden geschat op ongeveer..... 18
1863 is gelijk aan.............................. $103\frac{1}{2} \times 18$
Het produkt van het 2e en 4e cijfer van
het jaartal of $8 \times 3 = 24$
verminderd met het produkt van het 1e en
3e cijfer of $1 \times 6 = 6$
is........ $\overline{18}$
Het produkt van het 2e en 3e cijfer of $8 \times 6 = 48$
Vermindert met het produkt van het 1e en
4e cijfer of $1 \times 3 = 3$
is........ $\overline{45}$
$45 = 2\frac{1}{2} \times 18$
Het getal leden die in de Tweede Kamer der Staten-Generaal vóór en tegen het ontwerp stemden was 63, niet alleen gelijk aan het jaartal 63, maar ook aan.................................. $3\frac{1}{2} \times 18$
Artikel 1. Doorgraving van Holland op zijn smalst, aangenomen met 39 tegen 24 stemmen. De som dier cijfers of $3 + 9 + 2 + 4 = 18$
Het geheele wetsontwerp aangenomen met 37 tegen 26 stemmen of $3 + 7 + 2 + 6 = 18$
Het getal leden der Eerste Kamer, die vóór en tegen het ontwerp stemden was 36, juist het omgekeerde cijfer van 63 en gelijk aan 2×18
Het wetsontwerp aangenomen met 24 tegen 12 stemmen. De som daarvan of $2 + 4 + 1 + 2 = 9$ of $\frac{1}{2} \times 18$
De som der cijfers van de getallen 63 en 36 of $6 + 3 + 3 + 6 = 18$
Het produkt der cijfers van de getallen 63 of 36 of $6 \times 3 = 3 \times 6 = 18$
Het getal 18 is dus de algemeene faktor voor al wat op de doorgraving betrekking heeft, zelfs om nog iets te noemen (zaliger gedachtenis):
Amendement van Bosse vormt 18 letters. *1863* 22

Amsterdam, Febr. 1863. N. R.

17.
Een rustiek beeld van de omgeving van de Breesaap geeft deze boswachterswoning, behorende bij het verdwenen landgoed Rooswijk.
18.
Bericht *Algemeen Handelsblad* 24 januari 1863.
19.
Hofstede Boschlust in 1902. De van oorsprong vermoedelijk achttiende-eeuwse boerderij werd in 1898 door de toenmalige eigenaar, Karel Del Court van Krimpen, verbouwd. Ook dit gebouw kwam in 1917 in handen van Hoogovens.
20.
Bericht *Amsterdamsche Courant* 25/26 januari 1863.
21.
Bericht *Amsterdamsche Courant* 19 februari 1863.
22.
Ingezonden stuk *Algemeen Handelsblad* 22 maart 1863.
23.
Gedenkpenning, op initiatief van M.C. De Vries jr geslagen ter gelegenheid van de aanneming van het wetsontwerp tot doorgraving van Holland op zijn Smalst in 1862. De beschrijving van de penning luidt als volgt:
'Voorzijde: Amstels stedemaagd gekroond, leunende op het met een keizerlijken kroon gedekte wapenschild van Amsterdam, wijst op de Blijde Toekomst voor haar gepersonifieerd in eene bevallige vrouw, met koornaren in haar gouden hoofdhulsel, staande op den voorsteven van een antiek schip met een bundel koornaren in de rechter- en een rozenkrans in de uitgestrekte linkerhand. Achter haar ligt een omgekeerde koornmaat (schepel) vol met koornaren en staat de naam M.C.D. (E) V.(RIES) JR en achter het schild 1862. In de afsnede: ONTWERP VAN WET AANGENOMEN XIII DECEMBER MDCCCLXII.
Omschrift: AMSTELS BLYDE TOEKOMST.
Keerzijde: Hercules, omhangen met den leeuwenhuid, baant door zijne kracht een zeeweg door de duinen, en de Wetenschap voorgesteld als eene vrouw, spiegelt zich in den spiegel der waarheid, die zij in hare uitgestrekte linkerhand houdt, terwijl een aardglobe, waarop een driehoek geplaatst is, op haar rechterhand rust. Haar hoofd is met kleine vleugels voorzien. Rechts, op den achtergrond, staat Mercurius met slangenstaf en gevleugelde hielen en hoed, naast Neptunus met zijn drietand. De voeten van den God der zee rusten in zijne zeeschelp (kar).
Onderschrift: DOORGRAVING VAN HOLLAND OP ZYN SMALST. M.C.DE VRIES JR. INV. (ENIT) ET FEC. (IT).
Omschrift: DOOR WETENSCHAP EN KRACHT TOT VOORDEEL.

23

overplaatsing niet, kreeg eervol ontslag en vestigde zich bij ons als architect. Hij had vroeger vanuit Naarden en in opdracht van de stad Amsterdam studie gemaakt van al wat samenhing met de bedijking van het IJ, en vele metingen verricht in het duingebied. Hij was er als vanzelf gestoten op het denkbeeld dat anderen voor hem hadden geopperd: de doorgraving van IJ naar zee. Froger was als behekst. In 1850 ontwierp hij een grootscheeps kanaalplan voor het hele IJ: de opgraving naar het westen en verbinding met de Rijn.
In Amsterdam wilde de doortastende partij er wel aan; in 1852 kwam het ter sprake in de Kamer van Koophandel, de gemeente stelde een kanaalcommissie in. Maar Frogers plan kreeg van de laatste heren de wind van voren ... alweer dat verduiveld vasthouden aan het open IJ!
En toch groeide het plan, wat mij niet meer dan natuurlijk voorkwam, omdat het de enige wijze oplossing inhield. Er verscheen een tweede initiatief-figuur, medewerker van Frogers advocaat. Hij was van Duitse afkomst en heette Johann Godtlieb Jäger. Hij zocht nieuwe middelen om de doorgraving tot stand te brengen; hij vond de medewerking

van twee Engelse ingenieurs, die bij de Duinwatermaatschappij werkzaam waren, Croker en Burn, en zij traden voor het licht met een variant van Frogers denkbeeld. Gesteund door Van Lennep en Hartsen, kopstukken van de vooruitgang, vroegen zij een concessie aan voor de doorgraving. Ze waren slimmer geweest dan de geniale en koppige Froger: ze hadden het denkbeeld van het afgesloten IJ maar laten vallen ...
En weer rekte zich het oud gesleep en gepalaver: in de gemeenteraad, in de Kamer van Koophandel, in de Tweede Kamer; de laatste bleek tenminste vierkant voor het plan van de kortste weg. De bangelijken in staat en stad vielen terug op het Groot Noordhollandsch Kanaal; waarom dat niet verbeteren .. ? Er was maar één bezwaar: het zou sommen geld verslinden. En intussen draaide de planeet verder, en voeren er grotere schepen, en dreef de wereldhandel tot beslissingen. Die beslissing viel, toen van alle kanten druk op de koning – we hadden nu Willem III – en de regering werd geoefend om de aanleg tot een staatsaangelegenheid te maken. Laat ik de details van de strijd die daarmee inzette maar achterwege laten; laat ik volstaan met te zeg-

Plan, zooals het in 1865 is gewijzigd en in uitvoering gekomen.

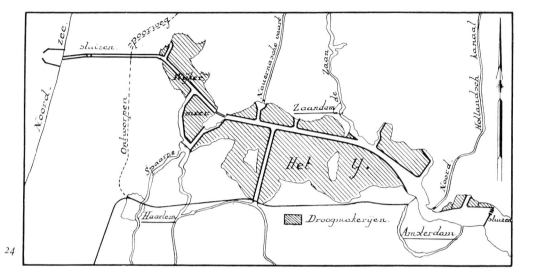

24.
Vele plannen tot de doorgraving van Holland op zijn Smalst werden ingediend. Op het ontwerp van Jäger werd in 1861 tenslotte concessie verleend. Na het aanbrengen van enige wijzigingen werd het plan, zoals het hier is afgebeeld, in 1865 in uitvoering genomen.

25.
Spotprent op de twisten over de verkiezing van het bestuur van de Amsterdamsche Kanaal-Maatschappij. *Nederlandsche Spectator* 1865, nr. 7.

26.
Brochure naar aanleiding van het aanvankelijk mislukken van de inschrijving op de negotiatie van de A K M. Bij het sluiten van de inschrijving op 31 maart 1863 bleek namelijk dat van de benodigde achttien miljoen gulden nog niet de helft was voltekend. Koning Willem III bemoeide zich er persoonlijk mee. Hij stelde een gepland bezoek aan Amsterdam uit, zoals hij de burgemeester van Amsterdam

1865. No. 7.   KANAAL-CRISIS.

Uitgave van D. A. Thieme en Martinus Nijhoff

NED. MAAGD: „Flaauwhartigen' Kunt gij alleen elkander in den weg staan en benijden?... Zal ik dan de spa moeten opnemen?

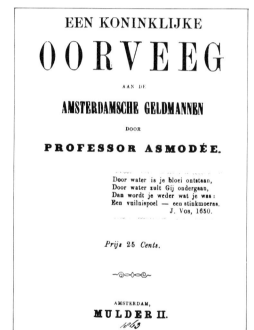

EEN KONINKLIJKE

OORVEEG

AAN DE

AMSTERDAMSCHE GELDMANNEN

DOOR

PROFESSOR ASMODÉE.

Door water is je bloei ontstaan,
Door water zult Gij ondergaan,
Dan wordt je weder wat je was:
Een vuilnispoel — een stinkmoeras.
J. Vos, 1650.

Prijs 25 Cents.

AMSTERDAM,
MULDER II.
1863

HOLLAND OP ZIJN SMALST.

Men heeft dezer dagen wel uit Velzen berigt, dat er werkvolk ontslagen was, maar wij veroorloven ons te zeggen, dat dit maar een half berigt of de halve waarheid is. — Volgens de mededeeling welke wij ontvangen, is **al** het werk, in de duinen gestaakt en is er slechts eenig volk in de meerweide bezig aan het graven van het kanaal van af de straatweg te Velzen in de rigting van Buitenhuizen. Het is voorwaar een droevige toestand waarin de doorgraving van Holland op zijn Smalst verkeert. Mag men de loopende geruchten gelooven, dan is die staking van het werk te wijten aan de buiten alle verhouding tot de waarde van den grond staande eischen van de Heeren Bik en Arnold, die, zoo zegt men, ƒ 6500 voor de bunder land in de Breesaap eischen en niet verkiezen, voor dat de onteigening is geschiedt, dat er in hunne gronden de spade gestoken worde.

HOLLAND OP ZIJN SMALST.

Wij vernemen met genoegen uit een goede bron dat de onteigenings-questie omtrent de gronden in de Breesaap toebehoorende aan de Heeren Arnold en Bik afgeloopen is, zoodat de hinderpalen uit den weg zijn geruimd welke de Amsterdamsche Kanaal-Maatschappij beletten met het graven van het kanaal in de duinen voort te gaan, hinderpalen waarvan wij in N°. 2 van dit blad gewaagden.

schriftelijk meedeelde, '[…] totdat meerdere blijken van deelneming gegeven zullen zijn in de Nationale onderneming tot doorgraving van Holland.' Hij vervolgde zijn brief met de opmerking dat hij zijn eigen inschrijving verdubbelde en besloot: 'Gelieve zulks Jäger mede te deelen, en te zorgen, dat de inschrijving nog geopend blijve, opdat zoo mogelijk de zaak met Nederlandsch geld tot stand kome.' Eerst op 26 november 1864 was de inschrijving voltekend.

27.
Bericht *de Omnibus* 1865, 1e jaargang, nr. 2.
28.
Bericht *de Omnibus* 1865, 1e jaargang, nr. 6.
29.
Spotprent 'Het laatste nieuws van de beurs'.
Nederlandsche Spectator 1863, nr. 43.

29

gen dat Jäger – inmiddels notaris geworden – met zijn Engelse associés een tweede project in de openbaarheid bracht, dat Froger daar grote waardering voor toonde, dat Jäger daaruit de verstandige slotsom trok dat hij en Froger samen hun plannen zouden kunnen combineren, dat zij tot een eindproject kwamen, en dat de gemeenteraad van Amsterdam uiteindelijk haar verzet tegen afdamming van het IJ opgaf en tegelijk het resultaat van een lening, drie miljoen gulden, ter beschikking stelde van de regering die de doorgraving westwaarts zou aandurven … Jäger kreeg de concessie! We schreven inmiddels 1861, er waren naar het oordeel van velen, ook het mijne, jaren verprutst. Hoe dan ook, de regering was voor de zaak gewonnen, en we konden een nieuwe strijd aanbinden: die om het werkkapitaal. Jäger en de zijnen hadden secuur uitgerekend hoe zij zich dat kapitaal-verschaffen en het aandeel daarin van de staat voorstelden; zij hadden geluk dat hun plan door Thorbecke zelf in de Kamer verdedigd werd, zelfs al vond onze liberale voorman het nog steeds een waagstuk. Misschien was het dat ook wel: maar ons drong de noodzaak …

Er was feeststemming in de hoofdstad, toen de Kamer het plan overnam. Thorbecke werd gehuldigd door dankbare deputaties, er klonken serenades in Amsterdam aan Jäger, aan de burgemeester, aan de voorzitter van de Kamer van Koophandel. Toen de feestklanken wegebden, stonden we voor de taak om de concessie leven in te blazen. Een naamloze vennootschap moest voor de ziel van de negotie zorgen. De Amsterdamsche Kanaal-Maatschappij werd opgericht. De Maatschappij had steun van de stad – drie miljoen – en van de staat: een garantie van vijftien miljoen, verdeeld over vijftig jaar, met het recht om kanaal en havenwerken aan zich te trekken zodra de concessie was afgelopen. Nu zou iedereen gedacht hebben dat de vijf miljoen van dit kapitaal, die door publieke inschrijving bijeengebracht dienden te worden, in een ommezien gefourneerd zouden zijn … Maar ho maar! Er was na een jaar van wantrouwen en de-kat-uit-de-boom-kijken nog niet de helft voltekend, en pas na een roerige vergadering van de Kanaal-Maatschappij in Frascati, waar mannen als Josephus Jitta, Boelen, Heshuyzen en prof. Asser het duizendkoppig publiek nog eens duidelijk maakten

wat voor belangen er voor Amsterdam op het spel stonden, kwamen die vijf miljoen dan toch bijeen …
In Amsterdam waren de jaren na het toekennen van de concessie niet alleen gesleten met het aan de man brengen van aandelen en obligaties. Er was ook, met hulp van Froger en de Engelsman Burn, een grondslag gelegd voor de technische uitvoering van het kanaalplan. Het was een beetje beschamend voor de trots van velen van ons, dat wij voor die techniek buitenlanders in de arm moesten nemen; het feit dat er een aannemingscontract werd gesloten met de firma MacCormick & Son, dat later werd overgenomen door Henry Lee & Son, liet mij en anderen met mij inzien hoe laag de stand van onze ingenieurswetenschap was, zodra het niet over een dijk, een brug en een boezemvaart ging. We moesten ons er wel bij neerleggen, als wij voortgang wilden maken met ons kanaal. Zelfs voor mogelijke geschillen tussen de uitvoerders van de nieuwe havenwerken in Amsterdam en die van de westelijke doorgraving werd een civiel-ingenieur te Londen als middelaar aangesteld. Ik mag er niet om heen draaien dat er onder de schijnbaar geëffende oppervlakte bedenkelijke grondkolken woel-

30

31

32

30.

Adrianus Johannes Bik (1790–1872) was één
van de grondleggers van IJmuiden. Zijn vader,
de Amsterdamse koopman Jan Bik, was tijdens
de Patriottentijd als zogenaamde 'Kees' naar
Duinkerken uitgeweken. Eind 1815 werd Bik
als jonge 'kunsttekenaar' toegevoegd aan een
wetenschappelijke zending naar het toenmalige
Nederlands-Indië. Na de expeditie bleef Bik op
Java en maakte snel promotie. Hij huwde in
1825 met Anna Maria Arnold. In 1828 werd hij
tot Baljuw van Batavia benoemd, tevens tot
assistent-resident der Ommelanden van Batavia
en in 1832 tot lid van de Raad van Justitie te
Batavia en omgaand rechter. In datzelfde jaar
onderscheidde hij zich bij de beteugeling van
een Chinezenopstand te Tjilangkap. Bij
Koninklijk Besluit van 9 juni 1839 werd hij
benoemd tot Ridder in de Orde van de
Nederlandse Leeuw.
In 1847 keerde Bik naar Nederland terug en
vestigde zich in Amsterdam. Hij kocht in 1851,
samen met zijn zwager J.W. Arnold, het
grondgebied de Breesaap (zie ook nr. *31*). Hij
overleed op 1 oktober 1872 te Brussel.

31.

Jan Willem Arnold (1813–1886), één der
grondleggers van IJmuiden, was chef van het
handelshuis Arnold en Zonen te Batavia. Hij
huwde met de rijke Augustina Michiels en
werd vanaf 1839 eigenaar en beheerder van
uitgestrekte rijstlanden op Java, de
zogenaamde Michiels-Arnoldlanden.
Hij kocht in 1851, samen met zijn zwager A.J.
Bik, het grondgebied de Breesaap. Een deel van
deze gronden verkochten zij in 1865 aan de
Amsterdamsche Kanaal-Maatschappij voor de
realisering van de doorgraving van Holland op
zijn Smalst.
Een ander deel brachten zij in 1867 onder in
een burgerlijke maatschap, sinds 1879
Maatschap IJmuiden genaamd. Direct na de
opening van het kanaal liet de Maatschap een

stuk duinterrein bij de sluis egaliseren,
ontwierp een bouwplan en stelde
bouwvoorwaarden vast.
J.W. Arnold sleet zijn laatste dagen op huize
Duin en Dal te Bloemendaal.

32.

Willem Anthony Froger (1812–1883). Na
aanvankelijk een militaire loopbaan te hebben
gevolgd waarin hij zich specialiseerde in
mechanica, burgerlijke bouwkunde en
vestingbouwkunde, nam Froger in 1849 wegens
slechte promotiekansen bij de Genie ontslag uit
de rijksdienst en vestigde zich als architect in
zijn geboorteplaats Amsterdam. Nog luitenant
zijnde was Froger in 1848 door het
gemeentebestuur van Amsterdam aangewezen
als voorzitter van een commissie ter
beoordeling van aanvragen tot inpoldering van
verschillende gedeelten van het IJ bewesten
Amsterdam. Deze commissie diende een
ontwerp in voor het doortrekken van het IJ
naar de Noordzee, niet alleen in het belang van
de inpolderingen en van de afwatering van
Rijnland, maar ditmaal ook in het belang van
de Amsterdamse koophandel.
Froger, die het ontwerp heeft gemaakt en het
later onder zijn berusting had, kan daarom als
de eerste ontwerper van een goed plan voor de
aanleg van het Noordzeekanaal worden
beschouwd. Zijn plan heeft als grondslag
gediend voor het ontwerp waarop Jäger in 1861
concessie verkreeg. Froger is na 1878 nog enige
jaren lid van de Tweede Kamer geweest.

33.

Johannes Godtlieb Jäger (1829–1884) had zich
als notaris in zijn geboorteplaats Amsterdam
gevestigd.
Hij was de man die op basis van een
ontwerp van Froger in 1861 concessie verkreeg
voor een plan voor de aanleg van een kanaal
door Holland op zijn Smalst. Bij de oprichting
van de Amsterdamsche Kanaal-Maatschappij

in 1863 werd hij in het voorlopige bestuur tot
secretaris benoemd.
De slecht verlopende inschrijving op de door
de Maatschappij uitgeschreven geldlening
verweet het gemeentebestuur van Amsterdam
onder meer aan de persoon van Jäger. Hij nam
ontslag onder mededeling dat, afgezien van de
juistheid van de kritiek, zijn persoon het belang
van Amsterdam niet in de weg mocht staan.
Zijn terugtrekking heeft op politiek terrein heel
wat opschudding veroorzaakt.
Bij de liquidatie van de A K M betuigt het
Algemeen Handelsblad van 1 juni 1883 zijn
erkentelijkheid voor de mannen van de A K M.
[…] wel weten wij dat hunne namen in de
geschiedenis van Amsterdam zullen voortleven
en met ere zullen worden genoemd, met dien
van den heer J.G. Jäger, den eersten
concessionaris.'
Jäger stierf op 55-jarige leeftijd te Dinant.

34.

J. Boelen J.Rzn., één van de oprichters en
mede-directeuren van de Amsterdamsche
Kanaal-Maatschappij, stak op 8 maart 1865
symbolisch de eerste spade in de grond als
begin van de doorgraving van Holland op zijn
Smalst.

35.

Simon Willem Josephus Jitta (1818–1897).
Deze Amsterdamse koopman stelde steeds
belang in het openbare leven. In 1865 werd hij
tot lid van het bestuur en kort daarna tot
voorzitter benoemd van de in 1863 opgerichte
Amsterdamsche Kanaal-Maatschappij. Hij
behield deze functie tot de werken in 1883 door
het rijk werden overgenomen. In 1867 werd hij
lid van de gemeenteraad van Amsterdam. In
deze functie heeft hij in de loop der jaren veel
kritiek op de Kanaal-Maatschappij moeten
incasseren.

36.

Krantebericht februari 1865.

33

34

35

den. Jäger, eens zo populair bij de Amsterdammers, dat hij met overweldigend stemmental in de gemeenteraad was gekozen, kreeg het zwaar te verduren toen de kapitaalwerving aan het sukkelen raakte, en trok zich uit de combinatie terug. En Froger, het wat eenzame, soms zo moeilijke genie, raakte meer en meer op de achtergrond, vooral toen er ongekende praktische problemen rezen. De geestdriftige ontwerper van eens werd opzij gezet ... Zelfs Potgieter, onze Amsterdamse importeur van zuidvruchten en

dichter bij der Muzen genade, die Vissering had bezongen, die het geloof in een hernieuwd Amsterdam dankzij een kanaal 'tussen de blinkerts' hooggehouden had, vond geen woord om Frogers aftocht te verzachten ...
De haven van Amsterdam beleefde haar wedergeboorte. Het oostelijk IJ zou worden afgedamd, zij het niet bij het Pampus, maar bij Schellingwoude-Paardenhoek; men had het al over de 'Oranjesluizen'. Er zou een spoorweg komen naar Nieuwe Diep. De stad werd met een systeem van dokken in gereedheid gebracht voor het ontvangen van zeeschepen. Links en rechts van het ontworpen kanaal zouden zich indrukwekkende droogmakerijen uitbreiden. Velen van ons gingen kijken rond het IJ, toen de modernisering begon, om nog in de herinnering het beeld vast te leggen van het oude, open zeegat. En er waren er ook, ik niet uitgezonderd, die westwaarts reisden om zich ervan te vergewissen, waar de oorlog van de spade tegen het duinzand eerlang beginnen zou.
Laat ik eerlijk zijn: als ik een liefhebber was geweest van de vrije natuur, het woeste duin, van zeldzame flora en een onbedorven landschap, dan zou het me zeker aan het hart zijn gegaan, dat onze

verhoopte welvaart moest worden betaald met de opoffering van een gebied, dat wij in deze dagen al vaker hoorden noemen: de Breesaap. Gelukkig ben ik geen buitenmens, al kan ik wel navoelen wat anderen er zoeken, en daarom keek ik ook niet met min of meer schuldig geweten hoe de landmeters en ingenieurs, Nederlandse naast de Engelse (godlof) de plaats berekenden, waar de eerste schep zand zou worden opgegooid.
Als ik door een of ander park wandel, ben ik altijd blij met de naambordjes die mij vertellen hoe de diverse bomen en heesters heten. In de Breesaap waren die bordjes er niet. Toch kon zelfs ik met mijn ongeoefend oog vaststellen hoeveel soorten geboomte, bloemen en planten hier welig tierden. Ik heb met mede-bezoekers stilgestaan bij duinplassen die wemelden van vogels, waarvan ik althans de ekster kon thuisbrengen. Ik ben over beekjes gesprongen, en heb me door een bestuurder van onze Kanaal-Maatschappij, die als gids optrad, laten vertellen – voor wie het geloven wil – dat er zelfs een geneeskrachtige bij was: de St. Engelmundusbeek, waarin men vanouds was komen baden om van open benen af te raken. Ik heb stilgestaan bij

Bij het lezen van het berigt, dat de Heer J. G. JÄGER niet wenscht in aanmerking te komen bij de herstemming als Lid van het Bestuur der

DOORGRAVING.

" . . . .
" . . . .
"Daar ligt nu JAN VAN SCHAFFELAAR,
"Zijn makkers zijn gered!"

TOLLENS.

36

37

AMSTERDAMSCHE
KANAAL - MAATSCHAPPIJ.

Aan Heeren Aandeelhouders wordt berigt, dat het **Aannemings-kontrakt** voor de uitvoering zoo van de haven aan de Noordzee als van het Kanaal en de verdere werken in het Y en Pampus, is **overgedragen** op de Heeren HENRY LEE en HENRY LEE Jr., te *Londen*, en dat in het thans met die Heeren gesloten Kontrakt zoodanige *wijzigingen* zijn opgenomen als geschikt zijn geacht om aan de vroeger geopperde bezwaren te gemoet te komen.

Amsterdam, 4 April 1865.

Namens Kommissarissen:	Het Bestuur:
C. F. QUIEN, *Voorzitter.*	HESHUYSEN, *Loco-Pres.*
J. VAN EEGHEN, *Vice-Voorz.*	P. H. BRUYN, *Loco-Secret.*

Met genoegen vernemen wij, en gewis ook allen die met ons het kanaal door Holland op zijn smalst wenschen tot stand te zien komen, dat de heeren Henry Lee en Henry Lee Jr., te Londen, het aannemings-kontrakt definitief geteekend hebben, zoo als blijkt uit eene hierachter voorkomende aankondiging, door de hh. C. F. Quien en J. van Eeghen, namens kommissarissen, en de hh. Heshuysen en P. H. Bruijn voor het bestuur geteekend.

38

39

40

37.
Het graven van het kanaal door de
Breesaap in juni 1865.
38.
Annonce Amsterdamsche Kanaal-
Maatschappij over de gunning van de
kanaalwerken.
39.
Bericht *Amsterdamsche Courant* 5 april
1865.
40.
De zeereep doorgestoken op 1 november
1872.
41.
Het afvoeren van het zand geschiedde
aanvankelijk met paardentractie. Het zand
werd gebruikt voor het bedijken van het
Noordzeekanaal in het IJ en voor de bouw
van spoorwegwerken in Amsterdam.

41

vinkenbanen en geslenterd door
beukenlanen; en ik vond zelfs ergens
een theehuis waar ik kon uitrusten van
de ongewone inspanning...
Maar wij van de AKM waren zeker niet
de eerste indringers. Juist rondom het
duinhart waar het kanaal naar het IJ
een oud waterloopje zou volgen, hadden twee zakenlui met vooruitziende
blik al in 1851 de Breesaap gekocht,
voor de ronde som van een miljoen,
zoals wij te weten kwamen. Zij heetten
Bik en Arnold, en ze lieten het niet bij
de aankoop van het oorspronkelijk terrein, maar breidden hun landgoed
aldoor uit. Er lag al vanouds een reeks
welvarende pachthoeven: Werklust,
Weltevreden, Schapenlust en andere;
Bik en Arnold voornoemd legden een
aantal nieuwe wegen aan en bouwden
er meer boerderijen bij: De Windhond,
De Tiend, Bleijenhoeve, en hoe ze
verder mochten heten.
Ik heb wel eens hier en daar gevraagd
hoe men die naam Breesaap eigenlijk
moet verklaren. De aardigste uitleg
lijkt me deze dat de overvloedige aanwezigheid van duinwater overal 'brede
sappen' liet opwellen. Anderen beweren dat 'sape' de middeleeuwse benaming is van droge, woeste grond, maar
in de tijd van de kanaal-aanleg klopte

dat niet. De Breesaap was één en al
lommer en landelijke bekoring. Amsterdammers, die meer voor het bui-
tenleven voelden dan ik, hadden er benoorden Velsen, waar hun kostelijke
jachten in de Wijkermeerhaven geborgen konden worden, zomerhuizen
laten bouwen die er ontegenzeggelijk
aangenaam bij lagen. Er was hier, in de
uitlopers van het Velserbosch, zelfs een
'Klein Zwitserland' ontstaan – een benaming die ik wel wat overdreven acht.
Maar genoeglijk was het er, vooral als
men wist dat men na een dagje buiten
wandelen het schip naar Amsterdam
weer pakken kon...
De heren Bik en Arnold – ik zei het al –
waren vooruitziend, en bleken het nog
meer na de oprichting van de AKM. Ze
waren ook tegemoetkomend, bereid
om een deel van hun gebied voor de kanaal-aanleg af te staan. Het begon met
vijfendertig hectaren, nodig voor doorgraving en zandberging. Het zullen er
in de toekomst vast nog wel meer worden.
En zo kwam dan de dag, de noodzakelijke dag wil ik hem noemen, waarop
eindelijk niet meer onderhandeld en
gefantaseerd, maar gehandeld werd.
Het was 8 maart 1865, toen zich op zeshonderd meter van het strand een

groep mensen verzamelde: bestuurders van de AKM, Amsterdamse en
Haagse notabelen, ingenieurs, aannemers, belangstellenden van eenvoudi-
ger allooi uit Amsterdam, Velsen of
Beverwijk, en natuurlijk het werkvolk.
Men had de koning en de prins van
Oranje willen uitnodigen, de laatste als
ere-voorzitter van de AKM. Hij had als
eerste de spade in de grond moeten steken. Maar zij waren verhinderd door
de recente dood van de koningin-moeder, Anna Pawlowna. Daarom was de
plechtigheid kort en sober: een wel-
komstrede van Josephus Jitta, die
vooral de loftrompet van de hoofdstad
stak, het naar voren treden van de heer
J. Boelen J. Rzn., één van de krachtige
ijveraars voor het kanaal, die nu op
invitatie van Josephus Jitta de schop
greep en niet zonder aandoening de
aanval op het duin opende, een proces-
verbaal van de notaris aangaande het
evenement, een teken van ingenieur
Van Rijn aan de gereedstaande arbeiders... en onder een schraal en waterig middagzonnetje liep het giganti-
sche werk – door Josephus Jitta met
niet minder dan de werken van Suez en
Panama vergeleken – van stapel.
Het kwam mij voor dat de ergste hindernis veroverd was...

42

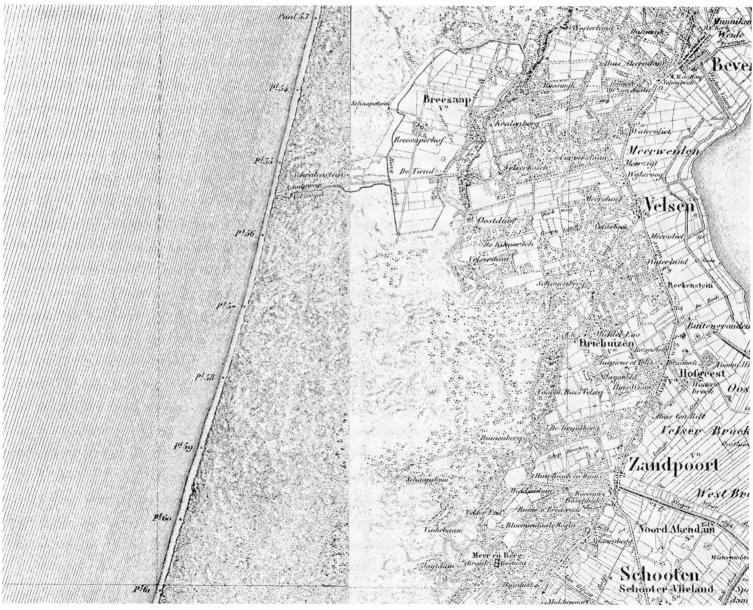

43

42.
Noorderhoofd in 1868 met aan het eind de
traffelaar en stellingen op het strand voor
de aanvoer van de betonblokken.

43.
Detail van de stafkaarten 24 Hillegom,
verkend in 1850 en 25 Amsterdam, verkend
in 1849–1850.

44.
Strooibiljet november 1864.

45.
Fragmenten van een bericht *Amsterdamsche
Courant* 10 maart 1865.

mensen en modder

het verhaal van de polderwerker
1865 - 1876

HET KANAAL NAAR ZEE.

Burgers van Amsterdam!

Veel handen maken het werk ligt!

Gij kunt deelnemen voor 100, 500 en 1000 gulden.

Gij hebt groot en onmiddellijk belang dat het Kanaal tot stand kome.

Werkt krachtig tot het goede doel mede.

44

De inschrijving blijft open 24 en 25 Nov. 1864.

Zegt het voort!

„Een krachtig bewijs van belangstelling en medewerking
is ons gegeven door onze mede-aandeelhouders de heeren
Arnold en Bik. Aan *hen* hebben wij te danken dat wij,
zonder de anders gevorderde formaliteiten voor onteigening
enz., het werk op hunne gronden kunnen aanvangen. Hun
zij daarvoor de betuiging onzer erkentelijkheid gebragt.

„En nu, mijne heeren, zullen wij overgaan tot het steken
van de eerste spade in den grond tot doorgraving van
Holland op zijn smalst, tot het maken van het nieuwe
kanaal!
„Na het verrigten van deze plegtigheid, en terwijl intusschen door den heer notaris bij proces-verbaal deze
daad wordt gekonstateerd, noodig ik u uit het terrein onder geleide van den heer ingenieur Dirks in oogenschouw
te nemen en alsdan hier terug te keeren, tot het teekenen
van gezegd proces-verbaal.

„En hiermede noodig ik u uit, geachte heer mededirek-
teur Boelen, de spade in den grond te steken, en alzoo de
doorgraving onder Gods zegen met goeden moed aan te
vangen!"

Na deze toespraak werd den hr. Boelen de spade ter hand gesteld. Onder uitbundig gejuich van al de aanwezigen volbragt
de hr. Boelen de hem opgedragen taak. De inspekteur Conrad
nam daarna het woord en zeide nagenoeg het volgende:
„Mijne heeren!
„Ik wensch u van harte geluk met den **aanvang dezer**
grootsche onderneming.
„De taak door u te vervullen was soms zwaar, en ge hebt
met vele moeijelijkheden te kampen gehad; des te meer
waarde is dan ook te hechten aan deze plegtigheid.
„Gij zult nog vele bezwaren op uwen weg ontmoeten,
maar, mijne heeren, daarbij zal de kunst u steunen, terwijl
de medewerking der Regering u niet zal ontbreken, die
door dat werk een parel te meer zal zien hechten aan de
kroon van Z. M. Willem III.
„Leve de Koning!"
Onmiddellijk werd nu het aangevangen **werk** door de
wachtende arbeiders voortgezet, en thans zijn er, volgens
het notariëel proces-verbaal van den aanvang der werkzaamheden, reeds een honderdtal nederlandsche werk-
45 lieden aan den arbeid, onder leiding en toezigt van drie
engelsche en vier nederlandsche ingenieurs en opzigters.

46

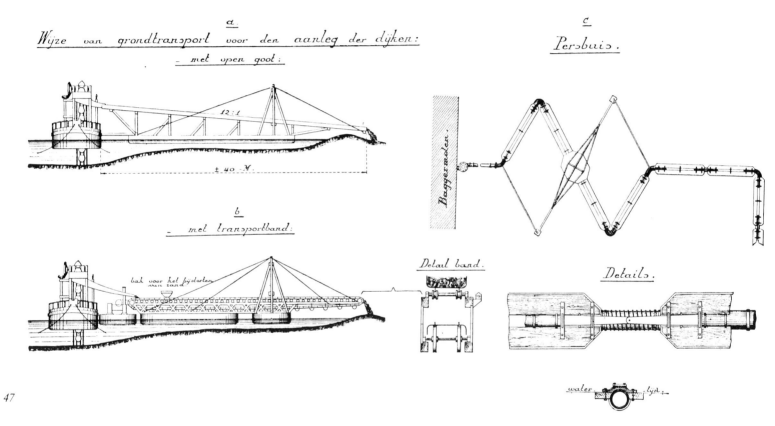

a.

Wijze van grondtransport voor den aanleg der dijken:

- met open goot:

12:1

± 40 M.

c

Persbuis.

Baggermolen.

b

- met transportband:

bak voor het bijstorten van zand

Detail band.

Details.

water lijn

47

48

46.
Het bedijken en uitbaggeren van het kanaal
in het Wijkermeer bij Velsen in 1869.

47.
Tekeningen van baggerwerktuigen, gebruikt
voor de aanleg van het Noordzeekanaal.

48.
Het uitbaggeren van het getraceerde kanaal
in het Wijkermeer in 1869.

49.
Baggermolen op het Wijkermeer bij Velsen
in 1869.

49

Jawel, wij zijn een zoodje. En dat moet ook wel. Voor het rauwe werk dat wij verzetten is rauw volk nodig. Nou, over dat laatste zit niemand in twijfel; wijzelf ook niet. Sommigen vragen zich wel eens af hoe wij het klaarspelen om dit heidense karwei van week tot maand tot jaar vol te houden. Wijzelf vragen zulke dingen niet; wij moeten nou eenmaal.

Toen we hier in maart 1865 met het kanaal begonnen, waren we met 'n honderd man, maar er kwamen er aldoor meer bij. Ze hadden ons overal vandaan gehaald, uit Holland, Brabant en de Betuwe, eerst meest vrijgezellen; later kwamen de lui met de gezinnen – ikzelf, om het meteen te zeggen. We hadden niet zoveel tijd nodig om aan elkaar te wennen; straathonden trekken meestal ook gauw met elkaar op. Maar er zijn ook fijnere honden, en zo is onder het poldervolk ook een fijner soort dan wij, gemene slik- en dijkwerkers. De Engelse aannemers, Henry Lee en Zoon heetten ze, hebben dat natuurlijk met opzet zo weten te frutselen. Niemand van ons heeft ooit meneer Lee of z'n zoon gezien, maar ze hadden hier hun zaakwaarnemers; reken maar. En die hielden er zo hun Britse streken op na: een deel van het

volk werd in vaste dienst genomen, de rest – en daar hoorde ik, Wammert Spiering, natuurlijk weer bij – moest het maar met daghuren doen. Bram Zouwe, die net als ik uit de buurt van Zwartewaal komt, zegt: 'Zo doen die Britten dat, verdeel en heers', en hij zal wel gelijk hebben. Bram, niet getrouwd, haaiig en niks te verliezen, liet 't er niet bij zitten; in mei '65 staakten we al. Pieter Cornelissen, de opzichter, zei dat het verboden was te staken, maar de heren van de Kanaal-Maatschappij moesten wel met ons praten, en we hebben toen de belofte van ze losgekregen dat ze ons maar niet pardoes per dag konden ontslaan.

Maar de scheidingslijnen lopen er, en wat wil je? Dat graven in 't begin, dat was soortgelijk werk; maar toen later dat betonfabriekje kwam, daar in Velsen bij de rijksstraatweg, kwamen er weer fijne honden; en toen de baggermolens draaiden en toen ze de havenhoofden begonnen te bouwen, en toen we metselaars in de sluisputten kregen, om maar te zwijgen van de duikers die nog later kwamen om de betonblokken in zee op hun plaats te bevestigen en die maar liefst twintig pop per week vast verdienden en twee pop voor elk uur dat ze onder water ver-

keerden, nou, toen hadden we ook onderling de rangen en standen die Onze Lieve Heer naar ze zeggen gewild heeft . . . Om maar te zwijgen van de verschillen tussen de Engelse handlangers van Henry Lee en Zoon, die lekker opgeborgen zaten in dat fijne huis op Wijkeroog, en ons Hollands arbeiderszoodje. Daar kom ik zo meteen nog op terug.

We hoorden de ingenieurs en de opzichters wel eens zwetsen over de nederzetting die er straks aan de kanaalmond zou komen, loodsen, sluizen, havendiensten, winkels en woonhuizen, maar wij zagen alleen maar dat heidens brok duin dat we moesten wegwerken. En dat ook wij moesten wonen, daar werd niet zo zwaar door de heren van de Kanaal-Maatschappij aan getild. Wonen is toch zeker een zaak van ieder voor zichzelf . . ? De vrijgezellen vonden onderdak in houten keten; mensenpakhuizen, waar je geen tel ongehinderd met je eigen alleen was. De keetbaas en zijn wijf regeerden in die onderkomens; die twee wisten hoe ze 'n polderwerker een poot moesten uitdraaien. Ze gaven tot aan de loondag voorschotten op de verdienste, en als de jongens na tien of twaalf uur spitten en kruien per dag op

50

Met betrekking tot de verschillende Kerk-
genootschappen, verdeelde de bevolking zich als
volgt.

Roomsch Catholijken	1633
Nederduitsch Hervormden	1183
Evangelisch Lutherschen	56
Doopsgezinden	24
Waalsch Hervormden	2
Nederduitsch Israëliten	7
	2965.

De oorzaak van deze buitengewone sterke
aanwas der bevolking is gelegen in de om-
standigheid van de in Maart 1865 onderno-
men werken in deze gemeente aan het Noordzee Kanaal

De feitelijke bevolking is evenwel nog be-
duidend hooger, daar, zooals reeds is opge-
merkt, de hier opgegevene zich bepaalt tot
die personen, welke in de bevolkingsregisters
zijn ingeschreven, en bovendien naar gissing,
nog wel ruim 2.000 personen in deze gemeente
zich tijdelijk ophouden, van welke geene in-
schrijving heeft plaats gehad.

Voor zoo verre de verhuisbiljetten worden ingeleverd, worden de bevolkingsregisters met de meeste naauwkeurigheid bijgehouden. Alhier verdient echter opgemerkt te worden dat die gewenschte inschrijving evenwel in den regel niet kan geschieden van die klasse van menschen, bekend onder den algemeenen naam van polderwerkers; het schijnt dat de meeste dier lieden geene vaste woonplaats hebben en welligt nergens in de registers zijn ingeschreven.
Bij de aangiften, welke deze personen nu en dan, ten opzigte van geboorten en sterften verpligt zijn te doen voor den burgerlijken stand, blijkt meestal ten duidelijkste hoe weinig zij met hunne geboorte- en woonplaats bekend zijn, en geeft deze onkunde hunnerzijdsch dan ook soms zeer veel stof tot moeijelijkheden voor den ambtenaar, belast met het werk van den burgerlijken stand.
Onder de vele niet ingeschreven tijdelijke bewoners dezer gemeente, bevindt zich ook een getal van p.m. 300 Engelschen.
Voor zoo verre zulks bekend is hebben geene inwoners zich met er woon naar Amerika of andere overzeesche gewesten begeven.

50.
Eerste zandzuiger in gebruik voor het uitdiepen van de buitenhaven in 1875.
51.
Fragment uit het gemeenteverslag van 1865.
52.
Bericht *Het Nederlandsche Magazijn* 1866.
53.
Doorgraving van Holland op zijn Smalst, gezien vanaf het dorp Velsen in oostwaartse richting.

53

De weg van 't station Haarlem naar Velsen is een kleine twee uur gaans en voert door een bevallig landschap. Links verrijzen op den achtergrond de geelwitte duinen, langs wier zoom zich een prachtig bosch uitbreidt, en regts reikt het verschiet tot de IJdijken, het IJ, Amsterdam en de Zaanstreken, terwijl langs den weg zelf weiden, akkers, bloemvelden, buitenplaatsen en landwoningen elkander aangenaam afwisselen.

Wie dien weg wandelde, toen de tentoonstelling van nijverheid in 1861 zoovele duizenden te Haarlem zamenbragt, ontwaart talrijke veranderingen. Betreuren zal hij het zeker, dat het schoone landgoed Spaarnhove, waar toen zoovele genotrijke uren werden gesleten, is gesloopt, doch hij zal daarentegen ettelijke nieuwe bloemisterijen ontwaren, waarvan een op den grond van Spaarnhove zelf; hij zal de oude kerk van Schoten door een fraai bedehuis zien vervangen, en aan de Zandpoort een belangrijken aanbouw van grootere en kleinere woningen opmerken.

Bij 't naderen van Velsen, ziet hij in de Meerweiden een hoogen grijswitten dam, die zich dwars door den polder uitstrekt, en tot in het IJ doorloopt. 't Is de zuider kanaalboord, die, even als de noorderkanaalboord, in den loop van dezen winter en deze lente tot die hoogte is opgeworpen. Nog weinige schreden, en men heeft het gezigt voor zich, dat door onzen teekenaar, met de meeste trouw, is weêrgegeven.

Welk een bedrijvigheid! Dat uitdelven van den grond, dat aanvoeren van zand langs spoorbanen uit het hooge duin tot hetmeer, dat uitmalen van wel- en regenwater, dat verlengen van de dammen, dat leggen van rijzwerken, dat uitbreiden der spoorwegen en dat branden van klei, dat hooge rookzuilen doet opstijgen.

Gaat ge langs deze dammen voort, zoo nadert ge het IJ, en ziet dat de dijken reeds in den plas verlengd worden, terwijl bakens door de stroombaan u aanduiden, in welke rigting het kanaal en de zijkanalen worden voortgezet. Verscheidene gronden van 't Wijkermeer zijn reeds droog gevallen, en reeds ontkiemen daarop het zaaddek.

Ter plaatse van 't vroeger buiten Wijkeroog, zijn reeksen arbeiderswoningen verrezen, die voor een groot deel door vreemde arbeiders betrokken zijn. Engelsche opschriften herinneren het u, dat velen zonen zijn van Brittanje, en ge hoort dan ook hier hunne taal even vaak als het Nederlandsch.

Door de duingronden heen, kunt ge langs de diepe insnijdingen — want hier en daar loopen nog hoogere en lagere dwarsdammen door de kloof — tot het strand der Noordzee voortgaan, en u verheugen in het feit, dat het werk der doorgraving overal met krachtige hand wordt voortgezet. In 't schoone bosch van Watervliet echter ¹) kunt ge u niet meer vermeijen, want een opschrift zegt u: „geen toegang." De vroegere onbeperkte gastvrijheid is uit dit Eden geweken, tegelijk met het prachtige eeuwenheugende geboomte dat het huis van Watervliet zelf omsloot. W.

52

hun brits neerploften, zorgden ze voor drank ook. De afbetaling kwam later – en hoe . . . Wie had ons de drank willen verbieden – het enig vertier dat we kenden? O ja, daar was natuurlijk nog het vrouwvolk, dat 's avonds om de keten struinde, omdat het thuis vier, vijf of meer monden moest stoppen, wat van het polderloon alleen niet kon. Als ze niet te krom en verzakt waren, konden ze er een stuiver bij verdienen door de ongetrouwde knapen in de duinen en het hakhout van de Breesaap op te vrijen. De winkelbaas stond op die stuiver doorgaans te wachten, want haast nog eerder dan onze rotholen waren er houten winkeltenten en tapperijen benoorden Velsen uit de grond gerezen, en daar stonden onze schulden levensgroot aan de balk geschreven . . . En als er in de gezinnen van de getrouwde polderjongens – wat noem je overigens 'trouwen'? – een opgroeiende meid was, kon ze met moeder mee naar die vrijgezellen-barakken om er haar rokken te lichten. Jawel, mensen, onze vrouwen waren vuil, gemeen en liederlijk, en sommigen zopen na de loondag van zaterdag tot maandag met de kerels mee tot ze erbij in de drek lagen; maar als zij er niet geweest waren met hun bijverdienste, zouden wij de helft

van de tijd van de honger gecrepeerd zijn.

Ik heb daar het woord 'thuis' gebruikt. Weet u hoe het er bij mij 'thuis' uitzag? Toen ik met mijn vrouw Sijtje (ik noem haar altijd Sijsje) en mijn kinderen in die wilde Breesaap belandde – ik met een zak met pannen en eetgerei en een paar laarzen, en Sijsje met een sloop verschoonkleren op de rug – konden we meteen een onderkomen bouwen, want er stond niks klaar dan die paar keten voor de vrije jongens. We hebben een godganse dag geploeterd om een hut van sparren, leem en stro in elkaar te flansen, en we waren er bij hier en gunder nog blij mee ook, toen we er 's avonds in konden kruipen. Zo'n hut was eigenlijk nog een weeldeverblijf, als je zag hoe andere gezinnen het aanlegden: die groeven gewoon een gat in de grond, gooiden er takken over en dichtten de gaten met stro en modder. Later versterkten ze de binnenkant met kluiten derrie – zo noemen wij dat mengsel van klei en veen – dat je eigenlijk net zo goed als brandstof kon gebruiken, en dat daar ook voor gebruikt is. We maakten die hutten en die grondgaten in afwachting van betere onderkomens; maar ik heb het al gezegd: de heren van de A K M lagen er

54

55

56

54.
Werksteiger van de Noordpier in 1868. Let
op de reddingboten en de stoommachine.

55.
Stormschade in 1869.

56.
De Noordpier landinwaarts gezien, na de
storm van 1869.

57.
Bericht *Amsterdamsche Courant* 4 december
1867.

58.
Dwarsprofielen van de havenhoofden.

59.
Overzicht van de stormschade in 1867 en in
1869.

60.
Het Noorderhavenhoofd met de
nieuwgeconstrueerde kraan Titan in 1870.

Ontwerp.

*Eerste samenstelling
in September 1867.*

Wyziging in 1868.

VELZEN, 2 Dec. (*Haarl. Ct.*). Dezen ochtend ten vijf
ure verkeerden de aan zee gelegen werken van het Noordzee-kanaal, niettegenstaande het in den afgeloopen nacht
reeds hevig gestormd had, nog in een ongeschonden staat.
Een kwartier later evenwel zag men een der „traffelaars"
met den daarop bevestigden heftoestel verbrijzeld en weggeslagen worden, zoodat daarvan in tien minuten tijds
niets meer zigtbaar was. Ten half zeven ure waren aller
oogen op de groote in zee vooruitspringende brug gevestigd. Een der ingenieurs, de heer Brown, wilde zich naar
de spits der brug begeven, ten einde zich van haren staat
te vergewissen, en zou zeker een prooi der golven geworden zijn, indien een hem vergezellend persoon hem niet
teruggehouden had. Ten vijf minuten vóór zeven ure toch
werd het geheele voorste gedeelte der brug, met de zich
daarop bevindende twee „traffelaars" en hunne heftoestel-
len, weggeslagen. Korten tijd daarna gebeurde hetzelfde
met het aan het strand grenzende gedeelte der brug tot
aan het hek. Aan de werklieden is last gegeven elken
arbeid voorloopig te staken, terwijl voor het bewaren en
bewaken van goederen en materialen de noodige posten
uitgezet zijn. *Amst. Cour. 4 December 1867* 57

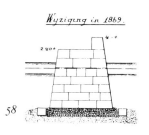

Wyziging in 1869.

58

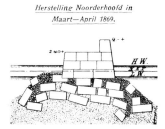

*Herstelling Noorderhoofd in
Maart—April 1869.*

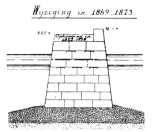

Wyziging in 1869-1873.

Samenstelling sedert 1873.

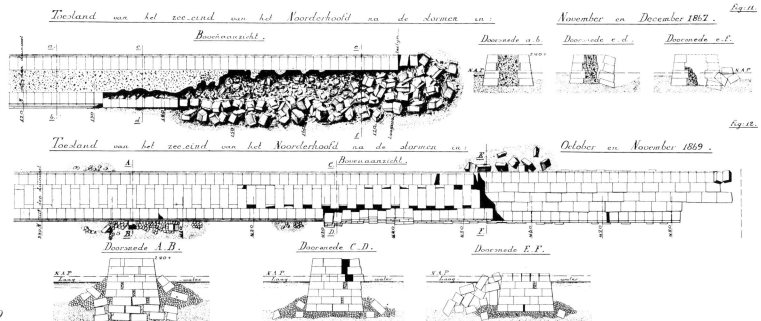

59

60

61

62

63

61.
De betonblokken voor de bouw van de pieren werden vervaardigd in een fabriek op de plaats waar later de papierfabriek Van Gelder Zonen zou verrijzen.

62.
Tijdelijke opslag van de betonblokken bij het semafoorduin.

63.
Nogmaals de betonblokkenfabriek. Op de afbeelding wordt een mal volgestort met beton. Ook toen al werden de blokken van een datum voorzien. Langs een spoorlijntje werden ze naar het strand vervoerd.

64.
Kraan bij de stapelplaats van de betonblokkenfabriek.

65.
Een ander type stoomkraan voor het stapelen van de blokken.

64

65

geen nacht van wakker hoe ze ons die zouden verschaffen.

En wij maar graven, met al meer volk. Geheide kerels van heinde en ver, en daartussen vreemde vogels, aan lager wal geraakte burgermannetjes, die dachten dat ze ook wel een schop konden vasthouden, en die meestal na weinig dagen verdwenen: wij waren voor hen geen portuur, ze gingen er met een gekraakte ribbekas vandoor, en daarbij: wat zochten ze onder ons, het uitschot..? Alleen het uitschot kon die bergen duinzand verwerken. Aan het einde van '65 hadden we – ik hoorde het van de opzichter – een half miljoen kub verzet en weggewerkt, de zandtreinen reden af en aan, we kruiden het zand naar boven uit de putten langs de smalle planken, en daarvoor moest je een rug van ijzer hebben. Meestal ging het goed, maar soms speelde de duivel ermee, de planken braken, we rolden met kruiwagen en al langs de al steilere puthelling, en je moest maar zien hoe je je karkas kon bergen voor de smak zand die mee naar beneden kwam. En nu ik het toch over die vuile tegenslagen heb, kan ik hier meteen vertellen wat er toen met die beton-locomotief is gebeurd. Het moet '67 of '68 geweest zijn, het begin van de pier stak in zee,

we hadden er een mooi dammetje naartoe gebouwd voor de beton-trein. Laat nou op een kwaje dag de locomotief met de betonblokken en de nodige arbeiders erop te ver doorschieten: de hele santekraam zo van de kop van de pier af de grote zee in. En geen spoor, mensen, geen spoor van werklui, wagen en locomotief is ooit weer gevonden. Nekslagen van Satan – dat waren het! Want de Kanaal-Maatschappij waste altijd haar handen in onschuld; de nabestaanden, weduwen, kinderen, bejaarde ouders konden maar zien hoe ze zonder hun kostwinners door de tijd kwamen: diaconie en liefdadigheid. Wie blaft daar?

Toen we ons lieten inhuren voor dat kanaalwerk, hadden we gedacht dat we een paar jaar goed zouden zitten; nou ja, wat wij polderjongens goed noemen. Maar we hadden al gauw in de smiezen dat die A K M, met die stadsheren die geregeld kwamen dwarskijken hoe we opschoten, nou en dan in de voegen kraakte. Er waren in onze graverskolonie weinig kranten, en ikzelf ben geen sterke lezer, de meeste jongens trouwens evenmin; maar Sijsje heeft vier jaar op school gezeten, en die snuffelde nou en dan eens in de bladen, en daaruit kwam ze aan de weet dat er

66.

Justus Dirks (1825–1886), geboren in Bergen op Zoom, was aan het eind van zijn carrière hoofdingenieur der eerste klasse van de Waterstaat en eerst aanwezend ingenieur bij de Amsterdamsche Kanaal-Maatschappij.
Dirks kreeg in 1864, na al een grote faam te hebben verworven, als Waterstaatsingenieur verlof om zich aan het kanaal door Holland op zijn Smalst te wijden. Voor dit niet geringe werk trad hij dus in dienst van de Kanaal-Maatschappij. De totstandkoming van het Noordzeekanaal is dan ook voor een groot deel te danken aan de technische leiding van deze grote waterbouwkundige. Hij bleef in dienst van de Maatschappij tot het rijk in 1883 het gehele werk overnam. Voor tal van belangrijke buitenlandse projecten werd zijn advies ingewonnen, zoals de aanleg van het Panamakanaal, grote havenwerken in Chili en de verbreding van het Suezkanaal.
Dirks was van 1881–1886 lid van de Tweede Kamer voor het kiesdistrict Amsterdam, in welke stad hij overleed. Te zijner nagedachtenis werd in 1923 op het Sluiseiland een gedenkteken onthuld. In verband met de verhoging van de zeewering in 1962 moest het monument in dat jaar verdwijnen. De onderdelen bleven bewaard en sinds 1971 prijkt de gedenknaald op het semafoorduin.

67

66

De werkzaamheden der doorgraving van Holland op zijn smalst ondervinden op nieuw vertraging. Naar men uit Velsen meldt, kunnen de aannemers zich bezwaarlijk met het werkvolk verstaan, zoodat eergisteren de arbeid weder is gestaakt. Ontevredenheid over het loon schijnt steeds aanleiding te geven tot misverstand tusschen de aannemers en de werklieden, welke laatsten verder ook misnoegd zijn, omdat eenige hunner tegen een vast salaris zijn aangenomen, terwijl de overigen in daghuur kunnen werken. Gisteren (18 Mei) is de rust niet verstoord geworden, en vermits de arbeiders kalm en ordelijk blijven, vleit men zich, dat de zaak ook ditmaal weder weldra zal zijn geschikt.
In de rijksveldwacht in het arrondissement is inmiddels eene niet onbelangrijke mutatie gekomen. De brigade Zaandam is tijdelijk opgeheven en gevoegd bij die te Beverwijk, zoodat daar ter plaatse thans zijn gevestigd 1 brigadier-majoor-titulair, 1 brigadier, 5 rijksveldwachters 3de kl. en 3 rijksveldwachters, opzieners der jagt en visscherij. Deze gezamenlijke beambten zijn verdeeld over de gemeenten, gelegen in den bewakingskring. (*Haarl. Ct.*)

68

¡Heden werd voor het prov. geregtshof alhier (voorzitter mr. G. Schimmelpenninck) op nieuw behandeld de bekende zaak wegens de in September 1866 te Velzen, ter zake van het arbeidsloon der arbeiders aan de doorgraving van Holland op zijn smalst, voorgevallene ongeregeldheden. De beschuldigde John Marrs, stalmeester, geboren in Kings County in Engeland, ter wille van wiens afwezigheid bij de teregtzitting van 7 Mei jl. de zaak was uitgesteld, was weder niet tegenwoordig en werd nu wederspannig verklaard aan de wet. De zaak werd thans tegen de drie overige besch. voortgezet en dus tegen Cornelis Visser, oud 14 jaren, aardwerker, geboren te Leerdam, Johanna Brouwer, huisvrouw van Adrianus van den Bosch, oud 41 jaren, arbeidster, geboren te Moergestel, en Jan Mooy, oud 41 jaren, landbouwer, geboren te Egmond-Binnen, allen wonende of laatst woonachtig te Velzen.

69

Men verneemt, zegt het *Weekbl. v. h. Regt*, dat de Hooge Raad, kamer van strafzaken, onmiddellijk na de ontdekking der misstelling in het arrest in zake de gepleegde ongeregeldheden bij de werkzaamheden der graving van het kanaal van Amsterdam naar de Noordzee, zich tot den koning gewend heeft, met verzoek dat het Z. M. moge behagen nu reeds, overeenkomstig de bepalingen der wet van 23 Junij 1854, de uitgesproken tuchthuisstraf in eene korrektionele te veranderen, onverminderd latere wijzigingen, die ten gevolge van de door den veroordeelde ingediende adressen om gratie bestaanbaar mogten worden geacht

70

Z. M. de Koning heeft, op voordragt van den minister van justitie, kwijtschelding verleend van de doodstraf aan Johanna Brouwers, huisvrouw van van den Bosch, en van de 5 jaren tuchthuisstraf aan J. Mooy, beide ter zake van de oproerige gebeurtenissen te Velsen veroordeeld. De Koning heeft tevens hen ontheven van de smet van eerloosheid, welke geacht mogt worden door het arrest van den Hoogen Raad op de veroordeelden te rusten.

71

67.
Wijkeroog omstreeks 1844. De buitenplaats was gelegen aan de Rijksstraatweg, even ten noorden van het dorp Velsen. De plek is bij de aanleg van het Noordzeekanaal vergraven.

68.
Bericht *Amsterdamsche Courant* 21/22 mei 1865.

69.
Bericht *Amsterdamsche Courant* 5 juni 1867.

70.
Bericht *Amsterdamsche Courant* 9 november 1867.

71.
Bericht *Amsterdamsche Courant* 10 januari 1868.

72.
Het hoofd van Marrs na de opgelopen verwondingen van 5 september 1866.

73.
Wijkeroog, de woning van Marrs, na de brandstichting van 5 september 1866.

73

HET HOOFD VAN MARRS
NA DE VERWONDING VAN 5 SEPT. 1866.

72

elk ogenblik trammelant was tussen de A K M en de stad Amsterdam; en steeds om de duiten. Het fijne van de zaak ontging ons; maar zoveel begrepen we wel, dat de stad Amsterdam het liefst zou zien dat de Staat der Nederlanden het hele werk overnam, vooral toen de aandelen gingen zakken. Van die zakkende aandelen hadden wij onze last: onze lonen werden soms maar half of met lelijke achterstanden uitbetaald, de aannemers beweerden dat ze geen geld van de Kanaal-Maatschappij kregen, er waren ruzies toen het erom ging spoorbruggen te bouwen, en wij, het zoodje, zaten op de malledijk. De schulden aan de balk werden al dikker, de jenever al dunner, de korzeligheid zat ons in de handen, we sloegen elkaar, we mepten ook wijf en kinders van puur sjagrijn, en toen er eindelijk weer centen loskwamen, kregen we de cholera op ons dak.

Nou moet je als onderliggende soort in deze maatschappij zoveel mogelijk zorgen dat je niet ziek wordt, want wat de hospitalen voor de armelui doen, daar kan je nog geen varken mee over de brug krijgen. Wachtkamers van de dood, dat zijn het. Je ligt er tussen de getikten en de geslachtszieken in, de zaalmeiden en knechten verkwanselen

het voer van de zieken (tenzij je ze fooien toestopt), als ze je niet mishandelen zodra je eens een hartekreet slaakt; en een dokter zie je er zelden of nooit, behalve wanneer ze opduiken om je bij volle bewustzijn een stuk van je lijf weg te zagen. Het zat ons dan ook niet lekker toen er in de zomer van 1866 een golf van de 'Aziatische' cholera kwam aanspoelen. Hoe ze de kwaal ook wilden noemen, een bezoeking was het. In onze buurt brak hij 't eerst uit bij Jan Gijzenvaart, waar spoorwegarbeiders uit Brabant in twee rieten keten huisden. Binnen veertien dagen waren er van de tien zieken acht in de zinkput gegaan, en de rest sloeg op de vlucht, terug naar huis. Hoewel ze die kotten verbrandden, was er voor ons daar in de slikdelverskolonie geen ontkomen, want waar mensen bijeen hokken broeit de ziekte op: ook een reden voor de gemeente om de kermis te verbieden, wat ons jong volk maar beroerd zinde. Overal waar we ons genesteld hadden, in de Breesaap, Velserduin, de Koekoek, vielen mannen en vrouwen om, meest jonge; en dan hadden we nog het geluk dat de ziekte wat je noemt gematigd huishield . . . De gemeente, dat moet ik zeggen, had van 't begin af maatregelen genomen; er wa-

⸗Weldadige Landgenooten!

Ten gevolge van de staking der werkzaamheden aan het Kanaal door Holland op zijn Smalst zijn de daaraan verbonden Arbeiders plotseling zonder werk en zonder brood. *Niet* alle die Arbeiders wonen onder de gemeente Velsen; velen hebben zich gevestigd te Beverwijk en Wijk aan Zee en Duin of waren reeds vroeger aldaar woonachtig. **Ruim honderd Huisgezinnen** in die gemeenten lijden door die staking volslagen gebrek, waarin niet voldoende kan worden voorzien door de uitdeelingen van Burgerlijke en Kerkelijke armbesturen. Met het oog op de aanvragen, die voor de Arbeiders onder Velsen zijn gedaan, achten de ondergeteekenden zich verplicht, ook voor de **Kanaal-Arbeiders gevestigd te Beverwijk en Wijk aan Zee en Duin,** een *dringend* beroep op uwe liefdadigheid te doen.

De Commissie

tot ondersteuning van de behoeftige Arbeiders-Gezinnen van het Noordzee-Kanaal te Velsen, acht zich verplicht te berigten, dat er reeds meer dan genoeg ontvangen is.

Terwijl de lijsten der ontvangen Goederen en de na 11 Januarij ontvangen Gelden voor de Dagbladen gereed worden gemaakt, haasten wij ons dit berigt te plaatsen, dewijl *alhier* thans door uwe milde liefdadigheid, Landgenooten! de ellende geweken is en in aller behoeften kan worden voorzien.

Namens de Commissie,
Velsen, J. C. ENSCHEDÉ, *Burg.-Pres.*
19 Jan. 1868. J. W. D. ROËLL, *Pred.-Secret.*

BROODSNOOD

onder de Nederlandsche Arbeiders aan het Kanaal door Holland op zijn smalst.

Sints de laatste opgave zijn nog ter leniging in dezen nood ontvangen de navolgende giften:

Bij Dr. A. CAPADOSE, te 's Hage: van H. G. ƒ35, de fam. v. d. H. ƒ100, en van de dienstboden ƒ2.50, N. N. ƒ10, N. N. ƒ10, M. M. ƒ7.50, ds. G. ƒ10, A. B. S. G. ƒ8.46, N. N. ƒ10, N. N. met een pakket ƒ1, mevr. van C. ƒ20, mej. G. ƒ2.50, C. H. G. ƒ10, ds. S. ƒ2.50, N. N. jaardag van K. ƒ5, H. en A. ƒ2.50, A. G. C. ƒ2.50, v. L. ƒ10, N. N. Nijmegen ƒ12.37½, F. v. L. ƒ5, M. P. van G. Arnhem ƒ14.85, N. N. Delft ƒ2.50, N. N. idem ƒ3.35, A. en B. v. K. ƒ2.50, wed. L. v. d. M. Delft ƒ6.19½, K. A. Amsterdam ƒ5, H. ƒ1, v. d. T. ƒ3, G. U. Arnhem ƒ10, W. A. R. ƒ1.12, D. ƒ2.50, eenige vrienden bij v. R. ƒ2, N. N. ƒ19.90, K. en S. en D. spr. 17 v. 3, ƒ6.17½, v. D. ƒ25, J. A. ƒ25, een Hofbod· ƒ1, mevr. D. ƒ2, N. en Z.

WERKELOOSHEID

onder de Arbeiders-bevolking aan het Noordzee-Kanaal, te *Velsen.*

LANDGENOOTEN! De dagbladen hebben u reeds berigt gegeven van de groote ellende, die er in deze gemeente heerscht onder de Arbeiders-bevolking, die uit alle oorden van *Nederland* alhier is te zamen gekomen, om aan het *Noordzee-Kanaal* te werken, - doch welke thans, door de schier geheele *staking der werkzaamheden*, tot de diepste armoede is vervallen.

Van goederhand wordt ons het volgende uit Velsen medegedeeld: „Vrijdag-avond ¹(22 dezer) ten 6 ure was de zoogenaamde heide, alwaar het poldervolk, arbeidende aan het kanaal door Holland op zijn smalst, eene kolonie gesticht heeft, het tooneel eener merkwaardige gebeurtenis. In het nieuw gebouwde schoollokaal daar ter plaatse (dat tevens dient voor godsdienstige bijeenkomsten des Zondags- en des Woensdags-avonds) werd de bijzondere school geopend met aanvankelijk een 70tal polderkinderen, welke opening niet alleen door ruim het dubbeltal kinderen, maar ook door zoo vele mannen en vrouwen uit de kolonie en belangstellenden uit Velsen en Beverwijk werd bijgewoond als het lokaal met mogelijkheid kon bevatten. De bijeenkomst duurde tot des avonds half negen ure.

78

74.
Bericht *Amsterdamsche Courant*
8 januari 1868.

75.
Bericht *Amsterdamsche Courant*
19 januari 1868.

76.
Bericht *Amsterdamsche Courant*
15 januari 1868.

77.
Bericht *Amsterdamsche Courant*
3 januari 1868.

Pieter Vermeulen

Pieter Vermeulen (1843–1922), in Amsterdam geboren, haalde op 24 augustus 1866 te Haarlem zijn acte voor hoofdonderwijzer. Aanvankelijk stond hij op de nominatie om als hoofd van een openbare school in Amsterdam te worden benoemd. De omgang van de jonge vrijzinnige onderwijzer met de christelijk opgevoede Maria Plomp, zijn latere echtgenote, bracht een ommekeer in zijn geestelijk denken en leven.

Het verzoek van een Amsterdams Christelijk schoolcomité om hoofd te worden van een christelijk schooltje op de Heide, als opvolger van Abraham Meijer, temidden van de kanaalwerkers, 'het schuim der natie', vatte hij op als een uitdaging en hij ging. Zijn arbeid was zwaar, hij werd aanvankelijk nauwelijks geaccepteerd door de polderwerkers. Ook gezinsleed bleef hem niet bespaard. Hij overwon echter alle moeilijkheden en verkreeg een vertrouwenspositie. Door zijn werkzaamheid werd het tijdelijke karakter van de school omgezet in een permanent.

Hoogtepunt voor hem was, dat in 1903 een nieuw stenen schoolgebouw aan de Stationsweg werd betrokken.

Op 29 april 1913 ging deze pionier van de Heide met pensioen. De regering erkende zijn verdienste door hem te benoemen tot Ridder in de Orde van Oranje-Nassau.

Ook buiten schoolverband heeft Pieter Vermeulen zijn sporen verdiend. Naast zitting te hebben gehad in diverse comité's op sociaal en geestelijk terrein, was hij tot 1918 ook lid van de Provinciale Staten van Noord-Holland. Hij overleed op 28 januari 1922 en werd begraven op De Biezen.

79

muiden. Musschenbuurt.

80

78.
Bericht *Amsterdamsche Courant* 27 maart 1867.
79.
Een herinnering aan het graven van het kanaal is deze 'luxe' hut in de Trompstraat. Het obstakel moest in 1919 verdwijnen vanwege de voortschrijdende bebouwing aan die straat.
80.
Behalve op de Heide streken de kanaalwerkers ook neer in de Musschenbuurt, aan de voet van de Hoogeberg. Gezien deze zeldzame foto van ca 1918 zijn deze optrekjes kennelijk nog lange tijd bewoond gebleven.
81.
Klassefoto met Pieter Vermeulen. Deze foto is genomen tegen de achtergrond van de houten school waar Pieter Vermeulen op de Heide begon.

81

ren verpleegketen van rietmatten gemaakt, waar de lijders naartoe gedragen werden. Een ramptijd, mensen. Er kwamen verplegers die ze een gulden per dag moesten betalen, anders deden ze het smerige werk niet; en die kerels waren dan ook de helft van de tijd uit angst voor besmetting in de olie. De gemeente moest een deur-aan-deur-collecte laten houden, om de kosten te kunnen dekken, en als ik het wel heb gaf het rijk ook nog een handjevol steun, zodat ze wat betere verpleeg-lokalen konden optrekken, compleet met kribben, dekens, potten en glazen. Maar ze lagen zo liederlijk ver uit mekaar en op zulke ongure plaatsen, dat de vier dokters uit de gemeente er soms maar met moeite bij konden komen. Sijsje en de kinders en ik ontsprongen de dans, maar die zomermaanden van 1866 zal ik nooit vergeten: wij kenden natuurlijk de zieken uit onze eigen baggerput, en hoewel een aantal weer opkrabbelde, sneuvelden er bijkans twintig. Toen in augustus de laatste lijder werd ontslagen en de rekening opgemaakt, hadden we tweeëndertig luitjes verloren. Wie blaft daar?
Nou kun je ook wel vatten, waarom we allemaal orémus waren, van binnen en van buiten, en zo onverschillig als een

verroest stuk ijzer op het strand. Het zou in diezelfde nazomer blijken – in wat ze toen 'het schandaal van Velsen' noemden. En een schandaal was het, al bedoel ik dat anders dan de lui die er zulke smerige stukjes over schreven in de kranten.
Hoe de Engelse aannemers het werkvolk mooi in soorten hadden gesplitst, om ons beter te kunnen regeren, zei ik al. De betonwerkers en pierenbouwers woonden niet alleen in nette barakken, maar verdienden stukken meer dan wij slik- en dijkwerkers. Dat hadden we net nog kunnen verkroppen, maar toen opzichter Pieter Cornelissen op maandag 17 september van dat cholera-jaar door de putbazen een loonsverlaging liet afkondigen, was bij ons de maat vol. Bram Zouwe stond in een ommezien op de rand van de put, de gebalde vuisten in de lucht: 'Mannen, nemen we dat? Niet alleen in varkenskotten wonen, maar ook nog maar zoveel verdienen dat we er alleen varkensvoer van kunnen kopen?' Natuurlijk namen we het niet. We klauterden uit de put, met schoppen en haken, want dat waren zoveel als onze wapens, en begonnen te lopen met het gevoel of we een vloedgolf waren. We spoelden ze bij tientallen mee: de zandwerkers op het

strand, de timmerlui aan de pieren, de karrevoerders en locomotief-bestuurders. Met die menigte marcheerden we naar Wijkeroog, en toen we langs onze nederzettingen kwamen, liepen vrouwen en kinderen met ons uit. In huize Wijkeroog, dat bezit was van de A K M, hadden ze de kopstukken van het werk ondergebracht, in de eerste plaats de Engelsen; maar ook lui als Cornelissen zaten daar in alle prinsheerlijkheid: zij en de betonwerkers hadden er hun eigen bakkerij, en voor het zandvervoer waren er wel zeventig paarden, waar Engels personeel onder het commando van een Engelse stalmeester, John Marrs, voor zorgde.
Nou had het tussen ons en die Engelsen allang niet geboterd, en Marrs was een dondersteen die we wel konden vreten. Hij probeerde van onze wijven te krijgen, waar anderen tenminste nog voor betaalden, en hij wachtte ook wel eens kleine meisjes in een of andere duinpan op, en daarbij deed ie dan nog net of dat een soort recht van hem was. Toen wij met de satan in het lijf op Wijkeroog aankwamen, om Cornelissen te grazen te te nemen, vonden we daar van de kopstukken alleen Marrs. Hij had kennelijk de angst, want toen we daar met die woelige troep kwamen

82

83

84

82.
Het buitenkanaal in wording. De ingraving
door de duinen ziet men vanaf de in
aanbouw zijnde Noordzeesluizen in 1869.
Ter hoogte van de op de zuidoever
zichtbare behuizingen ligt thans het
Sluisplein.
Detail: een grondwerkerskeet.
83.
De sluizen in de steigers in 1871, landzijde.
84.
De sluizen in het begin van 1872.
85.
In het najaar van 1872 werd het water
toegelaten.

85

oprukken, zagen we hoe hij en zijn volk
de hekken sloten, en hij stond ons achter de tralies te woord. We riepen om
Cornelissen, en Marrs die ons met
evenveel schrik als minachting bekeek,
probeerde ons in zijn brabbeltaaltje uit
te leggen, dat Cornelissen er niet was.
Later hoorden we natuurlijk, hoe die
vork in de steel zat: de putbazen hadden Cornelissen gewaarschuwd, hij
was bijtijds met een sleepbootje van de
A K M naar Velsen uitgeknepen. De
Maatschappij hield hem de hand boven 't hoofd, dat spreekt; hij is nooit
meer bij ons teruggekomen, maar heeft
een baantje gekregen aan de Oranjesluizen.
Op die septemberdag hadden we zodoende alleen te maken met Marrs, en
dat is die schobber van een Brit dan
ook zuur opgebroken. Hij grauwde tegen ons en maakte bewegingen achter
het hek, dat we moesten opkrassen,
maar dat zat hem niet glad: we hesen
mekaar, man- en vrouwvolk, over de
hekken. Marrs rende naar binnen en
verschanste zich met zijn helpers, z'n
broer en twee paardeknechten; en toen
we het huis dachten te belegeren, begon het secreet uit de ramen op ons te
schieten, nu eens uit een jachtgeweer,
dan uit een revolver, die z'n onderhori-

gen vast en zeker voor hem laadden.
We konden wel huilen van razernij,
toen de hagel ons om de oren stoof, en
er kwamen onderscheidene blessuren.
Maar Leendert Jan Griekspoor uit de
Haarlemmermeer, een van onze beste
jonge arbeiders, bleef voor dood in het
gras liggen.
Ondertussen bleek het dat de veld-
wachter van Velsen de Officier van Justitie in Haarlem gewaarschuwd had;
zo'n man met een dure naam, Del
Court van Krimpen. De Officier was er
in een wip, en hij kwam niet alleen; hij
had een heel leger bij zich, de halve
politiemacht die in de omtrek lag,
van de brigadier-majoor tot de laagste
rijksveldwachters derde klasse, en dan
nog een ploeg dragonders. Ik weet niet
wat ik van die Officier denken moet;
hij probeerde de boel te teugelen, maar
hij was kennelijk in de war toen hij in
onze dollemanstroep belandde, toen
hij bij het lijk van Griekspoor stond, en
toen hij Marrs uit het huis zag en hoorde schieten. Hij riep na enkele minuten
dat er een eind moest komen aan de
zaak, dat hij de stalmeester *levend of
dood* in handen wilde hebben. Dat was
voor ons het sein om pas goed van leer
te trekken. 'Uitroken de vos!' riep
Gijsbert Schouwman. We sleepten tak-

ken en houtafval en al wat er voor
brandbaars op en om het erf lag aan en
maakten een stapel, de vrouw van
Schouwman kwam met zwavelstok-
ken, en in een handomdraai sloegen de
vlammen tegen de buitenmuur. Del
Court van Krimpen kreeg het er be-
nauwd van, dat was wel te zien, maar
de boel liep hem al uit de hand. De kinderen dansten bij de vlammen, er werd
gezongen en gedreigd, en er ging een
smadelijk gejuich op toen we de knechten en meiden van het huis door een
achterdeur en het tuinpoortje de plaat
zagen poetsen. We lieten ze ontsnappen; het was ons om Marrs te doen. Na
het personeel kwam nog iemand naar
buiten, die we ongedeerd lieten gaan:
de dokter uit Velsen die per toeval in
het huis geweest was. Laat ik je vertellen, mensen, dat er vreemde dingen gebeurden, waarover ook later voor de
rechter nog veel is gesproken: toen we
bezig waren het vuur voor Marrs nog
wat heter te maken, kwamen de dragonders aandragen met krullen, die ze
in de timmerschuur gevonden hadden… Misschien was het wel vanwege
de dooie jonge arbeider, en misschien
ook omdat Marrs een Engelsman was,
en bijna iedere Hollander de ba heeft
van die Britse smuigelaars; en mis-

Droogmakerij I (Wijkermeer). — De kanaaldijken rond dezen polder, lang 16,206 meter, waren op 1 Maart zoo goed als voltooid.

Bovendien gemaakt 11,640 meter lengte ringsloot en ringkade, 14,245 meter lengte togt (205 in Maart), 39,000 meter lengte bermsloot, 64,000 meter lengte kavelsloot, 26,700 meter lengte heinsloot en 18,673 meter lengte polderweg.

Het noordelijk deel van den polder was op het eind van Maart tot 2.30 meter, het zuidelijk deel tot 2.35 meter beneden A. P. afgemalen.

*SLOTERDIJK, 27 Juni. Ten gevolge van de werkzaamheden in en aan het IJ, in verband staande met de werken der Kanaalmaatschappij, heeft zich reeds een groote verandering voorgedaan. Kon vroeger bij Noordwestenwind het water geweldig spoken, zoodat het, spottende met dammen en kaden, buiten zijn bedding trad en met een vruchtbare slib de buitendijksche landerijen bedekte, thans is door de afsluiting te Schellingwoude die toestand geheel voorbij. Het IJ is een bijkans stilstaand meer, ja op sommige plaatsen een moeras geworden, en heeft daardoor een kwijnend aanzien gekregen. Wegens de ondiepte zijn de booten en schepen genoodzaakt in bepaalde geulen te varen, willen zij niet geheel vastraken. De liefhebbers van baden en zwemmen vinden geen geschikte plaats meer, waar zij zich te water begeven kunnen om verfrissching in de golven te zoeken. Ook met de vischvangst is het zoo goed als gedaan. Bij halfweg Haarlem is het IJ reeds geheel droog, en daardoor het (vroegere) eiland Ruigoord met den vasten wal verbonden. Niet lang meer, en geheel het IJ is een zwarte, doodsche, moerassige vlakte geworden.

AMSTERDAMSCHE
KANAAL-MAATSCHAPPIJ.
Eerste Veiling
VAN
INGEPOLDERDE en DROOGGEMAAKTE
GRONDEN,
van het voormalig WIJKERMEER.

Op **Dingsdag den 16 December 1873** en zoo noodig den volgenden dag, zullen door de **Amsterdamsche Kanaal-Maatschappij**, ten overstaan der Notarissen C. J. G. DE BOOY te Haarlem, W. BOERLAGE te Velsen en C. J. PRINS te Beverwijk, in de Groote Zaal der Societeit "de Vereeniging", in de Lange Bagijnenstraat te Haarlem, telkens te beginnen des voormiddags ten **10** ure, in het openbaar ten verkoop worden aangeboden:

ruim 400 Hectaren
PUIKE KLEIGRONDEN,

geheel verkaveld, in kultuur gebragt en met **koolzaad** bezaaid, gelegen ten noorden van het Hoofdkanaal, onder de gemeente Beverwijk en Assendelft, en zulks bij Perceelen en Combinatiën zoo als in de Notitiën en op de Kaart der te veilen Perceelen staat aangewezen.

De volledige Veiling- en Verkoopvoorwaarden zijn tegen betaling van **één gulden** verkrijgbaar aan de kantoren der *Amsterdamsche Kanaal-Maatschappij* te Amsterdam en te Velsen en bij bovengenoemde Notarissen.

Aanwijzing der gronden zal Dingsdag, Woensdag en Donderdag van elke week, des voormiddags ten elf ure — uitgaande van Velsen — gedaan worden door den Opzigter C. BOUTERSE aldaar.

Extract uit de Veilingsconditiën, aanwijzing der Perceelen, Combinatiën enz. zullen te verkrijgen zijn op Maandag 24 dezer en volgende dagen ten kantoren der Maatschappij en van de bovengenoemde Notarissen.

Amsterdam,
18 November 1873.

De Directie:
JITTA, *President.*
P. H. BRUYN, *Secretaris.*

86.
Het uitgraven van het binnenkanaal tussen
de spoorbrug en de op de achtergrond
zichtbare bouwput van de Noordzeesluizen
in 1871.
87.
Bericht *Amsterdamsche Courant* 8 mei 1874.
88.
Bericht *Nieuwe Rotterdamsche Courant*
16 juli 1876.
89.
Annonce *Nederlandsche Staatscourant*
21 november 1873.
90.
De sluizen bijna gereed, ca 1872.

90

schien ook wel, omdat de majoor van
de rijksveldwacht die het huis wilde
binnendringen om Marrs eruit te halen, van de stalmeester een kaakschot
gekregen had, zodat de vrouwen al een
jammerkoor aanhieven: 'De majoor is
dood! Nou branden wij die Engelsman
levend!' – en misschien ook omdat er
een keuterboertje uit Velsen, Jan
Mooij, was komen aanlopen om te vertellen dat op de zanddam een locomo-
tiefje klaarstond, om Marrs te helpen
ontvluchten. Hoe dan ook, iedereen
kookte van opwinding, de Officier van
Justitie holde heen en weer, de kinderen krijsten, en Jan Mooij pakte één
van de dragonders zijn geweer af en
loste een schot in de lucht, ik denk van
pure doldriftigheid, want hij was kennelijk op onze hand. Met dat al laaiden
de vlammen al gauw tot de bovenverdieping; we rookten Marrs uit zijn
schuilplaats. Zwart van rook en roet
kwam hij naar buiten, het geweer nog
in zijn tengels. Hij was van ons..!
De Officier mocht ons vermanen, de
veldwachters dreigen, de dragonders
lachen... Marrs was van ons! We hebben hem een pak slaag gegeven dat
hem levenslang zal heugen. Natuurlijk
moesten we hem uiteindelijk toch aan
de politie en de soldaterij overlaten,

maar wij geknauwden hadden onze
voldoening en die kon geen mens ons
meer afnemen: Marrs verdween in het
gevangenishospitaal met flink wat
kneuzen en schrammen, om van zijn
hoofdwonden te zwijgen... In onze
kolonie deed kort daarop een verfom-
faaid blaadje de ronde, het heette de
Hollandsche Illustratie, en we vonden
er een tekening in, voorstellende de
kop van Marrs na het 'treffen'. Het
leek wel een zandgors bij eb – allemaal
geulen en gaten. We hebben wel
gelachen. Ja, mensen, zo zijn wij:
ongenade tegen ongenade... Wie
blaft daar?
Overigens wisten we allemaal donders
goed, dat die muis een dikke staart zou
hebben. Al een dag na 'het schandaal',
zoals het van nou af aan in de kranten
genoemd werd, kwamen de veldwachters en haalden twee van onze mannen
weg: Willem Lobé en Cornelis Visser,
de laatste nog maar een broekie; en tot
onze verbazing ook Johanna Brouwer,
die met Antonie van den Bosch over de
puthaak getrouwd was. Wat zij mis-
daan had – behalve dat ze bij het tumult geweest was – wist geen van ons.
Later hoorden we dat ook Jan Mooij
uit Velsen was opgehaald. Pas een
klein jaar later kwam de zaak voor het

provinciaal gerecht van Noord-Holland. Ze riepen wel zestig, zeventig
man van ons als getuigen op, mij ook;
ik had, net als de rest, alleen maar iets
te vertellen over de smerige streken van
Marrs, en daarom stuurden ze ons al
gauw naar huis. Maar Bram Zouwe
heeft het hele proces op de tribune uit-
gezeten ('daar heb ik een week loon
voor over', zei hij), en van hem hoorden we hoe wonderlijk alles verliep.
Willem Lobé konden ze niet meer
krijgen, die was naar een polderwerk
bij Zaltbommel verhuisd, maar daar al
in de loop van '66 aan de tyfus omgekomen. En op Marrs hadden ze net
zo min vat; die was uitgeknepen naar
Engeland, veilig over zee. Cornelis Visser en Jan Mooij werden vrijgespro-
ken, omdat hun schuld – samenzwe-
ring, staking, brandstichting en het
toebrengen van kwetsuren! – niet be-
wijsbaar was; Cornelis was bovendien,
zeiden ze, zo jong dat ie alleen onder
druk van andere geweldplegers kon
hebben gehandeld... Maar Johanna
Brouwer, dat geloof je niet, kreeg de
doodstraf en dat, terwijl het schepsel
niks had gedaan!
Daar was het niet mee uit, o nee. De
Officier van Justitie tekende bezwaar
aan tegen de vrijspraak... hij die ons

91

92

93

91.
De sluizen zijn gereed. Rechts de eerste
woningen in IJmuiden voor het
sluispersoneel, waarvan Alida Smakman,
oud 7 jaar, op 19 augustus 1875 de eerste
steen legde.

92.
De havenmond omstreeks 1880.

93.
De eerste bebouwing van IJmuiden bestond
uit dienstwoningen, gezien op deze
staalgravure van omstreeks 1880.

94.
De eerste dienstwoningen van IJmuiden aan
het Sluisplein. Van rechts naar links:
Ontvanger van haven- en kanaalgelden van
de Amsterdamsche Kanaal-Maatschappij,
Post- en Telegraafkantoor en gebouwen van
het loodswezen.

94

zo mooi de vrije hand gegeven had toen
hij zei dat we Marrs *levend of dood* bij
hem moesten brengen, wat de advocaat natuurlijk dik had onderstreept.
De Hoge Raad maakte de vrijspraak
ongedaan en eiste voor Cornelis, die
blaag, en voor Jan Mooij vijf jaar
tuchthuis! En geloof maar niet dat de
Kanaal-Maatschappij voor haar werkvolk opkwam; die zweeg in alle talen,
en uit heel andere hoeken hoorde je wel
eens dat er kranten waren die tegen de
Hoge Raad te keer gingen, omdat ze
'de smet van de eerloosheid' op het poldervolk geworpen hadden ... Eerloos
of niet, het schandaal leefde weer vin-
nig op, en de koning bemoeide zich er
mee. Je kunt van Willem III zeggen wat
je wilt, in deze dingen was hij geen mie-
zerige aristocraat. Hij verleende gratie
aan alle veroordeelden en gelastte hun
onmiddellijke invrijheidsstelling. Dat
ze Marrs ook nog vrijspraken, namen
we maar op de koop toe.
Het oude Wijkeroog was nu wel plat-
gebrand, maar de Engelsen bleven er
huizen, en breidden hun nederzetting
daar zo uit dat er al gauw gesproken
werd van het 'Engelsche dorp'. Wij
hadden de dood aan ze gezien, vooral
na die historie met Marrs, en onze jongens zakten steeds weer daarheen af

om ruzie en handgemeen te zoeken. De
Engelse aannemers werden bang voor
ons en vroegen politiebescherming.
Natuurlijk kregen ze die, vooral toen
de directie van de A K M het verzoek
steunde. Op het oude landhuis Delcourt in de Breesaap werd een heel
legertje veldwachters en dragonders
gestationeerd, en behalve dat zij de Engelsen 'beschermden', zaten ze ons ook
dag en nacht achter de vodden omdat
wij – nogal glad – de duinstreek als
jachtgebied gebruikten: een konijn of
als het lukken wilde een goed stuk her-
tebout in de pot was toch meegenomen? Nou werd dat bijvoer ons ook
nog misgund; wonder, dat wij al
wreveliger werden op die streek?
Steeds meer van ons volk trok weg,
naar de zuidkant van de kanaalput,
waar buitenbuurtjes van Velsen lagen,
de Koekoek, de Musschenbuurt,
Velserduin, Schoonenberg, en bovenal de
Heide. Daar was ruimte genoeg om een
nieuwe leemput of een grondgat te
maken en stropen konden we dáár ook.
En al kwam er nu en dan iemand van
de gemeente Velsen om te protesteren,
wij nestelden ons daar, toestemming
of geen toestemming, en als ik het
wel bekijk hebben wij de Heide groot
gemaakt!

Zelf hadden we minder grootheid dan
ooit. Terwijl ze daar in het Engelse
dorp een op palen gebouwde kantine
kregen, waar met grote letters op geschilderd stond English Provision Stores (ik hoop dat ik het goed zeg), waar
jandorie ook de Nederlandse beton-
storters, die niet met ons meegegaan
waren (ze waren immers zoveel beter
dan wij!), alles wat ze wilden tegen een
laag prijsje konden kopen, bleven wij
overgeleverd aan de winkel- en kroeg-
bazen, die ons trouw op de voet waren
gevolgd. Altijd die schulden, altijd die
gedwongen winkelnering en die woe-
kerprijzen, altijd dat klaarliggen van
vrouwen en meiden voor wie de beurs
maar opentrok. De aannemers betaalden ons nou ééns in de veertien dagen –
maar we hebben ook wel eens drie weken op dat loon moeten wachten. Hoe
langer de uitbetalingen werden uitgesteld, hoe minder we tenslotte ontvingen, want de drank- en danstenten
gaven ruim krediet, daar niet van.
Maar als je uitgedanst en uitgezopen
was, was je meteen blut ook. De politie
loerde op ons en sloeg erop los als we
maar even uit de band sprongen; de
sloebers dachten blijkbaar dat ze ons
daarmee konden 'opvoeden'. Wat viel
er eigenlijk op te voeden? Probeer

Met levendige belangstelling vernemen wij, dat gisteren, 25 dezer, de *eerste stoomboot van Amsterdam regtstreeks door het nieuwe kanaal gevaren en de Noordzeesluizen gepasseerd is.* Derhalve is een belangrijk deel van het groote werk als tot stand gebragt te beschouwen. De boot, zijnde de *Noordzeekanaal,* toebehoorende aan de Maatschappij, heeft den nieuwen waterweg in twee en een half uur afgelegd. Het feit is vooral ook daarom verblijdend, dewijl men nu verwachten kan, dat „het Y zich spoedig zal werpen in den schoot der Noordzee."

96

95

*VELSEN, 17 Augustus. Het ramtorenschip *Koning der Nederlanden* is heden ochtend ten 8½ van Amsterdam vertrokken, gesleept door 3 stoombooten, één voor en aan weerszijden van het achterschip één.

Er woei een flinke bries uit het oosten. Langzaam en statig, hier en daar zeer langzaam, bewoog zich het gevaarte door het kanaal, gevolgd door de stoomboot *De Zuiderzee,* aan boord waarvan zich verschillende belangstellenden bevonden.

Ten 3 uur was het schip aan de brug van Velsen, waar zich een aanzienlijke menigte verzameld had. Door vele Hollandsche en Engelsche vlaggen, die van verschillende vaartuigen, stoombooten, baggerponten en gebouwen wapperden, had alles een feestelijk aanzien.

Het zal aan de Noordzeesluizen vastmeren en hoogstwaarschijnlijk Zaterdag a. s. met springtij zee kiezen.

97

98

95.
Spoorbrug bij Velsen in 1872.
96.
Bericht *Amsterdamsche Courant*
27 september 1872.
97.
Bericht *Amsterdamsche Courant*
18 augustus 1876.
98.
De Velservoetbrug met op de voorgrond de
aanlegplaats van de Stoombootdienst
Amsterdam-IJmuiden, ten oosten van het
dorp Velsen omstreeks 1898.
99.
Situatietekening van de Velservoetbrug.
100.
Annonce *Velsens Gratis Advertentieblad*
4 maart 1899.
101.
Z.M. Ramtorenschip Koning der
Nederlanden in de Indische wateren in
1887.

101

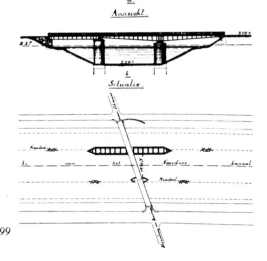

99

100

maar eens te leven op onze manier. En
probeer het vooral als er niet gewerkt
kon worden en wij dus ook geen loon
vingen; dan trokken hele benden vrouwen en kinderen door de streek, ze
bedelden en – waarom zou ik het ver-
zwijgen? – roofden onderweg mee wat
ze konden. En dan moest je nog blij
zijn met die verdoemde liefdadigheid,
die een paar fijn-christelijke families
van adel over ons uitstortten: gratis
uitdeling van soep en brood, vooral in
de wintertijd . . .
Nee, nou moet ik omderwille van de
waarheid toch vermelden, dat er althans één brave kerel is geweest, die z'n
best gedaan heeft ons – dat wil zeggen
ons kroost – 'op te voeden'. Die knaap
heette Pieter Vermeulen, en ik heb wel
eens medelijden met hem gehad, zoals
die daar van '67 heeft gesparteld en geleden voor ons bestwil. Die adellijke
families waar ik het over had, hadden
hun zin gezet op een christelijke
school, en omdat de gemeente Velsen
hun in dat plannenmaken de rug had
toegedraaid – ze zijn later wel met een
openbare school gekomen – hadden
die freules en baronnen gelden bijeen-
gezameld, samen met een of andere
evangelisatie-vereniging in Mokum,
waarin een mijnheer Capadose de toon

aangaf. Onze bedelende en rovende
jeugd moest tot een zalige levenswan-
del bekeerd worden in een grote houten loods van bruingeteerde planken,
daar aan de Zeeweg in Velsen, die ze
van de evangelisatiecenten lieten optrekken. Het ding lekte als een zeef, en
er lag zand op de vloer, maar toen het
door een of andere bijbelpreker werd
geopend, was er een massa volk uit de
omtrek opgekomen, en er was ook een
aantal van ons poldervolk bij, uit pure
nieuwsgierigheid.
Nou, ik zeg het maar meteen: ik had
geen fiducie in zoveel vroomheid, al
zou het natuurlijk wel makkelijk geweest zijn als mijn kinderen er wat hadden geleerd, maar ze wilden zelf niet,
en de meeste kinderen uit de Heide en
de andere polderjongensbuurten wilden niet; ze waren net als het wild in
vrijheid opgegroeid. Toch kregen ze
een zestig kinderen in die loods, maar
hoe die zich als vrijgevochten kanalje
gedroegen – het lag voor de hand – vat
je wel als ik zeg dat de eerste schoolmeester en zijn helper, die door dat
fijne volk werden aangeworven, er al
na een paar maanden vandoor gingen.
Toen kwam Pieter Vermeulen voornoemd. Hij was nog maar een jong ke-
reltje, ik heb hem vaak gezien, want hij

Velser Voetbrug.

102

AMSTERDAM, 5 September. Zaterdag jl. hebben de werklieden aan de stoomheistellingen te Velsen de laatste van de 3467 damplanken, benoodigd voor de fondatiewerken der Noordzeesluizen, versierd, in optocht rondgedragen en aan het hoofdpersoneel van het werk tentoongesteld, hetwelk hun een niet onaardig sommetje heeft opgeleverd. De paal is thans ingeslagen. (H.bld.)   104

AMSTERDAM, 3 Juli. Gisteren zijn de metselwerken voltooid voor de Noordzeesluizen van het Kanaal door Holland op zijn smalst. Binnen korten tijd zal nu het IJwater in het kanaal worden toegelaten, en dit gedeelte door baggerwerken verder op de behoorlijke diepte worden gebracht. Voor het toelaten der groote baggermachines moet natuurlijk de voltooiing van de spoorwegbrug over het kanaal worden afgewacht, daar eerst na goedkeuring van deze brug de dam zal kunnen worden weggeruimd, waarover thans nog de spoorweg gaat.   105

Naar wij met genoegen vernemen, is de doorgraving van het duin en het strand onder Velzen, voor zoover die tot afwatering vereischt wordt, gisteren voltooid en is heden nacht ten 3 ure voor het eerst Y-water in de Noordzee afgestroomd.   106

DE NACHTWACHT.

Een twaalftal jaren nu geleên, deed zich de Nachtwacht hooren:
Juicht, Amstels Burgers! laat geen vrees nu meer uw rust verstoren!
Wat grievend leed is uitgestaan, 't Kanaal wordt nu gegraven,
Dat, als natuur de kunst verzelt, weêr Amstels roem zal staven!

Een elftal jaren vlood daar heen! Na ramp en tegenheden,
Zag Amsterdam zijn wensch vervuld, zoo lang reeds afgebeden!
IJmuiden's haven mag een *deel* der vloot al reeds ontvangen.
Die statig uit- en binnen stoomt, wijl niets haar meer mag prangen!

103

Nu de tijd op handen is, dat het eerste schip van zee door het Noordzeekanaal hier zal binnenloopen, is het niet onaardig te herinneren, dat juist een halve eeuw geleden het eerste schip de *Christina Berendina*, kapitein Zijlstra, door het Noord-Hollandsch-kanaal te Amsterdam is binnengekomen, en bij die gelegenheid het eerste oorlogsschip, de *Bellona*, dat door het kanaal kwam, is gepasseerd, – eene ontmoeting, die op doek is vereeuwigd.

Ook bestaat van de *Christina Berendina* onder ons nog eene levende herinnering in den persoon van den kapitein H. Rolff, thans havenmeester aan het Westerdok, een destijds tweede stuurman op genoemd schip.

Indien de Kanaalmaatschappij op den dag, waarop zij zeggen kan: „het Noordzee-Kanaal is klaar", feest viert onder de algemeene sympathie der burgers van stad en land, dan zal zij zeker den grijzen zeeman gedenken, die voor vijftig jaren van een dergelijk merkwaardig feit getuige is geweest.   107

108

102.
De Stad Breda, links net zichtbaar, omringd
door volgboten, nadert de versierde sluis.
103.
Fragment van een gedicht, gedateerd
1 januari 1877.
104.
Bericht *Nieuwe Rotterdamsche Courant*
6 september 1871.
105.
Bericht *Idem* 6 juli 1872.
106.
Bericht *Amsterdamsche Courant* 2 november
1872.
107.
Bericht *Idem* 9/10 juli 1876.
108.
Eén van de volgboten die de genodigden
naar de eretribune bracht.
109.
De Stad Breda verlaat met koning
Willem III aan boord de sluis.

109

durfde het niet alleen aan om voor die
schoolklas met het zoodjeskroost te
gaan staan, hij kwam ook bij ons poldervolk binnen. In het begin spuwden
ze hem zowat voor de voeten en zeiden
dat hij toch maar een bondgenoot van
de rijken was, maar later zagen ze hem
graag komen. Hij wist altijd raad als iemand van ons in de klem zat, en hij
heeft van zijn salarisje een flink brok
onder ons hongerlijers uitgedeeld, en
zijn vrouwtje steunde hem daarin. En
ook als hij van zijn adellijke bescher-
mers levensmiddelen en kleren en
klompen loskreeg, om ze onder ons te
verdelen, en dan moest merken dat de
meesten van ons die op slag weer ver-
kwanselden, dan liet hij zich niet ont-
moedigen; hij schold ons de pens vol
en ging door met zijn hulp, al wist hij
net zo goed als wij dat de zonde zich
zou herhalen. Ik geloof dat Pieter Vermeulen het jaar in jaar uit als een held
onder ons en tegen ons heeft volgehouden, en daarom – sakkerju – neem ik
nou nog m'n pet voor hem en zijn
christelijk-nationale school af.
Nou ik het toch over steun en liefdadigheid heb, mag ik niet vergeten wat
er december '67 en januari '68 gebeurd
is. Ruw en onwerkbaar weer hadden
we ook eerder gehad, en we zouden het

tot het bittere einde houden; de zee
blijft nou een keer onze ergste vijandin.
Maar in het najaar van '67 waren de
stormen zwaarder dan ooit, en dat terwijl we net flink vooruitgekomen waren met het werk: de steiger voor het
hulpspoor, dat de betonblokken naar
de havenhoofden bracht, strekte zich
250 el in zee; de ontgraving tussen zee
en straatweg schoot op; voor het opwerpen van de zanddammen aan het
Wijkermeer hadden we nou baggermolens; het zijkanaal bij Beverwijk begon
zich af te tekenen. En we hadden allemaal met voldoening staan kijken, hoe
het water in het eerste kanaalvak gelaten werd, zodat er nou ook materiaal
per schuit kon worden aangevoerd. De
zanddijk door de Breesaap, waarachter de Noordzeesluizen moesten komen, was af. Maar het mooiste en
meest gedurfde stuk aanleg waren de
havenhoofden; ze strekten zich als
twee vangarmen in zee, voorbij de
zandbanken die voor de kust lagen, en
de betonblokken – ze maakten die na
de proefnemingen van de begintijd al
zwaarder – werden dag en nacht uit de
werkplaats aangevoerd.
En daar stortten zich dan die stormen
op; vooral die van de 2e december was
mirakels boos. In november was er al

zo'n vijfenveertig meter van het noorderhoofd weggeslagen; maar in de
voorochtend van genoemde datum
kreeg de traffelaar het zwaar te verduren – zo noemen wij de hulpstellingen
van houten palen en met ijzeren voeten, waarop een heftoestel voor de betonblokken staat. We hoorden de da-
verende klap waarmee de wind de traffelaar greep en verbrijzelde, zodat we
uit onze holen en gaten naar het strand
renden. Daar staarden we in het donker en de leegte; de laatste paal was net
in de golven verdwenen, zoals de betonwerkers ons vertelden, al hadden
die de ramp ook meer gehoord dan gezien. We konden niet van de plek wegkomen, we stonden terwijl het zieperig
licht werd, met klapperende tanden te
kijken of de in zee vooruitstekende
brug, waarover trein en zinkstukken
werden aangevoerd, het zou houden.
Vervloekte zee! Een van de Engelse ingenieurs, Brown was z'n naam, liep de
brug op, terwijl de golven zowat over
z'n hoofd zwiepten, maar een van ons
rende aan en sleepte hem weg van die
ongelukkige plek; en maar goed ook:
vlak daarop dook het hele voorstuk
van de brug met twee traffelaars erop
in de baaierd, en nog geen kwartier later was ook van het strandstuk niets

VELSEN, 29 Juli. Ofschoon het Kanaal door Holland op zijn Smalst zijne voltooiing nadert is er hier en in de omstreken nog weinig verandering waar te nemen.

De arbeidersbevolking is nog niet veel verminderd. Aan de Velserkant van het kanaal staan op de zoogenaamde hei een aantal arbeiderswoningen, meestal van steen gebouwd met een houten schuurtje annex, eene omstandigheid welke aanduidt dat men hier aan eene gevestigde arbeiders-kolonie heeft te denken, welker bewoners steeds werk zullen vinden aan de verdediging van de grootsche werken tegen de sloopende krachten der natuur.

Aan de overzijde ligt de Engelsche buurt, die evenzeer nog goed bevolkt is, met haar zoogenaamde store, een winkel, door de Engelsche ondernemers ten behoeve der werklieden tot stand gebracht, waar men eerste qualiteit levensbehoeften, waaronder vele Engelsche waren, tegen de billijkste prijzen kan bekomen.

De bewoners van deze buurt vinden meestal hun werk aan de nabij gelegen betonfabriek, die nog steeds in werking is; onafzienbare rijen betonblokken staan er gereed om naar de hoofden te worden vervoerd. De meeste bezoekers der hoofden aan zee vragen verlof om op een der betrontreinen zoo goed als dit kan, plaats te mogen nemen, want de tocht te voet is zeer vermoeiend en vordert een uur tijds. Eene gelegenheid met een der vele stoombooten waar te nemen, verdient echter verre de voorkeur.

Onophoudelijk ziet men gevulde zandbakken naar Amsterdam sleepen, welker inhoud wordt gebezigd aan de werken in het open havenfront.

De spoorweg ligt aan de noordzijde van het kanaal; van tijd tot tijd snort de locomotief met eenige betonblokken achter zich voorbij; deze zijn thans meestal bestemd voor het zuiderhoofd; zij moeten dus aan het eind van 't kanaal naar de andere zijde worden overgebracht. Men heeft daartoe aan iedere zijde van het kanaal hooge houten kraanstellingen gemaakt, waarop eene locomobiel staat die de ketting van een zesschijfs ijzeren takel opwindt, waarmede de zware betonblokken van de waggons worden genomen en neergelaten op lichters. Donderdag ll. slipte een der blokken uit de stroppen en viel, gelukkig zonder ongelukken te veroorzaken, in het diepe water; dit schijnt wel meer te gebeuren; althans men gebruikt de voorzorg om de lichters er niet onder te leggen vóórdat het blok zoover is neergelaten, dat deze er even onder kunnen. Onmiddellijk werd een duiker in het werk gesteld, die in korten tijd de stroppen weder had bevestigd en het sein tot opwinden gaf.

De betonblokken dienen nu voornamelijk tot voltooiing van den golfbreker aan de buitenzijde van, en der borstwering op de hoofden. Uit deze laatste op het zuiderhoofd waren verscheidene blokken weggeslagen.

Men is druk bezig om aan de uitmonding van het eigenlijke kanaal, van den duinvoet af, bermen te leggen van Doornikschen steen, die een 600 meter in de kom tusschen de hoofden uitsteken.

110.
Oorkonde ter gelegenheid van de opening
van het kanaal.
111.
Bericht *Nieuwe Rotterdamsche Courant*
1 augustus 1876.
112.
Scheepvaart tussen de pieren omstreeks
1880.

112

meer over. Weg en geblazen ... we hebben er geen splinter van teruggezien! Dat was een klap voor de AKM; maar wat was het voor ons? Het zwarte noodlot! Er viel voorlopig niet te werken; er was trouwens last gegeven dat al het materiaal diende te worden nagekeken. En zo zaten we daar, in de losgebroken winter, geen werk en geen verdienste. Denk je in, mensen, wat dat voor honderd huisgezinnen en een duizend zielen betekent. De kranten van die dagen, voorzover ze onze kolonie binnenkwamen, verkondigden met dikke letters: 'Werkloosheid' – 'De nood is groot' – 'Broodsnood' – en daarna volgden de oproepen om hulp: 'Landgenoten, helpt ons!' – 'Weldadige landgenoten!' – 'Voor de behoeftige huisgezinnen!'
De burgemeester en de secretaris van Velsen hadden een steuncomité gevormd, en ook in Amsterdam waren twee commissies voor ons aan 't werk, één ervan weer van diezelfde mijnheer Capadose. Er kwam een smak geld binnen. De afrekeningen stonden steevast in de krant, en Sijsje heeft ze ons wel eens voorgelezen. Het was wonderlijk, maar het meeste kwam uit de beurs van de kleine luidjes, dienstboden, naaisters, scholieren, arbeiders.

Een polderjongen uit de Haarlemmermeer stuurde *f* 1,50 met een rijmpje: 'Veertien dagen wat vroeger op / Dan tik ik dien daalder weêr op zijn kop'. Zeven sjouwerlui brachten *f* 8,— bijeen, en dat ging almaar voort. Koning Willem III gaf *f* 300,— en dat leek een groot bedrag, maar z'n broer prins Frederik en de prinses schonken *f* 1000,— en zo was er ook aan het hof baas boven baas ... Afijn, wij rolden dankzij al dit geld door de beroerde tijd, en daar moest ik met mijn soort dankbaar voor zijn. Laat ik het maar onbehouwen zeggen: we vraten van die liefdadigheid, we verdeelden de kleren die men stuurde; maar de gal liep mij er wel eens bij in de mond.
We raakten godlof weer aan de slag, maar dat wil niet zeggen dat alles van toen af aan zo glad verliep. Er kwamen nieuwe baggermolens, locomotiefjes, stoompompen en heistellingen. De Engelse ingenieur Hutton bouwde in '68 een beweegbare kraan op het noorderhoofd die ze de Titan noemden; ze vertelden ons dat dat reus betekende, en een reus was het met z'n armzwaai van twaalf meter die de betonblokken pakte en neerlei waar men ze hebben wou. In '69 kwam er ook zo'n Titan op het zuiderhoofd. Wat die ingenieurs be-

treft, Engelsen en Nederlanders, ze waren steeds bezig met verbeteringen, ze voerden een nieuw soort cement in, en de bokken werden met ijzeren ankers aan elkaar gesmeed. Toch werden de hoofden aldoor beschadigd; wat wil je met die wester- en noordwesterstormen, pal op de pieren? En ook met de gemeente Amsterdam en de AKM bleef het tobben; de heren in Amsterdam vonden dat we niet snel genoeg opschoten, ze hadden de hersenschim in hun hoofd gehaald dat het kanaal in '73 klaar zou zijn ..! Er werd zelfs in de kranten gespot en gehoond, en terwijl wij de zorgen om uitblijvende lonen en het barre weer op ons dak kregen, maakten ze in stad en staat ruzie om het grote plan.
Ze waren intussen aan het andere uiteinde van het kanaal zogezegd ook druk in de weer; daar hadden ze minder last van stormen. Half maart 1872 ging het eerste schip door de Oranjesluizen; er moet zoveel toedrang van het publiek bij geweest zijn dat de mensen door hekken op een afstand werden gehouden. En wij zwoegden ondertussen in de put waar de Noordzeesluizen moesten komen. In diezelfde maartmaand was intussen over het kanaal bij Velsen een grote ijzeren brug

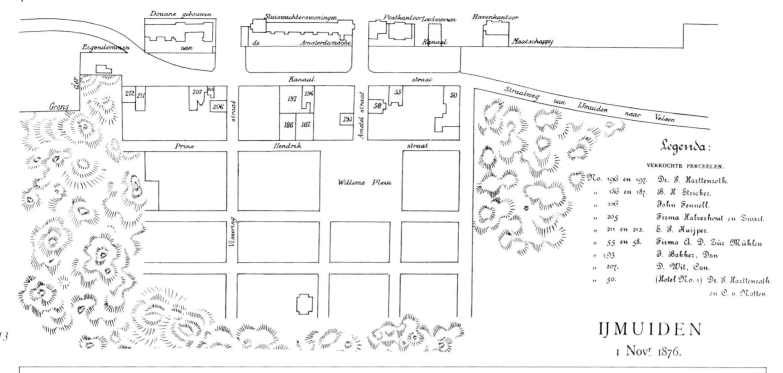

IJMUIDEN
1 Novr. 1876.

Legenda:
VERKOCHTE PERCEELEN.

No.	196 en 197.	Dr. F. Harttenroth.
"	186 en 187.	B. H. Stricker.
"	206	John Fennell.
"	205	Firma Halverhout en Zwart.
"	211 en 212.	S. J. Kuijper.
"	55 en 58.	Firma A. D. Zür Mühlen.
"	193	J. Bakker, Czn.
"	207.	D. Wit, Czn.
"	50.	(Hotel No. 1) Dr. F. Harttenroth en C. v. Notten.

113

114

113.
Kaart van IJmuiden van 1 november 1876.
114.
Deel van het begeleidend schrijven van het
bestuur van de burgerlijke maatschap aan
het gemeentebestuur, waarbij het eerste
grondplan van IJmuiden wordt aangeboden
met het verzoek de straten kosteloos over te
nemen.
115.
Gezicht op het Noordzeekanaal oostwaarts,
omstreeks 1890. Rechts de aanlegsteiger van
de Stoombootdienst Amsterdam-IJmuiden,
nabij de sluizen.
116.
De eerste particuliere bebouwing van
IJmuiden omstreeks 1880.

115

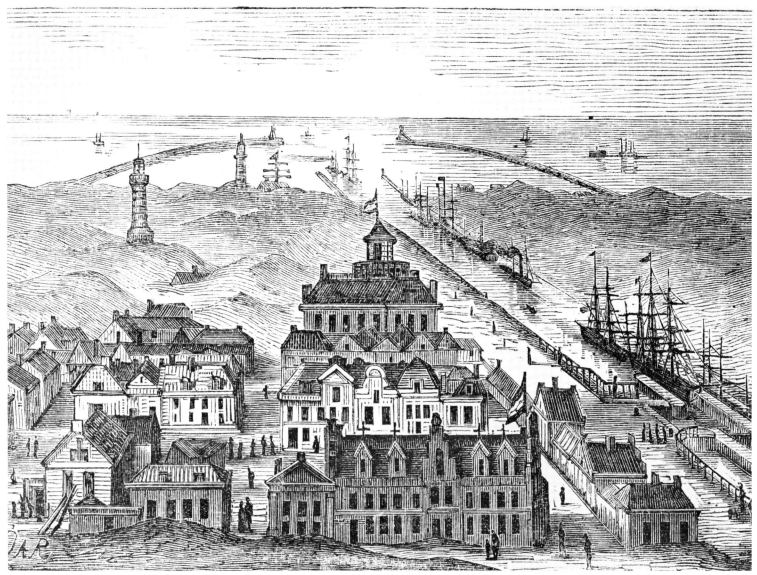

116

117

118

120

117.
De Kalverstraat gezien vanaf de
zogenaamde Beurs in westelijke richting,
omstreeks 1890.
118.
Verzoekschrift van de bewoners van de
Heide aan de gemeenteraad, waarin men
aandringt op het bestraten van de
Kalverstraat.
119.
Een bekend volkstype op de Heide was
destijds de kluizenaar Jaap Visser,
bijgenaamd 'Sneeuwwitje'. Hij woonde in
een zelf gebouwde keet in het duin achter de
Hoogeberg.
120.
Straatmakers op de Stationsweg bij de
Beurs, het op de achtergrond gelegen
kruispunt van Stationsweg, Zeeweg,
Kanaalweg en Kalverstraat, omstreeks
1905.

met drie openingen gelegd, en dat was
ook geen peuleschil. Wie ogen in z'n
kop had kon nu zien dat de zaak op-
schoot; in de zomer van '72 waren de
metselwerken voor de Noordzeesluizen klaar, het IJ-water werd binnen-
gelaten, baggermolens zorgden voor
verdere uitdieping, en in september
voer het eerste stoombootje uit Amsterdam rechtstreeks door het kanaal
en passeerde de sluizen; het had over
de reis twee en een half uur gedaan.

119

En ook de droogmakerijen kregen
vorm, naarmate de geul dieper en de
dijken hechter werden. Eind '73 kon de
A K M ruim 400 hectare puike kleigrond
te koop aanbieden, en dat bleef zo
doorgaan. Voor de heren tenminste
een stuk boter in de zure saus: de ruzies
met de Amsterdamse raad waren niet
van de lucht, en het was maar goed dat
de A K M één van haar mensen in de Kamer had zitten, Rutgers van Rozenburg. Ze zeiden dat hij een uitgekookte
redenaar was en de Kamer om zijn vinger winden kon, en dat moet wel zo
zijn, want als er steun kwam, dan alleen nog uit Den Haag. Maar in de tus-
sentijd, als de Haagse molens zo langzaam maalden, het weer slecht was, de
lonen niet op tijd werden betaald en er
de zoveelste staking losbarstte, moesten wij maar weer zien hoe we aan de
kost kwamen, en ik denk dat uit die tijd
de wilde verhalen zijn begonnen over
winkelroof die sommige van onze
wijven op touw zetten. Nou, 't mag één
of twee keer gebeurd zijn, dat vrouwen
met een netjes aangeklede polderjongen naar Haarlem trokken, waar ze
links en rechts kleren, victualiën en
schoenen kochten, en de winkeliers
naar café X verwezen, waar onze nette
man zat, die zich voordeed als een van

de aannemers en de kooplui verzekerde dat alles zou worden afbetaald; 't
was maar een kwestie van de eerstvol-
gende loondag... Een kat in 't nauw
maakt rare sprongen, en een mens nog
krommere. Mooi was dat roofspelletje
niet; maar ik krijg er geen bedorven geweten van.
De zee bleef ons pesten: in oktober '73,
net toen we de havenhoofden een fiks
eind in zee hadden, sloeg de storm er
weer gaten in van heb ik jou daar; en
van die zo moeizaam vastgeklonken
betonblokken verdwenen er uit de
noordelijke pier wel honderd, uit de
zuidelijke 'n vijftig. Ook de Titans gingen als doofhout overstag, en moesten
weer van meet af aan worden opgebouwd. Dat was natuurlijk ook de
reden waarom de boel in '74 zo traag
liep; we waren weken bezig met het
herstellen van schade. Er trok ook een
aantal grondwerkers weg; deels omdat
't werk zo kop over gat verliep, deels
omdat er voor de echte slikdelvers minder te halen was, behalve dan aan de
zijkanalen, maar niet ieder had daar
zin in. En de rest ploeterde voort: de
grote sluizen konden in '75 hun werk al
zowat doen, maar er moest nog diep
gebaggerd worden, en er denderden op
een gegeven ogenblik dertien molens in

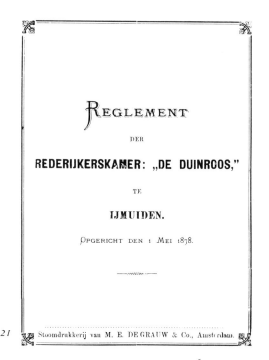

Sedert een paar weken beweegt zich voor de kust bij IJmuiden eene zeer talrijke visschersvloot, bestaande hoofdzakelijk uit Urker en Volendammer schokkers en botters. Het schijnt dat de kleine kustvisscherij daar met goed gevolg wordt gedreven. Wanneer het slecht weer wordt en die vloot te IJmuiden een schuilplaats zoekt, telt men daar soms meer dan tachtig dier visscherschepen. De haven is voor de kloeke Zuiderzeevisschers dan ook zeer gunstig gelegen; zij zijn er om zoo te zeggen uit en thuis. *Kg Hand 6 Oct 1879*

122

121 Stoomdrukkerij van M. E. DE GRAUW & Co., Amsterdam.

Gisteren heeft eene commissie van de Oud Katholieke gemeente te IJmuiden het stuk land in oogenschouw genomen. liggende nabij den tweeden vuurtoren, hetwelk zij reeds twee jaar in het bezit heeft. Het plan bestaat, daar eene kerk te bouwen. Ook heeft eene vergadering plaats gehad van de Hervormde Gemeente, waarin besloten is om met den bouw eener kerk te beginnen. De Katholieke gemeente heeft ook een stuk grond, doch omtrent de plaatsing van een bedehuis

123 schijnt nog niets beslist te zijn. *Kg Hand 25 Mei 1879*

124

121.
Het eerste teken van een culturele
ontwikkeling binnen het nieuwe dorp. De
ambtenaar ter secretarie van Velsen,
Willem Steen, was één der eerste leden.
122.
Bericht *Algemeen Handelsblad* 6 oktober 1879.
123.
Bericht *Algemeen Handelsblad* 25 mei 1879.
124.
Vislossteigers aan het Sluisplein omstreeks
1890. Links de sluizen. Het pagode-vormige
gebouw, middenachtergrond, is de
particuliere visafslag van Reijer Visser en
Co, met rechts daarvan café Afslag. Er
bovenuit torent hotel Willem Barendz.
125.
Hotel Nommer Eén op de hoek van de
Oranjestraat en de Kanaalstraat omstreeks
1890. Aan het eind van de Kanaalstraat
zien we weer het visafslaglokaal van Reijer
Visser en Co in compagnonschap met
J.W.R. Arnold.

125

de geul. Er kwamen nu ook bij ons al
meer mensen kijken; vaak naar die
nieuwe draaibrug in Velsen, een stuk
ijzerwerk waar je respect voor hebben
kon, en later naar het hart van de zaak,
de sluizen zelf. Zo herinner ik me dat
de minister van Binnenlandse Zaken
daar eens poolshoogte is komen nemen, incognito zoals ze dat noemen,
maar de ingenieurs en opzichters wisten best wie hij was, en zo wisten wij het
allemaal. En dat gold nog veel meer
voor een sjiek gezelschap, dat we in de
zomer van 1875 zagen opduiken; het
bleek prinses Marianne, de tante van
Willem III, die met de Pruisische prins
Albert getrouwd was, natuurlijk met
gevolg. Nou, voor de borrel die ze ons
aanboden, wilden wij best hoera en vi-
vat roepen, en het gaf nog eens een ver-
zetje.
Dat 't nou langzamerhand ernst werd
met de kanaalvaart bleek ook daaruit,
dat er in 't begin van 1876 een koninklijk besluit kwam (wat dat dan ook
maar zijn mag) voor het instellen van
een sluiswacht en een douanedienst, en
ze legden meteen de fundamenten op
de kanaaloever. Al dat sappelen en
lijden en al die ongerechtigheden die
wij moesten begaan of die ze tegen ons
begingen, waren niet voor niks ge-

weest; de gewone man had 't met zijn
jobsgeduld al weer klaargespeeld.
Voor het eerst in de voorzomer van '76
werden de sluizen in werking gesteld,
toen drie loggers, getrokken door slepers van de firma Goedkoop, buitengaats gesleept werden. Ze waren 's ochtends om acht uur uit Mokum vertrokken; om één uur dobberden ze op zee.
Dat was maar een proef en betrof kleinere schepen. Al gauw daarna hoorden
we dat er nou een waterreus aan geloven moest. Dat was de Koning der
Nederlanden, een oorlogsbodem met
twee ramtorens, die tot dan op de rijks-
marinewerf gelegen had en nu het ruime sop op wilde. Het werd een hele komedie, al zijn er misschien lui die het
een drama zouden noemen, zelfs al
vielen er geen slachtoffers. Midden in
augustus sleepten ze de Koning der
Nederlanden tot Velsen. Er werd gevierd en gevlagd, en er liepen zoveel
mensen uit dat 't wel kermis leek. Maar
toen de commandant de vaargeul rond
de sluizen had laten peilen zei hij dat hij
bleef waar hij was, totdat de baggers op
z'n minst nog een paar meter slik uit
het kanaalvak hadden weggewerkt. De
Engelse aannemers waren kwaad en
gaven de schuld aan de arbeiders, en
wij grauwden terug en zeiden dat ze

dan maar hadden moeten zorgen voor
regelmatiger 'pay' zoals wij het ook al
noemden, dan zaten we nou niet met
z'n allen voor Piet Snot, dan hadden
we de geul kunnen uitdiepen in plaats
van op de dijk in 't gras te liggen of op
krediet jenever te gaan halen . . . Afijn,
het was best zomerweer; de baggermolens bonkten weer, wij gooiden het slib
op de zandtreinen die het over het
strand uitstortten, een tweede ploeg
was bezig de havenmond te verbreden;
onderwijl raakten ook de rijksdienst-
gebouwtjes, waar zelfs een postkantoor bij was, onder de kap, en net leek
het of de oorlogsbodem zee zou kunnen kiezen, of we kregen weer zo'n
smerige noordwester, en de vaargeul
zat opnieuw vol zand . . .
Zo moest je je eigen aldoor verbijten;
de ingenieurs waren na de storm steeds
in de weer met een schuit waarop ze een
houten mal of scheepsmodel hadden
gehesen om te zien of de nieuw uitge-
baggerde geul het eindelijk zou doen,
maar het duurde wel tot 3 oktober,
voor de Koning der Nederlanden zee
kon kiezen, en dat ging ook weer niet
zonder zwarigheden: het zaakje vor-
derde oerlangzaam; bij de stenen bermen
van de havendam zakte de schuit
te zuidelijk af en stootte op zand. Een

ALGEMEENE VOORWAARDEN

wegens den verkoop van Bouwterreinen gelegen te IJMUIDEN aan het Noordzee-Kanaal in de Breesaap, thans nog ressorteerende onder de Gemeente Velzen.

Vastgesteld bij procesverbaal, op den 22 Februari 1877 voor den notaris

J. J. Claasen Hz. te Amsterdam verleden.

ARTIKEL EEN.

De koopers zullen verpligt zijn op elk door hen gekocht perceel, zooals dat is uitgebakend en op de aan bovengemeld procesverbaal vastgehechte kaart is aangeduid en genummerd, binnen twaalf maanden na het passeren der koopacte, een steenen gebouw, bestemd voor woonhuis, winkel of kantoor, op te trekken met pannen (mits geen roode pannen en zonder daaronder riet of stroo te plaatsen) of met zinken of ijzeren dakbedekking. Zullende zij, zoo zij in gebreke blijven aan deze voorwaarde binnen den bepaalden tijd te voldoen, ten behoeve der verkoopers eene boete verbeuren van een gulden per elke vierkante meter (centiare) van het geheele perceel voor elke maand verzuim; voor welke boete het perceel en alles wat zich daarop bevindt aansprakelijk is. De termijn van twaalf maanden loopt zonder eenige in-mora-stelling.

De verkoopers zullen, bij voortdurende nalatigheid der koopers gedurende meer dan een jaar, zonder in-mora-stelling, de ontbinding van het koopcontract met schadevergoeding in regten kunnen vorderen.

126

128

3°. dat de raad, — zoodra hem blijken zal dat het geraadzaam van alsnog te nemen gepaste maatregelen, door hen die met de leiding der kanaalzaken zijn belast, de noodige levenskracht aan *IJmuiden* zal zijn geschonken om aldaar eene bevolking zamen te brengen, die bij magte zal zijn zich te ontwikkelen en staande te houden, — het zich als pligt zal reke, "nen om ook alsdan in dat gedeelte der gemeente (thans nog zeer weinig bebouwd en bewoond) al die werken daar te stellen en te onderhouden, welke zich van lieverlede, door den loop der omstandig. "heden als nuttig en noodig zullen worden.

130

127

Uit IJmuiden worden ons de volgende belangrijke mededeelingen geschreven over de ontwikkeling van deze havenplaats:

"Het plan van IJmuiden, zoover het thans is uitgebakend, is een vlak, doorsneden met drie evenwijdige wegen of straten, die rechthoekig worden gekruist door drie andere wegen. De gebouwen aan de hoeken dier kruispunten mogen ook scherp zijn, omdat dit bij de voorwaarden voor den verkoop tot bebouwing niet verboden is. Een reeds voltooid huis aan den hoek van een straat is echter in elliptischen vorm gebouwd; dit geschiedde uit eigen beweging van den eigenaar. Ben ik wel onderricht, dan zijn de eigenaars van gronden, waarop nog gebouwd moet worden en wier huizen aan de hoeken van straten uitkomen, verzocht geworden, hunne huizen alsnog rond te willen bouwen, terwijl het plan zou bestaan om bij latere verkooping van bouwgronden den ronden vorm aan hoekhuizen als voorwaarde te stellen. Voorts zijn er algemeene bepalingen, waarbij het bouwen met steen en het dekken met blauwe dakpannen wordt voorgeschreven; houten gebouwtjes, tijdelijk, om in de eene of andere behoefte te voorzien, opgericht, moeten met 1°. November worden weggeruimd.

129

AMSTERDAMSCHE
KANAAL-MAATSCHAPPIJ.
AANBESTEDING.

Op Zaturdag 10 Julij 1875, des middags ten 12 uur, zal van wege de Directie der Amsterdamsche Kanaal-Maatschappij, onder hare nadere goedkeuring, aan het Bureau van de Amsterdamsche Kanaal-Maatschappij, Keizersgracht 633 te Amsterdam, worden aanbesteed:

Het bouwen van een Huis op den duinrand nabij de Noordzeehaven, ten zuiden van het Noordzeekanaal.

De aanbesteding geschiedt bij enkele inschrijving, volgens Art. 16 van het bestek.

Het bestek met teekenening ligt ter lezing aan het Technisch Bureau van de Kanaal-Maatschappij te Amsterdam, en aan het Sectiebureau te Velsen.

Het is voorts aan het Technisch Bureau te Amsterdam en te Velsen op franco aanvraag te bekomen, tegen overmaking van 50 cent per exemplaar.

Inlichtingen worden gegeven door den Sectie-Ingenieur K. VAN RIJN, te Velsen.

Amsterdam,   JITTA, *Voorzitter.*
28 Junij 1875.   P. H. BRUYN, *Secretaris.*

131

126.
Fragment uit de eerste
bebouwingsvoorschriften voor IJmuiden,
opgesteld door de burgerlijke maatschap.
127.
De 'Veertig', één van de eerste woningcomplexen van IJmuiden in de Hoeksteeg.
Deze boven- en benedenwoningen ontstonden
uit particuliere woningbouw.
128.
Fragment uit de raadsnotulen van 21 juli
1877, over de hiervoor afgedrukte brief
onder nr. 114.
129.
Bericht *Algemeen Handelsblad* 16 aug. 1877.
130.
De opvallende ronde straathoeken van de
Prins Hendrikstraat en de Hoeksteeg.
131.
Annonce[?] 28 juni 1875.
132.
De 'Veertig', een vervallen achterbuurt.

132

rotmoment, waarvan we tenminste
verlost werden door het wassende tij.
Even voor drieën in de middag gingen
de vlaggen aan het uiteinde van de pieren omhoog, de ramschepen Guinea en
Schorpioen die aan de beide boorden
gekoppeld zaten losten ieder een schot,
het eskader zakte af naar open water,
en alles wat toekeek haalde verlicht
adem . . .
Toen die grote knaap eenmaal door de
geul was, volgden er snel meer, van en
naar Amsterdam, schoeners en kof-
schepen, maar ook fikse stoomboten,
al konden we nog niet wedijveren met
de Oranjesluizen, die ze bij tientallen
schutten. Maar ronduit geopend waren de Noordzeesluizen nog niet; daarvoor moest er aan het kanaal nog te
veel gebeuren. Toch hadden de heren
van de AKM zich in het hoofd gezet dat
het kanaal nog in 1876 zou worden geopend, en dat is dan tenslotte ook gebeurd, al vonden in Amsterdam de
oude tegenstanders van het kanaal het
'een zotte komedie'.
Die zotte komedie is opgevoerd. De
minister kondigde af dat de opening
zou plaats vinden op 1 november, terwijl natuurlijk iedereen wist dat de
werken gewoon zouden doorgaan en
de wintermaterialen al klaar lagen.

Maar op die eerste november hebben
de heren uit Mokum de bloemetjes
eens flink buiten gezet, in regen en
wind mag ik wel zeggen, want het was
die dag bar slecht weer. Ze hadden in
Velsen het spoorstation al vergroot
door het bijbouwen van een dubbele
wachtkamer, en de extra-treinen met
gasten liepen er 's morgens vroeg al
binnen. Die gasten, dat waren in
hoofdzaak lui die van 't begin af aan
aandelen in de onderneming hadden
gehad, en die nu door vier stoomboten
naar de Noordzeesluizen werden gebracht. Van de Velserbrug tot aan de
sluishoofden was alles versierd, hoge
masten met de wapens van Amsterdam, Haarlem, Zaandam en zo verder,
en links van de sluizen had een of andere beroemde architect een feesttent van
'n zesendertig meter lengte opgericht,
waar wel anderhalfduizend man in
konden. Op de sluizen zelf hadden wij
moeten helpen met het oprichten van
vier houten torens en beelden, voorstellende de werelddelen. We hadden
ook nog twee masten met dichtspreu-
ken zullen hijsen, maar het stormde
zo dat de ene mast al meteen afknapte,
en toen lieten we het maar.
Iedereen keek natuurlijk uit naar de
koning, want Willem III zou de zaak

openen, en jawel, precies om twaalf
uur begonnen de kanonnen te daveren,
het waren 101 schoten, en al hadden ze
ons order gegeven om een beetje ach-
teraf te blijven en de ruimte te laten aan
de heren met steken en goudgalon op
hun jassen, we zagen Zijne Majesteit
aanlanden, er stond hem een Mokums
mannenkoor op te wachten met een
erelied, de schutterijmuziek schetterde,
en de voorman van de AKM, meneer
Josephus Jitta, schraapte zijn keel om
een rede af te steken. En toen hebben
we gelachen: er was een behoorlijke afstand tussen de koning en de redenaar,
en voor we het wisten, schoot Bram
Zouwe uit onze rijen naar voren, tilde
meneer Jitta met spreekgestoelte en al
op en zette hem neer vlak voor de plek
waar Willem III stond: 'Ziezo, dan kan
de koning je beter horen'.
Nou, het zal wel een mooie rede geweest zijn, het duurde lang en het hele
verhaal van de kanaalaanleg kwam er
in voor, maar die cholera, en die stakingen, en die hongertochten en de manier waarop ons vrouwvolk zich had
moeten laten smijten en grijpen, kwamen er niet in voor. Daarna was de
koning aan de beurt; hij had gelukkig
niet zoveel woorden nodig, hij zei kort
en krachtig dat hij aan de nieuwe

133

134

137

133.
De 'Veertig'.
134.
De 'Veertig'.
135.
Annonce *Algemeen Handelsblad* [?] oktober
1878.
136.
Annonce *Algemeen Handelsblad* 26 januari
1879.
137.
De 'Veertig'.
138.
Bericht *Algemeen Handelsblad* 22 december
1878.
139.
De bekende kruidenierswinkel De Stores
van Scheeres, later van Kuiper, in
Wijkeroog (Velsen-Noord).

139

138 / VELZEN 20 Dec.
Weldra zal het zoogenaamde
Engelsche dorp geheel tot de
geschiedenis behooren.
De overblijfselen der
betonfabriek, vroeger het
middelpunt dier kolonie,
staan daar met nog enkele
houten gebouwen, die
spoedig zullen verdwijnen;
het terrein zal bouwterrein
worden. De store, het
magazijn van Engelsche
levensmiddelen wordt
vervangen door een grooten
kruidenierswinkel, nu in een
steenen gebouw.
Langzamerhand gaan dan
ook de Engelschen, hier
aan het kanaal aan het werk,
weer naar hun land, en veertien
dagen geleden is dan ook
voor de laatste maal
godsdienstoefening in het
Engelsch te Velzen gehouden.

Noordzeehaven de naam gaf *haven van
IJ-Muiden*, omdat door deze openstelling het IJ ten westen een mond was gegeven, nou de mond aan de oostzij was afgesloten. IJmuiden, die naam hoorden we niet voor het eerst; die moet al vroeger zijn bedacht door een of andere Amsterdammer, maar we wisten nou dat die naam voor eens en altijd aan ons werkstuk vastgeklonken zou zitten.

De koning en de ministers, en allerlei heerschappen, ook al in fluweel en goud ('buitenlandse gezanten', zeiden ze), en officieren en heren van de Maatschappij en niet te vergeten de dames met hoeden als paddestoelen en reuzenslepen gingen aan boord van het stoomschip Breda. In de kuil van de schuit speelde de muziek, en wij moesten natuurlijk klappen toen dat hoge gezelschap door de sluizen naar zee voer. Dat zal me een reisje geweest zijn! Ik sta liever in het slik dan dat ik zo van golf naar golf geklotst en met schuim ingezeept word, maar ik moet zeggen dat dat dure volk de proef naar behoren doorstond. Pas toen ze weer aan wal kwamen brak de lucht en kwam er een waterzon door, maar het leek toch heel wat. De koning ondertekende een oorkonde waarin ze de ope-

ning mooi hadden beschreven, en de vloot met de gasten voer terug naar Amsterdam. Daar werden als ik het wel heb een goeie handvol lintjes uitgedeeld, al viste een aantal Amsterdamse heren achter het net; het gerucht ging dat de koning een stel van die lui, waaronder de burgemeester, niet zetten kon.

In Amsterdam moeten ze van 's ochtends tot 's avonds feest hebben gevierd. Het zoodje was er niet bij, al kregen we wel een extra oorlam. En 's avonds moeten er illuminatie en vuurwerk geweest zijn, want ze hoopten nou maar dat Amsterdam groot en machtig zou worden door het kanaal dat wij gegraven hadden, en in het Paleis voor Volksvlijt was een reuzefeest voor driehonderd personages van de fine fleur, zoals Sijsje dat noemt, in de schouwburg speelden ze een toepasselijk stuk van meneer Van Lennep, de grenadiers en de jagers maakten muziek in de parken en alles eindigde met een schitterend bal. Nou, wij hebben ook gedanst, in de tent van Blauwe Nelis, en dat is dan ook het laatste wat ik me herinner, u begrijpt wel waarom. Wat wil je, mensen, ieder viert feest op zijn manier.
Wie blaft daar?

140

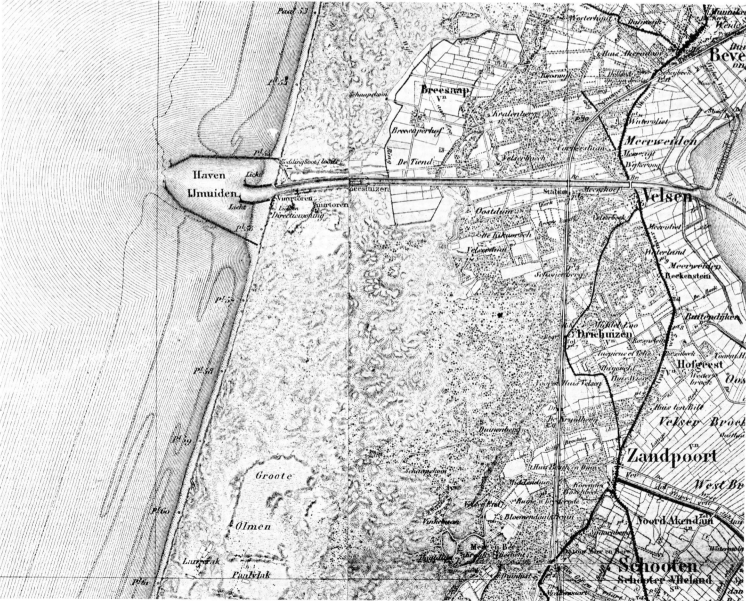

141

140.
Gezicht op de Noordzeesluizen en
IJmuiden omstreeks 1885.
141.
Detail van de stafkaarten 24 Hillegom,
verkend in 1850, herzien in 1878 en
25 Amsterdam, verkend in 1849–1850,
herzien in 1874.
142.
Bericht *Nieuwe Rotterdamsche Courant*
20 oktober 1876.
143.
Het eerste Post- en Telegraafkantoor van
IJmuiden aan het Sluisplein.

het woelige westen

het verhaal van de telegrafist
1876 - 1913

142

Met ingang van den 1sten November aanstaande
wordt aan het Noordzeekanaal, bij Velsen, een rijkstelegraafkantoor met beperkten dagdienst geopend.
De diensttijd van dit kantoor wordt aldus geregeld:
op werkdagen van 9 tot 12 ure voor- en van 2 tot
7 ure namiddags; op Zon- en feestdagen, van 8 tot
9 ure voor- en van 2 tot 5 ure namiddags.
Op het verkeer van dit kantoor met alle overige
telegraafkantoren in Nederland is het uniform tarief
van 0.30 gl. per enkelvoudig telegram van toepassing.
Omtrent de tarieven voor de berichtenwisseling met
het Buitenland zullen aldaar inlichtingen kuanen worden
verkregen. *N. Rotterd. 20 Oct 1876*

143

144

146

144.
De in 1878 gebouwde kleine vuurtoren met daarnaast de eerste nog primitieve semafoor. De toren werd omstreeks 1910 verlaagd en na de vergroting van de havenmond in 1965 veertig meter naar het zuiden verplaatst.

145.
Het inkorten van de kleine vuurtoren in 1910; er voor de noodtoren.

146.
De laadzijde van één van de vijf 24 cm kanonnen van de batterij van het fort aan de zeekant. Met het rad kon via een ketting het geschut langs een rail beperkt heen en weer worden bewogen. De op- en neergaande beweging geschiedde met oliedruk, waarvoor de energie werd geleverd uit een lager gelegen machinekamer. Meer oostwaarts bevond zich op het fort de draaibare gepantserde koepel met twee 15 cm kanonnen. Van zonsopgang tot zonsondergang woei de Nederlandse vlag op het fort, welke door

145

147

ieder passerend schip moest worden begroet door middel van het strijken van de eigen vlag.

Na de Tweede Wereldoorlog werd het fort niet meer gebruikt en raakte het in verval. De Duitse aanbouw aan de noordkant is voor een deel opgeblazen, teneinde de Noordersluis voor de tankers bereikbaar te houden. De droge gracht rond het fort is ter hoogte van de hoofdingang aan de zuidzijde volgestort met puin. In de toegangshal bevinden zich thans nog twee natuurstenen platen met de opschriften:
1. 'Hulde aan Z.M. Willem III Koning der Nederlanden.'
2. 'Het fort bij IJmuiden is gebouwd door de aannemers Boshouwers en gepantserd door H. Gruson, in de jaren 1881–88 onder het beheer van den Majoor eerstaanwezend ingenieur te Haarlem I.J.H. Gijsberti Hodenpijl en het opzicht van den Kapteijn ingenieur C.J. Polvliet.
Het project is goedgekeurd, en de machtiging tot aanbesteding verleend door den Minister van oorlog, Generaal Majoor A.E. Reuther.'

147.
Luchtfoto van het fort. Op de achtergrond het semafoorduin.

148.
Bovenop het fort zit middenvoor de destijds alom bekende en beruchte korporaal-schipper Kees van de Mand, bijgenaamd Blauwe Kees.
Tijdens de Eerste Wereldoorlog kende het fort de grootst mogelijke bezetting van driehonderd man. Daarvoor en daarna werd het fort 'in alle gemoedelijkheid' bemand door een vijfenveertigtal personen, waarvan vijftien beroeps en de overigen miliciens. De beroepsmilitairen woonden in de omgeving. Onder de dienstplichtigen waren veel IJmuidenaren, Katwijkers en Egmonders. Afhankelijk van een bepaalde lichting gebeurde het wel dat bij de reveille slechts drie mensen rezen. De rest was al aan het werk … op de vismarkt in IJmuiden.

148

Als die grappenmaker met zijn in sierlijke letters gedrukte feestprogramma z'n zin had gekregen, dan was het vijfentwintigjarig bestaan van IJmuiden op vrijdag 1 november 1901 een mooie beestenboel geworden. Het is nu alweer twaalf jaar geleden, maar ik herinner me die grap bij het koperen jubileum als de dag van gisteren. Het gefingeerde en er heel officieel uitziende programma is een geheel eigen leven gaan leiden. Het zag er ook best betrouwbaar uit met een aubade door achthonderd schoolkinderen, een rondgang van de fanfare en de aankomst van de autoriteiten voor de onthulling van de door de Maatschappij IJmuiden geschonken pomp op het Willemsplein. Maar bij het lezen van programmapunten als het hijsen van de 'Schaapsvlag', het vertonen van de 'Zevensprong' door dorpsomroeper 'Vodje', de wedstrijd in het 'afkluiven van scharretjes' en het hardlopen op de Noordzee-boulevard 'voor jongelingen beneden 2 en boven 70 jaren' en om 4.30 uur 'Prijsvloeken door kaairidders' moet toch een ieder nattigheid hebben gevoeld. Maar veel van die uit de omgeving naar IJmuiden getrokken gasten zijn daar lelijk ingetuind. Met boter en suiker, zoals we hier zeggen.

Die gasten dachten écht, dat de kaairidders 's middags om half vijf een wedstrijd in prijsvloeken zouden houden om de 'godvers' en 'verbrand kerels!' over het Willemsplein te laten rollen. Die rekenden er echt op, dat zij zich in een feesttent op kosten van de gemeente konden laten vollopen met brandewijn en jenever. Maar zulke kannibalen waren we in die jaren nou ook weer niet.

Tóch zou het me niet verbaasd hebben, wanneer er na afloop van het feest in Cycloop een veldslag was uitgebroken en dat de Gebroeders Boon de zwaar gewonden met hun rijtuig naar een ziekenhuis hadden moeten vervoeren. IJmuiden staat wel meer bol van de sterke verhalen. In werkelijkheid verliep het zilveren feest vreselijk tam. Mr A.J.E.A. Bik heeft op die gedenkwaardige dag inderdaad namens de Maatschappij IJmuiden een pomp met een toepasselijk woord aan de burgemeester van Velsen, de heer J.C.A. Weerts, overgedragen. Mr Bik zei plechtig dat IJmuiden zijn bloei voor een groot deel dankte aan de Vissershaven, en voor een ander deel aan degenen die hier arbeiden. 'Aan die kloeke vissers, afstammelingen van de Watergeuzen; aan de reders; aan het gemeentebe-

149

Kaiserlich
Deutsche Gesandtschaft
in den Niederlanden

Haag, den 8. Juli 1891.

Euer Hochwohlgeboren erwiedere ich auf
Ihr gefälliges Schreiben vom 15. v. M. nach
Vortrag bei Seiner Majestät dem Kaiser und
Könige, meinem Allergnädigsten Herrn, er,
gebenst, dass Seine Majestät die Genehmi-
gung zur Benennung einer Strasse in
Ymuiden mit dem Namen „Kaiser Wil,
helm-Strasse" genehmigen will, vorausge,
setzt, dass Ihre Majestät die Königin-
Regentin der Niederlande die Erlaubniss
hierzu ertheilt haben wird.

Der Kaiserlich Deutsche Gesandte

Seiner Hochwohlgeboren
dem Advocat & Procureur
Herrn Dr. iur. Pik,
Haag.

1403

De Feesten

In De Telegraaf kwam dezer dagen onder „Sotternij of Spotternij" het volgende
voor, dat we wel aardig vinden om hier
over te nemen.

Lieber Wilhelm!

13 October. — Hoe heb ik het nou met
je? Net op het oogenblik dat je Pruisische onderdanen je gelukkig willen maken
met 250.000 bunder goeden grond en een
mooi kasteel, ergens in de buurt van Wies-
baden, en zij hun dankbaarheid willen toonen, weiger je ons, het buurtcomité van de
Keizer Wilhelmstraat in IJmuiden, waarvan ik de eer heb eere-voorzitter te zijn,
'n kleine gift om op passende wijze mee te
kunnen doen aan de feesten ter eere van
IJmuiden's stichting, vijftig jaar geleden.
Waar moeten wij nu onze lampionnetjes,
ons dennengroen en ons draaiorgel van be-
kostigen, om nog niet eens te spreken van
de versapering die wij onze straatgenooten
hadden toegedacht! Hebben wij daarvoor
vijf en twintig jaar geleefd in een straat
die naar je genoemd is, de eenige straat in
vijf of zes werelddeelen, Wilhelm, die je
naam draagt en die nog bestaan zal als de
herinnering aan al je heldendaden allang
vervlogen is. Noorwegen heb je bezaaid
met je standbeelden en wij hadden nog altijd de stille hoop dat je ons een buste, al
was het dan een tweede-handsche, zoudt
aanbieden. En nu zelfs niet eens je por-
tret in lijst en met de handteekening. Is
dat aardig? Moeten wij onze straat soms
gaan omdoopen in Fochstraat of Clemen-
ceau-boulevard? Weet je nog waarom wij
onze straat naar je genoemd hebben? Was
het niet in 1890, dat je, op weg naar Amsterdam, de pieren binnenvoer op je witte
jacht en in het Paleis op den Dam een van
je vele gevleugelde woorden uit die dagen
sprak: „Slechts over mijn lijk zal de vij-
and Nederland kunnen binnendringen",
een verklaring die in onze hoofdstad zooveel geestdrift verwekte dat de politie
dienzelfden avond de sabel trok en op de
koppen der Amsterdammers inhakte, zoo
hard, dat den volgenden morgen de stads-
reiniging eenige karren afgehakte ooren
had op te ruimen!

Wij, in IJmuiden, waren niet minder
aangedaan en nog onder den indruk van
het schouwspel dat je onoverwinnelijke eskader bood toen het naar Amsterdam op-
voer maakten wij je peet van onze straat.
Al wat IJmuiden aan beroemdheid bezeten
had, hadden wij al benoemd. Wat bleef
ons over dan jouw naam op een straat-
bordje te zetten? En wij redeneerden: „Als
de wereld straks heelemaal Duitsch zal
zijn, bieden wij je een afbeelding van onze straat aan in suiker voor je Siegesallee"
en het minste dat wij verwachtten was le-
venslange vrijdom van belasting. En nu
niet eens een vaatje bier of een paar over
de hand zijnde ordeteekenen, waar wij de
oogen van het groote comité mee hadden
kunnen uitsteken! En dat zou eenmaal als
„Wilhelm de Siegreiche" de onsterfelijk-
heid ingaan! Als wij het geweten hadden,
hadden wij Poincaré om een ankertje
champagne gevraagd!

Met een vereelten handdruk

Je JANUS TRAANBROEK.

149.
Bezoek van het Duitse keizerlijke paar met
hun jacht Hohenzollern aan IJmuiden in
juli 1891.
150.
Dankbetuiging namens de Duitse keizer aan
mr A.J.E.A. Bik, directeur van de
Maatschappij IJmuiden, voor de
straatnaambenoeming.
151.
Bericht *IJmuider Courant* 30 oktober 1926.
152.
Annonce *Velsens Gratis Advertentieblad*
11 april 1896.
153.
Straatmakers in de Breesaapstraat bij de
Ir. Justus Dirksstraat in 1884.

153

Tooneel-Vereeniging
„Vriendenkring".

OPENBARE UITVOERING
op Zondag 12 April 1895,
IN HET LOKAAL
„Cycloop" van den Hr. J. N. KLEIN
te IJmuiden;
Opvoering van

vier kommen kokend water
Blijspel in twee bedrijven door
J TUITEN.
DAARNA:

Het Spreekuur van den Docter,
Kluchtsp. in een bedr. door
Servaas de Bruin.
TOT SLOT:
Het Kind van den Huize,
blijspel met zang in een bedrijf door
W. FARBER.
NA AFLOOP:
GROOT BAL.
Kaarten zijn verkrijgbaar bij den Pre-
sident den Heer J. JUNGBACKER en
bij den heer J. N. KLEIN.
Opening der Zaal 7½ uur.
Aanvang 8 uur.
Entrée 50 Cent de persoon.
Het Bestuur.

152

stuur dat de bloei der plaats hielp bevorderen en in alle bescheidenheid ook
aan de Maatschappij aan welker hoofd
ik de eer heb te staan.' Daarna trokken
de heren met hun gasten voor het
déjeuner naar Hotel Nommer Eén en
wapperden in IJmuiden alleen nog de
vlaggen. Voor de IJmuidenaren stond
er niets feestelijks op het programma.
De daarvoor gevormde feestcommissie
had al haar plannen moeten laten varen, omdat zij nauwelijks kon rekenen
op enige steun. Ik begrijp dan ook best
dat iemand zijn eigen feestprogramma
maakt en heb hard zitten lachen toen ik
de volgende dag ook nog eens een verslag van de nooit gerealiseerde festiviteiten in de krant las. Een echte IJmuie-
naar laat zich niet zo gemakkelijk af-
schepen!
Toch vind ik het nog steeds een rare
zaak. Het enige opmerkelijke van de
plechtigheid op het Willemsplein was,
dat zich onder de genodigden Gerrit
Schol bevond, de reeds gepensioneerde
loods die op 1 november 1876 het
eerste schip uit zee, de Rembrandt van
de Koninklijke Stoomboot Maatschappij, het kanaal had binnen-
geloodst. Pieter Smit, de vletterman
die de Rembrandt tegemoet voer, was
op de feestdag nog altijd in functie. En

het eigenaardige was, dat op de middag
van het zilveren feest diezelfde Rembrandt opnieuw uit zee werd verwacht
en dat het wederom Pieter Smit was,
die met zijn trossen in zijn vlet dat
schip tegemoet ging. ''t Was toen ge-
mener weer dan vandaag', zei Gerrit
Schol. 'Het zonnetje scheen toen zo
mooi niet, hoor, 't regende en woei van
waar ben je me en de koning had het
ook niet prettig. Er is hier wat veranderd in die vijfentwintig jaar!'
Dat was dan het einde van het zilveren
jubileum van het roerige stadje, waar
ik als negentienjarige telegrafist in
1877 ben neergestreken. Toen ik mijn
ouders, bescheiden middenstandertjes
in de provincie, vertelde dat ik me daar
ging vestigen, riep mijn moeder:
'IJmuiden? Nooit van gehoord. Waar
ligt IJmuiden?'
Mijn vader, die de krant beter las dan
zij, legde het haar uit: een nog niet bestaande kolonie aan de mond van het
nieuwe Noordzeekanaal, dat vanuit
Amsterdam door Hollands wespen-
taille westwaarts in zee liep. Na die uitleg keerde hij zich naar mij toe en zei in
wanhoop: 'Daar wonen geen mensen –
hoogstens koppensnellers!'
Ik lachte. 'Ik wil naar IJmuiden, vader.
Ik verdien er net zoveel als in Gronin-

154

IJMUIDEN, 2 Juni. Een onzer nieuwe straten is V i s s e-r i n g s t r a a t gedoopt. Dit is dezer dagen geschied ter eere van professor Vissering, die ook den naam IJmuiden het eerst heeft uitgesproken en steeds eene groote belangstelling in het Noordzeekanaal getoond heeft.

156

Mr A. J. E. A. BIK

's-GRAVENHAGE
Carnegielaan 11.

Op aangeteekende stukken en
postwisselformulieren te stellen:
BIJKANTOOR
PRINS HENDRIKPLEIN.

TELEFOON M. 3046.

's-GRAVENHAGE, 7 April 1930

Aan
Burgemeester en Wethouders
der gemeente
Velsen.

EdelAchtbare Heeren,

Een lichte ongesteldheid heeft mij tot mijn leedwezen verhinderd Uw brief van 26 Maart j.l.(no.875, 4e Afdeeling) eerder dan nu te beantwoorden. In dien brief worden mij nadere bizonderheden gevraagd omtrent de personen, naar wie de Anna- de Carolina- en de Adriana Straat te Ijmuiden genoemd zijn geworden.

In het (feest) nummer van 30 October 1926 van de IJmuider Courant, welk nummer ik aan U bekend acht, is een opstel van mijn hand opgenomen :"Over 'n paar Ijmuider Straatnamen". Daarin deel ik mede, dat de Annastraat is genoemd geworden naar mijne moeder: Anna Josepha Francis (dochter van wijlen Emanuel Francis, in leven president van de Javasche Bank), gehuwd met Frederik Arnold Bik (mijn vader) Mijne moeder is geboren 12 Augustus 1836 en hier ter stede overleden op 5 Januari 1892.

De Carolinastraat is genoemd naar mijne tante (zuster van mijn vader) Carolina Jeanette Constance Bik, gehuwd met wijlen Jacobus Cornelis Bloem, in leven o.m. Minister van Financiën, (naar wien de Bloemstraat heet). Mevrouw de Wed. Bloem voornoemd is de dochter van AdrianusJohannes Bik (mijn grootvader) in leven Baljuw van Batavia, die bij acte van 11 Januari 1851 (samen met zijn zwager J.W.Arnold) het landgoed "de Breesaap" kocht,(naar beide bedoelde personen heet de Bik- en Arnold-Kade) en van wijlen Anna Maria Arnold.

De Adrianastraat heet naar mijne echtgenoote Adrienne Henriette Enger, dochter van Gerhard Frederik Enger en Charlotte M.Timmerman Thyssen, met wie ik op 12 Maart 1891 hier ter stede ben gehuwd Mijne voornamen (maar er is geen straat naar mij genoemd) zijn Adriaan Johan Emanuel (Arnold Bik).

Van de gelegenheid maak ik gebruik om, onder aanbieding mijner verontschuldigingen, terug te komen op een brief van Uwen Voorzitter, den Heer Burgemeester d.d. 10.Januari 1929,(no.81,eerste afdeeling) handelende over "curiosa" betrekking hebbende op de stichting en opkomst van IJmuiden. Eenige dezer "curiosa" heb ik reeds aan het provinciaal archief van Noord-Holland geschonken; de andere, nog slechts zeer enkele, heb ik bewaard voor mijn neef en pleegzoon, die luitenant ter zee. Ik wilde niet gaarne zonder hem, te dezen aanzien een besluit nemen. Omdat de bedoelde persoon op Java vertoefde heb ik den brief onbeantwoord moeten laten, doch zal ik met hem nader overleg plegen.

Ik herhaal echter dat het zeer weinig is wat ik bezit. Voorloopig zoude ik Uwe Gemeente kunnen aanbieden de "clichés" die ik heb gebruikt voor de samenstelling van mijn boekje" Korte Aanteekeningen t r gelegenheid van Ijmuiden's 25 jarig bestaan" (1 November 1926). Dat boekje acht ik in Uw bezit. Indien U meent, dat de hiervoren bedoelde "clichés" iets zouden zijn voor de "verzamelingen" Uwer Gemeente, dan ben ik gaarne bereid U deze af te staan.

Hoogachtend
Uw dienstw

W.N

155

156.
Adrianus Johannes Emanuel Arnold Bik (1855–1931) werd te Sindanglaub bij Cheribon in het toenmalige Nederlands-Indië geboren, kwam als 6-jarige naar Nederland en heeft zijn geboorteland nooit teruggezien.
Bik vestigde zich oorspronkelijk als advocaat in Den Haag. De advocatuur heeft echter niet de eerste plaats in zijn bestaan ingenomen. Hoofdzaak in zijn druk en werkzaam leven werd zijn aandeel aan het bestuur van particuliere ondernemingen.
In 1882 nam hij de waarneming van de belangen van zijn oudoom J.W. Arnold op Java en in de Maatschap IJmuiden op zich. Vooral aan de eerste ontwikkeling van het dorp IJmuiden heeft Bik enige jaren zijn beste krachten gegeven. Hij verhuisde er speciaal voor naar Amsterdam. In 1887 keerde hij naar Den Haag terug, waar hij tot zijn dood verbleef. De Maatschappij IJmuiden, die uit de Maatschap was ontstaan, kon nu aan een vertegenwoordiger worden overgelaten.
In 1901, bij het 25-jarig bestaan van IJmuiden, schonk hij namens de Maatschappij het gemeentebestuur een monumentale pomp ten behoeve van de burgerij. Zijn belangstelling en zorg voor de plaats komen bijzonder tot uitdrukking in één van zijn anecdotes uit IJmuidens wordingsgeschiedenis: 'Er bestaat te IJmuiden nog een Koningin Emmastraat. In die straat is de eerste proef genomen met aanbrenging van boombeplanting. Ach, wat heb ik getobd over de vraag of boompjes zouden willen aanslaan, of zij zouden willen groeien en ontwikkelen! En nu, bij mijn laatste bezoek aan IJmuiden, een paar jaar geleden, zag ik dat de boompjes inderdaad waren gegroeid en zich hadden ontwikkeld! IJmuiden! blijve ook gij groeien en U ontwikkelen.'

154.
Bericht *Algemeen Handelsblad* 5 juni 1879.
155.
Brief van mr A.J.E.A. Bik inzake de
verklaring van straatnamen in IJmuiden.
157.
De loodskotters hebben tot kort na de
Eerste Wereldoorlog gevaren, waarna ze
door stoomloodsboten werden vervangen.
158.
Stoomloodsboot nr. 6 omstreeks 1925.

158

gen of Tilburg. Een hele gulden per
dag. Maar ik ga dáár naar toe omdat ik
wil weten wat dat is: een nieuwe nederzetting van het begin af meemaken.
Net als in de Indianenboeken.'
Mijn vader zei bitter: 'Jawel, als de Indianen daarginds je voor die tijd niet
hebben koudgemaakt aan hun totem-
paal.'
Mijn moeder huilde een deuntje, maar
ik bleef onvermurwbaar. Ik had mij gemeld voor IJmuiden, ik kreeg IJmuiden. In februari 1877 belandde ik met
een bootje uit Velsen op mijn nieuwe
post.

Een beetje gelijk had mijn vader wel.
IJmuiden bestond niet. Er was een sluis
en een rijtje – overigens keurig nette –
dienstwoningen voor de sluiswachters
en douane, in één waarvan ook mijn
hulppostkantoortje zetelde. Voor de
rest lagen er wat verspreide hutten en
holen van het poldervolk met een keet-
winkel, een danstent en een tapperij. Ik
mocht mij inkwartieren op het zolder-
kamertje van het postkantoor.
Met de postkantoorhouder, Bouwe
Postma uit Bolsward, had ik weinig
conversatie. Hij was een ingekeerde
bijbellezer, die wrokte omdat men hem
naar dit oord had verbannen, zoals hij
zei, terwijl hij een betere standplaats
verdiende.
Eerlijk gezegd kon ik mij Postma's gevoel van ballingschap en wrok al gauw
indenken. Het kanaal zelf was dan in
1876 wel geopend, maar in wezen lang
niet klaar; er werd door een schare
volk nog aldoor gebaggerd en uit-
gediept. Het verschil met voorheen was
nu dat er in hoofdzaak Nederlandse
polderjongens werkten; de Engelsen
verdwenen de een na de ander, en het
'Engelse dorp' in Velsen-Noord werd
gesloopt; een jaar na mijn komst werd
daar de laatste Engelse godsdienstoefening gehouden.

Het merendeel van het poldervolk
huisde dieper landinwaarts, meest in
en om de zogenaamde Heide. Ik had
het niet op hen begrepen, want ik denk
dat ze erger waren dan de Indianen uit
de boeken. Langzamerhand begonnen
ze hun onbeschrijflijke onderkomens
wat op te knappen, maar iedereen ver-
achtte hen: de ordentelijke rijks-
beambten aan de sluis, de burgers van
Velsen, de eerste inwoners van IJmuiden, en ik geloof waarachtig dat ze
zichzelf verachtten: toen IJmuiden van
verre op een nederzetting ging lijken,
kreeg een deel van dat uitschot de
merkwaardige eerzucht om zich dáár,
in een echt huis, te vestigen en zo een
trede hoger te klimmen op de maatschappelijke ladder . . . Onze pioniers!
Ik had het ontstaan van IJmuiden willen meemaken, en ik máákte het mee.
Een zonderling hobbelig en ongelijk
groeiproces, net zo ongelijk als de
duinbulten waarop ze de eerste huizen
gingen proppen. De burgerlijke Maatschap van de heren Bik en Arnold had
hier alle gronden in eigendom en kon
ermee doen wat ze wilde. De heren
hebben dat gedaan ook. Ze ontwierpen
een bouwplan met rechte wegen, vierkante blokken, een plein, alles op de
slecht geëgaliseerde grond. Van elke

157

159

160

161

vierkante meter grond die verkocht
werd, moesten zij een gulden in de
Velser gemeentekas storten.
Het ging hot over haar, maar de Maatschap had de pioniersenergie, de zaak
kwam op gang en er werd gebouwd. Ik
geloof niet dat ik in mijn leven zoveel
bouwstijlen bijeen heb gezien als in dat
vroege IJmuiden, de ene nog lelijker
dan de andere. Op het einde van 1877
waren alle houten gebouwtjes in de
nieuwe stede verdwenen.
Dat de heren Bik en Arnold vernoemd
werden in de latere Bik- en Arnoldkade
hebben ze dubbel en dwars verdiend:
hun Maatschap was in de eerste jaren
de drijvende kracht, en de gemeente-
vaders van Velsen zagen, geloof ik, hun
ijver met een verontrust en ongunstig
oog. Ze hadden het niet op dat IJmuiden begrepen, ze zagen er een zware belasting in voor hun financiën, ze wens-
ten niets te doen wat de overname van
wegen en straten betrok: de straatweg
van Velsen naar IJmuiden lieten zij
over aan de zorg van de Kanaal-Maatschappij. Er was aanvankelijk geen
sprake van straatverlichting. En waren
dat maar de enige voorzieningen geweest, die de nieuwelingen in IJmuiden
met smart ontbeerden ...
Waarover men iedereen hoorde mop-

peren: geen bakker en altijd oud
brood, geen slager en nooit vers vlees,
geen politietoezicht, ook niet bij de
sluizen; geen brandweer; geen dokter
(en wat voor een carrière had een jonge
arts hier kunnen maken!); geen brugje
over de sluizen voor de bewoners van
de overzij, al waren ze nog zo gering in
getal; geen riolering of ophaaldienst
van vuil, zodat de bergen huisvuil en
afval zich langs de straten ophoopten;
geen school: troepen kinderen zwierven dagelijks langs het kanaal en in de
duinen, lieten vliegers op en leidden
een zigeunerbestaan, dat misschien wel
bevorderlijk voor lijf en leden was,
maar niet bepaald voor het jonge verstand ...
Wat er van het begin af aan welig tier-
de, dat waren de kroegen, die men met
een vriendelijker woord herbergen
noemde; ze bezorgden ons op zaterdag
en zondag de allengs gebruikelijke
vechtpartijen en dronkemanstumul-
ten.
Dit wat de burgers aanging; maar wat
de scheepvaart betrof bleken er nog
meer soorten gemis, ofschoon dat in de
eerste plaats de Amsterdamsche Kanaal-Maatschappij raakte. Er waren
nog steeds geen goed werkende vuurtorens; wel had de Maatschap IJmuiden

de grond ervoor geleverd. Invarende
kapiteins klaagden over het ontbreken
van een belboei, waardoor de schepen
bij mist de haveningang niet konden
vinden. De loodsen beweerden dat er
zeker ook een misthoorn op de pieren
komen moest, en ik weet nog dat er in
de begintijd door de marine nog proeven zijn genomen met courtenay's ofwel geluidsboeien, zonder dat er iets
van dat alles terechtkwam. Mijn chef
Bouwe Postma stelde bij het groeien
van de post- en de telegraafdienst meer
dan eens de vraag waarom er geen telegrafische verbindingen waren met de
weerstations in Leiden en Utrecht;
men had dan ten dienste van de uitva-
rende schepen een tijdbal kunnen uit-
hangen of de aereoklinoskoop in werking stellen.
En dan IJmuiden zelf: een in logge
blokken opgetrokken mengelmoes van
winkels en woonhuizen, vooral van arbeiderswoningen, die de sleepdiensten
voor hun werkvolk lieten bouwen. Alle
arbeidershuizen uit deze jaren, waaronder de beruchte 'Veertig' en 'Zestig'
met hun benauwde bedsteden, waren
zo pover in elkaar geflanst dat ze bij de
eeuwwisseling al verkrot waren. Soli-
der waren de winkelpanden, de huizen
Denemarken, Noorwegen en Zweden,

162

163

162.
Harmonievereniging Concordia in de eerste jaren van haar bestaan, bij de opening van de Middensluis op 12 december 1896.
163.
Voordat tot de opening van de sluis kon worden overgegaan, moest er wel het een en ander gebeuren, getuige deze bouwfoto uit 1892.
164.
De aanlegsteiger van de Stoombootdienst Amsterdam–IJmuiden. Op de achtergrond het eerste station IJmuiden van 1883. Rechts van het station is de ingang van de Oranjestraat zichtbaar met op de hoek Hotel Nommer Eén.

164

en vooral Hotel Nommer Eén, dat later het trefpunt zou worden voor reders en viskopers.

Jacob List, de gerant, was een van de populaire figuren uit dat vroege begin, en hij had, omdat rijk noch gemeente aan enige fatsoenlijke verbinding met de buitenwereld schenen te denken, het lumineuze idee om een omnibus te laten rijden op het station Velsen. Toen de rederij Goedkoop, die alras de binnenzij van de sluis exploiteerde en los- en laadsteigers aanlegde, ook een dienst op Amsterdam opende, kon men de trein tenminste per as of per schip bereiken.

Het was vooral aan Paul van Vlissingen, die grote pionier van de sleepvaart en oprichter van de Amsterdamsche Stoomboot Maatschappij in 1825, te danken dat IJmuiden onmiddellijk na de openstelling van het Noordzeekanaal over sleepboten voor het assisteren van de zeeschepen beschikte. Uit Nieuwe Diep dirigeerde hij de radersleepboten Amsterdam en Noordzee en de schroefsleepboot Archimedes naar het nieuwe station. Na zijn overlijden kwam de sleepdienst onder de voortvarende directie van A.D. Zurmühlen. Reeds in 1894 liet hij op een Engelse werf een schip op stapel zetten,

dat een nieuw tijdperk voor de zeesleepvaart zou inluiden. Een zeesleper met een vermogen van 1000 pk en een bunkerinhoud van 280 ton, die onder de naam Titan veel roem heeft geoogst op de zeven zeeën. Dit jaar, het is nu 1913, trok de Titan met de Atlas (1200 pk) sterk de aandacht, toen zij het 14000 ton metende Soerabaja-dok naar zijn bestemming hadden gesleept. Nog elke dag kijk ik graag naar het driftige werk van de havensleper Cycloop en het boodschappenlopertje Assistent. Helaas hebben de radersleepboten IJmuiden en Simson reeds de tocht naar Hendrik Ido Ambacht moeten aanvaarden, zoals in IJmuiden wordt gezegd wanneer een schip naar de sloper moet. Het schijnt dat de sleepdienst onder leiding van C.E., de zoon van de oude Zurmühlen, niet meer zo floreert. Het is ook niet zo eenvoudig om in dit onrustige jaar 1913 een zo omvangrijk bedrijf als de Amsterdam Tug and Salvage Company te runnen.

Wat Hotel Nommer Eén betreft – en wat later een misrekening bleek –: verscheidene mensen koesterden de illusie dat IJmuiden heel spoedig een toeristencentrum zou worden. Vandaar dat er kort na de bouw van Hotel Nommer

Eén door een speculatieve Amsterdammer werd begonnen aan een tweede, dat deftiger, fraaier en comfortabeler zou worden, hotel Willem Barendz. Daarmee hoopte men de luxepassagiers van de mail- en Suezboten op te vangen.

Natuurlijk kwamen er heel wat buitenlanders (en binnenlanders) kijken naar de reuzesluis, maar de luxe-toeristen verkozen grotendeels door te reizen naar Amsterdam. Hotel Willem Barendz, met zijn dure kamers en zalen en zijn wonderschone koepel op het dak, waarvandaan men bij goed weer de Amsterdamse Westertoren kon zien, raakte in de versukkeling. Het moest zijn rendement ophalen door 's zondags zalen te verhuren aan opkomende kerkgenootschappen. De koepel werd door loodsen en vletterlui gehuurd als uitkijktoren. En om het trieste verhaal af te maken kan ik hier meteen bij zeggen dat het hotel nog dienst heeft gedaan als stalhouderij van de Gebroeders Boon vóór het werd afgebroken, en vervangen door het herenhuis van een reder-vishandelaar . . .

Toen de steigers voor de binnenslepers van Goedkoop er een keer waren, was de aanvoer van grote hoeveelheden bouwmaterialen niet moeilijk meer en

165

De Stoomsleepdienst H. RUTTERS

geeft hierbij kennis dat zij bij opening der Visschershaven een passende sleepboot in die haven zal stationeeren om vaartuigen bij het in en uitgaan dier haven en het verhalen behulpzaam te kunnen zijn tege een matig tarief nl.

    Sloepen in of uit f 5.— verhalen f 1.50.

    Kotters « « « 2.— » « 1.20.

    Botters « « « 1.—

Nadere inlichtingen verstrekken de agenten.

Halverhout & Zwart.

IJmuiden,

27 Juni 1896.

167

165.
Kop van de Vissershaven met de botter
v d 276 omstreeks 1900.
166.
Annonce *Velsens Gratis Advertentieblad*
27 juni 1896.
167.
Interieur van een Urker botter omstreeks de
eeuwwisseling.
168.
De aanleg van de Vissershaven in 1895.

168

de uitbreiding nam toe. Het was voor het eerst dat ik plezier begon te krijgen in de nederzetting bezuiden de sluis, nadat ik zeker meer dan een jaar vrij mismoedig naar die vuilnishopen, die onbestrate paden, die vreemde slopjes had staan kijken, met het rondwervelende zand van het kale Willemsplein in mijn gezicht. In 1878 had burgemeester Enschedé van Velsen zijn jubileum, en of het daarom was weet ik niet, maar hij opende in IJmuiden zowel een politiepost als een brandspuithuis, al hield hij daarbij een rede die wel tjokvol zat met bange voorgevoelens omtrent de toekomst van IJmuiden; hij had er blijkbaar weinig fiducie in. Toch opende hij een tweede aanwinst, een straatweg IJmuiden-Velsen, mèt straatverlichting. Er kwam tevens een bakker die voor verse broodjes zorgde, alsmede een slachterij die puik vlees afleverde. Er kwam ook een groter, beter geoutilleerd postkantoor. Bouwe Postma werd tot zijn diepe voldoening bevorderd en landinwaarts verplaatst. 'Jongen', zei hij tegen mij, 'waarom smeer je 'm ook niet? Onder deze Philistijnen en Amalekieten kan geen christenmens leven.' 'Postma', zei ik, 'je kunt het geloven of niet: IJmuiden wordt mijn stad. Ik blijf er.' Hij

keek mij alleen maar aan of het me in de bol was geslagen.
'Stad' had ik gezegd, maar hoe moest je die onordelijke en ongevormde nederzetting rond de eeuwwisseling eigenlijk noemen? Vele dorpen in Nederland waren groter. Alles waar het in IJmuiden wezenlijk op neerkwam, was het kanaal. Ik herinner me uit 1878 nog een artikel uit het *Algemeen Handelsblad*, waarin de schrijver lof toezwaaide aan één der vroegere ontwerpers, Froger. Dat was een goede zaak. Wat niet zo mooi was, lag besloten in het feit, dat het artikel Frogers loftrompet eindelijk had gestoken omdat men hem had vergeten in 1876 bij de opening uit te nodigen!
Der Kanal und kein Ende. Altijd was er iets met het kanaal. Men scheen nooit het punt te bereiken waarop men kon zeggen: nu is het áf. Er moest doorlopend worden gebaggerd. Het was alweer een stap vooruit toen er voor dat werk centrifugaal-pompen kwamen. Dan was er van het begin af de kwestie van de seinpost, lichtbaak of hoe men anders het woord semafoor in het Nederlands wil vertalen. In IJmuiden hebben ze die benaming tot op de dag van heden verbasterd tot 'siemesfoor', maar het was toch maar een onmisbaar

werktuig voor de binnenlopende schepen. Dag en nacht gaf de aanwezige ambtenaar berichten en/of waarschuwingen door. Ik ben wel eens jaloers geweest op die man van de semafoor, omdat hij vaak meer te doen had dan wij op het postkantoor: waterstanden doorseinen naar Amsterdam, waar ze op de Schreierstoren bekend gemaakt werden; het ontbieden van sleepboten, bij ziektegevallen een arts. Er was maar één soort scheepvaart waar de semafoor moest afblijven: de bewegingen van oorlogsschepen; die mocht ik aan de betrokken ministeries en marinecommandanten melden.
Het lijkt nu allemaal lang geleden, maar het duurde tot februari 1879 voordat de beide vuurtorens eindelijk konden branden. En in december van dat jaar werd eindelijk 'het eeuwige licht' op de kop van de pieren ontstoken; de door het Haarlemse ingenieursbureau Bakker en het Leidse van Breyghton ontworpen lamp die zelfs bij de zwaarste weersomstandigheden driehonderd uur kon blijven branden. Maar met het kanaal bleef het kommer en kwel.
Soms liepen bij stormweer stukken van de al bezaaide polder onder water; soms stortten delen van het talud in

169.

Jacobus Christiaan Enschedé (1823–1907) was burgemeester van Velsen van 5 april 1853 tot 1 augustus 1892 en tot 1 januari 1869 tevens secretaris. Deze Haarlemmer van geboorte kreeg tijdens zijn ambtsperiode de enorme verandering te verwerken, die de doorgraving van Holland op zijn Smalst binnen zijn gemeente teweeg bracht.

De dorpsburgemeester heeft van het begin af aan getracht voor de belangen van zijn ca 4000 gemeentenaren op te komen. Hij was echter een roepende in de woestijn. Bij deze puur Amsterdamse aangelegenheid werd met Velsen totaal geen rekening gehouden. Illustratief daarvoor is dat burgemeester Enschedé op 5 maart 1865 bij de Amsterdamsche Kanaal-Maatschappij formeel informeerde of de geruchten waar waren, dat drie dagen later de eerste spade in de grond zou worden gestoken! Hem en met hem het gemeentebestuur wordt wel een gebrek aan visie verweten ten aanzien van de betekenis, die het kanaal voor de gemeente zou kunnen hebben.

Dat er een zekere terughoudendheid bestond, is te begrijpen. Het kanaal doorsneed zonder pardon de belangrijkste communicatiewegen, waarvoor een smalle voetbrug in de plaats kwam. Nieuwe wegen langs beide kanaaloevers, waarvoor de gemeenteraad in 1866 een overeenkomst had aangegaan, werden eerst twaalf jaar later door de AKM – en dan nog gedeeltelijk – gerealiseerd.

De bescheiden gemeentelijke begroting, met een bedrag aan inkomsten en uitgaven van rond 20000 gulden, liet extra uitgaven niet of nauwelijks toe. De financiële medewerking van het rijk verliep moeizaam. Ondanks deze negatieve factoren was de verstandhouding tussen het gemeentebestuur en de Maatschappij IJmuiden goed. Het best komt dat tot uitdrukking bij het 25-jarig bestaan van IJmuiden. Ten eerste biedt de Maatschappij het gemeentebestuur een monumentale pomp op het Willemsplein aan. Ten tweede wordt een (inmiddels verdwenen) straat naar de eerste

170

169

171

burgemeester van het gemeentedeel IJmuiden vernoemd.

Nadat hij van oktober 1892 tot 1895 nog raadslid was geweest, overleed burgemeester Enschedé op 18 september 1907 te Velsen. Zijn naam leeft thans nog voort in de Burgemeester Enschedélaan te Santpoort-Noord, het dorp waarin huize Vlugthoven als zijn woning diende.
170.
Het menu van het diner, gegeven ter gelegenheid van het 25-jarig ambtsjubileum van burgemeester J.C. Enschedé. Op dit menu wordt hij ook met nadruk burgemeester van IJmuiden genoemd.
171.
Gezicht op de sluis en IJmuiden in 1888.
172.
Scheepvaartbeweging in de eerste jaren na de opening van het kanaal.
173.
Gezicht op semafoorduin en havenmond in 1888.

JAAR.	ZEESCHEPEN.			VISSCHERS- EN ANDERE VAARTUIGEN.		TOTAAL.	
	Aantal.	Bruto inhoud in M³.	Bruto inhoud in register-tonnen.	Aantal.	Bruto inhoud in M³.	Aantal.	Bruto inhoud in M³.
1877	2,445	3,896,289	1,376.781	931	68,903	3,376	3,965,192
1878	2,548	4,348,391	1,536,534	694	28,059	3,242	4,376.450
1879	2,733	5,181,418	1,830,890	1,280	59,824	4.013	5 241,242
1880	2,958	5,717,986	2,020,490	1.537	146.336	4,495	5,864,322
1881	3,136	6,142,873	2,170,627	1,467	168,822	4.603	6,311,695
1882	3,191	7,038,639	2.487.152	1,483	77,941	4,674	7,116,580
1883	3,121	7,320,665	2.586.808	2,473	155,610	5,594	7,476,275
1884	3,417	8,045,227	2.842,837	2,019	111,770	5,436	8,156,997
1885	3,213	8,180,103	2.890.496	2,598	144,521	5,811	8.324.624
1886	3,170	7,960,317	2.812.833	2,772	104,048	5,942	8,064,365
1887	3,323	8,111,080	2,866.106	2,933	103,652	6,256	8,214,732
1888	3,335	8,533,001	3,015,195	3,524	120,520	6,859	8,663,521
1889	3,682	8,793,400	3.107.208	3,112	97,611	6,794	8,891,011
1890	3,685	9,287,691	3,281,870	4,067	140.421	7,752	9,428.112
1891	3,814	10,062,795	3,555,758	4,335	164,709	8,149	10,227,504
1892	3,688	10,309,919	3,643.081	4,355	175.219	8.043	10.485.138

172

zoals die ene onzalige keer, toen een stuk terrein vlak naast de sluis met werkloodsen, kolenopslag en wat er aan machines was neergezet spoorloos in de diepte verdween. De AKM had meer tegenslagen. In het begin van de jaren '80 knoeide een van de kantoormensen op ernstige wijze met de aandelen. Al meer gingen stemmen op die eisten dat de Kanaal-Maatschappij door het rijk zou worden overgenomen; een schadepostje voor de staat van zeker veertig miljoen gulden. Toen de Engelse aannemers definitief vertrokken – hun contract was uitgediend – en de zorg voor het kanaal

geheel aan de vindingrijkheid van Nederlandse technici werd overgelaten – een goed ding, want wij dankten er onder andere de nieuwe zware baggermachines van Figee te Haarlem aan – hadden de opstuwers van de AKM er zelf genoeg van. De gebruikelijke onderhandelingen tussen Amsterdam en Den Haag begonnen, en wie bang waren geweest dat ze eindeloos zouden duren, kregen ongelijk: de AKM werd inderdaad geliquideerd, het rijk ontfermde zich over de kanaalmonding.Op 1 juni 1883 – ik heb het knipsel bewaard – bracht het *Algemeen Handelsblad* een bericht onder de titel: *'Een doode':*

'Gisteren is iemand overleden, die, hoewel voor een 99-jarig leven bestemd, nog geen volle 20 jaar oud is geworden, en toch reeds een veelbewogen bestaan geleid had, maar tevens groot nut heeft gesticht.

Die overledene is de *Amsterdamsche Kanaalmaatschappij*, welker aandeelhouders nog wel vele jaren verbonden zullen blijven wegens den langzamen gang der vereffening, maar die voor het overige haar taak aan den Staat heeft overgedragen. [...] Amsterdam heeft aan de volharding en toewijding harer bestuurders zijn Noordzeekanaal te danken en dat zal Amsterdam, trots de

173

174

175

176

174.
De Vissershaven omstreeks 1900.

175.
Vletterman Theodorus Dropman, geboren op 27 december 1872 te Alkmaar, schipper van de strandreddingboot.

176.
De bouw van de zogenaamde 'hal van Lely' op 2 december 1899.

177.
Annonce *Naamlijst der Nederlandsche Reederijen en Haringschepen* 1900.

178.
Het briefhoofd van de vereniging van vletterlieden De Koperen Ploeg.

179.
Het interieur van 'de hal van Lely' omstreeks 1900.

179

BOOTLIEDEN-VEREENIGING
„DE KOPEREN PLOEG"
SCHIPPERS DER REDDINGBOOTEN
IJMUIDEN

178

geschillen die het zoo vaak met directie had uit te vechten, nimmer vergeten.'
En zo ging dat nog even door: hulde aan A., B. en C., zelfs aan Jäger, de eerste commissaris; maar daarmee was de dode nog niet ter aarde besteld. Het heeft zelfs tot 1893 geduurd, voor de laatste aandeelhouders hun inzet terug ontvingen – 59% van het door hen verstrekte kapitaal.

De AKM verdween – IJmuiden kreeg een pantserfort terug. Het kanaal was teveel een pistool op de borst van Holland. Van de heren Bik en Arnold kocht het ministerie van Defensie vijfendertig hectare grond. In het najaar van 1884 kon het garnizoen het fort op het eiland tussen de pieren betrekken. In 1885 werd aangekondigd dat er proeven met zwaar geschut zouden worden gehouden. Er werd een vlot met een schietschijf erop drie mijl buitengaats gesleept. Ik zal nooit vergeten dat tot schrik en hilariteit van het jeugdige IJmuiden de kanonniers de schijf met de eerste ladingen volkomen aan flarden schoten.

Overigens is IJmuiden nooit een militaire stad geworden. Commandant en officieren woonden verspreid over Velsen; ze werden elke morgen door korporaal-schipper 'Blauwe Kees' in een

vlet met enkele roeiers van de kop van de haven naar het forteiland overgezet. Voor de schepen bleef de zee het onberekenbare element, en wie als ik zo lang in IJmuiden heeft gewoond, heeft daarvan benauwende staaltjes kunnen meemaken. Het dolste op dit gebied was het geval met de twee Noorse houtslepers tijdens de zwaarste noordwester, die ik meen te hebben beleefd. Houtsleper nummer één was net de pieren binnengelopen en worstelde wanhopig om de zeilen te reven, toen het schip al door de storm in volle vaart op de sluizen werd gejaagd.

Ik had die avond mijn toevlucht gezocht bij de sluiswachters – oude en beste buren – toen we het tumult vernamen. Zodra hij zag wat er aan de hand was, schreeuwde de chef-sluiswachter: 'Dat houden de sluisdeuren niet, die schuit gaat er met hout en al dwars doorheen!' Maar de Noorse kapitein was niet van gisteren: hij wist zijn bark in de laatste minuut door de wind te halen en liep pal vast op de wallekant. We waren allemaal al bezig er eentje te pakken op de gelukkige afloop, toen bark nummer twee de pieren binnengierde. Een fatale herhaling van het voorgaande geval: windkracht 10 en onweerstaanbaar tegen de sluizen op-

IJMUIDEN, 27 Maart. Gedurende de afgeloopen week kwamen van de beugvisscherij hier binnen 15 sloepen en 1 stoombeuger met 100 tot 400 kabeljauwen, 300 tot 2000 schelvisschen, 10 tot 40 lengen, 6 tot 28 heilbotten, en partijen roggen en vleet.

Van de korvisscherij arriveerden 6 stoomtrawlers, 30 loggers en kotters, benevens een 70-tal schuitjes, met partijtjes tong, tarbot, groote, middel en kleine schol, schar, schelvisch, kabeljauw en rog.

Voor levende kabeljauw werd betaald f 1,55 à f 2,15; doode idem f 0,45 à f 1,05; levende long f 1,70 à f 2,25, doode idem f 0,90 à f 1,40, heilbot naar grootte f 2,50 à f 17,—; vleet f 0,75 à f 1,60, rog f 0,25 à f 0,55, groote tong f 0,65 à 0,—, middel idem f 0,35 à f 0,55, kleine idem f 0,15 à f 0,30, tarbot naar grootte f 1.25 à f 11,50, alles per stuk; groote schol bedong f 8,50 à f 14,50, middensoort idem i 6,50 à f 8,—, kleine idem f 2,50 à f 4,25, schar f 1,60 à 2,25, korschelvisch naar grootte f 2,75 à f 10,50, wijting f 0,60 à f 0,90, alles per mand.

De besommingen der schuitjes varieerden van f 15 tot f 43,50 per vaartuig.

Attentie!

Zij die wenschen in aanmerking te komen om als vletterlieden en vischpakkers de trawlvaartuigen te bedienen die aan mijn adres zijn, gelieven hnnne conditiën schriftelijk in te dienen voor **20 Dec. a. s.** en tevens daarbij te vermelden hoeveel vletten zij voor dat doel disponible hebben.

Vischafslag PLANTEIJDT.

180

181

182

186

180.
Bericht *Velsens Gratis Advertentieblad*
1 april 1899.
181.
Annonce *Velsens Gratis Advertentieblad*
14 december 1895.
182.
De Kop van de Haven in 1899. Rechts de
tijdelijke houten Rijksvishal, de
zogenaamde Lattenmarkt.
183.
Annonce *Naamlijst der Nederlandsche
Reederijen en Haringschepen* 1899.
184.
Annonce *Naamlijst der Nederlandsche
Reederijen en Haringschepen* 1899.
185.
Annonce *Naamlijst der Nederlandsche
Reederijen en Haringschepen* 1899.
186.
De zeillogger IJM 143.

geblazen. Roerloosheid van tien, vijftien man aan de oever van wie iedereen dacht: 'Dat lukt voor de tweede keer niet weer.' Gekker dan gek lijkt onmogelijk: maar het lukte! De tweede kapitein, resoluut als de eerste, had de toestand in één blik gevat, wrikte zijn bark achter nummer één om, schoot door de wind en landde tussen zijn maat en de sluis – kop op de waterkant...
Er bestond in die eerste roerige jaren van het Noordzeekanaal concurrentie tussen Zurmühlen en Goedkoop. Daaraan kwam in 1893 een eind door een overeenkomst, waarbij het werkterrein van de slepers van deze firma's door de sluis werd gescheiden. Voortaan kozen de slepers van Goedkoop ligplaats aan de hoge muur van de spuisluis. In 1901 trachtte de Internationale Sleepdienst Maatschappij te Rotterdam roet in het eten te gooien door in volle zee haar diensten aan te bieden aan de voor Amsterdam bestemde driemasters en houtslepers. Er ontwikkelde zich een moordende concurrentiestrijd, maar gelukkig voor al de drie maatschappijen hield de ISM er wegens gebrek aan middelen nog vóór het einde van dat jaar mee op.
Anders was het gesteld met de felle ri-

valiteit tussen de eerste IJmuidense en de Belgische loodsen. Toen beschikten die loodsen van ons nog niet over die solide stoomvaartuigen van nu, hoor, welnee, ze gingen er met de loodskotter op af, weer of geen weer. De schipper die in drie maanden de meeste schepen binnenloodste kon nu eenmaal een premie over zijn bemanning verdelen. Dicht bij het schip begon het 'smakken': gooien met dobbelstenen om uit te maken wie het schip zou mogen binnenloodsen. Het schip was voor de loods, die de hoogste ogen gooide. Dan sprong de 'gelukkige' met twee leerlingen in de jol en was het roeien geblazen om bij het schip te komen. De Bels lag immers altijd op de loer? Ik maakte bij de sluis graag een praatje met die geharde kerels in hun dikke blauwe duffelse jekkers. Ik kon er vaak niet bij, dat ze voor rond tweeënveertig gulden per maand, waarvan nog vijf piek voor de kost werd afgetrokken, steeds weer opnieuw hun leven waagden. Maar die kerels vertelden me grinnikend, dat de jongens van de opleidingsschepen knokten om een stee op de loodskotter. 'Nou, ze zullen ervan lusten. Terugkeer is er niet bij. Wie met de duivel scheep gaat, moet met hem over, nietwaar? Wij laten ons door de Bels geen

187.
De bark F. H. von Lindern, op 19 oktober 1890 gestrand tussen Zandvoort en IJmuiden.
188.
De drenkelingen van de zeillogger KW 7 worden aan wal gebracht in 1911.
189.
Een lang in de herinnering voortlevende ramp was die van het Britse stoomvrachtschip Eastwell. In een vliegende storm werd het schip op 16 maart 1913 tegen de kop van de Noordpier geslagen. Op de foto het trieste beeld van de Eastwell een dag na de storm.

187

188

189

190.
Advertentie *Vraag en Aanbod* 2 maart 1907.

191.
De opvarenden van de Eastwell werden
gered door de onverschrokken bemanning
van de sleepboot IJmuiden. Zij waagden
zich met hun boot tussen het vrachtschip en
de pier en haalden alle 86 schipbreukelingen
van boord, waaronder de vrouw en de
kinderen van de kapitein.
Op de foto de helden van de sleepboot
IJmuiden. Van links naar rechts: machinist
M. (Rinus) Peters, stuurman M. (Teeuw)
van der Put en kapitein J. (Nannie) van der
Wiele.

192.
Het reddingstation aan de voet van de
Noordpier, omstreeks 1900. Van links naar
rechts: NN, Slegtkamp (opzichter
Waterstaat, vader van de held van
Spionskop), Retz, NN en Rob
(kustwachter).

192

DE BERLIN-RAMP

Zeer mooi uitge-
voerde BRIEF-
KAARTEN van
die ramp zijn ver-
krijgbaar bij

JAC. SINJEWEL, Boekhandel

190

191

schip afhandig maken, omdat zo'n
jochie het bij het zien van een hoge zee
ineens dun in z'n broek doet . . .'
De vereniging De IJsploeg dateert al
van 1880. Twee sleepboten stuwden een
zware ijsploeg door de vriezende wa-
termassa om de vaargeul in het kanaal
open te houden. Ik weet nog, dat de
Amsterdamse Kamer van Koophandel
zich groen en geel ergerde omdat de
AKM de revenuën opstreek. Na 1883,
toen de AKM in liquidatie was, mocht
de ploeg de ijsgelden zelf heffen. Iedereen vond ook wel dat ze het verdienden. Het was zwaar werk, vooral bij
strenge vorst, als de ploeg niet alleen
aanhoudend in actie was, maar trots
kou en al een vaste schare toeschouwers had. Het was ook een machtige
aanblik de schotsen te zien splijten en
kantelen.
Toch leek het er in de strengste winters
op, dat de mens het onderspit zou del-
ven, zoals in die winter van 1890–91.
De ijsploeg faalde, tot ir Van Niftrik
op het idee kwam, het ijs stuk te zagen
en de sleep van vaartuigen, die klaar
lag voor de vaart naar Amsterdam,
snel achtereen in elk opengezaagd stuk
te laten doorstoten. Dat ijszagen was
een gewild werkje voor het volk van de
Heide, en als er een gezin was met grote

zonen, brachten die nog een behoorlijk
stuk geld thuis ook. Het wonderlijkste
van de ijszagerij was dat elk open-
gebroken stuk kanaal achter het laatste
schip al weer dichtvroor, en dat de
schaatsenrijders zich onbekommerd
op ijsbanen naast de schepen voort-
bewogen . . .
Eén ding was duidelijk: er moesten ijs-
brekers komen, en dat is dan ook gebeurd. De officieel opgerichte Vereeniging voor Algemeene Scheepvaartbelangen, die de brave ijsploeg in 1890
verving, zorgde voor IJsbreker I en II,
en daar zijn later nog andere bijgeko-
men. De weg naar Amsterdam is open-
gebleven, ook bij het strengste winter-
weer, en ook de machtige aanblik
bleef.
Aan het kanaal was overigens steeds
iets te wensen. Het was misschien nog
maar acht, tien jaar geopend toen er al
stemmen opgingen voor een tweede
sluis. De schepen werden steeds groter.
Uit Amsterdam riep de Kamer van
Koophandel om een sluisdrempel van
negen meter diepte, dat wil zeggen, een
diepte die geen andere Europese haven
toen nog had. Grote dingen schijnen
niet zonder grote pijn tot stand te kunnen komen. Er is wat afgebekt, af-
gepingeld, afgedraafd vóór het s.s.

193.

Terwijl voor de toekomst door middel van het kanaal een betere toegang naar de Amsterdamse haven werd verzekerd, was een andere kwestie aan de orde gekomen die niet minder van betekenis was, namelijk de vrije vaart op het kanaal. De opzet van de Kanaal-Maatschappij was gedeeltelijk gebaseerd op het heffen van haven- en kanaalgelden. Deze waren vrij hoog. Het havenrecht bedroeg f 0,16 per 10m³ van de inhoudsmaat; het kanaalrecht tot Amsterdam f 0,72; de helft van het recht werd geëist van schepen die met artikelen als steenkool, timmerhout en dergelijke beladen waren, of ledig of in ballast voeren; verder van schepen in geregelde dienst naar een buitenlandse haven, welke tweemaal per week werd bevaren. Later, in 1879, werd dit recht tot f 0,14 en f 0,64 teruggebracht en het halve tarief ook op schepen met erts en ijzer toegepast. Van november tot maart werd voorts ijsgeld geheven van f 0,016 per m³, welke opbrengst gebruikt werd voor het bij vorst openhouden van een bevaarbare geul.

Het is begrijpelijk dat de Amsterdamse handel zich node bij dergelijke drukkende heffingen neerlegde. In de Kamer van Koophandel kwam het reeds op 22 januari 1878 tot een breedvoerige discussie over de vrije vaart op het Noordzeekanaal. Toch vond men dat het ogenblik voor actie nog niet gekomen was. De Kanaal-Maatschappij had haar taak nog niet geheel vervuld en daarom achtte men het niet gewenst haar de voornaamste inkomsten te ontnemen. Toen de haven- en kanaalwerken der Maatschappij in 1883 door de Staat werden overgenomen, werd geen aandrang tot vrijmaking uitgeoefend uit vrees dat dit het verzet tegen het wetsvoorstel zou doen toenemen.

Onder deze omstandigheden maakte de regering geen haast met de afschaffing der rechten. Een dringende aanleiding bestond hiertoe trouwens niet, daar de vaart op het Noordzeekanaal zich op bevredigende wijze ontwikkelde. De bruto inhoud der schepen steeg van 1 376 289 registerton in 1877 tot

2 842 837 in 1884. In 1884 werden de rechten verminderd voor die maatschappijen, wier schepen meer dan tweemaal in hetzelfde kalenderjaar het kanaal bevoeren. Belangrijker was de wijziging in 1886, toen het havengeld voor een stoomschip van f 0,14 op f 0,10 en het kanaalgeld van f 0,64 op f 0,45 werd gebracht. Scheen dus de regering besloten te hebben om de kanaalrechten te bestendigen, hoe langer hoe meer stemmen begonnen zich daartegen te verheffen. Herhaaldelijk drong nu de Kamer van Koophandel op afschaffing aan. De ontwikkeling der scheepvaart in Amsterdam stokte. Na een onbetekenende toename in 1885 brachten de twee volgende jaren zelfs achteruitgang. Nu zou het verkeerd zijn hiervoor de kanaalrechten aansprakelijk te stellen. De Indische suikercrisis deed haar invloed gevoelen; zij bezorgde vooral de stoomvaart slechte jaren. Maar afgezien van het feit dat naburige havens wel vooruitgingen (de scheepvaartbeweging te Antwerpen liep bijvoorbeeld van 2 938 500 bruto registerton in

N°. 295

KENNISGEVING

Afschaffing van kanaal- en havengelden op het Noordzee-kanaal

BURGEMEESTER en WETHOUDERS van Amsterdam,

Gelet op het Raadsbesluit van 18 September 1889, waarbij zij gemachtigd zijn met den Staat der Nederlanden eene overeenkomst te sluiten, ten einde aan de scheepvaart van Amsterdam de vrije vaart te verzekeren van de Noordzee tot Amsterdam en van Amsterdam tot den Boven-Rijn.

Gelet op de Wet van 28 Juni 1890, waarbij gemelde overeenkomst is goedgekeurd;

Brengen bij deze ter algemeene kennis dat volgens de overeenkomst de heffing van Kanaal- en Havengelden op het Noordzee-kanaal, **zal worden afgeschaft van den dag, waarop deze overeenkomst in werking treedt, zijnde 1 Juli 1890, voor schepen welke bestemd zijn voor, of komen van Amsterdam.**

AMSTERDAM, den 30sten Juni 1890

BURGEMEESTER en WETHOUDERS voornoemd,
VAN TIENHOVEN
de SECRETARIS
LE JOLLE

Te Amsterdam, ter STADS-DRUKKERIJ

193

Afschaffing der Kanaalgelden.
Een Amsterdamsch Koopman bij de ontvangst van de heugelijke tijding!

194

195

196

1881 op tot 4112800 in 1886), het was dan toch een feit dat in zulke jaren van malaise juist op de onkosten moest worden bezuinigd om niet met verlies te varen. Ook het gemeentebestuur van Amsterdam begon zich nu met de zaak der kanaalrechten te bemoeien: op 27 juni 1888 werd het door de raad gemachtigd om bij de landsregering op opheffing aan te dringen. De minister van Financiën was bereid de kanaalgelden per 1 januari 1890 af te schaffen, mits de gemeente het Rijks Entrepôt-dok (opslag van waren waarvoor in het belang van het transitoverkeer geen invoerrechten werden geheven) wilde overnemen tegen een prijs te berekenen door kapitalisatie der daarop gemaakte jaarlijkse winsten. Zij moest zich dan verplichten een nieuw gemeentelijk Handels Entrepôt te stichten. Mocht zij in deze in gebreke blijven, dan zou het rijk het Entrepôt-dok voor een lager bedrag kunnen terugnemen. Het verschil tussen verkoop- en wederinkoopsprijs was dan een vergoeding voor de afschaffing der kanaalrechten. Na vele en moeizame besprekingen waarbij Jitta erop wees dat met behoud der kanaalrechten geen concurrentie met Rotterdam en Antwerpen mogelijk was, ging de gemeenteraad van Amsterdam met het regeringsvoorstel akkoord. De vrije vaart op het kanaal was verzekerd, zij het met ingang van 1 juli 1890.

194.
Spotprent inzake de afschaffing van kanaal- en havengelden. *Politienieuws* 10 juli 1890.
195.
De in 1884 ter hoogte van de Zuidpier in een duinpan gebouwde quarantainebarak voor de verpleging van opvarenden van schepen, waarop besmettelijke ziekten waren uitgebroken.
196.
Het nieuwe reddingstation annex Witte Kruisgebouw, dat op 14 september 1909 officieel door ZKH Prins Hendrik werd geopend. Rechts de voorzitter van het Witte Kruis, afdeling Velsen, gemeentesecretaris Th.J. Wijnoldy Daniëls.
197.
Bericht *De Prins* 26 september 1908.
198.
Aubade op het Willemsplein ter gelegenheid van de ingebruikneming van het nieuwe Witte Kruisgebouw.

198

**Een nieuw Wijkge-
bouw voor de schip-
breukelingen te
IJmuiden.**

De plechtige Eerste-Steenlegging door Z.K.H. Prins Hendrik der Nederlanden van het Wijkgebouw te IJmuiden, dienende tot bergplaats van materiaal van het Witte Kruis en tot reddings- en verplegings-station voor de ter plaatse gevormde Red-

dingsbrigade, welke bij eene eventueele zeeramp onmiddellijke hulp zal verleenen, heeft groote belangstelling gewekt. — De heer Daniëls, voorzitter der Witte-Kruis-afdeeling Velzen, hield een rede, die door Z. K. H. Prins Hendrik nà de formaliteit werd beantwoord en waarin Z. K. H. den wensch uitsprak, dat onze kust in de toekomst voor zee-rampen moge gespaard blijven.

197

Wilhelmina van de Stoomvaart Maatschappij Nederland, op weg naar Java, in 1896 onder de plechtige oogopslag van vele autoriteiten door de nieuwe sluis kon worden geschut ... 1896, zeg ik: het duurde wel tot 1899, voor ook deze sluis geheel gereed was, en het elektrische licht dat in 1888 was aangevraagd, was er nu ook bij.
En dan moet ik er meteen bij zeggen dat iedereen in 1899 al wist, dat het nieuwe kunstwerk in feite al weer te klein was. Het leek een mallemolen, waarbij de moderne scheepstechniek de mens in zijn trage aanpassing steeds voorbij schoot. Sommige scheepsbouwers twijfelden nog in de jaren tachtig, of het mogelijk zou zijn de stalen reuzen van de zee steeds groter te maken. Volgens hen was de IJmuidense concurrentie met Antwerpen, Rotterdam, Bremen of Liverpool verzekerd. Maar ik herinner me ook, hoe een zekere ir Stieltjes er in een vakblad op wees dat de grootte van schepen zou blijven toenemen, en dat het er voor IJmuiden niet zo fraai meer zou uitzien als men geen geweldige sluizen en wijdere bruggen aanbracht, en dat in de kortste tijd. Ze zijn er gekomen, dat is waar – maar tientallen jaren nadat deze waarschuwing en profetie was geslaakt en nadat

Amsterdam al in 1909 voor de grote zeegevaarten onbereikbaar bleek te zijn geworden ...
Het leek wel alsof een man als August M. J. Hendrichs, de voorzitter van de Amsterdamse Kamer van Koophandel, tegen de bierkaai vocht, tot hij in '97 in de nieuwe minister van Waterstaat, ir Lely, een medestander kreeg; in '98 lag er al een wetsvoorstel tot verbeteringen, dat er nog net voor het jaar 1900 tegen grimmige oppositie in doorkwam: het kanaalprofiel verdiept en verbreed, belangrijke wijdere brugopeningen, elektrische beweging aan spoorbruggen en schutsluis. In Amsterdam dachten ze al dat ze het pleit gewonnen hadden, de vlaggen gingen uit, de klokken van de Westertoren zongen. Maar ir Lely verdween uit het ministerie van Waterstaat, en zijn opvolger, De Marez Oyens, vond dat er veel te veel geld aan het kanaal werd besteed en eiste matiging van de verlangens ...
Er was steeds geharrewar over de Hembrug, en alle tegenstribbelen van minister De Marez Oyens ten spijt, is die brug met elf meter doorvaarthoogte er toch gekomen – zij het pas in 1903. En een ander geharrewar rees inzake het primitieve spoorbruggetje voor het

Ymuiden 7 Nov: 1879

*** Velsen, 18 September. Op de heden gehouden veiling is de domeingrond ten noorden van het Noordzee-kanaal, tusschen den spoorweg naar Beverwijk en den Doodweg, (de voormalige vinkenbaan) groot 5,39,10 H.A., aangekocht door de firma Van Gelder Zonen, papierfabrikanten, ten einde aldaar een groote papierfabriek op te richten.

De fabriek zal eene lengte van 115 en een breedte van c.a. 40 M. hebben.

De heer V. Ph. Braun te Beverwijk is met de uitvoering belast voor eene som van ongeveer f 140,000.

De terreinwerkzaamheden zijn direct na den koop begonnen en met spoed zal het werk worden voortgezet.

Gedurende de wintermaanden zal er alzoo voor menig arbeider nog wat werk te vinden zijn.

202

203

204

206

lijntje van Haarlem naar Uitgeest en de
Velservoetbrug. De oude draaibrug, in
1872 geopend, werd met haar smalle
doorgangen al meer een hindernis in
plaats van een hulp. De reders in
IJmuiden eisten sloping, het publiek
wilde behoud voor de verbinding met
Wijkeroog en Beverwijk. Hetzelfde
gold voor de voetbrug. Al het geschrijf
en gewrijf leidde in 1895 tot een advies-
commissie, en er kwam een pontveer –
in 1902! Het bleek alras onbruikbaar
bij sterke stroom of wind, en na veel
proefnemingen besloot men tot het
maken van een kettingveer. En toen
waren we al een flink eind in de twintigste eeuw, want die Donaupont begon
te varen in 1906. Een jaar eerder werd
het oude spoorbruggetje vervangen
door de imposante Velserbrug.
Ik heb de lotgevallen van het kanaal
uitgemeten alsof er in IJmuiden niets
belangrijkers was, maar het leven in de
jonge nederzetting bleef beslist niet
stilstaan. In 1876, zo had men mij verteld, waren de eerste Amsterdamse loggers door het kanaal naar de Noordzee
gesleept. Dat zou men het spontane
begin van IJmuiden als vissersplaats
kunnen noemen. Die visserij begon de
zeilen al verder uit te slaan; werd de vis
eerst te Nieuwediep afgeleverd, en niet

alleen door de Hollandse, maar ook
door de Engelse, Deense en Belgische
vissers, nu vielen deze al vaker de ha-
venkom van IJmuiden binnen, en voor
iemand erop verdacht was, hadden we
een 'markt'. Vishandelaren uit de omtrek – vooral uit Egmond – kwamen
door de duinen met hun hondekarren
aansnellen, vletterlieden brachten de
gevangen vis uit de schuiten naar de
wal, er werd gekwanseld, er werd ge-
dronken, er werd ook wel eens gestoken, de viskopers staken natuurlijk de
koppen bij elkaar en stelden onderling
de prijzen vast (bij warm weer konden
de vissers hun vangst wel kwijt, maar
de prijzen zakten gevoelig), grote viskopers als de Heldersche firma Groen
verplaatsten eerst een deel en toen de
hele vishandel naar IJmuiden, andere
vishandelaars volgden. Het was een
schouwspel, dat handelen en elkaar
overtroeven, dat bittere strijden om
dubbeltjes en centen, die eeuwige afrekeningen in geïmproviseerde kroegjes,
waar de borrels vloeiden als putwater
en waar de messen er keer op keer werden bijgehaald om argumenten en
vijandschappen kracht bij te zetten…
Ik heb de haven zo vol zien liggen met
vissersschuiten uit Vlaardingen, Middelharnis, Katwijk en van de Zuider-

207

208

209

210

211

207.
Vliegerwedstrijd in augustus 1882 bij het oliegasfabriekje, dat stond op 'de hoge hoek' van de Bik en Arnoldkade, tegenover station IJmuiden. Het fabriekje werd in 1879 opgericht door J. Meijjes J. Wzn.

208.
Annonce *Naamlijst der Nederlandsche Reederijen en Haringschepen* 1911.

209.
Annonce *Nieuws- en Advertentieblad voor IJmuiden en Omstreken* 19 mei 1906.

210.
Annonce *Nieuws- en Advertentieblad voor IJmuiden en Omstreken* 19 mei 1906.

211.
Eén van de vele rederijen in IJmuiden was de Algemeene Visscherij-Maatschappij, gevestigd aan de Zuidzij, gefotografeerd omstreeks 1910.

212.
Fragment uit de *Naamlijst der Nederlandsche Reederijen en Haringschepen* 1911.

213.
Grote bedrijvigheid bestond in de vishandel. Hier visknechten voor het pakhuis van vishandelaar T. Osendorp op het Sluisplein, omstreeks 1916. Meesterknecht was IJsbrand Goedhard.

214.
Het lossen van een ijsschip uit Noorwegen.

215.
Personeel van de reparatiewerkplaats van de NV Stoomtrawler-Visscherij IJmuiden op 18 september 1901. Deze Amsterdamse maatschappij heeft bestaan tussen ca 1900 en 1912. De directie werd gevoerd door G.P.J. Vuerhard.

213

214

IJM.   IJMUIDEN.

Nederlandsche Stoomvisscherij.
Directeur: L GROEN Jr.

SS.	22.	†*Etty.*	Jan Zwart.
SS.	36.	†*Celestine Juliette.*	Joost Groen.
SS.	97.	†*Burgemeester Vening Meinesz*	A. Groen.
SS.	149	‡*Louis Groen Jr.*	K A. Zwart.

Naamlooze Vennootschap Nationale Stoomvisscherij-Maatschappij.
Directeur: A. S. GROEN.

SS	33.	†*Jhr. Carel Herman van den Brandeler.*	Jan Krab.
SS	111.	‡*Elsa.*	W. Prins.

Maatschappij tot Beheer van Steamtrawlers en andere Visschersvaartuigen.
Directeuren: MEEUWENOORD, A. & M. DE VRIES.

L.	20.	†*Olga.*	Jac. van der Zwan.
L.	85.	*Elsa.*	H. Visser.
L.	. .	†*Nora.*	C Pronk.

Algemeene Visscherij-Maatschappij.
Directeuren: J. F KLERCQ & E. H HIJMANS.

SS.	34.	†*Anna.*	Jacob Drijver.
SS.	35.	†*Wilhelmina.*	H. Drijver.
SS.	99.	‡*Johanna Elisabeth.*	D. van Straten.
SS.	101.	†*Gerbrig.*	C. Zwart.
SS.	119.	†*Mies en Truus*	Th. Zwart.
SS.	126.	†*J. T. Cremer.*	A. van Cronenborg.

Stoomvisscherij „Selene".
Directie: BAKKER & DIJKSEN.

SS.	141.	*Selene.*	Willem Post.

212

215

Een merkwaardige plaats.

In Haarlems Dagblad van 1 Maart komt onder bovenstaand opschrift een artikel voor wat wij wel de moeite waard achten over te nemen.

Er wordt al eenige jaren over gedacht en gesproken om van IJmuiden een afzonderlijke gemeente te maken. Zooals iedereen gemakkelijk zien kan behoort dit en 't eigenlijke Velsen, het kleine vierkante plekje, dat begrensd wordt door de uitspanning van Van der Laan aan den eenen en het Noordzeekanaal aan den anderen kant noch aardrijkskundig, noch economisch bij elkander. Bestaat er dan een verband tusschen de zeeplaats en Santpoort of de Jan Gijzenvaart? Nog veel minder. Hier missen we zelfs elke geografische connectie. Als ik de gemeente Velsen, zooals ze nu is samengesteld, ergens mee vergelijken moest, dan zou het zijn met een dier, dat een onmatig zware staart heeft gekregen.

Die staart is IJmuiden.

Ik weet wel, dat men over 't algemeen met veranderingen in gemeenten hoogst voorzichtig wezen moet. Evengoed als samenvoegingen (men denke maar aan de gelukkig afgesprongen grensverlegging van Haarlem!) kunnen ook splitsingen bedenkelijke gevolgen hebben. De gemeente Velsen zou een aangenaam knus en gemakkelijk bestaantje leiden, wanneer zij behalve IJmuiden ook Velseroord en Wijkeroog van zich afschuiven kon en dan met Velsen, Santpoort en de Jan Gijzenvaart overbleef, een gemeente vormende van 3700 zielen, waarin meer dan een half dozijn zeer gefortuneerde ingezetenen zijn gevestigd, Waar zouden dan het rampzalige Velseroord en Wijkeroog moeten blijven? Samen met IJmuiden op avontuur uit? Een dergelijke grensregeling zou zeker nooit bij de Regeering instemming vinden en, naar ik vertrouw ook door de bewoners van de andere gedeelten niet worden gewenscht.

Die afscheiding van IJmuiden, waarover tot voor korten tijd alleen in particuliere gesprekken en om de tafeltjes van het koffiehuis, fantasiën werden ten beste gegeven, is nu eenige maanden geleden in zooverre een stap vooruit gekomen, dat er een Commissie werd benoemd om de zaak te onderzoeken.

Mr. Bik maakt in zijn brochure gewag van de goede verstandhouding die tusschen het tegenwoordig gemeentebestuur en de Maats. IJmuiden bestonden en voegt daarbij, dat het daaraan wel goeddeels toegeschreven zal mogen worden, dat de drang naar vorming eener zelfstandige gemeente niet verder is gekomen, „dan tot een korte, spoedig gesmoorde ontboezeming" Maar sedert die opmerking zijn we zes jaar verder en is duidelijk gebleken, dat vooreerst IJmuiden nog niet op haar toppunt komen zal. „Integendeel," zoo meende mijn zegsman, „de visscherij is er nog pas in haar begin en wanneer de haringvisscherij doorbreekt, zal de plaats nog veel grooter vlucht nemen. Waar vindt men, zooals hier, een haven bij een haven?"

Maar wanneer dat juist is, dan moet IJmuiden los van aanhangsels, die er niet bij behooren en zich vormen tot onafhankelijke gemeente Misschien vallen dan zelfs de meerdere kosten wel mee, want naarmate de zaken grooter worden, gevoelen de directeuren of eigenaars meer de noodzakelijkheid om in IJmuiden te komen wonen. Die richting gaat het nu al uit. En wanneer door de zelfstandigheid nieuwe bloei aan de gemeente IJmuiden kan worden gegeven, zinken immers de enkele rijksdaalders belasting meer tegenover de voordeelen, die er door verkregen worden, in het niet!

Velsen, 19 Maart 1896.

No N. 3

Naar aanleiding van uw schrijven van den 18den dezer no 2915 Afd 2 hebben wij de eer U te berichten, dat in de vergadering van den gemeenteraad, waarin besloten werd aan de regeering te verzoeken om bij den nieuwen visschershaven te IJmuiden terreinen beschikbaar te stellen voor den bouw van visscherswoningen is gedacht op de mogelijkheid, dat in de verre toekomst een scheiding zou kunnen plaats vinden tusschen de verschillende onderdeelen der gemeente, waarbij de vrees werd geopperd, dat alsdan de buurtschap „de Heide" wel eens bij het oude gedeelte der gemeente Velsen zou kunnen worden gevoegd.

Bestond er werkelijk eenige grond voor die vrees, dan zou het zeker alleszins billijk zijn, dat de visscherbevolking wonde dáár, waarvoor zij herwaarts is gekomen, nl te IJmuiden bij den Visschershaven, omdat visschers in den regel arm en vaak aanlastig zijn of worden en de oude gemeente Velsen zeer onbillijk en verre boven hare krachten zou worden bezwaard, wanneer zij de visschers, die, zoals reeds is gezegd, om de haven van IJmuiden naar hier kunnen ... zou moeten herbergen.

Wij gelooven echter dat van eene scheiding, in de eerste 25 jaren wellicht, wel niet met ernst sprake zal kunnen zijn en mocht later, wanneer de toestand van de gemeente Velsen zoodanig is geworden.

gronden, dat groote veranderingen daarin vooreerst niet te wachten zijn, een splitsing van de verschillende deelen der gemeente noodig of gewenscht vinden geacht, dan zal ontegenzeggelijk, althans volgens ons gevoelen, de billijkheid wel medebrengen, dat de buurtschap de Heide worde gevoegd bij dat deel der gemeente waaraan zij voor een goed deel haar ontstaan te danken heeft, met name de nieuw te stichten gemeente IJmuiden.

Wij vernemen, dat, wanneer men niet alleen let op de bijzondere belangen van eenig deel der gemeente, maar op de belangen van de gemeente in zijn geheel en ook van het Rijk, alsdan van splitsing of scheiding vooreerst wel geen sprake zal kunnen zijn. Een groote gemeente heeft in den regel meer draagkracht dan meerdere kleine.

Intusschen zou het van groot belang zijn, wanneer het rijk, dat door zijn inrichtingen, laatstelijk voor de visschershaven, van de gemeente Velsen heeft ge... wat zij nu is, de gemeente niet aan haar lot overlaat, maar haar nu en dan helpt b.v. door steun in haar kosten voor nieuwe inrichtingen van onderwijs enz.

En evenzoo zou het van groote beteekenis zijn wanneer de Minister, ingaande op het verzoek van den gemeenteraad kennen kan vinden om gelegenheid te geven tot den bouw van visscherswoningen bij den nieuwen haven.

Daar toch behoren de visschershuis, meer dan in eenige andere wijk of eenig ander deel der gemeente en wordt tevens voorkomen opeenhooping van het pauperisme in een bepaald gedeelte der gemeente met name „de Heide", 't geen vooral ook zeer ongewenscht is met het oog op den gezondheidstoestand en de openbare orde.

Burgemeester en Wethouders
der gemeente Velsen.
de secretaris.
de burgemeester.

216.
Fragmenten over de afscheiding van
IJmuiden. *Vraag en Aanbod* 2 maart 1907.
217.
Antwoord van het gemeentebestuur van
Velsen aan Gedeputeerde Staten van
Noord-Holland inzake de
beschikbaarstelling van rijksgronden te
IJmuiden voor overplaatsing van de
vissersbevolking van de Heide naar
IJmuiden. Omdat het rijk in 1883 de
belangen van de Amsterdamsche Kanaal-
Maatschappij overnam, aanlegsteigers voor
vissersschepen bouwde in de buitenhaven en
tenslotte de Vissershaven liet graven, was de
gemeente van oordeel dat de ontwikkeling
van het visserijbedrijf een
rijksaangelegenheid was. Voorts gingen de
toen zetelende vroede vaderen uit van de
gedachte dat IJmuiden een zelfstandige
gemeente zou worden, die dus ook de lasten
van de vissersbevolking op zich diende te
nemen. Een andere aanwijzing voor de toen
verwachte afsplitsing van IJmuiden is dat
nog steeds het grondgebied van de gemeente
kadastraal is verdeeld in een gemeente
Velsen en een gemeente IJmuiden.
218.
Titelpagina van het rapport over de
zelfstandigheid van IJmuiden, een
zelfstandigheid die onder meer om
financiële en belastingtechnische redenen
geen doorgang vond.
219.
Opening van de Openbare Lagere School D
aan de Schoolstraat (sinds 1926 Heidestraat)
op 17 juli 1907.

219

RAPPORT

VAN DE COMMISSIE

TOT ONDERZOEK IN HOEVERRE HET
WENSCHELIJK IS, DAT IJMUIDEN
EENE ZELFSTANDIGE GEMEENTE
WORDE

IJMUIDEN, SEPTEMBER 1907.

LEDEN DER COMMISSIE:

A. M. ROGGEBAND, Voorzitter.
C. JANZEN, 1e Secretaris.
G. F. HAAK, 2e Secretaris-Penningmeester.
H. M. LANGEVELD.
J. J. KNAAP.
N. J. ZWAGER.
D. VAN BEUSEKOM.
                    allen te IJmuiden.

218

zeeplaatsen, dat er niets meer bij kon,
en dat men een gevoel kreeg of men de
concurrentie en de bestaansstrijd met
de handen kon grijpen. Niet alleen die
van de vissers onderling, maar ook die
van de viskopers. Al heel gauw kwamen er Amsterdamse opkopers bij : ze
waren uitgekookt en kochten gecombineerd hele vangsten op, die dan haast-
je-repje in sloepen naar Amsterdam
werden gebracht. 'Astublieft, mevrouw, uw verse vis!'
De wedijver nam gevaarlijke vormen
aan, toen de Egmonders, de 'Derpers',
het in hun hoofd kregen de vissers alvast buitengaats, zelfs bij boos weer,
met een duchtige voorraad jenever tegemoet te trekken en de vis 'bij de roes'
(ongezien en ongesorteerd) op te
kopen, onder het veelvuldig achter-
overslaan van het aanmoedigend werkende nationale vocht. Het werd er
mede de oorzaak van dat de vissers bij
de telling van hun vangst honds werden opgelicht. Zij mochten hun leven
wagen, zij hadden het onmenselijk harde werk, anderen probeerden zonder
schroom van hen te bestaan: de pro-
viandhandelaren die ze sneden met de
prijzen (de buitenlanders het ergst), de
'waterboeren' die met hun schuiten vol
drinkwater langs de vissersvaartuigen

ventten en voor een tonnetje water zeven of acht gulden berekenden en van
de genomen vissers ook de vuilste bij-
namen ontvingen, en dan tenslotte de
drankhandel.
Eerst kwamen er voorzichtig een paar
kotters met Schiedams, tabak en sigaren om hun waar te slijten. En daar het
Schiedams goedkoop was, stroomde
het van maand tot maand vrolijker en
onbewimpelder. De drankkotters do-
ken niet alleen meer in de buitenhaven
op, maar de schippers gingen allengs
aan wal en voorzagen de erkende en
niet-erkende kroegen van dezelfde
goedkope jajem. Het gerucht ervan
scheen onder water naar andere vis-
sersdorpen door te dringen : zelfs uit
Volendam kwamen ze erop af, zogenaamd om hun visvangst te verkopen, in werkelijkheid om kisten vol
drank door het kanaal naar de Zuiderzee te smokkelen. Het heeft jaren geduurd voor de Staat der Nederlanden
ingreep, maar zelfs na de anti-drank-
smokkelwet brachten Katwijker haringloggers nog in 't verborgen cognac
en likeur uit Franse havens mee . . .
Het hele systeem van visverkoop was
een aanfluiting en nagenoeg een vorm
van barbarij, en ik verbaasde me niet
dat de stille en deels deftige Velsenaren

220

Ymuiden   Koningin Emmastraat met Prot. Kerk

220.
Het Gebouw voor Christelijke Belangen, gebouwd in 1880 als Hervormde kerk, gesloopt in 1968.
221.
De Oud-Katholieke kerk aan de Breesaapstraat werd ingewijd op 9 augustus 1890. De kerk is gebruikt tot 1907, toen de nieuwe kerk aan de Koningin Wilhelminakade gereed kwam. Het gebouw diende daarna als mandenmakerij en werd kort voor de Eerste Wereldoorlog verbouwd tot het bekende theater Thalia. Thans is het in gebruik bij de Bescherming Bevolking.
222.
Het gebouw van de Doopsgezinde Gemeente IJmuiden, gebouwd in 1906. Aanvankelijk gesticht als kerkgebouw voor de Nederlandse Protestantenbond door de reder Planteijdt. In 1909 is de Doopsgezinde Gemeente gesticht, die de kosten van het kerkgebouw overnam en de kerk in samenwerking met de NPB ging gebruiken.

221

222

VELSEROORD.

Inwijding nieuwe kerk. — Het nieuwe gebouw der Ned. Herv. Gemeente was Zondagavond veel te klein om de groote schare te bevatten, welke de inwijdingssamenkomst van dit gebouw kwam bijwonen.

De samenkomst werd geopend met het zingen van Psalm 43 : 3 en 4. Eerste spreker was Ds. Creutzberg van IJmuiden. Deze zeide te spreken namens het Comité ter Evangelisatie, dat gedurende 40 jaar voor IJmuiden gearbeid heeft en dat nu den arbeid te Velseroord voort zal zetten.

223

223.
Bericht *IJmuider Courant* 8 mei 1918.
224.
Het kerkgebouw van de Hersteld
Apostolische Zendingsgemeente op de hoek
Kanaalstraat-De Wetstraat, gebouwd in
1902. De kerk werd later eigendom van het
Apostolisch Genootschap en werd in 1975
afgebroken.
225.
De RK-kerk, gewijd aan St. Gregorius van
Utrecht, ingewijd in 1884. Op de voorgrond
het braakliggende terrein waar later het
Koningsplein zou komen. Geheel rechts de
electriciteitscentrale Kennemerland. De foto
dateert uit 1908.

225

en Santpoorters bang waren voor de
nieuwelingen die nu in groten getale
hun oude woonsteden verlieten en uit
Urk, Enkhuizen, Egmond, Katwijk,
Den Helder, Vlaardingen en Scheveningen in IJmuiden neerstreken: een
potig en tumultueus slag mensen die
zich soms niet eens lieten inschrijven,
zodat ze op het gemeentehuis van Velsen pas langzaam aan de weet kwamen
dat IJmuiden tientallen niet-geregis-
treerde burgers had. In 1877 telde het
officieel driehonderd inwoners, in 1883
al 2000 en in 1909 bijna 8000 . . .

De zorg voor al dit nieuwe woelige
volk door de Velsense vroedschap was
niet bijzonder teder. Die kwam soms
van heel onverwachte kant, zoals de
visafslag die de voormalige Nieuwedieper reddingbootschipper Reijer Visser
in 1879 te IJmuiden stichtte, weliswaar
met een café De Afslag ernaast, maar
ook vergezeld van een magazijn, waar
de geplaagde vissers hun benodigde
victualiën tegen fatsoensprijs konden
betrekken.
Dat er een viskopersoorlog volgde, ligt
voor de hand. Egmonders probeerden

de Amsterdammers ervan te overtuigen dat zij gezamenlijk tegen Vissers
afslag moesten opereren, maar de slimme Amsterdammers schaarden zich uit
concurrentie-overwegingen achter
Reijer Visser, die tenminste als eerste
wat orde bracht in de jammerlijke
baaierd van de viskoperij, al mocht hij
natuurlijk van de goed-gereformeerde
vissers nooit zaken doen op zondag.
Zondags drinken op een komende goede vangst, en dan bedoel ik *drinken*,
was natuurlijk een andere zaak. Net als
hangen aan oud bijgeloof, zodat geen
rechtgeaarde visser ooit zou uitvaren
op een ijzeren schuit, of deel uitmaken
van een bemanning van vijf koppen:
de 'vijfde matroos' bracht immers
ongeluk?
Reijer Visser had overigens zijn eervol-
ste beroep, dat van reddingbootsman,
niet laten varen. Al voor de opening
van het kanaal, had de Noord- en
Zuid-Hollandsche Redding-Maatschappij benoorden het toeleidingskanaal een reddingboot gestationeerd. In
het jaar van mijn komst verrees er een
boothuis aan de Zuidpier voor de, van
de Vereeniging Oostersche Handel en
Reederijen ten geschenke gekregen,
reddingboot Oostersche Handel. Er
zijn staaltjes van ongelooflijke moed

224

Geref. Kerk en Pastorie.
IJMUIDEN.

226

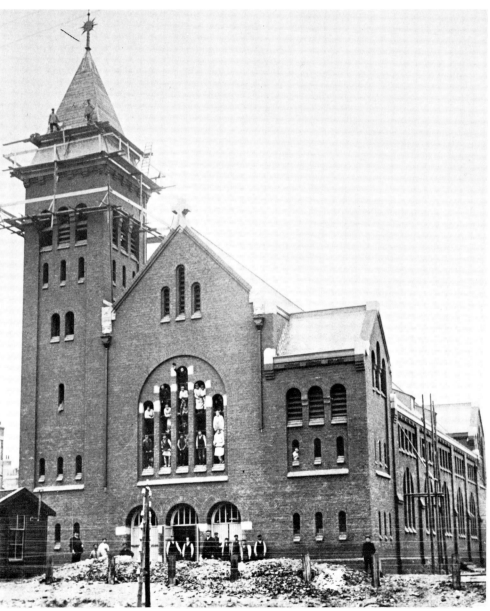

227

226.
De Gereformeerde kerk aan de Koningin Wilhelminakade, in 1903 in gebruik genomen en op 26 maart 1944 verwoest door bominslag.

227.
De bouw van de Oud-Katholieke St. Engelmunduskerk aan de Koningin Wilhelminakade in 1907.

228.
Predikbeurtenlijst. De Gereformeerde kerk aan de IJmuider(straat)weg is het latere gebouw Tivoli. *Velsens Gratis Advertentieblad* 11 maart 1899.

229.
Bericht *IJmuider Courant* 13 december 1916.

Predikbeurten

Prot. Kerk IJMUIDEN.
Zondag, 's voorm. 10 uur J. GUTTELING.
Namiddags 6 uur, geendienst.

Hersteld Apostolische Kerk.
Zondag, voorm. 10 uur, Godsdienstoefening
's Nam. 4,45 hetzelfde.

Geref. Kerk IJMUIDERWEG.
Zondag, voorm. 9½ uur, de hr. J. BREDER-
VELD.
's Namiddags 5 uur dezelfde.

Evangelisatie De Heide.
Zondag voorm. 10 uur, GEEN DIENST.
s'Namiddags 5 uur hetzelfde.

Herv. Kerk VELSEN.
Zondag, 's voorm. 10 uur, Dr. P. A. KLAP
Namiddags 6½ uur, dezelfde.

Evangelisatie Santpoort.
Zondag voorm. 10 uur, de hr. G. WELINK
van Leiden.
sAvonds 6½ uur, dezelfde.

Herv. Kerk Bloemendaal.
Voorm. 10 uur, ds. BARBAS van Haarlem.

228

SANTPOORT.
Lezing. — Donderdagavond hield Ds. Dr. G. A. van den Bergh van Eysinga in de bewaarschool van Mevrouw Wüste zijne tweede lezing, uitgaande van de Commissie van godsdienstige lezingen en behandelde het onderwerp: Betrekkelijke waarde en tekortkomingen van het Materialisme".

229

230.
Op 26 augustus 1910 legde Clara
Creutzberg de eerste steen van het
Nederlands Hervormde kerkgebouw aan
het eind van de Kanaalstraat. Naast de
steigerpaal links op de foto haar vader ds
H.W. Creutzberg. Deze was na zijn
installatie op 27 september 1907 in en naast
het Comité ter Evangelisatie te IJmuiden de
stuwende kracht bij de verwezenlijking van
een plan tot bouw van een nieuwe kerk, ter
vervanging van het te kleine Gebouw voor
Christelijke Belangen. Critici vonden de
ligging nogal ver buiten de kom van
IJmuiden. Over de brug stonden nog maar
een paar huizen. Maar de dominee had de
groei voorzien: de stad breidde zich
langzaam naar de kerk toe uit.
Op 20 september 1920 vertrok deze alom
beminde man naar zijn nieuwe standplaats in
's-Gravenhage.

230

en volharding door de oude redding-
bootslui vertoond, en ze verdienden
eigenlijk met z'n allen een gouden zuil
op het hoogste duin. Eén van Reijer
Vissers oude Nieuwedieper makkers,
Pieter de Wijn, werd een van de meest
geliefde figuren in de groeiende ka-
naalkolonie, en ik acht het nog steeds
een eer dat ik hem persoonlijk menig
danktelegram heb mogen overbrengen
– om hem dan, voorzover mij dat lukte,
over zijn van jongs af aan volbrachte,
nagenoeg bovenmenselijke reddingen
aan het praten te krijgen. Reddingen
die nog in de schaduw werden gesteld
door wat hij met zijn ploeg in IJmuiden
presteerde, toen hij uit dank voor de
redding van zeventien opvarenden en
de loods van de bark Von Lindern in
'92 tot schipper van de zelfrichtende
reddingboot werd aangesteld.
Het vreemde volk bleef maar naar
IJmuiden komen, uit heel het kustgebied, zelfs uit Brabant en België.
IJmuiden werd een smeltkroes zoals alleen de Californische gold rush te zien
had gegeven. Bij ons was alleen weinig
goud te vinden; dat er hier en daar een
misdadig element opdook, was niet te
vermijden. De eenzame politiemann-
nen, die voor vrede en tucht moesten
zorgen, hadden er een harde dobber

aan, zelfs toen het kleine corps in 1881
met enige manschappen werd uitgebreid.
Alles woelde en draafde om zelf-
bestaan en zelfhandhaving, en ik verbaasde me helemaal niet dat er naast de
mensenredders nog een ander slag lieden opdook, die naar scheepsrampen
uitkeken: de jutters. Ook een deel van
de poldergasten en hun vrouwen, die
op de Heide waren blijven hangen, waren verlekkerd op dit soort plundering.
Het werd hun kwalijk genomen – maar
kon men dat eigenlijk doen? Zij probeerden als iedereen wat mee te grijpen
van wat er op 's levens tafel verscheen,
en de scheepswrakken smeten het hun
als 't ware voor de voeten; nu eens was
het spek (dat in de palmolie gelegen
had en bij het bakken een barre stank
verspreidde), dan weer koffie, dan
weer wijn. De jutters zagen aldoor
kans om de zeepolitie een loer te
draaien; de hele duinrij was hun (ver-)-
bergplaats, en bij nacht en ontij haalden ze de buit wel op; slechts nu en dan
liep er een pechvogel tegen de lamp.
Had ik soms mijn hart vastgehouden,
of al dit volk, goed en kwaad, ergens
weer een plekje zou vinden om te leven,
nu kwam er allengs in de eerste woelig-
heid een vaste lijn, wat uiteraard het

sterkst bleek in de min of meer geor-
dende instellingen, die ontstonden, te
beginnen bij winkels, tagrijnen, hand-
werkerijen. Al spoedig kregen we in
IJmuiden een oliegasfabriekje.
Aan boord van de grote, binnenvallende schepen bleven de ratten een bestendig gevaar; af en toe kwamen die vaartuigen dan ook binnen met de gele vlag
in top; dan wisten we dat er een kwaad-
aardige epidemie aan boord heerste en
dat de veelgeplaagde en onvermoeibare dokter Kaulbach uit Velsen per
ijlbode opgeroepen moest worden om
hulp te bieden. Ook, of juist, toen er in
1884 een quarantaine-barak kwam,
diep in de duinen weggestopt, maar
nog net bereikbaar met paard en wagen, en altijd schriel voorzien wat de
middelen betreft, zodat ik er wel eens
verstomd over heb gestaan hoeveel
lijders daar weer genezen uitgekomen
zijn.
IJmuiden was toch een nederzetting
met schriele middelen. Natuurlijk
kreeg een stad waar zoveel zee-leven
bruiste, zijn zeemanshuizen.
De Engelsen gaven het voorbeeld door
er een House for Sailor's Rest te openen aan de Bik- en Arnoldkade, waar
de Engelse zeelui graag voor een hab-
bekrats kwamen eten en slapen, al do-

231

234

235

231.
Huizen in de zogenaamde Blikkenbuurt,
gelegen ten westen van de Hoflaan, even ten
noorden van de Middensluis. Deze buurt
ontstond na de bouw van de Middensluis in
1892 en werd omstreeks 1919 gesloopt in
verband met de aanleg van de Noordersluis.

232.
Annonce *Velsens Gratis Advertentieblad*
4 april 1895.

233.
Annonce *Velsens Gratis Advertentieblad*
4 april 1895.

234.
De Blikkenbuurt gezien vanaf de
Middensluis.

235.
De ingang van de uit 1896 daterende
Westerbegraafplaats. De afgebeelde
oorspronkelijke toegang liep vanaf de
IJmuider Straatweg langs het tracé van de
huidige Kerkstraat en het verlengde
daarvan.

236.
Schoolplaat van het gezicht op IJmuiden
westwaarts vanuit de koepel van Hotel
Willem Barendz. Links 'de hal van Lely',
daaronder de Coöperatieve Afslag. Aan de
haven, rechts, de zogenaamde Lattenmarkt;
het huis rechts daarvan staat er nog. Geheel
rechts het fort.

236

ken zij voor hun vertier liever onder in
een van de IJmuidense drankhuizen.
De Nederlanders konden niet achterblijven; ze kwamen in '93 met het
Koning Willemshuis, spruit van een
gelijknamige instelling in de Amsterdamse Jordaan. Het moest een tegen-
wicht bieden aan de ruwe kroeglol, het
zou de zeeman moreel en geestelijk verheffen, het was dus alcoholvrij. Er is
van het logies druk gebruik gemaakt,
zelfs schippersvrouwen kwamen er
logeren. Maar het veelgezochte vertier
kwam voor de logeergasten toch nog
meest uit de kitten waar het parfum
van het gedistilleerd overheerste . . .
Pieter Vermeulen, wiens naam ik al
meteen had horen noemen, had zijn
christelijke school op de Heide. Nu
kwam er de roep om een openbare. In
1879 kwam er een eerste openbare
school in IJmuiden aan de Breesaapstraat, waarmee de verbeten strijd van
de geplaagde opvoeders tegen de jongste vrijgevochten generatie zich uit-
breidde. Hoeden af, mensen, voor het
onderwijzend personeel van IJmuiden
in de jaren '80 en '90. Het was – ik herhaal het – in zijn chaotische maar hardnekkig volgehouden stijl een oorlog
tegen de barbarij die IJmuiden van
binnenuit bedreigde.

Van het begin af hadden we in IJmuiden gehoopt op een directe spoorwegverbinding met Amsterdam, bezuiden
het kanaal. Het rijk wilde er niet aan.
Pas na 1905 kwam daar met de openstelling van de Velserspoorbrug verandering in. Wie vroeger met de trein mee
moest, kon naar Beverwijk lopen; later
was er het veelgeroemde omnibusje
van Hotel Nommer Eén naar Velsen,
dat bij vorst en gladheid door de eigen
passagiers over de Hoogeberg moest
worden geduwd. De koetsier was populair, kreeg veel fooien en vijf procent
van de verteringen die zijn klanten in
Hotel Nommer Eén maakten. Hotel
Willem Barendz heeft tevergeefs ge-
probeerd hem voor zich te winnen.
Na het omnibusje kwam er een spoor-
tje van Velsen heen en terug tot Hotel
Nommer Eén met een primitief houten
stationnetje. In 1886 kreeg het zelfs
dubbel spoor en kwam er het viaduct
over de Stationsweg, dat nog het 'Velser tunneltje' heet.
Alles was verre van ideaal, en dat gold
ook voor het spoorbootje dat weliswaar in geval van winterse ijsgang een
verzwaarde voorsteven had, maar het
toch tegen echte strenge vorst niet kon
bolwerken. Enfin, wie IJmuiden bij tijd
en wijle voor zaken of plezier wilde

237

238

239

237.
Badpaviljoen List rond 1900.
238.
De gemeenteveldwachter Klaas Hoorns, in
functie te IJmuiden van 1888 tot 1897.
239.
De Bik en Arnoldkade in 1900. Rechts de
ingang van de Visseringstraat en de
Neptunusstraat. Links de nieuwe
Rijksvishal van 1898.
240.
Gezicht op de Bik en Arnoldkade bij de
Zeestraat, die sinds 1926 Frogerstraat heet.

240

ontvluchten, kon wegkomen. En wie
IJmuiden voor eens en altijd vaarwel
moest zeggen, kon na 1896 op een eigen dodenhof begraven worden. Aan
de verharde weg naar Velsen kreeg
onze kolonie de Westerbegraafplaats,
waar ik wel bij vertellen moet dat de
weg erheen eerst zo ruw en ongemak-
kelijk was, dat de paarden op de slechte
stukken vaak niet verder wilden. Dan
moest de koetsier de dominee beleefd
verzoeken alvast voorop (dat was
buiten gehoorwijdte) te gaan: de taal
waarmee hij de trekdieren weer in beweging placht te krijgen was alleen geschikt voor beesten-oren . . .
Al deze aanwinsten verzonken nagenoeg in het niet vergeleken bij de ingrijpende vernieuwing die IJmuiden er
ook in 1896 bij kreeg: de Vissershaven.
Al sinds jaren verdrongen en ramden
elkaar in de buitenhaven al die kotters,
loggers, bommen, sloepen, smacks en
hoe die vissersschuiten verder mochten
heten. De havenmeester klaagde steen
en been, in Amsterdam maakte men
zich steeds kwader over de belemme-
ring van de grote scheepvaart. Het rijk
had geen oren naar de kreten om verlichting die vanuit IJmuiden opstegen,
tot ook hier Lely weer ingreep; in 1886
kwam zijn wetsontwerp voor een apar-

te IJmuider vissershaven in de Kamer,
de Maatschap IJmuiden verschafte het
terrein, in 1889 werd het duin geëgali-
seerd, in 1890 ontstond de put; in 1896
kon men de Vissershaven openen, om
hem een zestal jaren later nog eens te
vergroten. Benoorden de haven kwam
een vishal voor de afslag, met een kade-
muur van vierhonderd meter; aan de
Zuidzij konden de vissersvaartuigen,
vooral de haringloggers, worden toe-
gerust voor lange reizen.
Ik heb vaak horen beweren, zelfs door
de slachtoffers in eigen persoon, dat
God ook met de meest heilloze instellingen op dit ondermaanse een gehei-
me bedoeling heeft; en daar horen dan
zeker de toestanden op de oude vissersvloot bij. Welke bedoeling het hebben
kon, dat er op die hachelijke schuiten,
waar de dood meevoer, het smerigste
drinkwater in oude haringtonnen werd
meegenomen; waar het eten even vet
als vuns was; waar de jongste bemanningsleden, kinderen vaak nog, als 'afhouwers' en 'reepschieters' door de
schipper en de ouderen werden geti-
ranniseerd en als slaven behandeld;
waar de oud-vaderlandse, gereformeerde kerkdiensten op zondagmor-
gen met bidden ('psalmpies knakken')
en bijbellezing door een jeneverfeest

werden gevolgd; waar geen ondergeschikte enig recht van spreken had
en de schipper 'naast God' de dienst
uitmaakte; waar na 'behouden teelt'
ofwel het afsluiten van het haringseizoen de zomerverdiensten – door moeder en de koters aan wal aangevuld met
haringventen of werken in de boet-
schuur – plaats maakten voor een donker seizoen van bedellopen naar het
armbestuur . . ; ik heb er nooit een bedoeling in kunnen ontdekken, en mij
keer op keer afgevraagd wat deze geplaagde vissershorde toch naar zee
dreef. Van mij hadden ze niet eens mijn
klompen meegekregen! Hoop op
beter, hoop op zegen? Het is waar, dat
de omzet van de IJmuidense vissershaven van f 150 000,— in enkele jaren tot
soms één miljoen en drie ton steeg,
maar dit kwam eerder omdat het aantal schuiten, ook buitenlandse, on-
gehoord bleef groeien.
Het leven op de haringloggers was een
halve hel, maar toen de trawlers kwamen en de winch met de vislijnen haar
rol ging spelen, was het bestaan daar
nauwelijks beter. De eerste trawlers,
'trolders' noemden ze die schepen in
IJmuiden, waren miserabel ingericht.
Net zo min als op de loggers was er een
gemak aan boord; 'over de rand' was

241.
De kapperszaak van J. Koops in 1905 aan 'de laagte', zoals de Bik en Arnoldkade bij de Visstraat werd genoemd.

242.
Het telefoonkantoor van de Nederlandsche Bell-Telephoon-Maatschappij aan de Visseringstraat. Met de openstelling van dit kantoor op 4 november 1896 kreeg IJmuiden zijn intercommunale telefoonverbinding voor het publiek verkeer.

IJMUIDEN 5 Oct. '95.

PRIJSBILJARTEN.

Op Zondag 6 October om 3 uur, in het „CAFÉ AFSLAG".

om Prijs en Premie in Contanten.

E. DE BIE Jr. *IJmuiden.* 244

IJMUIDEN.

Ofschoon het badpaviljoen van den heer List alhier nog niet geheel afgewerkt is, zoo heeft men het toch den 1en Pinksterd. in gebruik genomen. Met Juni verneemt men, zullen er ook badstoelen en koetsjes komen. Een rijtuigverhuurder alhier heeft zelfs een dienst ingesteld, waardoor men voor weinig van het dorp naar het strand kan rijden. 245

243.
Het Koning Willemshuis, gebouwd in 1893
op de hoek Amstelstraat-Kanaalstraat.
244.
Annonce *Velsens Gratis Advertentieblad*
5 oktober 1895.
245.
Bericht *Velsens Gratis Advertentieblad*
27 mei 1898.
246.
De Kanaalstraat omstreeks 1905 ter hoogte
van de Amstelstraat. Op de achtergrond
Hotel Willem Barendz met uitkijktoren.

246

het parool. De stuurhut stond open en
bloot op dek. De petroleumlampen
roetten en stonken in vooronder en
achterlogies. Gewassen werd er niet;
het volk kwam niet uit de kleren; om
de drie uren moest er op de visgronden
worden gehaald. En wanneer het net
kapot bovenkwam en eerst moest worden geboet, had men helemaal geen tijd
meer voor een 'bakkie' tussen twee
trekken. Met het drinkwater was het
geen haar beter dan op de haringloggers; soms smolt men ter aanvulling
ijs, maar het ijs zelf was van smerig water gemaakt. De vissers plachten zo te
stinken, dat ze aan wal, gebruik ma-
kend van de trein, aparte coupé's kregen aangewezen. De reders – er kwamen er al meer bij, hun aantal liep zelfs
op tot honderd – eisten een besomming, een opbrengst, van minstens
f 4000,— per jaar, maar ik zeg er dade-
lijk bij dat de meeste besommingen dit
minimum overtroffen, en dat er zelfs
glansjaren van vijftig mille bij geweest
zijn.
De bemanningen pikten van zulke
buitenkansjes maar een heel bescheiden brokje mee. Een schipper kreeg
zo'n tachtig gulden per maand, met
twee procent van de besomming, de
machinist hetzelfde, met één procent

van de omzet, en zo zakte dat van lieverlede naar de lagere en laagste rangen. De opbrengst van lever en kuit leverde ook rangsgewijs een aandeel
voor de bemanning, vaak niet zonder
bittere onderlinge strijd. En dan moest
het volk zelf nog voor de kost zorgen,
wat bij lange tochten, naar IJsland of
de Witte Zee, een extra ongemak betekende.
Natuurlijk konden ze morren en vloe-
ken; de alleenheerschappij en de willekeur van de schipper, die alleen met de
reder te maken had, veranderden daarmee niet. Hij kon het volk naar eigen
welbehagen aannemen of ontslaan, hij
was het ook die eens per maand met de
bemanning afrekende, in de kroeg of
bij zich aan huis; het ene net zo schade-
lijk als het andere. In de kroeg kwam er
geen einde aan de rondjes vuurwater;
bij de schipper thuis werd weer een andere offerande geëist: op tafel stonden
steeds de spaarpotten van 's schippers
kroost waarin de dankbare zeelui hun
gave konden storten...
IJmuiden werd vissersstad, haast nog
meer dan kanaalstad. Men kan ook
zeggen dat de vis er met de lijnvaart
wedijverde. Er kwam een nieuwe
spoorwegverbinding met een nieuw
station en een welingericht emplace-

ment voor de transport van vis bij hal
B, 'de hal van Lely' zoals de volksmond
bleef zeggen. Telefoon was er voordien
alleen geweest in de vorm van een particulier lijntje tussen een paar carga-
doors en hun thuisfirma's in Zaandam
en Amsterdam. Nu kreeg de Nederlandsche Bell-Telephoon-Maatschappij officieel de machtiging van de staat
tot een intercommunale dienst voor
het publiek; het Bell-gebouwtje gonsde
weldra van leven en ontnam mij zelfs
een deel van mijn werk, wat mij niet
rouwde, want ik had de handen vol.
Het is niet de roman van mijn leven die
ik hier vertel, maar die van IJmuiden;
maar misschien vragen sommigen zich
af hoe mijn persoonlijk bestaan verliep, nadat ik tot volwaardig ambtenaar en mettertijd zelfs tot chef-tele-
grafist werd bevorderd en nu zoetjes-
aan aardig naar m'n pensioen loop.
Welnu, ik ben geen vrijgezel gebleven.
Als elke jongeman was ik meer dan
eens verliefd. 's Zaterdags en 's zondags deed ik graag mee aan ''t Rondje',
de pantoffelparade van de jongelui.
Maar in IJmuiden waren de huwbare
meisjes dun gezaaid, en zo heb ik tenslotte mijn levensgezellin uit mijn eigen
geboortestadje gehaald, een vriendin
van mijn zuster. Ik hield de vrijerij kort

247

Postkantoor — Ijmuiden

248

249

247.
In 1897 werd de bestaande spoorbaan langs de Kanaalstraat naar het hulpstation bij de sluis omgebogen naar de Vissershaven, waar in 1898 het nieuwe station gereed kwam van de Hollandsche IJzeren Spoorweg Maatschappij. De schoorsteen van het in 1901 afgebroken oliegasfabriekje is nog juist zichtbaar.

248.
Het nieuwe postkantoor in de Kanaalstraat.

249.
Het Sailors-Home aan de Bik en Arnoldkade.

250.
Bericht *Velsens Gratis Advertentieblad* 26 september 1896.

251.
Annonce *Naamlijst der Nederlandsche Reederijen en Haringschepen* 1912.

252.
Adrianastraat hoek Keizer Wilhelmstraat richting Oranjestraat omstreeks 1900. Links de Carolinastraat.

Uitg. Leo Tismeer.   *Mina*   Adrianastraat. IJMUIDEN.
252

IJMUIDEN.

Wanneer men des avonds eene wandeling door deze plaats maakt, zou men werkelijk gaan denken dat men hier moeten proeven neemt, om te zien welke verlichting de beste of goedkoopste is.

De nieuwe sluis wordt verlicht met electrische booglampen; de weg van daar naar de oude sluis en die sluis zelf met electrisch gloeilicht; de ijsfabriek der Maatschappij IJmuiden met boog- en gloeilampen. Het nieuwe station geeft ons acetyleengas te zien en het vischstation gasgloeilicht. Rond de visscherhaven staan petroleumlantaars en langs de straten zien wij petroleumgas en enkele gasgloeilichtlantaarns. De burgers evenwel moeten zich hoofdzakelijk met petroleumlampen behelpen, want het petroleumgas van

250 zestig cent den kubieken meter vindt men over het algemeen veel te duur.

toen Frieda en ik onze keuze van weerskanten hadden bepaald, en ik Frieda met mijn zuster een dagje in IJmuiden had rondgeleid, waarbij ik haar wèl – en mijn zuster niet – er van overtuigen kon, dat hier een toekomst lag. Kort en goed, in de jaren '80 werd ik echtgenoot en vader van twee zonen, en Frieda tot mijn voldoening een volbloed burgeres van IJmuiden.

En nu neem ik het verhaal weer op van de volwassen-wording van IJmuiden die net als bij sommige mensen zo stormachtig verliep. De oliegasfabriek raakte in de jaren '90 uitgediend; er kwam een elektrische centrale, nadat de Maatschap IJmuiden weer de benodigde grond had verstrekt. Deze centrale van de Eerste Nederlandsche Electriciteits Maatschappij (ENEM) kreeg de naam van het Electrisch Station Kennemerland, hoewel nooit anders genoemd dan 'de centrale'. Langer lieten de zegeningen van een waterleiding op zich wachten. In Velsen en IJmuiden moesten wij het van jaar tot jaar met 'trassen' of regenwaterputten stellen, ook terwijl de Vissershaven al buisleidingen bezat om de schepen van water te voorzien, en nadat er in 1898 een prise d'eau in de duinen in werking was gesteld, waarop

in 1901 een eenvoudige houten watertoren volgde. Dat ding heeft overigens in februari van dit jaar veel schade geleden door een felle brand. Het machinegebouw van het pompstation is nagenoeg verwoest. Men beweert dat onverlaten te dicht bij de toren een stapel afgekeurde vismanden in brand hebben gestoken. Het Rijk heeft nu een betonnen watertoren van ruim vierentwintig meter hoogte en een inhoud van 500 ton aanbesteed. In 1911 zijn we bovendien op het gasnet van Haarlem aangesloten en men zegt, dat ze nu ook spoedig ter hoogte van de IJmuiderstraatweg in 't duin een watertoren voor de gehele gemeente gaan bouwen. 't Zal tijd worden . . .

De scheepsbouw is gegroeid en levert steeds grotere trawlers af; de tonnage gaat al naar de 300. De sleepdiensten worden ook steeds groter. Ook de Amsterdamsche Ballast-Maatschappij heeft zijn oorsprong in IJmuiden, de zandwinning bezuiden de stad, die duizenden tonnen ballast voor de Indische schepen verwerkte en tegelijk zand leverde aan de bouwondernemingen in de hoofdstad. De Ballast-Maatschappij is daarmee geweldig gegroeid; de directie spon bovendien nog zijde door de vroegtijdige aankoop van grond-

253

254

255

253.
Het Willemsplein met spelende schooljeugd
in 1900.
254.
Détail van foto nr. 253.
255.
Détail van foto nr. 253.
256.
Annonce *Velsens Gratis Advertentieblad*
8 augustus 1896.
257.
Annonce *Velsens Gratis Advertentieblad*
2 oktober 1897.
258.
Annonce *Velsens Gratis Advertentieblad*
9 november 1895.
259.
Annonce *Velsens Gratis Advertentieblad*
15 juli 1899.

259

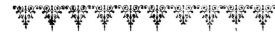
258

stukken en krotten op de Heide, die
later als bouwterrein veel winst op-
brachten.
En ziet, aan de noordkant van het kanaal tekenen de eerste contouren van
een beginnende industrie zich af. Ik
kom niet teveel in Wijkeroog; mij te
omslachtig, dat gedoe met die pont.
Maar ik lees in ons krantje, dat de pa-
piermakers van Pieter Smidt van Gelder uit Wormerveer zich aardig breed
beginnen te maken op de Vinkenbaan.
In 1911 hebben ze hun tweede cellulo-
sefabriek al geopend. Ze hebben hun
eigen verenigingsgebouw Concordia,
waarin hun eigen harmoniekapel De
Eendracht regelmatig repeteert. Ze
huizen in woningen van de fabriek en
sturen hun kinderen naar de Maria
Cornelia Fröbelschool. Die Wormer-
veerders vormen een hechte gemeenschap met jaarlijkse uitstapjes, maar
denk niet dat ze minder jenever drinken dan de IJmuidenaars. Ze pikken er
zondags graag eentje bij Keuleman.
Toch, ik weet 't niet, misschien heeft
die Duitser wel gelijk met zijn voor-
spelling, dat die papiermolen van Van
Gelder nog maar het begin is van een
geweldig industriegebied aan de
noordkant van het kanaal. 'Prachtig
terrein, mens, onmiddellijk aan zee',

zei hij in Hotel Nommer Eén. 'Het zal
mij benieuwen, hoe lang het zal duren
voor onze ijzergieters van de Ruhr dat
ontdekken ...'
Wat de vishal betreft – ik weet niet
waar ik hier het eerst of het laatst moet
beginnen. De vishal was een bestendig
en niet steeds brandschoon avontuur –
integendeel. Ik wil het niet hebben over
de vergrotingen en verbeteringen, de
lift die er mettertijd kwam voor het vervoer van vis naar de pakhuizen, de
spoorweg-accomodatie of de elektrische verlichting; zelfs niet over de
vraag van de koeling van de vis, de benauwde vraag naar het al of niet beder-
ven, waar gewetenloze viskopers steeds
van wisten te profiteren, en die tenminste mettertijd is opgelost door de methode van het zouten te vervangen
door de pakking in ijs – ijs, dat eerst
nog uit Noorwegen werd ingevoerd, of
's winters uit de vijvers van Velser land-
huizen gezaagd. Nu zijn er kunstijsfa-
brieken, die tachtig ton ijs per dag kunnen produceren, en de angst voor vis-
bederf is daarmee van de vissers af-
genomen. Op de in maart 1912 geopende N V IJsfabriek van de Allards
schijnen ze al te denken aan het invrie-
zen van vis. De techniek staat voor
niets.

BINNENLAND.

AMSTERDAM, Vrijdag 1 November.

Het 25-jarig bestaan van IJmuiden.

Op het Willemsplein, dat een kwart eeuw geleden niet bestond, werd hedenmiddag officieel het 25-jarig bestaan van IJmuiden herdacht. In het midden van dat plein stond een pomp, een eenvoudige pomp, doch geheel „up to date", want aan de massieve metalen pilaar, die er op staat, zijn vier armen voor electrisch gloeilicht aangebracht. IJmuiden wordt nl. door de „Eerste Nederlandsche Electriciteits Maatschappij" door het nieuwe licht beschenen. Om die pomp was op eenigen afstand een krijtstreep in het vierkant op de steenen getrokken en daarachter moesten — de IJmuider politie gebood — de eerzame burgers en burgeressen, voor een zeer groot deel de hoop des vaderlands, blijven. In het vierkant bevonden zich degenen, die meer direct betrokken waren bij de plechtigheid, die zou geschieden: de overdracht der pomp aan het gemeentebestuur van Velsen, waarvan IJmuiden deel uitmaakt. Daar bevonden zich de burgemeester en wethouders en de secretaris der gemeente, alsmede de heer mr. A. J. E. A. Bik, directeur der Maatschappij „IJmuiden", en echtgenoote.

De Maatschappij „IJmuiden" heeft in de geschiedenis der plaats een voorname plaats ingenomen. Het was de grootvader des heeren Bik, die met den heer Arnold de eerste gronden aan de Kanaal Maatschappij afstond ten bate der doorgraving, en deze heeren hebben steeds den arbeid dier Maatschap-

pij krachtig helpen bevorderen: te recht is dan ook een der wegen te IJmuiden later „Arnold en Bik-kade" gedoopt.

Zoo is het te begrijpen dat de tegenwoordige directeur der Maatschappij „IJmuiden" steeds veel voor de plaats is blijven gevoelen en den dag van het 25-jarig bestaan niet onopgemerkt voorbij liet gaan. De Maatschappij bood daarom deze pomp aan als herinnering aan het 25-jarig bestaan.

Vele autoriteiten waren uitgenoodigd om bij deze plechtigheid tegenwoordig te zijn, doch jammer genoeg waren de meesten verhinderd te komen.

———

Overigens ging de dag voor IJmuiden kalm voorbij. Wel is waar was de geheele plaats in vlaggentooi, doch daar bleef het ook bij. Pogingen om het bestaan van Amsterdam's voorhaven, gedurende een kwarteeuw, tot een algemeene feestdag te maken, waren mislukt; een commissie, die zich daarvoor aanvankelijk had gevormd, vond geen voldoenden steun.

Dit had een satyrieken grappenmaker dan ook aanleiding gegeven een feestprogramma te verspreiden, waarin de feestelijkheden werden opgenoemd, die hadden kunnen plaats hebben. Inderdaad zijn er, naar wij vernemen, nog menschen geweest, die in de verbeelding geleefd hebben dat al het voorgespiegelde werkelijkheid zou worden en daartoe een tocht uit de omliggende gemeenten naar IJmuiden deden. De ontgoocheling moet voor hen groot zijn geweest!

FEEST-PROGRAMMA.

25-jarig Bestaan van IJmuiden,

op Vrijdag 1 November 1901.

's Morg.	7.—	uur.	**Luiden der Klokken** en **Koraalmuziek.**
„	7.30	„	**Aubade** door 800 leerlingen der scholen op 't Marktplein.
„	8.—	„	**Feestgave en onthaal van alle Scholieren** uit de zoo ruimschoots verschafte middelen.
„	8.30	„	**Rondgang door de stad,** door Harmonie „Concordia" en andere fanfares.
„	9.15	„	**Muziekuitvoering** op 't Marktplein: (alleen dansmuziek om de vroolijkheid ten toppunt te voeren).
„	9.40	„	**Autoriteiten** komen in de versierde feesttent aan.
„	10.40	„	**Onthulling der monumentale pomp.** (Belangrijk oogenblik.) Zij werpt op vier hoeken ongeveer 20 meter hooge stralen water uit. Ieder neme zich in acht door te letten als er op de electrische knop wordt gedrukt. Springt dan dadelijk vergenoeg achteruit!!
„	11.20	„	**Specialiteiten-voorstelling** voor de feesttent van alle bedrijven aan den vischhandel verbonden. Er zal vertoond worden: poon rooken, schar drogen, enz.
's Midd.	12.—	„	Het heetst van den dag mag er niet gedanst of muziek gemaakt worden tot de schaapsvlag van eene der omliggende huizen wordt geheschen. Aan ieder worden volop ververschingen toegediend. Sterke dranken zijn op 't feestterrein verboden. Voor diegene, die daaraan behoefte heeft, bestaat kostelooze gelegenheid op de moereberg.
„	4.30	„	**Prijsvloeken** door Kaairidders.
„	5.05	„	Op de markt wedstrijd in 't rooken van pietermannen, afgewisseld door scharretjes kluiven.
„	5.30	„	**Wedstrijd in 't visch inpakken.** Het bijvoegen van oude laarzen of dames-corsetten is ten strengste verboden.
„	5.50	„	Op den Noordzee-boulevard **hardloopen voor jongelingen** beneden 2 en boven 70 jaren.
„	6.30	„	Op 't sluisplein bij maneschijn **groot extra-nummer, te geven door „Vodje",** bestaande in 't vertoonen der „zevensprong", geassisteerd door „Rooje Jan".
„	8.—	„	**Soirée Variée** in de „Cyclop" door de Vereenigingen „Vriendenkring", „Concordia" en „Ons Genoegen", met zeer afwisselend programma. Na afloop bal. In de Societeit „Toekomst" zal een schitterende representatie door buitengewone specialiteiten plaats hebben. De slagers zullen specialen voorraad hebben van gezouten kluifjes en worst om de hartigheid er in te houden. Het laat zich aanzien dat hiermee de feesten nog lang niet afgeloopen zullen zijn, in aanmerking nemende de vele specialiteiten op elk gebied, waaraan IJmuiden zoo rijk is.

N.B. Naar wij uit betrouwbare bron vernemen, heeft Fritz van Haarlem het voornemen een groote voorstelling met zijn beroemden troep te komen geven. Barnum & Bailey zien reeds uit naar een geschikt terrein om hun Worldshow op te slaan.

Zegt het voort.

264

260.
Bericht *Algemeen Handelsblad* 1 november
1901.
261.
De officiële aanbieding van de
monumentale pomp op het Willemsplein
door de Maatschappij IJmuiden aan de
burgers van IJmuiden ter gelegenheid van
het 25-jarig bestaan van hun woonplaats op
1 november 1901. Vóór de pomp mr
A.J.E.A. Bik, directeur van de
Maatschappij; onmiddellijk naast de pomp
links burgemeester J.C.A. Weerts; met hoge
hoed gemeentesecretaris Th.J. Wijnoldy
Daniëls.
262.
Fragmenten van het satirische
feestprogramma bij het jubileum van
IJmuiden in 1901.
263.
De in het feestprogramma genoemde
Bakker alias 'Vodje' op zijn paasbest, met
zijn echtgenote.
264.
De Moerberg omstreeks 1900.

263

Maar waar ik het over wil hebben, zijn
de andere beslommeringen die er voor
de vissers in de plaats zijn gekomen. Ik
denk nu aan de verbitterde oorlog om
de visafslag, die in feite 'bij, over en
zonder' de zwoegers van de zee is gevoerd, al meenden zijzelf dat het om
hún belang ging.
Het valt niet te weerleggen dat 'onze'
reders – de firma Groen, de maatschappijen Doggersbank, Oceaan en
Kennemerland, de zeven rederijen van
Planteijdt en nog vele kleinere – een
duchtige portie vaderlandse welvaart
hebben bemachtigd, juist door de inspanning van de gewone visserman,
zonder dat die laatste nu een bijster
duidelijk inzicht had in het raderwerk
dat hij zo goedgunstig bleef smeren. De
botsingen rond de visafslag hebben
niet alleen jarenlang in IJmuiden geru-
moerd, maar ook tumult in Den Haag
en in de grote pers teweeggebracht. De
grote vraag daarbij was: zal de staat
wat de afslag betreft een monopoliepositie verwerven of het terrein aan de
'privé-monopolies' overlaten?
Ik ben een staatsbeambte, ik sta door
de bank achter de maatregelen van de
regering, maar hier heeft het doen en
laten van de Staat der Nederlanden mij
wel eens beschaamd gemaakt. Niet,

dat de oppositie van de reders zoveel
fijner was in haar methoden. Zij vond
dat de zaak van de afslag er een was
van particuliere koopmansvrijheid, en
nam de concessies aan diverse reders
en vishandelaren voor een afslag, die
het rijk in het begin van de jaren '90
nog uitdeelde, als een vanzelfsprekend
recht aan. Niet alleen de grote firma
Groen hield er een eigen afslag op na,
de snel opkomende reder C. Planteijdt
vestigde ook alras een afslag in een
groot gebouw aan het Sluisplein.
Ik heb in mijn functie veel met Planteijdt te doen gehad; ik beschouwde
hem als een baanbreker en doorzetter;
ik mocht zijn optimisme, en ik begreep
waarom de vissers hun vangsten graag
bij hem lieten veilen. Tot 1898 ging dat
alles in een weinig zachtzinnige, soms
meedogenloze stijl, die in IJmuiden onvermijdelijk leek. Toen liet de regering
aan de kop van de haven een houten afslag bouwen, die men de 'Lattenmarkt'
noemde. Particuliere afslagers mochten die op zeer bijzondere voorwaarden gebruiken, en dit wantrouwen tegen commissionairs en opkopers had
zijn reden: ze kleedden de vissers in
koelen bloede uit waar ze bijstonden,
lieten hun stromannen op de afslag los
om de prijzen te drukken, en gaven veel

WELKOMSTLIED.

Toegezongen door de Dames Zangvereeniging

„EUTERPE".

aan den held van SPIONSKOP H. SLEGTKAMP

bij zijne intrede in het onderlijk huis te IJmuiden.

Wie roept ons hier binnen in vriendlijke kring,

't Is Slegtkamp Uw Moed en Beleid

265

266

267

265.
De kop van het *Welkomstlied,* uitgevoerd door zangvereniging Euterpe.
266.
Rond de eeuwwisseling stond de Boerenoorlog in Zuid-Afrika landelijk sterk in de belangstelling. Ook in IJmuiden, getuige de uit die tijd daterende straatnamen: Pres. Krügerstraat, Pres. Steijnstraat, De Wetstraat, Cronjéstraat en De la Reijstraat. Grote verering had de IJmuidense bevolking voor haar plaatsgenoot Henri Slegtkamp, die in Zuid-Afrika tussen 1899 en 1902 aan de zijde van de Boeren vocht als Kapitein Treinvernieler. Slegtkamp overleed in 1951 op 77-jarige leeftijd in Transvaal.
267.
De glorieuze intocht op het Stationsplein van Henri Slegtkamp, de held van de Spionskop, op 5 augustus 1902.
268.
Het *Welkomstlied* met tekst van J.F.A. Jungbäcker en muziek van Sam Vlessing.
269.
Annonce *Velsens Gratis Advertentieblad* 20 januari 1900.

WELKOMSLIED.

Uit Sympathie opgedragen aan HENRY SLEGTKAMP.

Wees welkom onze groet o held,
Gij hollandsch dapp'ren zoon;
Gij tartte fier het wreedst geweld
Ontvang ons dank als loon.
Op U is heel IJmuiden trotsch
Trotsch op uw heldenmoed;
Gij die steeds stand hieldt als 'n rots,
En veil had goed en bloed.

Heel Neêrland heeft van U gewaagd,
't Was overal bekend
Dat gij de zaak der Boeren schraagt
En stand hield tot aan 't end!
Wij zingen U 'n lied o held,
Gij dapp'ren boerenvriend,
Die stand hieldt tegen ruw geweld,
Dec'z hulde is wel verdiend!

Wees boerenvriend steeds overtuigd,
Van onze sympathie,
Rust nu bij uwe Ouders uit,
Hun vreugd is 't wederzien.
Voorwaar 't bezit van zulk 'n zoon
Gebiedt steeds dank en beê
Ja boerenvriend uw taak was schoon,
Ons aller heil! Hoezee!

Woorden van J. F. A. JUNGBäCKER.
Muziek van Sam. VLESSING Pnz.

TYP. JAC. SINJEWEL, IJMUIDEN.

268

Voorstelling
van Tafereelen
uit den Oorlog der Boeren met de Engelschen
in Zuid-Afrika
MET REUZEN LICHTBEELDEN,
Donderdagavond 25 Januari 1900.
in het Lokaal voor Chr. Belangen

269

reden tot klachten.

De oorlog waarover ik het had was ontketend. En met alle middelen. De staat had macht en kon het commissionairsschap verbieden en vervangen door een faktoorschap (het werk van Abraham Kuyper), wat de reders, vishandelaren en ook de commissie voor de zeevisserij tot woedend verweer dreef. De staat kon een publieke afslager benoemen, en zij koos er een die stug en eigenmachtig optrad, zodat het Planteijdt en anderen niet moeilijk viel hun verzet te bundelen en de nieuwe Coöperatieve Vischafslag te stichten. Er ontstond iets van wat men met een modern woord reclame-veldslag zou noemen.

Beide partijen gebruikten gehuurde vletterlieden om binnenvallende vissers tegemoet te varen en stemming te maken voor hún vishal. Men vertelde onfraaie zaken van elkaar, men gebruikte aantijgingen, men werd steeds laaghartiger in deze worsteling tussen twee principes. De vissers bleven de voorkeur geven aan de 'Coöperatieve'. De staat greep naar andere middelen – zeer tastbare, in de vorm van ruime kredieten aan de vishandel, en van een reeks venijnige artikelen in *Het Vaderland* door de anoniem blijvende scri-

bent 'Erka', die de privé-afslagers van ongehoorde diefstal en corruptie beschuldigt. Waartegenover de 'Coöperatieve' de rijksafslag van een nauwelijks minder vergaande roof, van staatsdwang en monopolie-waan beticht, en de Staat der Nederlanden een proces aandoet, dat de briljante Amsterdamse advocaat mr Zadok van den Bergh voor de 'particulieren' wint.

De strijd gaat erger stinken dan bedorven vis, als de staat de handel en wandel onthult van een ex-Oostenrijks officier, die zich als een geboren gelukzoeker in de IJmuider woelingen binnendringt en de commissionairs verlakt met een methode om zogenaamde levende vis door heel Europa te zenden. Hij wordt ontmaskerd, de regering voelt zich sterk staan en verandert de reglementen; de afslaggelden gaan naar beneden, de gouden kredieten aan de opkopers zegevieren, een harde en in zijn vak doorknede directeur maakt van de rijksafslag een voortreffelijke organisatie, en de oorlog loopt ten einde: in 1902 heft Planteijdt met de zijnen de Coöperatieve Vischafslag op. Einde van een onverkwikkelijk kapittel in de avontuurlijke kroniek van IJmuiden.

Met de reus Planteijdt is het daarna

270.
Belangstellenden voor de intocht van Henri Slegtkamp aan de 'hoge hoek' van de Bik en Arnoldkade bij het Stationsplein. Op de achtergrond wordt de laatste hand gelegd aan de nieuwbouw op de plaats van het afgebroken oliegasfabriekje.

271.
Annonce *Velsens Gratis Advertentieblad* 28 oktober 1899.

272.
Annonce *Velsens Gratis Advertentieblad* 4 november 1899.

273.
De Coöperatieve Vischhal omstreeks 1900.

274.
Afbeelding *Velsens Gratis Advertentieblad* 21 oktober 1899.

Door de gunstige ligging zowel ten aanzien van de visgronden als van het achtergelegen afzetgebied groeide IJmuiden in een ongelooflijk korte tijd uit tot de eerste haven van Nederland voor de visserij. Al spoedig na de opening van het kanaal namelijk 'ontdekten' de vissers IJmuiden als een ideale vluchthaven, met als logisch gevolg een levendige vishandel. Het rijk volgde die ontwikkeling en zorgde in 1885 voor aanlegsteigers in het buitentoeleidingskanaal. De vissersvloot vormde op de duur een obstakel voor het andere scheepvaartverkeer. Reden waarom het rijk in 1886 besloot voor de bouw van een nieuwe sluis en tevens gronden te onteigenen voor de aanleg van een vissershaven.
De visverkoop was vanaf het begin een monopolie, in handen van een aantal particuliere visafslagers, veelal vishandelaren, die daarvoor zelf verkooplokalen exploiteerden. Groot waren de belangen en groot de verschillen in het profijt trekken

daarvan. Moeilijkheden konden niet uitblijven. Om eventueel misbruik van die monopolieposities te voorkomen en de zekerheid te bevorderen dat de visaanvoerders het hun geboden geld geregeld zouden ontvangen, verzochten de Vereeniging ter bevordering van de Nederlandsche Visscherij te Katwijk a/d Rijn en het Collegie voor de Zeevisscherijen te Amsterdam begin 1887 het gemeentebestuur van Velsen de visafslag te reglementeren en een gemeentelijke visafslager aan te stellen. De raad besloot op 24 juni 1887 daartoe niet over te gaan, omdat bij de bestaande genoegzame concurrentie de afslag van vis op bevredigende wijze geschiedde. Voorts vond het college dat 'nu particulieren in deze zoo krachtig en met eerlijke bedoelingen het initiatief nemen, het voor het gemeentebestuur onnoodig, ja zelfs bij beperktheid van middelen, onraadzaam is, in deze tusschenbeiden te treden'.
Die beperktheid van middelen werd in 1889

270

nogmaals tot uitdrukking gebracht bij een verzoek van de gemeenteraad aan de koning om de hoogst noodzakelijke uitbreiding van de gemeenteschool van de afdeling IJmuiden voor rijksrekening te nemen. Het Noordzeekanaal-project had volgens de raad de gemeente sinds 1865 in een zeer buitengewone toestand gebracht, die voortduurde nu Velsen een arbeidsveld scheen te blijven van grote rijkswerken. De Vissershaven kwam in 1896 gereed.

Om een openbare markt en geregelde gang van zaken op zijn terreinen te bevorderen, liet het rijk in datzelfde jaar aan de kop van de nieuwe haven een houten hal plaatsen. Particuliere afslagers werd de gelegenheid geboden van de hai gebruik te maken of, zoals artikel 22 van het Koninklijk Besluit van 15 juni 1896 luidde: 'Ieder is bevoegd zijn visch af te slaan of te doen afslaan, met inachtneming van de daaromtrent bestaande voorschriften. Het is verboden vischafslag te houden op eene andere dan de door of vanwege den havenmeester in de vischhal aan te wijzen plaats, enz.' Het oude monopolie van de vishandelaren wankelde. Vermeende knoeierijen deden de minister besluiten een rijksvisafslag in te stellen. Op de terreinen werd geen particuliere afslag meer geduld of zoals artikel 22 van het Koninklijk Besluit van 25 maart 1899 van het reglement van politie van de visschershaven luidde: 'De verkoop van de visch geschiedt publiek in de vischhal door de daartoe van Rijkswege aangestelde beambten. In dit reglement worden schaal- en schelpdieren met visch gelijkgesteld. Het is verboden zonder vergunning van den directeur, in de visschershaven:
a..op andere wijze visch te verkoopen of te koopen;
b. visch te vervoeren anders dan van de vaartuigen naar de vischhal ten verkoop, of ter verzending, na den verkoop.'
Een nieuwe rijksvishal, 'de hal van Lely', werd gebouwd, met aan het hoofd een directeur. De oorlog was compleet. Protesten alom. Vishandelaren en reders betichtten het rijk van dictatoriaal optreden en van het zich ten onrechte toeëigenen van een monopoliepositie. In de plaatselijke pers werd de situatie vergeleken met de op dat moment in Zuid-Afrika woedende ongelijke strijd in de zogenaamde Boerenoorlog.

Vishandelaren en reders spanden samen en het gevolg was, dat zowel de vletterlieden, die in dienst van de particuliere afslagers waren als diegenen welke dat bedrijf voor eigen rekening uitoefenden, geen hulp wilden verlenen aan de schepen van vissers die hun vis aan de rijksafslag verkochten. De assistentie van vletterlieden kon onmogelijk door de vissers worden gemist, daar zij zonder die hulp niet goed in het toeleidingskanaal en in de haven konden manoevreren.

Onder die omstandigheden zag de minister zich genoodzaakt te zorgen, dat voor hen die hun vis naar de rijksafslag wilden brengen, de assistentie van vletterlieden verzekerd was. Daartoe werd een contract afgesloten met de firma Meeuwenoord en Co.

De vishandelaren A.S. Groen, W. van Voorst, G. Dekker, C. Planteijdt en S.P. Kuyper verkregen op 21 april 1899 van de gemeenteraad van Velsen ondersteuning van een adres aan de Staten-Generaal. Zij verzochten de Kamers om met de meeste aandrang in deze aangelegenheid te bemiddelen en die maatregelen te nemen, die voor het behoud van de 'vrijen handel in de Visschershaven van IJmuiden onontbeerlijk zijn'. De minister was niet te vermurwen. In een laatste poging hun oude positie (en verdiensten) te handhaven sloegen de commissionairs de handen ineen. Zo ontstond onder meer onder leiding van C. Planteijdt de Coöperatieve Vischhal. W. van Voorst, A.S. Groen en P. van Vliet richtten de NV 'IJmuider Vischhal' op. De veel lagere afslagretributie in de rijksvishal en de gunstige credietvoorwaarden van het rijk aan de visverkopers deed deze particuliere ondernemingen echter na een aantal jaren verdwijnen. Tot op de dag van vandaag kennen we daarom de unieke organisatie van het Staatsvissershavenbedrijf binnen de grenzen van de gemeente Velsen.

273

274

275

276

277

Ministerie van Waterstaat, Handel en Nijverheid
RIJKS-WATERSTAAT.

Provincie  NOORD-HOLLAND

AANBESTEDING.

Op Donderdag, 31 Mei 1906, des voormiddags ten 11 ure, zal, onder goedkeuring van den Minister van Waterstaat, Handel en Nijverheid, a. i., door den Commissaris der Koningin in de provincie Noord-Holland, of, bij zijne afwezigheid, door een der leden van de Gedeputeerde Staten, en in bijzijn van den Hoofdingenieur-Directeur van den Rijks-Waterstaat in de 9de directie, aan het gebouw van het Provinciaal Bestuur te Haarlem, worden aanbesteed:

Het verbouwen van elf woningen voor sluispersoneel te IJmuiden, behoorende tot de werken tot onderhoud, herstel en verbetering van het Noordzeekanaal. Raming ƒ 12.000.

Het bestek no. 115 ligt na 17 Mei 1906 ter lezing aan het gebouw van het Ministerie van Waterstaat, Handel en Nijverheid, aan de lokalen der Provinciale Besturen, en is voorts op franco aanvrage, tegen betaling der aan den voet daarvan vermelde kosten, te bekomen bij de firma Gebroeders VAN CLEEF, boekhandelaar, Spui no. 28a te 's-Gravenhage. en door hare tusschenkomst in de voornaamste gemeenten des Rijks.

Nadere inlichtingen zijn te bekomen bij den Hoofdingenieur-Directeur KEMPER te Haarlem, den Ingenieur WORTMAN te Amsterdam, den Ingenieur SCHLINGEMANN en den Opzichter KOOREMAN te IJmuiden.

De nota van inlichtingen ligt op 24 en 26 Mei 1906 ter inzage bij den Ingenieur SCHLINGEMANN te IJmuiden.

's-Gravenhage, 21 April 1906.

278

275.
De Zeeweg kort na 1900 met gezicht op de Beurs. Het huis met veranda op de achtergrond is café Boogaard op de viersprong Zeeweg-Kanaalweg (officieel Zeeweg)-Stationsweg-Kalverstraat.

276.
De eeuwenoude hofstede Velserduin, afgebeeld vlak voordat hij in 1907 werd afgebroken.

277.
De Velserduinerbuurtweg gezien in noordelijke richting, ter hoogte van de Willemsbeekweg. Links Huize Stormveld, eigendom van mr dr H. Ver Loren van Themaat, burgemeester van Velsen van 1910 tot 1920.

278.
Renovatie van de allereerste bebouwing van IJmuiden.

279.
Het nieuwe politiebureau aan het Willemsplein. Het gebouw werd aanbesteed op 20 augustus 1907 en gegund aan J.C. Dunnebier voor f 9745,—.

280.
De Tuchtschool, een rijksopvoedingsgesticht voor jongens, gebouwd in 1905/1906 aan de Zeeweg bij de Heide. Nadat het gebouw in het begin van de jaren twintig diende als onderkomen voor de Rijks HBS, werd het in 1927 als ziekenhuis in gebruik genomen.

280

279

bergafwaarts gegaan. Zijn noeste pogingen om samen met Reinier de Kroes van zijn rederijen een succes te maken, mislukten één voor één. In september 1907 reed hij met zijn tilbury ter hoogte van Santpoort recht op de hem tegemoetkomende stoomtram af. Zijn koetsier George van Ravensberg, de later zo bekende vrachtgoedbesteller Sjors van de Amsterdamse boot, kon er nog net afspringen. Op de begrafenis van Planteijdt huilden ruwe zeebonken als kinderen. Zijn rederijen gingen ten onder.

Was het een wonder, dat deze nog zo vormeloze, soms zo gekwelde mensengemeenschap snakte naar afleiding en vertier? Ze kreeg het, zij het ook niet in de meest verfijnde vorm. Dat het aantal 'vuurschepen' steeds aangroeide, hoeft nauwelijks te verbazen; afgezien van de kitjes en winkeltjes waar men illegaal tapte, waren er zo rond 1900 in IJmuiden vierenveertig 'erkende' kroegen, café's en restaurants. De vletterman Doris Dropman, alweer een tijdje lid van de Koperen Ploeg, de concurrent van de Gouden Ploeg bij het sturen van de zeeschepen over het kanaal naar Amsterdam, hoorde ik het laatst nog schaterlachend uitroepen: 'Drinke! Drinke! Als vletterman loop je

daar gewoon op, zoals een auto op benzine. Wanneer ze me nuchter aan boord zien komen, vragen ze toch of ik ziek ben?' En van een reder stamt de uitdrukking: 'Jenever is de stookolie waarop IJmuiden drijft.'

Het meest verbazingwekkende was, dankzij of ondanks deze brandstof, de ongehoorde energie die na dagen van ploeteren op de 'rustdagen' werd verspeeld. Daarvan wisten de Amsterdamse snollen mee te praten die elke zondag prompt met de Amsterdamse boot arriveerden en hun klanten in alle mogelijk rendez-vous-huizen vonden, vermaakten en geplukt achterlieten. Mijn degelijke Frieda wilde nooit luisteren als men haar uit leedvermaak of sensatiezucht met de verhalen over de Amsterdamse floddermadams aan boord kwam, en zij hield de oren helemaal dicht als er sprake was van inheemse totebellen. Bepaald vermakelijk was dat ook niet . . .

Toen de nieuwe sluis klaar was, kwam aan de overzij voor het eerst een reeks arbeiderswoningen, officiëel Noorddorp of IJmuiden over de Sluis geheten, maar in de volksmond de Blikkenbuurt genoemd, omdat de bevolking erven en schuurtjes met oude blikken platen afschermde tegen het duinzand.

281

Ongeval. — Een der vrachtauto's die aan de Roode Kruis-oefeningen deel namen, reed Woensdagmorgen bij de Hoogeberg in het zand en tegen een telefoonpaal. De gewonde soldaten werden er uit gedragen en stonden even later het geval mede te bezien.

De altijd behulpzame heer Harmse van de steenfabriek was spoedig met eenige arbeiders en materieel bij de hand, waarna met veel moeite de zware auto uit het mulle zand werd verwijderd.

284

287

281.
De ambulancewagen van het Nederlandsche Roode Kruis, afdeling IJmuiden-Velsen.
282.
Annonce *Velsens Gratis Advertentieblad* 4 november 1899.
283.
Annonce *Velsens Gratis Advertentieblad* 23 september 1899.
284.
Bericht *IJmuider Courant* 10 juni 1916.
285.
Annonce *Velsens Gratis Advertentieblad* 20 mei 1899.
286.
Annonce *Velsens Gratis Advertentieblad* 20 mei 1899.
287.
Interieur van de huiskamer van de heer en mevrouw Slegtkamp rond 1900. Het huis stond ten zuiden van de kleine vuurtoren op het semafoorduin.

Vrachtrijderij
van IJMUIDEN op Haarlem.

Ondergeteekende bericht aan het geachte Publiek van IJmuiden, de Heide, Velsen en Omstreken, dat hij eene geregelde

VRACHTRIJDERIJ
op Haarlem zal Openen,
beginnende op Maandag 25 Sept. a.s.

Rijdagen: *Maandag, Donderd. en Zaterdag.*

Aanbevelend,

G. ZEGEL.

286 Heide, Velsen.

''t Stierf er van de knijnen', zegt een kennis van ons. 'Je kon ze zo grijpen voor de deur.' Maar dat terzijde: vlakbij de Blikkenbuurt lag een heilloos stukje IJmuiden – de Vaart, een restantje van een oude polderjongenskolonie. Het was een verzameling krotten, holen en woonwagens, waaruit de gemeenste prostitutie voortkwam; de meiden werkten bij voorkeur de buitenlandse vissersboten af en lieten zich lonen met zoodjes vis, die door hun jammerlijke mannelijke aanhang in de omtrek gesleten werd. Het heeft jarenlang tot de naargeestigste verschijnselen in IJmuiden behoord als de meiden van de Vaart en de Mokumse bacchanten slaags raakten met elkaar – voor menige zondagsuitgaander nog een bron van amusement.
Nee, beschaafd vermaak (zoals dat heet) was er in het jonge IJmuiden nauwelijks, en hoewel er op het einde van de jaren '90 schutterijmuziek kwam en ook de eerste zangverenigingen werden opgericht, hield de gewone man nog lange tijd het liefst van een draaiorgel. Ik heb het daarom te meer in Jacob List van Hotel Nommer Eén gewaardeerd, dat hij de publieke smaak op zijn manier een beetje begon op te kweken. Hij bouwde al spoedig op de hoek

van Prins Hendrik- en Visseringstraat een groot café met een biljartzaal, annex schouwburg, de Cycloop geheten, en in die schouwburg liet hij – een stoutmoedige onderneming! – een opera uitvoeren. Het was *Faust* van Gounod; en het succes was overweldigend. List ging verder: hij organiseerde danslessen, die hun hoogtepunten vonden in het eerste IJmuider balmasqué, dat enorm van zich liet spreken, al liep het helaas weer niet zonder bacchanaal en vechtpartijen af. De Cycloop is nu een stuk roerig IJmuiden; alle bekende conferenciers, zangers en variété-artiesten van onze tijd treden er op, en Frieda en ik beleven er nog steeds heel wat vrolijke avonden. Natuurlijk vormt 'het hoekje van List' als trefplaats van vletterlieden, kaairidders en andere patente jongens uit de visserijstad behalve veel gezelligheid ook – zij het niet bedoeld – een arena voor het uitvechten van zakelijke veten.
List had altijd ideeën. In 1899 stichtte hij het 'Badpaviljoen List' op het semafoor-duin. Het badpaviljoen was ook al een succes. De strandgasten kwamen bij honderden opzetten, en als ze het laat maakten, héél laat, werden ze netjes per boot thuisgebracht – tarief (volgens het rijk) één cent per persoon;

STOOMBOOTDIENST
Amsterdam-Velsen-IJmuiden

Hiermede geven wij kennis, dat van af 1 Juni a.s. onze dienst BELANGRIJK ZAL WORDEN UITGEBREID, door het, naast de Salonbooten

„DOLPHYN" en „MERCURIUS",

in de vaart brengen van de prachtige, nieuwgebouwde, naar de laatste eischen des tijds ingerichte, snelvarende Salonboot

„KONINGIN WILHELMINA",

voorzien van *Deksalon, groot Promenadedek* (verdeeld in 1ste en 2de kl.), *Electrische Verlichting* en *Stoomverwarming*, ruimte biedende aan ruim **750 Passagiers.**

Retour Amsterdam-Velsen, 2de kl., 45 Cts.
„ Amsterdam-IJmuiden, „ 60 „
Voor onbepaalden tijd geldig.

GEBR. **GOEDKOOP.**

288

289

290

288.
Annonce *Nieuws- en Advertentieblad voor IJmuiden en Omstreken* 19 mei 1906.
289.
De radersleepboot Simson in de overvolle buitenhaven omstreeks 1895.
290.
Gezicht op het Noordzeekanaal kort na 1905 in oostelijke richting.
Rechts het werfje van de Amsterdamsche Ballast-Maatschappij met een zogenaamde modderbak in reparatie. Op de achtergrond de in 1905 in gebruik genomen spoorbrug en de papierfabriek Van Gelder Zonen.
291.
Titelblad van het feestprogramma ter gelegenheid van de viering van de 100-jarige onafhankelijkheid van Nederland in 1913.
292.
Aankomst van HM koningin Wilhelmina bij het station IJmuiden voor het bijwonen van de kustmanoeuvres op 19 september 1907.

292

PROGRAMMA

DER

FEESTELIJKHEDEN TE IJMUIDEN

TER GELEGENHEID DER HERDENKING VAN

NEERLANDS HONDERDJARIGE
☐ ONAFHANKELIJKHEID ☐

OP ZATERDAG 26 JULI 1913
EN OVERZICHT DER DAGVERDEELINGEN
TER GELEGENHEID VAN HET TE IJMUIDEN
TE HOUDEN

INTERNATIONAAL
PADVINDERSKAMP

VAN 24 TOT EN MET 31 JULI.

UITGEVER JAC. SINJEWEL - IJMUIDEN.

291

PRIJS 10 CENT.

volgens de dankbare bezoekers 10, 25, 50 cent . . .
Al dit vermaak in het woelige westen was niet bepaald naar de zin van de opkomende kerkgenootschappen, evangelisten en al degenen die daar aan de monding van het Noordzeekanaal een nieuw Sodom en Gomorrha zagen verrijzen. Persoonlijk ben ik níet kerks; op de HBS ben ik opgevoed met Büchners *Kracht en stof*, met Darwin en Ernst Haeckel. Dat heeft mij nooit belet om respect te hebben voor welke christelijke overtuiging ook – en we hadden er nog al wat in IJmuiden. Voorop natuurlijk de Oud-Calvinistische van de kustvissers, waarvan in 1886 een grote groep gegrepen werd door de Doleantie, die hen – vreemde ironie – uit de Gereformeerde Kerk dreef tot bijeenkomsten in een danszaal aan de Kalverstraat op de voormalige Heide. Daar was het Oud-Katholicisme, binnengebracht door de Egmonders, zoals het Roomse geloof door de immigranten uit Den Helder en Volendam, die hier een betere boterham kwamen zoeken. Daar waren tenslotte de kleinere sekten en groepen, die allemaal hun aantal getrouwen hadden of uitbreidden. Wat is er gepreekt, geëvangeliseerd, bijbelgelezen

in keten en boerenschuren, in particuliere huiskamers en in de bovenzalen van hotel Willem Barendz, vóór de eigen godshuizen er kwamen, sommige al weinig jaren na de stichting door nieuwe, grotere kerkgebouwen vervangen. Reder Planteijdt, die zich zo had geweerd in de oorlog om de visafslag, was een steunpilaar van de Protestantenbond, zij het dat het kerkje bij zijn dood even erg in de misère raakte als zijn redersimperium. En uit die moeilijkheden is dan weer de Doopsgezinde Gemeente geboren.
We zitten nu in het begin van de twintigste eeuw. Ik begin al aardig grijs te worden. Frieda heeft minder omhanden dan vroeger. Onze twee jongens varen op schepen van de Maatschappij Nederland. Ze hebben beiden de stuurmansopleiding op de Zeevaartschool te Amsterdam met vrucht doorlopen. Ik had niet anders verwacht. Ze zijn hier aan de sluis met het zoute water in hun poriën geboren. IJmuiden is aardig volwassen geworden.
Bijna had het los van Velsen, op eigen benen, gestaan. In 1907 is daar zelfs door een commissie onder voorzitterschap van A. M. Roggeband een aanbevelend rapport over uitgebracht. De gemeenteraad heeft er langdurig over

293

294

GEMEENTERAAD
van VELSEN.

Overzicht van de vervolgzittingen van Vrijdag 16 en Woensdag 22 Oct. 1913.

Concordia's — onze populaire muziekvereeniging — koren staat te bloeien, zóó, dat als de pomp op het Willemsplein weggaat, dat is, als de gemeentelijke waterleiding gereed is, dat is..... ja, wanneer dat zal zijn weten we niet, dan zullen ze ook in letterlijken zin in de blommetjes gezet worden. De raad heeft n.l. van wijlen de feestcommissie voor de kapitale som van f 1.— gekocht de muziektent, die zooveel vreugd aan de padvinders heeft geschonken en aan B. en W. een een crediet toegestaan van f 425.— voor de plaatsing er van op het Willemsplein met den aanleg van een tuintje er om heen en een ijzeren hek voor de lieve IJmuider straatjeugd, die er anders gauw brandhout van zou maken. De Wethouder van O. W. deelde mede, dat aanvankelijk een grooter crediet geraamd was, doch bij het inelkaar zetten en uit elkaar nemen de Constructie zoo stevig was gebleken dat het maken van een steenen fundeering niet noodig is gebleken Wat, zegt de deskundige Sluiters, de constructie deugt in het geheel niet, het is een prul, dat de gemeente heel wat aan onderhoud zal kosten Het voorstel tot overname, onder beding van plaatsing en onderhoud, draagt dan ook niet de algemeene goedkeuring weg.

295

296

293.
Optocht van de padvinders. Op de achtergrond de Bik en Arnoldkade en de Koningin Wilhelminakade. Rechts het station.

294.
De feesten van 1913 in IJmuiden trokken onverwacht bezoek: zigeuners vestigden zich langs de spoorlijn, waar later de Julianakade werd aangelegd. Op de achtergrond de Hervormde kerk en de electriciteitscentrale.

295.
Verslag van de gemeenteraadsvergaderingen van 16 en 22 oktober 1913. *Vraag en Aanbod* 25 oktober 1913.

296.
Overzicht van het internationale padvinderskamp op de terreinen van de huidige Kalkzandsteenfabriek in de voormalige duikbootbunker, ten zuiden van de Haringhaven. Het kamp werd gehouden van 24 tot 31 juli 1913. Midden op het kamp staat de muziektent, die later op het Willemsplein werd geplaatst.

297.
Pagina uit het feestprogramma met de beschrijving van 'de landing van de prins'.

298.
De nagespeelde landing uit 1813 van prins Willem Frederik op het strand van Scheveningen.

298

297

vergaderd, maar tegenwoordig hoor je er niet veel meer over. We hebben in 1906 de Duitse keizer, in 1908 onze eigen prins Hendrik, en in 1911 de Franse president hier gehad. De jongens van de Gouden en Koperen Ploeg hadden zich voor dit laatste bezoek zelfs in uniform gestoken. Dit jaar zijn we de gastheer geweest van een schare padvinders uit vele landen en hebben we met groot plezier het Onafhankelijkheidsfeest van de staat der Nederlanden gevierd. De nagespeelde aankomst van koning Willem per boot uit Engeland in 1813 op het strand van Scheveningen vond ik het hoogtepunt van dit feest.

We stevenen nu af op het vijftigjarig bestaan. Aanleiding om weer feest te vieren, maar dan wat waardiger dan in 1901? Absoluut. Ook waar zoveel nog aan onze nederzetting onbreekt, de tegenstellingen zich zelfs verscherpen, het onrecht en de armoe voortbestaan, en er met die indrukwekkende scheepvaart die onze twee sluizen passeert nog wel enkele kopzorgen en twijfelachtige vooruitzichten gemoeid zijn. Ik, die midden in het raderwerk zit vanwaar de belanghebbenden hun boodschappen uitzenden, weet beter dan iemand hoe onvolmaakt het hele

bestel hier (en elders) is. Er wordt zelfs gepraat over oorlog. Reden om af te danken? Dat nooit, mensen, dat nooit. Als iets ons kan prikkelen om niet stil te blijven staan, om te blijven verwachten, om te geloven in dat wild en wonderlijk mensdom, is het de aanblik van het onvolmaakte. Als ik nog een poos van het leven mag genieten, dan wil ik dat – kome wat komen mag – in mijn IJmuiden . . .

299

300

299.
Door de oorlogsomstandigheden stagneerde
het vistransport, getuige deze foto uit 1916.
Op het spoorwegemplacement staan
tienduizenden kisten opgestapeld met
bestemming Engeland. Op de achtergrond
de Gereformeerde kerk aan de Koningin
Wilhelminakade.

300.
Detail van de stafkaarten 24 Hillegom,
verkend in 1850, herzien in 1917 en
25 Amsterdam, verkend in 1849–1850,
herzien in 1913.

301.
Bericht *IJmuider Courant* 5 oktober 1918.

302.
Bericht *IJmuider Courant* 15 april 1916.

oorlog
en
crisis

het verhaal van de 'vrijgestelde'
1914-1945

301

Op 28 September 1918: waren
als werkloos ingeschreven:
2 timmerlieden, 1 schilder, 1 ke-
telbikker, 1 bankwerker, 9 machi-
nisten en stokers trawlers, 6 koks
trawlers, 6 visscherlieden, 1 venter,
63 los arbeiders, tezamen 90.

———

*Geen Engelsche Steenkolen voor
visch naar Duitschland.* — Ingevolge
het Britsche Consulaat kunnen de
reeders van stoomtrawlers, die tot
heden nog met Engelsche steenkolen
visschen, geen Engelsche steenkolen
meer bekomen dan na toezegging
dat de met hunne trawlers gevangen visch, niet naar een der landen
met het Britsche rijk in oorlog,
uitgevoerd zal worden. Zooals bekend zijn er slechts enkele reeders,
die tevens vischandelaar zijn, zoodat
de vischexport meest plaats heeft
onafhankelijk van de reederijen.
Deze konden dus bovengevraagde
toezegging niet doen, waarop zij de
reeds geladen Engelsche steenkolen
uit de bunkers hebben laten halen
en doen vervangen door Duitsche
kolen.

Wat de Britsche regeering met
dezen maatregel beoogt is ons een
raadsel. Duitschland zal er geen
kop visch minder om krijgen; integendeel zijn afzetgebied van steenkolen zien toenemen. Wat er eventueel met de trawlers zou gebeuren,
die zonder gevraagde belofte te
doen, toch met Engelsche kolen
zouden blijven visschen is ook niet

302

bekend gemaakt.

303

De bijzonder snelle ontwikkeling van het visserijbedrijf in Ymuiden blijkt uit de navolgende aantallen (1):

	1895	1900	1905	1910	1914
vissersschepen	20	67	85	114	191
waarvan stoomtrawlers	-	12	41	83	155
zeevissers	81	331	701	1008	1927
waarvan op stoomtrawlers	-	155	459	839	1602

Binnen 15 jaar bezat Ymuiden bijna een derde van de vlootcapaciteit der Nederlandse zeevisserij.

304

Nog onwetend daarvan bevond zich de vloot van ongeveer 650 loggers en 150 trawlers op zee, toen begin augustus 1914 het oorlogsgeweld uitbrak. De moderne radio-telefonische scheepscommunicatiemiddelen bestonden nog niet, Morse-seinsleutels werden niet gebruikt, berichten konden slechts worden verkregen van uitgevaren schepen. Plotseling verscheen zo'n schip, het door de Steenkolenhandelsvereeniging N.V. te Rotterdam omgebouwde jacht "Portos", dat onder de gewijzigde naam "Viking" door de Duitse consul te Rotterdam gehuurd zou zijn (1). Dit schip begaf zich onder de vissersvloot en stelde de schippers in kennis van het uitbreken van de oorlog. Het gevolg was, dat de vissers met grote spoed hun thuishaven opzochten en pas na enige weken voldoende van de schrik waren bekomen om weer de moed op te brengen om opnieuw naar zee te gaan. Een dergelijk besluit werd reeds toen, en vooral ook later, gestimuleerd door de harde noodzaak van de strijd om het bestaan. Immers, de inkomsten stonden stil, een situatie die de opvarenden maar heel kort konden volhouden. Sociale verzekeringen ontbraken, de karige steunfondsen, beheerd door een steuncomité, waarin het reders-element nogal sterk vertegenwoordigd was, werden kennelijk eenzijdig gehanteerd met de bedoeling om de vissers tot uitvaren te dwingen. Het begrip "passend werk" was toen nog niet uitgevonden, terwijl gezien de gevaren, de taak der vissers allesbehalve passend werd (2).

305

Ontmoeting ter zee. — De stoomtrawler Johanna Nicoletta had Maandagmorgen op zee een eigenaardige ontmoeting, beter nog gezegd, een vondst. Thuis stoomende vond de bemanning van den trawler op ongeveer 55⁰ 30' N.B. en 6⁰ 18' O.L. te elf uur voormiddags een verlaten Engelschen torpedojager, gemerkt III Medusa, die daar in zeer gehavenden toestand voor stuurboordsanker lag. Een groot gat in den voorboeg; de sloepen stuk geslagen of geschoten; Veel wrakhout aan dek; de achterkajuiten dicht gespalkt; het achterschip veel water makende; de Engelsche oorlogsvlag nog in top en de installatie voor draadloos seinen nog in top; zoo lei daar het wrak; vermoedelijk slachtoffer van een zeegevecht of aanvaring. De weersomstandigheden lieten niet toe een poging te doen om het stoomschip op sleep te nemen en andere schepen waren niet in de nabijheid om zoo noodig assistentie te verleenen.

306

De ongerustheid over de Wilhelmina weggenomen· — Volgens telegrafisch ontvangen berichten ligt de Stoomtrawler Wilhelmina IJM 35 te Kirkwall. t' Mag eenige verwondering baren dat men van de aankomst aldaar om welke reden ook niet vroeger bericht heeft gegeven waarvoor veel ongerustheid zou voorkomen zijn.

307

303.
Mobilisatie 1914 aan de Bik en Arnoldkade.
304.
Fragment pag. 13 uit D.J. Gouda
*De Nederlandse zeevisserij tijdens de
1e Wereldoorlog 1914–1918.*
Leiden/Heemstede, 1975.
305.
Fragment pag. 18 uit D.J. Gouda *Idem.*
306.
Bericht *IJmuider Courant* 1 april 1916.
307.
Bericht *IJmuider Courant* 8 juli 1916.
308.
Melkbonkaart. Distributie 1914–1918.
309.
De bezetting van de Semafoor. Van links
naar rechts: Hibma, Retz, Bakker, N N,
Weetsel, N N, Willems.

309

Een oproerkraaier, dat was ik in de ogen van mijn moeder. Ze heeft mijn 'zondige leven' als socialist en vakbondsman nooit begrepen. Ze heeft veel voor mijn zieleheil gebeden. Ze vond het verschrikkelijk, dat haar oudste zoon niet meer naar de kerk ging en 'nee' dorst te zeggen tegen de reders en walbazen. Mijn moeder was een eenvoudige, godsvruchtige, 'Kattekse' vrouw, die het met haar zeven kinderen hard te verduren heeft gehad in IJmuiden, voordat ze eindelijk haar ogen voorgoed mocht sluiten. Nog zie ik haar zondags naar de kerk gaan, gesteven kap, gouden oorijzers (een geschenk uit haar meisjesjaren in Katwijk), een rolletje pepermunt voor ons en een flesje eau de cologne voor zichzelf in een beugeltasje. Een pronte vrouw, ondanks al haar zorgen.

Vader kwam van Noordwijk, een visserman, een ploeteraar, die vaak in de zomer negen weken van huis was om voor ons op de haringteelt vanuit Lerwick op de Shetlands de kost te verdienen. Maar ál dat geploeter op die altijd stinkende logger en later op een trawler voor IJsland, ál die venijnige zoutzweren op z'n polsen door het schuren van de mouwen van z'n oliejas bij het halen van de vleet of het trawlnet, leverden nooit genoeg op om behoorlijk rond te komen. Moeder moest maar zien hoe ze het alleen in dat benauwde hok vol kinderen in de 'Veertig' kon redden. Laatst hoorde ik het een ouwe Egmonder, een zogeheten Derper, nog eens vertellen in het Witte Huis van de bond aan de Zuidzij: 'Met z'n negenen waren we, moeder haalde anderhalf brood. Meer kon niet. Nou dan kreeg je ieder twee sneedjes waar ze wat boter opsmeerde. M'n jongste broer dacht dat-ie slim was. Die ging op die twee sneedjes zitten. Door 't pletten leek 't dan of tie meer had. Het is nog een wonder hoor, dat er in die vissersgezinnen in die jaren niet meer kinderen van de honger zijn gestorven.' Hij zei het veel beeldender, kernachtiger in z'n Derpse taaltje met veel 'malle donderstenen' en 'éér gossemelaetjes'.

Het ging ons pas beter toen de oorlog van 1914–1918 uitbrak. De zee lag dan wel vol mijnen, maar de Duitsers schreeuwden door de blokkade van de Engelsen om vis! Vader bleef varen en ging geld verdienen. Hij kon zelfs genoeg centen bij elkaar scharrelen om een smeesbootje te kopen. In die jaren kwam er bij ons eindelijk af en toe wat anders op tafel dan kabeljauwkoppen, 'gastig' spek en overgebleven erwten en bonen, die na het 'afsnijden' en 'behouwen teelt' (het einde van het haringseizoen tegen Sinterklaas) onder de vissers op de loggers werden verdeeld. We verhuisden ook naar een groter en beter huis 'over de brug'.

Lang zou die vreugde evenwel niet duren. En de zwaarste klap in haar leven kreeg mijn moeder, toen na de ineen-

308

Bonkaart voor kindermeel en maizena.
(Kinderen 6—12 maanden)

Uitgereikt aan ....

Levensmiddelenbedrijf VELSEN.

Strikt persoonlijk.

Losse bons zijn ongeldig.

De verkooper moet de bons afscheuren.

De houder van deze kaart mag slecht één bon voor één week afgeven.

Het is **verboden** deze kaart aan den verkooper in bewaring te geven of bons af te geven zonder daarvoor voedingsstof te ontvangen.

1. Levensmiddelenbedrijf VELSEN.	2. Levensmiddelenbedrijf VELSEN.	3. Levensmiddelenbedrijf VELSEN.	4. Levensmiddelenbedrijf VELSEN.
Goed voor $2^1/_2$ ons kindermeel of 4 ons maizena (of in afwisseling $3^1/_2$ ons) voor één week.	Goed voor $2^1/_2$ ons kindermeel of 4 ons maizena (of in afwisseling $3^1/_2$ ons) voor één week.	Goed voor $2^1/_2$ ons kindermeel of 4 ons maizena (of in afwisseling $3^1/_2$ ons) voor één week.	Goed voor $2^1/_2$ ons kindermeel of 4 ons maizena (of in afwisseling $3^1/_2$ ons) voor één week.

310

311

Inkwartiering. — Dat was Maandagavond een groote consternatie op Wijkeroog. Voor heel veel menschen kwam geheel onverwachts inkwartiering. Enkelen schenen er wel iets van gehoord te hebben, maar zeker wist men 't niet. En daar stond bij moeder een soldaat voor de deur, die nachtverblijf verlangde, terwijl vader de nachtbeurt op de fabriek had. Een logeerbed was er niet, moeder wist geen raad. Ja, toch! Deur toe en de soldaat er buiten. Deze naar de politie. Samen terug. „Ge komt er niet in." „Hij moet er in." Och, och wat een lawaai!

312

Inkwartiering. — Naar de Stad. Ed. verneemt circuleert onder de bewoners alhier, die inkwartiering hebben, een adres, om bijslag op de vergoeding voor huisvesting te verkrijgen uit de gemeentekas.

313

Inkwartiering. — De bewoners van Wijkeroog maken zich al of niet op goede gronden blijde over het feit, dat de soldaten weggaan.

Men zegt, dat er grond gehuurd is bij Spaarndam en dat er tenten voor de militairen gebouwd zullen worden.

314

Vergoeding noodig. — Aanvankelijk meenden eenige ingezetenen te Wijkeroog, dat de Gemeente bij de 80 cent eene toelage van 20 cent zou geven, maar niemand heeft daarvan mededeeling ontvangen. In dezen duren tijd zou zulk een toeslag zeer wenschelijk zijn, daar men onmogelijk den soldaat, wien ieder het toch gaarne goed geeft, voor dit bedrag het noodige kan verschaffen. Zeer wenschelijk zou het zijn, dat men van hooger hand wat meer rekening hield met de toestanden. Nu hebben de arbeiders al 14 dagen inkwartiering en er heeft nog geen uitbetaling plaats gehad. Natuurlijk heeft geen der hunnen 14 × f 0.80 = f 11.20 aan contanten liggen, dus de inkelie moeten poffen, zoodat deze dus op het oogenblik al heel wat van hun bedrijfskapitaal onder de menschen hebben.

315

310.
Bonkaart voor kindermeel en maizena.
Distributie 1914-1918.

311.
Dankzij de neutraliteit van Nederland
tijdens de Eerste Wereldoorlog was het
mogelijk kinderen uit de oorlogvoerende
landen in pleeggezinnen op te nemen. De
Oostenrijkse vluchteling Kurt Tlabak werd
ondergebracht bij familie Van der Meij in
de Pres. Steijnstraat.

312, 313, 314, 315.
Bericht *IJmuider Courant* 17 mei 1916,
3 juni 1916, 21 juni 1916, 31 mei 1916.

316.
Annonce *Vraag en Aanbod* 25 oktober 1913.

317.
Militaire huisvlijttentoonstelling, in 1918
gehouden in een lokaal van de Openbare
Lagere School C aan het Willemsplein.

317

storting van de visserij in 1919 mijn vader uit vertwijfeling zijn waardeloos
geworden scheepje liet zinken om tenminste de verzekeringspenningen te
kunnen incasseren. Hij was de enige
niet die dat deed. Het 'wegbrengen'
van de smeesboten, waarin de bakker
en de slager en iedereen-die-wat-had
centen had gestoken om oorlogswinst-
jes te kunnen boeken, was misschien
wel het slechtst bewaarde geheim van
IJmuiden na de Eerste Wereldoorlog.
Ik was in die tijd een jaar of vijftien.
Veel mensen werden na het uitlekken
van het geheim door de politie van huis
gehaald, ook vader. Mijn oudste zuster
die altijd maar zat te pennen, heeft dat
in haar kriebelige handschrift in haar
dagboek opgeschreven:
'Vader was een strenge man, maar een
goed verteller en een groot schipper.
Hij vertelde ons prachtige verhalen
over zware stormen en 't vissen bij IJsland. Toen-ie een paar centjes had
vergaard, deed-ie wat velen in de dagen
van de mobilisatie hadden gedaan: hij
kocht een schip. 't Leek meer op een
sleepboot, maar 't viste. Op een dag in
1919 bleef hij een reis thuis. Een paar
dagen later kwam de machinist vertellen, dat vaders schip was gezonken.
De verzekering liet een onderzoek instellen en het volk had de zenuwen over
de uitkomst daarvan. Vader vertelde
nooit iets over zijn zaken, maar ik kon
zien dat-ie ergens wroeging van had.
Hij zwoegde maar van 's morgens
vroeg tot 's avonds laat toen-ie niet
meer kon varen, kocht een viskar en
toen dat niet ging een kippenren achter
de hangen van de rokerijen, álles om
z'n geweten te stillen. Op een dag in juli
ging ik hem in 't duin afhalen, 't was
daar zo mooi, stil en vredig: ik vond
hem bewusteloos tussen 't helm, hij
was door een beroerte getroffen. Later
zei hij altijd: "Kind, je hebt m'n leven
gered."
De maanden verstreken. Er werden
steeds meer mensen door de politie van
huis gehaald. Op een dinsdagavond 11
uur werd er bij ons hard gebeld: een
stoker kwam vertellen dat de machinist
door de recherche werd verhoord. Ik
zie nu nog het gezicht van mijn vader.
Hij sprong op en zag zo wit als een
doek.
"Wijf", zei hij tegen mijn moeder, "ik
ga erheen." "Heb je er iets mee te maken?" vroeg ze. "Nee dat niet, maar ik
kan die jongen daar toch niet laten zitten?"
Z'n woorden waren nog niet koud, of
er werd weer gebeld. Een agent kwam

IJMUIDEN.

Een treffen op zee. — In den nacht van 23 op 24 dezer hebben op twee plaatsen in de Noordzee ontmoetingen plaats gehad tusschen lichte Engelsche en Duitsche strijdmachten. Van het treffen nabij de Schouwersbank hebben we hier ter plaatse Dinsdagmorgen de treurige gevolgen kunnen zien. Voorgaats kwam de zwaar beschadigde Duitsche torpedoboot V 69, die de IJmuider kuststoomtrawler „Eems" praaide, en verzocht een aantal zwaar gewonden naar IJmuiden te vervoeren. Met de meeste bereidwilligheid werd daaraan voldaan en zagen we een tiental zwaar gewonde jonge mannen, slachtoffers van dezen onzaligen krijg naar onze Roode Kruis inrichting brengen.

De laatste eer aan de Duitsche gesneuvelden. — 't Was te verwachten, dat de belangstelling voor de laatste eer den gesneuvelden Duitsche officieren en matrozen te bewijzen, zeer groot zou zijn. Zoo is reeds het aantal kransen, waaronder er zijn van reusachtige afmeting, dat van verschillende zijden werd aangevoerd en waarvan wij nader de schenkers en schenksters zullen vermelden, groot, terwijl nog een veertigtal kransen verwacht worden.

Onder ademlooze stilte en diepen indruk der duizenden toeschouwers werden achtereenvolgens de drie coupletten met veel stemming gezongen. Onmiddelijk na de aankomst van den Duitschen gezant stelde de onafzienbare stoet zich verder op en zette zich onder de tonen van den bekenden treurmarsch van Chopin, gespeeld door de muziek van het reserve bataljon V te IJmuiden in beweging.

Duizenden toeschouwers hadden zich in vele dubbele rijen langs den weg geschaard. Medeloopen was ten strengste verboden.

VELSEN.

De stoompont en het ijs. De stoompont begint den last van het ijs te ondervinden. Gedurende de eerste vorstdagen dreef de oosten wind al het stukgemaakte ijs in de richting van IJmuiden.

MINISTERIE VAN BUITENLANDSCHE ZAKEN.

Afdeeling I.
N°. 8874.
Bijlagen:

Men wordt verzocht bij de aanhaling van dezen brief dagteekening, nummer en afdeeling nauwkeurig te vermelden.

Ingekomen den 7 - MRT 1917

's-Gravenhage, den 3 Maart 1917.

Agenda
Burg. en Weth.

Met verwijzing naar mijn schrijven dd. 12 Februari j.l. Afdeeling I, No. 6386, betreffende de Duitsche torpedoboot V.69, heb ik de eer UEA. te berichten dat de Duitsche Gezant, in opdracht zijner Regeering, mij bij schrijven dd. 28 Februari j.l. nogmaals heeft verzocht, de diepgevoelde dankbaarheid van de Keizerlijke Regeering over te brengen aan allen die zich tijdens de aanwezigheid der V.69 te Ymuiden met de zorg voor de zieken en gewonden, de begrafenis der overledenen of het onderhoud der bemanning hebben belast.

De Gezant deelt verder mede dat de Keizerlijke Marine in het bijzonder getroffen is door de welwillende ontvangst die het bovengenoemde vaartuig en zijn bemanning van de zijde der gemeentelijke autoriteiten en de inwoners van Ymuiden hebben ondervonden. De heer Rosen verzocht mij daarom, aan UEA. te doen toekomen een bedrag van f. 10.000, hetwelk de Keizerlijke Marine te Uwer beschikking wenscht te stellen ten behoeve van werken van liefdadigheid te Ymuiden.

Een cheque ten bedrage van de genoemde som moge UEA. hiernevens aantreffen.

De Minister van Buitenlandsche Zaken,

Den Heer Burgemeester der Gemeente VELZEN.

323

318.
Bericht *IJmuider Courant* 24 januari 1917.
319.
Fragmenten uit het verslag van de
begrafenis van de omgekomen opvarenden
van de Duitse torpedoboot v 69.
IJmuider Courant 27 januari 1917.
320.
Bericht *IJmuider Courant* 27 januari 1917.
321.
De v 69 zwaar beschadigd in het
buitenkanaal bij het Sluisplein.
322.
De in de brief genoemde gift is gebruikt als
eerste storting in een fonds tot oprichting
van een ziekenhuis.
323.
Lijkstoet van de omgekomenen van de
Duitse torpedoboot v 69 op 27 januari 1917.

vragen of mijn vader maar even mee
wilde gaan. "Ik sta al klaar", zei hij. Ik
dacht dat mijn moeder iets zou overko-
men. Het was een statige vrouw met
zilverwit haar. Ze was veel ziek en dit
greep haar erg aan. "Kees, ik hoop dat
je gauw terugkomt", zei ze, maar mijn
vader gaf geen antwoord. Aan zijn
ogen kon je zien hoe verdrietig hij was.
Later hoorden we dat hij meteen naar
het Huis van Bewaring was gebracht.
Och, wat een verdriet was er ineens bij
ons thuis. Moeder zei: "Als het waar
is, dat hij mee heeft gedaan, ga ik nooit
naar hem toe." Ze liet geen traan. Ze
werd steenhard.
Voor het moedwillig laten zinken van
zijn schip werd mijn vader tot negen
maanden veroordeeld. Ik heb hem
steeds opgezocht, moeder niet. Hij
werkte wat in de gevangenis en werd
zeer christelijk. Hij heeft het tenslotte
volbracht en het was een grote dag toen
de deuren van de gevangenis voor hem
openzwaaiden.
Maar de vrouw die hij terug dacht te
vinden bestond niet meer. Mijn moeder was in die negen maanden stokoud
geworden. Ze gaf mijn vader zelfs geen
hand en zette haar bed in de voorka-
mer. Tot aan haar dood heeft ze haar
man alleen maar in ons huis geduld. Ze

heeft nooit meer een woord met hem
gewisseld . . .'
Smeesboten. De oorlog 1914–1918. De
vis duur verkocht aan het keizerlijke
Duitsland, tot woede van de Britten
aan de overkant van de Noordzee.
Mijnenvelden. De ineenstorting van de
vishandel na de nederlaag van Duitsland. De opkomst van de vakbonden
voor vissers, 't zwarte koor, de kaairidders en de kolenwerkers. De politieke
partijen en de linkse en rechtse sektes.
De gevechten tussen os p-ers en n s b-
ers op het Kennemerplein. De grote
visserijstaking in 1933. Het ontsteken
van de eerste vuren voor de Hoogovens. De honderden werklozen. De
wanhoop van vooral de vrouwen in de
crisisjaren als ze tot ontdekking kwamen dat ze weer zwanger waren:
straatjes met huilende vrouwen. De intocht van de Duitsers in mei 1940. De
vlucht van de joden naar de Vissershaven. Bombardementen, evacuatie,
de afbraak van IJmuiden op last van
de bezetter.
De herinneringen aan die bewogen jaren tussen 1914 en 1945, meer dan dertig jaren van strijd, dood, verminking,
oorlogswinsten, uitzichtloosheid, bittere armoede, honger en terreur zijn
soms zo ontroerend, dat ik moeite heb

met het bedwingen van mijn emoties
bij het op papier zetten van die episode
uit de geschiedenis van IJmuiden en
het haar boven het hoofd gegroeide
Velseroord. Wat wij dan noemen: het
dorp op de Heide, of IJmuiden-Oost,
zoals het op de kaart van de gemeente
Velsen wordt geduid.
Ik herinner me een aantal van mijn
voorgangers: de eerste staker, machinist Hein van der Plaat, Gillis Blaas
('Blees' voor de Egmonders), Daan
Schilling. Er is wat gestreden en geleden in ons almaar groeiende stadje in
de duinen en op de heide aan de monding van het Noordzeekanaal . . .
'*Never mind*', zoals Rooie Jan altijd zei,
als hij 's nachts op de Tegeltjesmarkt
op een Deense of Zweedse kotter stond
te wachten. Never mind. Rooie Jan
was met Do Dijkhuizen en Jan Winkel
in z'n jonge jaren niet alleen goed in
vechten, maar ook in het rap spreken
van Engels, Deens en Zweeds en niet te
vergeten ons eigen dieventaaltje dat we
'omgekeerd IJmuidens' noemden:
'skin' voor 'niks' en 'nee' voor 'een'.
Hij had net als ik weinig school gehad.
We zwierven als jochies liever langs
sluizen en havens – vader zat toch op
zee. We waren altijd uit op een smees-
sie, een zoodje vis om te verkopen, een

324

Raadsoverzicht.

Zitting van 14 October.

„Smees" en „Smeezen" zijn specifiek IJmuidensche woorden en interumpeeren en het gebruik maken van zeer dikke woorden specifieke eigenschappen van Soc. dem. raadsleden.

Smeezen beteekend niet stelen, doch beteekend ook niet op eerlijke wijze, in ieder geval geoorloofde wijze in het bezit van geld of buitengewone inkomsten geraken. De uitdrukking smeezen heeft in de oorlogsjaren burgerrecht gekregen te IJmuiden en heeft haar onstaan aan het visscherijbedrijf, zooals de uitdrukking ook wel geboren zal zijn aan de visschershaven.

326

327

324.
Vislossers bij de Rijksvishal ca 1920.
325.
Fragmenten van het verslag van de raadszitting van 14 oktober 1919. *IJmuider Courant* 18 oktober 1919.
326.
Gezicht op de Vishallen ca 1920.
327.
De Vissershaven in 1918. De onbeperkte duikbootoorlog en het mijnengevaar leidde ertoe dat de overheid op 1 november 1917 een uitvaarverbod instelde. Als gevolg hiervan lag de vissersvloot werkloos in de haven.
328.
De IJM 139 ca 1919 in het binnenkanaal van IJmuiden.
329.
Bericht *IJmuider Courant* 18 oktober 1919.
330.
Fragment pag. 31 uit D.J. Gouda *Idem.*

Voor de oorlog bedroeg de jaarlijkse opbrengst per teelt van de drijfnetvisserij bruto ongeveer 12 millioen gulden en van de zee-visvisserij 6 millioen gulden. Hiervan werd eerst 27%, later 29% bij de loggers en 23% bij de trawlers voor het loon der bemanning besteed (1) Dit betekende, dat door 9.000 resp. 2.000 vissers een inkomen werd verkregen van ca. ƒ 400,00 per seizoen van ca. 26 weken resp. ca. ƒ 700.00 per jaar van ca. 45-50 vaarweken. In beide gevallen lag het weekloon rondom ƒ 15,00. In de eerste drie oorlogsjaren stegen de besommingen 2-3 voudig, in Ymuiden in 1916 zelfs 5-voudig. Het loon van de visserman werd evenredig soms zo hoog, dat zich wel eens anecdotische uitspattingen voordeden bij de besteding. Het jaarverslag 1920 van de Reedersvereeniging van de Nederlandsche Haringvisscherij te 's Gravenhage vermeldde, dat in de teelt van 1919 het matrozendeel ƒ 1.134,00 bedroeg, ca. ƒ 45,00 per week. Dit bevestigt voornoemde globale berekening van ca. ƒ 400,00 per teelt onder normale omstandigheden voor de oorlog, want de opbrengst was in 1919 uitzonderlijk hoog, 34½ millioen gulden, dus ook ongeveer drie maal meer dan normaal.

330

328

IJMUIDEN.

— Door het langdurig uitblijven vreest men, dat de stoomtrawler „Seladon" gebleven is. Voor onze woonplaats zou dit weder een ernstige ramp beteekenen.

329

paar woorden Engels oppikken om op een buitenlandse boot iets in de wacht te slepen, altijd uit op een knokpartij met die Velseroorders, met die v s v-ers, want voor ons was natuurlijk Stormvogels de club. Altijd jutten op het strand, zoeken naar de knijnen-strikken van de stropers in dat wijdse prille landschap van het verboden duin, schooien om een gedroogd scharretje of een 'bolkie', een gerookte poon of een makreel bij de drogerijen en de hangen van de rokerijen, met vismatten glijden van de hoogte bij de Wilhelminakade, en 'troldertje zeggen' bij de schippersvrouwen om weer centen te hebben voor een 'bioscopie' in Thalia. Onze ogen waren zo geoefend en onze bekendheid met de vissersvloot was zo groot, dat we op mijlen afstand op zee aan een dansend topvuurtje of een schoorsteen al konden zien, welke trawler er op de thuisreis was.
Never mind. Er gebeurden in die jaren van twee wereldbranden en de grote economische crisis na de beurskrach van 1929 in Washington, ook nog wel eens leuke dingen in IJmuiden. Het was niet allemaal ellende en narigheid. IJmuiden was naar ons gevoel een echte stad geworden. Het had een zevental kerken, het feestgebouw annex café

Cycloop, zalen voor verenigingen, de bioscoop Thalia van de gebroeders Opbergen aan de Breesaapstraat en het winkelcentrum in de Oranjestraat.
We waren als jongens eigenlijk erg trots op ons stadje. Gebouwd van het westen uit, met het Willemsplein als centrum, had het in het oosten een hoefijzervormige afronding gekregen van mooie huizen. Ingeklemd tussen het Noordzeekanaal, het Staatsvissers-havenbedrijf en de spoorweg met daarachter de verlatenheid van de duinen, was IJmuiden een besloten gemeenschap geworden. We hadden eigenlijk met de lui daarbuiten weinig te maken. Wij konden het onder elkaar best vinden. Nieuwkomers, of dat nou kuipers uit Vlaardingen, Egmondse vissers, visknechten uit Middelharnis, Katwijkers en Urkers of mensen van de Rijkswaterstaat waren, werden door ons snel geaccepteerd. Hoewel ook wij met zoveel anderen die het beter kregen na 1918 'over de brug' gingen wonen, bleef Oud-IJmuiden tot aan de Tweede Wereldoorlog toch de grootste nederzetting ten zuiden van de kanaalmonding. Hier vonden we gezelligheid en vertier; de Cycloop groeide uit tot het culturele centrum. Hier gaven Sam Vlessings orkest Kunstkring, de har-

331

30 Juni 1916.

Voorstel omtrent het volgend onderwerp:

Instelling van een tijdelijk levensmiddelenbedrijf.

Waar thans en in de naaste toekomst de levensmiddelenvoorziening ook voor deze gemeente van zoodanig belang is, dat daarvoor, zij het ook tijdelijk een afzonderlijke dienst, afgescheiden van de secretarie worde ingesteld, bieden Burgemeester en Wethouders de volgende concept-verordening den Gemeenteraad ter vaststelling aan:

VERORDENING OP HET BEHEER VAN HET LEVENSMIDDELENBEDRIJF IN DE GEMEENTE VELSEN.

334

Artikel 1.

Voor den duur der abnormale tijdsomstandigheden wordt ingesteld een levensmiddelenbedrijf.

Art. 2.

Het levensmiddelenbedrijf verstrekt levensmiddelen en andere voor de huishouding onontbeerlijke artikelen aan de inwoners der gemeente.

Burgemeester en Wethouders bepalen, welke levensmiddelen en andere artikelen het bedrijf zal verstrekken.

332 De Raad en Burgemeester en Wethouders stellen, voor zooveel noodig, voorschriften vast ten aanzien van de verstrekking.

Eenheidsworst. — Maandagavond werd per omroeper bekend gemaakt, dat gisteren op bon 98 anderhalf ons eenheidsworst verkrijgbaar was.

Bijna ieder was vroeg present (we worden hier niet overladen met de worst) en wat bleek toen? Dat er niet voldoende was en de een wel en de ander niets kreeg.

333 Was het nu niet billijker geweest ieder een ons te geven, dan had misschien elkeen wat gehad.

Broodgebrek. — Ik moet brood hebben, zei een vrouw uit Velseroord en stapte een bakkerswinkel binnen, nam vijf brooden, wierp twee kwartjes op de toonbank (oons had ze niet meer) en maakte zich met haar buit uit de voeten. Dit gebeurde op 11 April j.l.

De president bracht haar, naar H. D. meldt, onder 't oog, dat als iedereen handelde, zooals zij gedaan had, er van de brooddistributie niet veel meer terecht zou komen.

f 1 boete of 1 dag hechtenis was de eisch.

Het Levensmiddelenbedrijf.

Inzake de ongeregeldheden aan het Levensmiddelenbedrijf vernemen wij, dat de Dinsdagavond benoemde Raadscommissie van onderzoek reeds Woensdagavond haar eerste vergadering ten raadhuize heeft gehouden. Voorts dat de administrateur, de heer W., door Burgemeester en Wethouders Woensdag voor 8 dagen geschorst is geworden.

Wij vernemen nog het volgende. Ons bericht over de uitdeeling der zeep is oorzaak geweest, dat er meer aan 't licht is gekomen. De administrateur van ons Levensmiddelenbedrijf, de heer W., moet reeds voor eenige maanden goederen bij zich in huis hebben gehad, die op naam van anderen stonden, maar die zeer waarschijnlijk behoorden tot de distributie-artikelen onzer gemeente. De heer W. ontkent dit echter. Wij vernamen echter dat de dingen, die tegen hem zijn ingebracht, zeer bezwarend zijn.

De inventarisatie van het Levensmiddelenmagazijn moet ook niet altijd in orde zijn geweest. Er werd wel eens wat vermist, hetgeen niet terecht kwam. Daarop is een magazijnmeester aangesteld, die alleen den sleutel van het magazijn heeft. Wordt er thans iets vermist, dan is de magazijnmeester de verantwoordelijke persoon.

De Raadscommissie zet spoed achter het onderzoek. Donderdagavond heeft zij ook vergaderd en ook gisteravond zou zij vergaderen. Echter zal zij zeer waarschijnlijk vóór Dinsdagavond nog niet met haar rapport gereed zijn, zoodat er in den raad Dinsdag nog wel niet over gesproken zal worden.

Wij vermoeden dat de schorsing van den heer W. dan wel door B. en W. verlengd zal worden, tot de Raad een beslissing nemen kan.

Wij hoorden echter dat zijn kansen zeer slecht staan.

335

331.
Het magazijn van het Gemeentelijk
Levensmiddelenbedrijf bij de eerste zending
van Amerikaans spek op 27 februari 1919.
Van links naar rechts: T. Brauw, Ydema,
P. Boogaard (hulpboekhouder), J.Th. Kroes
(adjunct-boekhouder), W. Antonijses,
J.P. Dijkman. Op de bok: S. Salomons.
332.
De oorlogstoestanden buiten onze grenzen
veroorzaakten ook in ons land
voedselschaarste. In Velsen besloot de
gemeenteraad op 7 juli 1916 een
Gemeentelijk Levensmiddelenbedrijf in het
leven te roepen, dat tot 1 januari 1921 heeft
gefunctioneerd.
333, 334, 335.
Bericht *IJmuider Courant* 31 juli 1918,
8 mei 1918, 5 oktober 1918.
336.
Openbare Bekendmaking van de
Commandant van de Positie IJmuiden van
26 januari 1917.

VERORDENING

MILITAIR GEZAG.

Binnenloopen van de haven van IJmuiden door Nederlandsche visschersvaartuigen.

De Kapitein ter Zee, Commandant van de Positie IJmuiden, uitoefenende het militair gezag in de gemeente Velsen en in het zee-gebied ¹), genoemd in de Kennisgeving van den Minister van Oorlog van 14 Dec. 1916 (Stcrt no. 295) bepaalt en beveelt op grond van de sedert gewijzigde Wet van 23 Mei 1899 (Staatsblad no. 128) het volgende:

ART. 1.

De schippers van visschersvaartuigen, welke de haven van IJmuiden wenschen binnen te loopen, zijn verplicht, zoowel bij dag als bij nacht, op de voor de haven kruisende stoomloodsboot aan te houden en deze door vaart minderen, bijdraaien of stoppen in de gelegenheid te stellen merk, *335* nummer en naam van hun vaartuig op te nemen.

---

monievereniging Concordia, de operetteverenging Apollo en de amateurtoneelverenigingen Vriendenkring en Varia hun uitvoeringen, altijd met bal en een tombola na. Dat er ook in Velseroord een bloeiend verenigingsleven ging ontstaan, is ons eigenlijk ontgaan. Wat we wèl merkten was dat in 1912 Cor Engelhart, Cor Griekspoor en Cor van de Zee de voetbalclub Unitas oprichtten, waaruit een poosje later vsv, de spoedig roemruchte Velseroorder Sport Vereeniging is voortgekomen. Ze voetbalden op het Hanenland, aan de westkant van het uit 1905 daterende station Velsen-IJmuiden-Oost. Terugziend op mijn jongensjaren, valt het me mee dat er van mij en de vrienden met wie ik langs de havens zwierf nog iets is terechtgekomen. Wij waren de eerste echte 'IJmuienaars', geboren in een grillige tijd, die al zwanger ging van op til zijnde grote veranderingen. Die grilligheid komt in ons karakter nogal sterk tot uiting. We zijn weerbarstig en hebben in die smeltkroes van emigranten van alle groepen iets meegekregen. Vrij en frank, altijd met de schouders ertegenaan, snel bereid om bij het bespeuren van onrecht het werk neer te gooien, zonder autoriteitenvrees en meteen, zoals de Urkers, de

minister opbellen als er iets mis is met de visserij.
Met Toontje van der Kuyl ben ik nog door meneer Klimp naar de Franse school gestuurd, omdat we een goed koppie hadden. 't Werd natuurlijk niks in die Eerste Wereldoorlog, met de smeesboten die ze overal vandaan haalden om tussen de mijnenvelden te vissen, omdat eerst de Duitsers en later uit woede ook de Engelsen ineens goud betaalden voor de vis. Never mind, er was zoveel te beleven. We renden van het aan de Kanaaldijk opgeslagen militaire tentenkamp naar het marinevaartuig Evers in de haven. We zagen het binnenbrengen van de eerste doden en gewonden van de strijdende partijen. We rouwden mee met de gezinnen van de vissers van de op zee gebleven trawlers Rijnland, Texel I, Irene, Letty en de Amsterdam en bespraken dagenlang de gebeurtenis op de logger K W 171. Op die logger hadden een paar vissers uit godsdienstwaanzin drie van hun collega's in stukken gehakt. En we sarden de meiden, die achter de tegen het stelen van kolen gebouwde 'Klaagmuur' bij de P E N-Centrale met de soldaten vrijen. Er gebeurde teveel om je met vrucht op de lessen te kunnen concentreren. Ik was trou-

wens van plan om als kok op een trawler te monsteren. Moeder was ertegen en vader zei na zijn terugkeer uit de gevangenis, dat ze 'zelfs zijn klompen niet meer meekregen naar zee'.
Maar ik monsterde bij de Waterschout voor een reis met schipper Cees Buys op de kleine trawler Condor IJM. 72 aan.
Ome Cees, zoals we Buys allemaal noemden, stond op de brug in zijn wijde blauwe kiel met grote kraag en daarboven zijn weerbarstige kop met donkere kleine krulletjes. Net een zeerover! Mijn optreden als kok werd een ramp voor de bemanning. Ik was vijf dagen zeeziek en lag soms voor dood in mijn kooi boven de schroef in het achterlogies. Ome Cees stond meer voor het fornuis dan ik. Toen ik dan eindelijk op de zesde dag in staat was om een paar broden te bakken, vergat ik gist in het deeg te doen. Ome Cees brieste: 'Wat hè je nou gebakken, m'n jongen, stienen? Donder die platte dingen maar overboord en bak meteen nieuwe!'
Op de zevende dag bracht ik hem tot razernij door hem op verzoek van de roerganger bij het porren voor het halen te melden, dat-ie best in z'n kooi kon blijven liggen, omdat er toch niks

337

Het was onvermijdelijk aan het beroep verbonden om risico's
te nemen, welke jaarlijks met 25 à 50 mensenlevens werden betaald. Bovendien was vrijwel de gehele vissersbevolking Hervormd of Gereformeerd,
behoudens een belangrijk contingent Oud-Katholieken uit Egmond - Ymuiden.
De Rooms-Katholieken waren een uitzondering. Op zee werd - en wordt - de
Zondagsrust geeerbiedigd. Deze kerkgetrouwe en bijbelvaste mensen, niet
alleen de vissers maar tevens hun reders, althans in "de Zuid", waren misschien meer dan anderen bij voorbaat bereid de loop der dingen, ook een
noodlottige afloop, als een hogere beschikking te aanvaarden. Het hospitaal-
kerkschip "De Hoop" verleende nog gedurende de eerste drie oorlogsjaren
medische en geestelijke ondersteuning aan de drijfnetvloot, inclusief Protestantse kerkdiensten, dikwijls met Lerwick - Schotland als basis. Max
Weber zag in het Calvinisme eigenschappen van soberheid, hard werken, roe-
pingsbesef, verantwoordelijkheidsgevoel en doorzettingsvermogen. Al dit
moge het onbegrijpelijk lang doorgaan met de visserij mede verklaren.

Overigens geschiedde dit niet in slaafse berusting en zonder
emoties. Jaarlijks werden tientallen vonnissen wegens desertie na monste-
ring uitgesproken. Menigeen werd door de "sterke arm" aan boord gebracht
om zijn aangegane vaarplicht te vervullen. Op 3 januari 1916 vaardigde de
Christelijke Matrozen-Vereeniging "Koningin Wilhelmina" ten behoeve van
"de gewenschte lotsverbetering" een stakingsoproep uit (1). De oorlog heeft
een aantal stakingen gekend, vooral in Ymuiden, waar men als nieuwe bevolking van allerlei herkomst militanter was dan in de traditionele visserij-
plaatsen van "de Zuid". De spanningen op zee leidden tot reacties aan de wal,
vooral toen goed verdiend werd. Elke plaats kent het verhaal van de visserman,
die met enige landauers een rijtoer maakte, zijn hoed in de eerste, zijn stok
in de volgende en hijzelf in de laatste. Ymuiden bezat een overmatige hoeveelheid café's, waarin alcohol als uitlaatklep diende. Een tragische reactie op de spanningen ter zee was misschien ook een moord-
partij in september 1915 op de KW 171 tengevolge van een vlaag van
godsdienstwaanzin, waarbij 4 bemanningsleden omkwamen (1).

338

Scheepvaart

Zonderlinge ontmoeting. — Een
zonderlinge ontmoeting op de Noordzee had de Nederlandsche koftjalk
God met Ons, kapitein De Vries uit
Groningen, welke de vorige week
van Harlingen, laatst van IJmuiden
te Londen aankwam. Op te niet
al te grooten afstand van de Shipwash
zag men iets drijven, dat bij het
ophalen een vlaggestok bleek te
zijn, waaraan nog een Noorsche
vlag verbonden was, waarschijnlijk
afkomstig van een getorpedeerd
Noorsch stoomschip. Even verder
zag men wederom iets drijven dat
op een vlaggestok met vlag leek,
zoodat men het wilde ophalen en
daartoe een haak uitstak en... een
periscoop beet had.

Men kan zich de groote verbazing
en schrik der opvarenden van de
tjalk voorstellen, toen men de oorlogsvlag — een natievlag met IJzeren
Kruis — van een Duitsche duikboot
zag. Blijbaar had de duikbootcom-
mandant het zeischip niet zien naderen, want dan was hij wel opzij
gegaan. Had men het drijvende
voorwerp niet willen opvisschen,
dan was de tjalk misschien over
de gewaande vlaggestok heengegle-
den en had periscoop stuk gevaren.

Zonder geheel boven water te
komen, voer de duikboot eenige
malen om het zeilschip heen en
verdween toen.

339

337.
Gezicht op de Koningin Wilhelminakade vanaf de watertoren van het Staatsvissershavenbedrijf in 1925. De drie kerken zijn van links naar rechts: de Gereformeerde, de Oud-Katholieke en de Rooms-Katholieke kerk.
338.
Fragmenten pag. 37 en 38 uit D.J. Gouda *De Nederlandse zeevisserij tijdens de 1e Wereldoorlog 1914-1918.* Leiden/Heemstede, 1975.
Met 'de Zuid' worden bedoeld de centra van haringdrijfnetvisserij: Katwijk, Vlaardingen/Maassluis en Scheveningen.
339, 340, 341.
Bericht *IJmuider Courant* 20 mei 1916, 10 mei 1916, 19 april 1916.
342.
Fragment pag. 19 uit D.J. Gouda. *Idem.*
343.
Fragment pag. 21. uit D.J. Gouda *Idem.*

Uit de Gemeente.

De Staatscourant bevat de lijst der hoogst aangeslagenen in de Directe belastingen. Uit onze gemeente vinden wij vermeld Jhr. Mr. J. W. G. Boreel van Hogelanden, C. A. Breitenstein, J. T. Cremer, J. M. A. Kruimel, F. W. C. H. baron Van Tuyl van Serooskerken J. Wichmann, B. J. A. van Veeren van Veen, J. Visser Hz.

340

Bekendmaking.

De Commissaris van Politie der gemeente Velsen, te IJmuiden, brengt ter algemeene kennis, voornamelijk van opvarenden van stoomtrawlers, dat ten zijnen bureele ten allen tijde inlichtingen zijn te bekomen betreffende de wegens mijnen gevaarlijke gedeelten der Noordzee, terwijl een kaartje, aanwijzende de bovenbedoelde gevaarlijke gedeelten, ter inzage op het bureau aanwezig is.

De Commissaris van Politie voornoemd.

341

D. DE RIDDER.

met de loggers waren in oktober 1915 ~~waax~~ ongeveer 800 visserijschepen wederom op de Noordzee "normaal" in bedrijf tussen de vele oorlogsgevaren. In verband hiermede trad 10 maanden later de Oorlogszeeongevallenwet in werking, waarop nog nader wordt teruggekomen. De aard en omvang van deze gevaren blijken uit het totaal van 321 gevallen, welke onder deze wet sedert 19 juli 1915 zijn behandeld met de volgende oorzaken (2):

1. getorpedeerd	124	5. op een wrak gestoten	7
2. vermist	100	6. een mijn in het net	6
3. op een mijn gelopen	68	7. door oorlogsschip overvaren	4
4. gestrand	9	8. opgebracht	3

342

	Verloren	Omgekomen
1914	8 schepen	42 personen
1915	21	86
1916	26	194
1917	55	158
1918	65	382

343

in het net zat. 'Wil jij mij vertellen wat visserij is! Ik, die in m'n leven al de héle Noordzee over m'n donder heb gehad! Maak dat je aan dek komt, magere dondersteen!' Die roerganger had me er mooi in geluisd. Never mind.

Ome Cees was in zijn hart een beste man, maar je moest je niet eigenwijs tegen hem opstellen. Hij leerde mij in korte tijd hoe ik schol mooi bruin kon bakken, zonder ze eerst door een bord melk te halen zoals ik thuis altijd had gezien. 'Vis moet uit zichzelf bruin worden, m'n jongen.' Hij leerde me ook, hoe ik met slingerlatten de pannen in de kombuis zeevast kon zetten, zodat ik ze niet meer bij elke beweging van het schip tegen m'n hoofd kreeg. Ome Cees was daarbij brandschoon. Hij had een gloeiende hekel aan vuil, hetgeen in die dagen op de vloot nogal uitzonderlijk was. Toen we na dertien dagen van slecht weer met een 'hondekar vis' aan boord gingen thuisstomen, beval hij mij een ketel water op te zetten voor het schoonmaken van het achterlogies. Hij ontstak meteen in woede, toen ik een theeketel water op tafel zette. 'Een ketel heb ik je gezegd! Dit is net genoeg om m'n nagels schoon te maken! Heb je ooit zoiets beleefd!' Ome Cees leerde me inderdaad veel,

maar een zeeman kon-ie niet van me maken. Na de derde reis zei-die, dat ik beter aan de wal kon blijven. 'Je bent te ieltjes voor visserman. Dit leven is niks voor je. Waarom ga je niet in de politiek? Je bent daar pienter genoeg voor.'

Ome Cees heeft gelijk gehad. Varen was niks voor mij, maar politiek zou een grote rol in mijn leven gaan spelen. En een nieuwe wereld ging voor mij open toen ik Neeltje leerde kennen, de knappe dochter van een schoolmeester in Velseroord die lid van de S D A P was. Neeltje maakte mij pas goed duidelijk wat er mis was met de maatschappij. En waarom de arbeiders door de kerk dom werden gehouden met de belofte van zaligheid in het hiernamaals. Neeltje met wie ik spoedig trouwde, ontdekte dat ik talent had om vergaderingen toe te spreken. Ze leerde mij lezen en mezelf te ontwikkelen.

Op cursussen voor arbeiders heb ik veel ingehaald van wat ik aan kennis tekort kwam. Boeken gelezen over Marx, Engels, Lenin, Bakoenin, Rosa Luxemburg en Karl Liebknecht. Langzaam ontwaakte in mij het besef, dat er op de wereld nog iets anders was dan met de jongens van Visman iets te drinken in het café van hun vader; die

DE BRUG DER ZUCHTEN.

We zullen U niet voeren naar Italië, naar de schoone stad Venetië, naar de „Ponte de Sospiri", de „Brug der Zuchten", de brug, het Dogen-paleis daar verbindt over de Rio del Palazzo met de thans niet meer in gebruik zijnde Staatsgevangenis.

Neen, wij voeren U naar de houten hulpbrug, die de Wilhelminakade (Oud-IJmuiden) over den spoorweg verbindt met de Julianakade (de buitenwereld).

„De Brug der Zuchten", noemde een vriend van al wat wel eens den spoorweg, die IJmuiden zoo jammerlijk scheidt in twee heel ongelijke deelen, deze brug.

„Waarom", zoo vroegen wij.

„Omdat ik zuchten moet, als ik bedenk dat ik 4 maal dags dat lamme ding passeeren moet", meende de vriend en zuchtte . . .

Onze vriend, ondanks zijn jonge jaren, krijgt al aardig een „embonpoint" ('n dik buikie), waarom het te begrijpen is, dat hem een zucht ontsnapt, als hij vóór de brug staat om er over te moeten.

Inderdaad, de brug is wat hoog, wat steil.

Maar daar was het niet alleen om, dat de vriend de brug, de „Brug der Zuchten" doopte. Er was meer. Er was dit: telkens bij het hijgend beklimmen van de zijde, het rustend wandelen over het verbindend gedeelte en het remmend afdalen van de andere zijde, bedacht hij zich de geschiedenis van deze uit-nood, in-nood en tot-nood geboren noodbrug.

Eerst: komt-ie of komt-ie-niet. Toen: daar is-ie. Eerst zonder latjes — met een agent — met een leuning. Toen met één paar latjes, daarna met twee paar latjes — toen met doorgezaagde latjes — met gootjes — zonder agent — met verboden-dit en dat-bordjes — met versterkte en verbeterde leuning. Eerst zonder licht — daarna verbeterd licht — toen nog meer licht — en nu onvoldoende licht: Lees een ingezonden stuk in ons blad van Maandag a.s.!

Die „Brug der Zuchten"!

Maar 't allerergste komt nog, ondanks alle gootjes voor waterafvoer.

De „Brug der Zuchten" kijkt met aandacht naar haar einde; den aanbouw van de nieuwe brug, en helt daartoe iets naar 't Westen over. Ligt scheef, noemen we dat, zoodat na een regenbui menig voorbijganger ongemerkt een „natte klisser" oploopt.

Wie heeft niet eens gezucht bij 't wachten, heel vaak 3 à 4 minuten voor de spoorboomen bij de halte Julianakade?

Wel vrijwel elke IJmuidenaar, die nog zuchten kon!

Maar wie heeft ook niet een zucht van verlossing geslaakt, toen de Gemeenteraad besloot de brug te bouwen, een brug, breed en ruimer, ferm en sierlijk?

De „Ponte de Sospiri", nu de „Ponte del Esperanza" — de „Brug der Zuchten" — nu „De Brug der Hope"!

IJmuiden, 22 November 1930.   A.

345

346

344

349

344.
Artikel A(llan) *IJmuider Courant*
22 november 1930.
345.
De oude brug tussen de Kerkstraat en de
Kennemerlaan.
346.
De Reinier Claeszenstraat, daterend uit 1919.
347.
Bericht *IJmuider Courant* 21 november 1917.
348.
Annonce *Vraag en Aanbod* 25 oktober 1913.
349.
De Willem Beukelszstraat, gebouwd in 1919
door de Woningstichting Patrimonium.
350.
De houten noodbrug tijdens de bouw van
de nieuwe Julianabrug in 1930.
351.
Annonce *Velsens Gratis Advertentieblad*
6 juni 1896.
352.
De laatste werkzaamheden aan de nieuwe
brug in 1931.

352

350

351

Oproeping.

WOENSDAG 10 JUNI 1896,
des avonds ten **8** ure zal op de Boven-
zaal van **'t Café CYCLOOP** van den Heer
LIST, voorheen J. N. KLEIN, eene

Openbare Vergadering

plaats hebben ten doel hebbende

HET OPRICHTEN EENER

Coöperatieve

Arbeiders-Bouwvereenig.

mocht eigenlijk alleen bier tappen, daarom had hij een geheim jenever-kastje met een lipsslot achter een schilderij. Ik werd zelfs geheelonthouder, omdat ik de drank een bedreiging vond voor de bewustwording van onze arbeidersklasse.

Ik brak met de Gereformeerde Kerk, omdat ik de Bergrede letterlijk nam. Ik werd socialist, leider van stakingen, vrijgestelde van de bond, later zelfs OSP-er, omdat ik de SDAP te rechts vond. Voor de bond was dat de aanleiding om me te royeren, zodat ik mijn baantje als gesalarieerd vakbondsbestuurder verloor en alleen nog maar door het openen van een viswinkeltje in Velseroord de kost kon verdienen. Maar Neeltje stond achter me. Neeltje was slechts door één groot ideaal bezield: de verheffing van de arbeidersklasse. En ik werd, naarmate de gevolgen van de beurskrach van '29 in Wallstreet steeds ernstiger werden voor de mensen in IJmuiden, van dag tot dag linkser.

Met de knokploeg van de OSP, versterkt door uit Amsterdam opgetrommelde socialisten, namen we de in IJmuiden steeds groter wordende schare NSB-ers onder viskopers, middenstanders en andere misleide groepen te

grazen en smeten we vuilnisbakken en flessen met carbid en water door de ramen van de maffers in de grote visserijstaking van '33. De NSB-ers smeten we zaterdagsavonds zonder pardon met hun *Volk en Vaderland* in de vijver op het Kennemerplein. Zo'n man was ik toen ik dertig werd. Geen wonder dat mijn daden de trekken van mijn sneeuwwit geworden moeder verhardden. In haar vroomheid zag zij in mij een knecht van de duivel ...

Velseroord, waar wij achter het viswinkeltje met onze inmiddels geboren zoon en dochter woonden, begon IJmuiden te overvleugelen. De vergelijking van de nieuwe huizen over de Julianabrug met de oude woningen in de nauwe straatjes viel ongunstig uit voor IJmuiden. De groei van het dorp op de Heide kreeg vooral vaart, nadat in 1919 de noordelijke oever van de kanaalmonding geheel voor industrie werd bestemd. En die groei kwam in een stroomversnelling, toen op 22 januari 1924 de vlammen oplaaiden in Hoogoven 1 en de eerste ijzerbroodjes op het ziekbed van ir H.J.E. Wenckebach werden gebracht. 'Ik bekijk ze zoals een jonge moeder de luiers van haar eersteling bekijkt', moet de geestelijke vader van dit wel heel snel

353

354

GEMEETENLIJKE VISSCHERIJSCHOOL.

Bekendmaking.

Maandag 3 November aanstaande zal de nieuwe cursus voor opleiding tot het examen voor

Schipper en Stuurman

aan boord van Stoom-Zeevisschersvaartuigen aanvangen.

Nieuwe leerlingen worden reeds nu toegelaten.

Aanmelding en inlichtingen bij den Directeur, welke is te spreken aan de school, gevestigd in de Openb. Lagere School B. Kerkstraat, elken middag van **2 tot 4 uur** en 's avonds (behalve Woensdag en Zaterdag), van **6 tot 8 uur.**

355

G. D. SANDER.

VELSEN.

Een Ambachtsschool. — Naar wij vernemen is op het raadhuis alhier deze week een belangrijke vergadering gehouden. Op uitnoodiging van iemand die zeer veel belang stelt in de opleiding onzer jeugd, waren daar samengekomen eenige vertegenwoordigers van groote industrieën n.l. de heer W. Polderman Jr., directeur van de N. V. Industrieele Mij. „Hera" te IJmuiden; de heer Olie van de N. V. Holl. Plaatwellerij en Pijpenfabriek v.h. J. D. B. Olie en Gounerman te Velsen; de heer de Groot van de Fabriek van Marmerwerken v.h. G. en J. Cool te Beverwijk; de heer Witkamp van de Constructiewerkplaats „De Kennemer" te Beverwijk, de heer Constandse, Ingenieur van den Waterstaat te IJmuiden en de heer Frans Netscher te Santpoort, lid van den raad. Voorts waren aanwezig Mr. Dr. H. ver Loren van Themaat, Burgemeester onzer gemeente en Jhr. Strick van Linschoten, Burgemeester van Beverwijk, die van hunne belangstelling in deze zaak blijk gaven, benevens de heer H. J. de Groot, Inspecteur van het Middelbaar Onderwijs voor het Vakonderwijs te 's Gravenhage.

Besproken werd de wenschelijkheid der oprichting van een Ambachtsschool.

356

357

353.
George Retz, in het schooljaar 1905/1906 ongeveer 13 jaar, gekleed in het uniform voor leerlingen van de Visserijschool. Er werd les gegeven in een lokaal aan de Oranjestraat. De school werd beheerd door de Vereeniging Visscherijschool en ontving gemeentelijke subsidie.

354.
Opening van de gemeentelijke Visserijschool op 3 september 1916.

355.
Annonce *Vraag en Aanbod* 25 oktober 1913.

356.
Bericht *IJmuider Courant* 1 juli 1916.

357.
De nieuwe Visserijschool geheel rechts, gezien vanaf de watertoren van het Staatsvissershavenbedrijf in 1916.

358.
De Gemeentelijke Reinigingsdienst begon in 1911 op een stuk grond aan de Velserduinweg. Foto uit 1913.

358

groeiende bedrijf toen hebben op-gemerkt.

Toen Neeltje en ik dan ook na ons trouwen in Velseroord neerstreken, was dat al een echte gemeenschap met kerken, winkels aan de Zeeweg en de Kalverstraat, het Velserduinplein, zalen, Flora, Tivoli, het Patronaatsgebouw, het badhuis aan de Snelliusstraat, de Kennemerlaan, de Rijks-HBS, de Ambachtsschool en het door de zusters Franciscanessen in de voormalige tuchtschool aan de Zeeweg in 1927 geopende Antoniusziekenhuis. Later kwamen daar het overdekte Velserbad en het politiebureau aan het Tiberiusplein nog bij.

Met de groei van de Koninklijke Nederlandsche Hoogovens en Staalfabrieken, zoals die voluit heten, ontstond er allengs ook meer bedrijvigheid op de noordelijke oever van het kanaal. De NV Plaatwellerij had zich daar al in 1913 genesteld en naast de Papierfabriek zagen we, in 1931, de nieuwe PEN-Centrale verrijzen. Mekog en Cemij werden gesticht voor de verwerking van het cokesovengas en het hoogovenslak, de PEN-Centrale en de gemeente Velsen werden gretige gebruikers van dat gas. En een nieuwe stroom immigranten, ditmaal bouwvak-

kers en grondwerkers uit Brabant voor het graven van de put voor de Noordersluis – de grootste ter wereld – en industriearbeiders voor de Hoogovens, bewoog zich in de richting van Velsen-Noord en IJmuiden-Oost.

Neeltje en ik volgden die bouwkoorts voor de opvang van de immigranten soms met verbazing. 'Wat bezielt die mensen toch allemaal, Jan?' zei ze een keer moederlijk. 'Losgerukt uit hun eigen dorp, zullen ze toch wel moeite hebben om hier gelukkig te worden. Jouw moeder droomt nog van haar meisjesjaren in Katwijk, van het liedjes zingen in het voorjaar met de boetsters in het veld.' De naam Velseroord hoorde je al minder en minder. IJmuiden-Oost klonk niet zo belast. Het karakter van Velseroord is altijd minder besloten geweest dan dat van IJmuiden. De eerste bewoners waren sterk aangewezen op het contact met de nabijgelegen dorpen Oud-Velsen, Driehuis en de beide Santpoorten. Maar uit verhalen van oudere mensen begreep ik, dat de lui uit die dorpen neerkeken op die heikneuters van Velseroord. Dat was toch allemaal maar schorremorrie... Er wás ook vaak iets aan de hand. Ik moet dat onmiddellijk toegeven. Ook toen wij er gingen wonen werd er nog

vaak flink gevochten op zaterdagavond. En de grondwerkers vierden er met hun maats graag 'Blauwe Maandag' in het in een boerenwoning gevestigde café Kraak aan de Zeeweg. Het kwam nog wel eens voor, dat een arbeider uit die dagen zaterdags zijn hele weekloon verzoop. Het beeld van die ouwe fietsen met de blauwe keteltjes aan het stuur voor het café Kraak staat voor altijd in m'n geheugen gegrift. En in een flits zie ik ook nog vaak die gebochelde jongeman, stomlazarus liggend in het zand van de poort met een gebroken fles jenever naast zijn hoofd. En dan het gekijf bij onze buren als 'Jan Lap' weer eens zat als een aap door z'n maats werd afgeleverd! Het liedje 'Ach Vader, toe, drink niet meer!' leek wel speciaal voor IJmuiden geschreven.

Maar het werd beter! We zagen het toch om ons heen. De beruchte Koppelmansbuurt en het Urkerbuurtje werden gesaneerd. De Bomen-, Vogel- en Schildersbuurt werden gebouwd en achter Velserbeek en aan het verlengde gedeelte van de Zeeweg naar Driehuis verrezen de eerste villa's voor forensen. 'Wie had dat in het verleden durven dromen? De Heide vindt genade in de ogen van de welgestelden!' zei Neeltje

359

360

361

Wethouder Tusenius bracht echter „mildelijk?'' een koud-water-watertoren-bad.

Zijn mededeelingen omtrent den toestand, waarin de Watertoren verkeert, vielen niets mee.

Je kunt er over kibbelen en niet over kibbelen, ons mooiste gebouw, persoonlijke opinie, in IJmuiden, dat zoo weergaloos schilderachtig op zijn hoogen duinvoet de wisselende luchten kan insteken, laat zijn weergalooze schilderachtigheid duur betalen, kubistisch schilderachtig duur!

We geven graag af op onze vroede vaderen, hetgeen trouwens een heel normale Hollandsche kwaal is, maar ik zou niet graag met zoo'n watertorentje wethouder van bedrijven willen zijn. 't Zou me te veel mijn rekening drukken.

Maar hier is nu Wethouder Tusenius de rechte man op de rechte plaats.

Hij neemt de zaak zooals ze is, en tracht haar tot een zoo goed mogelijk einde te brengen.

362

363

359.
De bouw van het kantoor van de Reinigingsdienst in 1916. Op de voorgrond de gemeentelijke vuilniswagen; op de achtergrond de achterzijde van de pas gebouwde woningen bij de Tuindersstraat, het zogenaamde Rode Dorp.

360.
Het Gemeentelijk Gasbedrijf in 1911. In oktober 1910 werd door de gemeentebesturen van Velsen en Haarlem een overeenkomst aangegaan: de gasfabriek in Haarlem zou het gas produceren en onder hoge druk leveren in de gashouder van Velsen, dat verder zelf voor de distributie aan zijn verbruikers zou zorgen. In augustus 1911 kwam het bedrijf gereed. De persleiding van Haarlem naar Velsen had een lengte van ± 12 km, terwijl het distributienet van Velsen ± 50 km lang was. In 1911 waren er 964 gasverbruikers. Op 31 december waren er ruim 5600. De gasprijs bedroeg ƒ 0,11 per m³ over de gewone meter en ƒ 0,12 via de muntmeter.

361.
Het leggen van de zinker voor de gas- en waterleiding in het Noordzeekanaal, even ten oosten van het dorp Velsen, in augustus 1915. De centrale gemeentelijke watervoorziening kwam, na moeizame voorbereiding in de oorlogsjaren, op 26 februari 1917 tot stand. De waterwinplaats was gelegen in het duingebied van de Hoogeberg. Het water werd opgepompt uit elf bronputten van 30 tot 70 m − A P naar het hoogreservoir van de Watertoren.

362.
Fragment van het raadsverslag door A(llan). *IJmuider Courant* 5 juli 1930.

363.
De Watertoren werd gebouwd in 1916 en heeft een hoogte van 42 m. Het ontwerp is van J. de Vrind, bouwkundig ingenieur te

364

365

's-Gravenhage en D. Dros, civiel ingenieur te Arnhem.

364.
De sproeiwagen, sneeuwploeg en zandstrooier van de Reinigingsdienst in november 1925.

365.
De vuilniswagen, merk Mercedes, 6 cylinder, met spindel-kip-inrichting en een laadbak van 5,5 m in 1935.

366.
Bijeenkomst in het filtergebouw ter gelegenheid van de ingebruikneming van de Gemeentelijke Waterleiding op 26 februari 1917.
Voorste rij, eerste van links: wethouder F.P. Vermeulen, tweede van links: Commissaris van de koningin jhr mr dr A. Roëll; naast hem burgemeester mr dr H. Ver Loren van Themaat; vervolgens wethouder R. de Boer; zesde van links: Pieter Vermeulen.

366

spottend. En er gebeurde meer. Er kwamen openbare, katholieke, protestantse en gereformeerde scholen. Er werden verenigingen opgericht. D C Y (Damclub IJmuiden), V Z V (Velser Zwem Vereniging), toneelverenigingen als P A L V U en Advendo, de voetbalvereniging Kinheim in Velsen-Noord, de turnverenigingen Suomi en N A S B, de zaterdagmiddagvoetbalclub V V Y, zangverenigingen als de Stem des Volks en Vox Humana, vakbonden èn afdelingen van politieke partijen. Terugdenkend aan dat IJmuiden-Oost en het woongebied 'over de brug' tussen 1914 en 1945 wellen er steeds meer herinneringen op.
Ik zou uren kunnen volpraten met het noemen van mensen, huizen, gebouwen, winkeltjes en andere dingen die kleur gaven aan het leven in IJmuiden-Oost. Trui Glas, die ook na sluitingstijd klaar stond om ons een onderbroek met kanten of een el ongebleekt katoen te verkopen in haar winkel aan de Kalverstraat. Vrouw Voogt, zoals we haar noemden, die Neeltje voor een paar kwartjes per week toch aan schoenen voor de kinderen hielp. De linkse socialist Henk de Boer, die in zijn kruidenierswinkel De Werkmansvriend aan de Velserduinweg zijn gegoede

klanten van hem vervreemdde door op 1 mei de rode vlag uit te steken. Typen als Henk Stek, 'Advocaatje', kapper Jan Anepool, ijscoman Simon de Wit, de blinde muzikant Ebbeling en de musicus Dolf Brouwer. Met de paters, de nonnetjes van 't ziekenhuis en de dominees, waren zij het die onze gemeenschap gezicht gaven. We gingen dammen, voetballen, toneelspelen en muziek maken. En werden er als arbeiders langzaam ook politiek bewust.
Na de catastrofe met de 'Russen', de door de Revolutie waardeloos geworden aandelen in de Russische Spoorwegen, en de inflatie van de Duitse en Oostenrijkse waardepapieren, staken reders en schippers het opnieuw met de visserij verdiende geld vooral in huizen 'over de brug'. Zo is in IJmuiden en IJmuiden-Oost tussen 1920 en 1930 het aantal bewoonde huizen verdubbeld. In die periode zijn Oud-IJmuiden en IJmuiden-Oost aan elkaar gebouwd. En er kwamen toen ook renteniers, gepensioneerden en elders werkende mensen wonen.
Toch heeft er in dat IJmuiden als geheel, of beter gezegd, nu de gemeente Velsen, nooit een hecht samenlevingsverband bestaan. Het ontstaan daarvan werd verhinderd door de maar

367.

368

369

367.
Affiche van de NV Vereenigde Steenkolenhandel. Het bedrijf had zeer grote Duitse belangen en heeft bij de steenkolenvoorziening in de Eerste Wereldoorlog voor de trawlervloot als intermediair gediend. Rond 1920 raakte dit bedrijf, waaruit het huidige SHV-concern is voortgekomen, direct betrokken bij de sanering van de trawlerrederijen met als resultaat dat een SHV-dochter, de NV Visscherij-Exploitatie Maatschappij, de VEM, het beheer verkreeg over niet minder dan 53 stoomtrawlers, een derde van de gehele IJmuider vloot. De VEM was toen de grootste visserijrederij van Nederland met 500 à 750 man personeel.

368.
Pieter François Christiaan Roelse (1880–1968), geboren in Apeldoorn, vestigde zich in 1906 als boekhandelaar en uitgever in IJmuiden, op de hoek Kanaalstraat-Oranjestraat. Hij nam het advertentieblad van K. Nieborg over. Van 1923–1931 en van 1935–1941 was hij raadslid en fractievoorzitter van de SDAP. Roelse vertrok in 1941 naar Laren en keerde niet meer naar IJmuiden terug. Hij overleed in 1968 in Amersfoort.

369.
Jacob Sinjewel (1876–1923) werd geboren in Den Helder. Hij stichtte een drukkerij en een boekhandel met leesbibliotheek. Hij gaf onder meer de muziekwerken van Sam Vlessing uit.

370.
Bericht *IJmuider Courant* 23 april 1916.

371.
Afbeelding van de NV Hollandsche Plaatwellerij en Pijpenfabriek, voorheen J.D.B. Olie en Gonnerman, in 1915.

372.
Kop en deel van de voorpagina *Dagblad voor IJmuiden-Velsen-Beverwijk* 14 januari 1929. Deze krant bood zijn lezers een gratis ongevallenverzekering aan. Wat het blad niet vermeldde, maar wat wel in de 'kleine lettertjes' stond, was dat zee-ongevallen met dodelijke afloop niet werden vergoed. En dat in IJmuiden! De *IJmuider Courant* stelde een en ander aan de kaak, waarop het *Dagblad* aldus boos reageerde.

373.
Op deze drukpers werd jarenlang de *IJmuider Courant* gedrukt. Van links naar rechts: J.J. Allan (directeur), boven hem J. Zwart (machinezetter), B. Nieuwkerk (smoutzetter), P. Nijssen (drukker) en W.Th. Frijn (chef). De foto dateert uit 1928.

VELSEN.

Opdracht. — Aan de Naamlooze Vennootschap Hollandsche Plaatwellerij en Pijpenfabriek, voorheen J.B.D. Oly en Gonnermann alhier is opgedragen het leveren van diverse buisleidingen ter gezamenlijke lengte van ± 3½ Kilometer voor de Billiton-Tinmaatschappij te 's-Gravenhage.

370

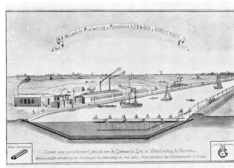

371

372

De IJmuider Courant

In IJmuiden werden al heel spoedig gratis advertentiebladen verspreid. Naarmate IJmuiden groeide ontstond evenwel meer en meer behoefte aan een plaatselijk nieuwsblad dat ook ruimere berichtgeving zou kunnen verzorgen over wat hier van belang was, met name over scheepvaart en visserij. Met steun van enkele IJmuidense en Velsense notabelen lukte het een dergelijk nieuwsblad van de grond te krijgen. P.F.C. Roelse en Jac. Sinjewel brachten daartoe ieder hun gratis huis-aan-huisblad in.

Het *Nieuws- en Advertentieblad voor IJmuiden en Omstreken* van Roelse dateerde al van 1 januari 1897. In de laatste jaargangen voert het blad al als ondertitel: *IJmuider Courant*. Jac. Sinjewel richtte in 1905 zijn advertentieblad *Vraag en Aanbod* op. Ter exploitatie van een neutraal plaatselijk nieuwsblad werd de NV Uitgevers-Maatschappij IJmuiden opgericht bij akte van 4 december 1915. De oprichters waren: W. baron van Tuyll van Serooskerken te Velsen; D. Bus, makelaar te Velsen; J.T. Constandse, directeur der Industrie- en Handelsmaatschappij te Velsen; J.E. Mulder, zonder beroep, wonende te Velsen; C.G. Olie Fzn., reder te IJmuiden; J. Sinjewel, uitgever te IJmuiden; P.F.C. Roelse, boekhandelaar te IJmuiden; H.W. Creutzberg, predikant der Nederlandsch Hervormde Gemeente te IJmuiden; R. de Boer, reder te IJmuiden.

De eerste nummers verschenen in november 1915, eerst op de woensdagen en zaterdagen, na 30 september 1929 ook op de maandagen. Sinjewel nam het drukken van de krant op zich; Roelse behartigde een deel van de advertentie-exploitatie.

Deze echt IJmuidense krant heeft niet lang een rustig bestaan kunnen leiden. In Haarlem waren de *Oprechte Haarlemsche Courant* en het *Haarlem's Dagblad* in een heftige concurrentiestrijd gewikkeld. Elk van hen trachtte door het oprichten van streekedities de oplaag, dus de advertentie-inkomsten, op te voeren. Zo begon op 18 september 1926 de *Oprechte* met het *Dagblad voor IJmuiden*. De concurrentieslag tussen dit dagblad en de *IJmuider Courant* is niet met fijnzinnige middelen gevoerd. Toen ook nog in 1931 het *Haarlem's Dagblad* de IJmuidense editie *Het Nieuwe Avondblad* liet verschijnen, dreigde de *IJmuider Courant* definitief tussen de beide Haarlemse reuzen te worden fijngemalen. Dit werd op het laatste moment voorkomen doordat het *Haarlem's Dagblad* samenwerking met de *IJmuider Courant* aanbood. Dit leidde in mei 1932 tot overname van de *IJmuider Courant* door de Haarlemse uitgever. Daarmee kwam een einde aan deze uitsluitend IJmuidense activiteit. Wel verscheen de krant voortaan dagelijks.

373

wassende stroom van nieuwe immigranten. Ruimtelijk is IJmuiden-Oost door het ontbreken van een plan nooit meer geworden dan een verzameling straten over een lengte van enige kilometers langs het kanaal. Oud-IJmuiden was in 1920 al vol. De ontwikkeling van IJmuiden-Oost en 'over de brug' ging door tot het oorlogsjaar 1942. Er stonden daar toen ruim 6000 huizen, heb ik me laten vertellen. Politiek en godsdienstig is dit IJmuiden tussen 1914 en 1945 ook altijd een buitenbeentje gebleven. Het leek wel of er nergens meer tegenstellingen waren dan in ons 'kleine Amerika'. Zoals deze gemeenschap godsdienstig vooral haar heil zocht in de vele sekten, zo hebben wij in de politiek steeds sterke behoefte gehad aan splinterpartijen, de persoonlijke noot van de kleine plaatselijke partij of aan het als groep innemen van een afwijkend standpunt. Ik was daar als lid van de OSP een levend voorbeeld van. Lid van een uit de scheuring in de SDAP voortgekomen kleine linkse partij, die ondanks al onze inspanningen en nachtelijke kalkpartijen bij de verkiezingen geen poot aan de grond kreeg. Deze onevenwichtigheid heeft er ook toe geleid, dat de samenstelling van de gemeenteraad

van Velsen voortdurend wisselde. Dat die raad 'rood' werd genoemd, hoeft niemand te verbazen. Wij waren de eersten die de werkers in IJmuiden-Oost en Oud-IJmuiden in vakbonden bundelden. En we kwamen als hun vertegenwoordigers in de raad, omdat in die jaren de vakbonden nauwe banden hadden met de politieke partijen. NVV en SDAP waren eigenlijk één beweging. De over de verschillende woonkernen verspreide middenstand heeft nauwelijks politieke invloed uitgeoefend, omdat ze er nooit in geslaagd is om een hechte groep te vormen. En dat gold ook voor de boeren en tuinders uit de omgeving. Toch heeft de SDAP met de Vrijzinnig Democratische Bond nooit de absolute meerderheid gehad in de raad. In '31 zaten we met 7 RKSP-ers, 7 SDAP-ers, 2 dissidente SDAP-ers, 1 Vrijzinnig Democraat, 1 Communist, 4 CHU-ers, 2 AR-ers, 1 lid van Gemeente Belangen, 1 lid van Velser Belangen en 1 Oud-Katholiek in de raad. Pas in '35 kwam er een socialist in het college van B en W van Velsen. Daan Schilling van de Dubbeltjesbond werd de eerste 'rode' wethouder van Sociale Zaken. Veel kan ik niet vertellen over het raadswerk, omdat ik mij al gauw door mijn breuk met de SDAP en het lid-

374.
Gezicht op de bouw van de Hoogovens
vanaf de zuidoever van de Hoogovenhaven
in 1922.

375.
Fragmenten van een vraaggesprek met
Frans Netscher. *IJmuider Courant*
7 september 1918.

376.
Fragmenten van het verslag van de
raadszitting van 1 oktober 1918.
IJmuider Courant 5 oktober 1918.

377.
De Hoogovens een jaar in bedrijf in 1925.
Op de voorgrond het zandtreintje voor de
aanleg van de Noordersluis.

374

De heer Netscher gelooft dat het
Nederlandsch Hoogovenbedrijf wel
te IJmuiden komen zal. De vestiging van dit bedrijf alhier zal een
enorme verandering geven aan de
verdere toekomst van Velsen.

Het maakt alles zwart en kaal, de
lucht onzuiver; het veroorzaakt een
helsch lawaai, dag en nacht. Want
een hoogoven moet altijd doorwerken,
des nachts is de gloed van de vuren
ver in den omtrek zichtbaar. Ook
het lossen van de ertsbooten gaat
steeds door en zal veel rumoer veroorzaken.
De terreinen in den omtrek zullen
er zeer door in waarde achteruitgaan
het prachtige landgoed „Rooswijk"
b.v. zal zoo goed als waardeloos
worden.

Spreker en zijn medeonderteeke-
naars van het amendement zijn er
echter niet voor dat aan het bedrijf
de vrije hand wordt gelaten. Het is
toch gewenscht, dat dit bedrijf
behandeld wordt evenals alle andere,
n.l. dat de beslissing over verschillende zaken moet blijven aan B. en
W. Wanneer de papierfabriek of
een andere inrichting wil bijbouwen
moet het toestemming vragen bij
het gemeentebestuur. In het belang
der gezondheidstoestand van de
bevolking is dit zeer gewenscht.
Daarom meenen wij ook deze bepalingen tegenover het Hoogovenbedrijf te moeten toepassen. Wij weten
niet wat voor inrichtingen zullen
verrijzen en wat voor stank daar
het gevolg van zal zijn.

De heer Schilling zegt het
amendement van den heer Netscher
onderteekend te hebben. Echter wil
spreker wel verklaren, dat de heer
Netscher het al erg donker heeft
voorgesteld.

Spreker zag gaarne dat
het Hoogovenbedrijf hier gevestigd
werd en hoewel hij het amendement
teekende, wil spreker toch zeggen,
dat hij niet verwacht, dat het zoo
erg zal worden, als de heer Netscher voorstelt.

De heer van Tuyll zegt wel
veel over het Hoogovenbedrijf gehoord, maar nog niet veel goeds.

De heer Vermeulen zegt dat
het bedrijf niet zwarter zal worden,
als de heer Netscher het heeft voorgesteld. Want zwarter kan het niet.
't Zou inderdaad zoo zijn, indien
hier werd gevestigd een bedrijf van
ouderwetschen opzet, zooals men
er wel in België, Duitschland en
Engeland vindt.

Gelukkig heeft de heer Schilling
reeds aangetoond, hoe de heer Netscher overdrijft. De heer Netscher
zegt dat IJmuiden er veel last van
zal ondervinden, door de heerschen-
de Westerwinden. Spreker meent
dat de neerslag is neergekomen op
de bril van den heer Netscher,
daarom ziet deze zoo verkeerd.
Het bedrijf komt ten N. Noord-
Oosten van IJmuiden en waar de
Z. Westelijke winden overheer-
schend zijn, dus zal IJmuiden er
niet zooveel last van hebben.

377

378.
Affiche van de Harmonie-Vereeniging
'Concordia', juni 1919.
379.
Fragment van het verslag van de
raadszitting van 17 juni 1919. Volgens F.P.
Vermeulen had het muziekconcours de
zondagsrust verstoord.
IJmuider Courant 21 juni 1919.
380.
Muziekconcours op het Willemsplein, juni
1919. Bij deze gelegenheid werd de
muziektent van het internationale
padvinderskamp van 1913 officieel in
gebruik genomen.

380

378

Weinig konden we toen vermoeden, dat in den raad gesproken zou
worden van een joelende, schreeu-
wende bende, die de godsdienst-
oefeningen op stuitende wijze zou
verstoord hebben. 't Was de heer
Vermeulen, die zich aldus vriendelijk
uitliet, nadat de heer van der Steen
in meer bezadigde woorden een
klacht van ongeveer gelijke strekking had doen hooren. We hebben
natuurlijk geen enkele reden om
aan de juistheid der klacht te twij-
felen, doch we meenen dat de heer
Vermeulen zich, zooals helaas dikwijls gebruikelijk te doen is, aan
eenige overdrijving heeft schuldig
gemaakt om zijn bewering kracht
bij te zetten.

379

maatschap van de OSP buitenspel had
gezet. We hadden met onze kleine linkse Gideonsbende ook weinig op met de
burgerlijke parlementaire democratie.
De woorden 'directe actie' lagen voor
in onze mond. We lazen in *De Fakkel*
gedichten van Jacques de Kadt over
het opwerpen van barricaden. We
droomden van revolutie, van omver-
werping van de gevestigde machten,
van arbeidersraden en arbeidersbe-
stuur en luisterden gespannen naar de
scherpe betogen van Sal Tas. We voelden ons revolutionairen en er waren op
onze vergaderingen herhaaldelijk lieden, die voorstelden om bepaalde fabrieken op te blazen en klassevijanden
uit de weg te ruimen. Op een door mij
geleide vergadering stond ook de Belg
Ottens een keer op. Hij kon een bom
maken, waarmee we ir Tusenius, directeur van de IJsfabriek, aanhanger van
Arnold Meyer, de latere leider van het
fascistische Zwart Front, met z'n huis
en al konden opblazen. 'Tusenius
woont Kanaalstraat nummer 2', bitste
ik naar de held. 'Dat punt is dus af-
gehandeld. Wie wil nu het woord, kameraden?' Ik was toen al te nuchter
voor dit soort gevaarlijke romantiek.
Mensen opblazen? Hoe zou ik dat ooit
aan de steeds dichterlijker en menslie-

vender geworden Neeltje kunnen verkopen? Ze stond op het punt pacifiste
te worden ...
Maar dat bij de debatten de stukken er
vaak afvlogen, zal niemand verbazen
die de samenstelling van de raad in
1931 nauwkeurig bekijkt. En dat gold
natuurlijk ook voor de strijd, die we
aan de haven voerden voor verbetering
van het lot van de vissers, kolenwerkers, kaairidders en visknechten.
Mensonterende toestanden moesten we
daar te lijf gaan; willekeur van walschippers bestrijden. De kaairidder
Arie Vis, een markante Derper en fel
voorstander van onze vakbond, heeft
me veel over de toestanden verteld in
de tijd, dat ik nog een jochie was. 'In
die dagen gingen wij 's avonds al om elf
uur naar de hal. Dan kwam het voor,
dat we twee nachten door tochtige vishallen ronddoolden, voordat we aan 't
werk kwamen. En weet je wat wij dan
verdienden? Voor het lossen van een
grote trolder kregen wij zegge en
schrijve één daalder ... En voor die
honderdenvijftig koperen centen
moest je dan ook de geloste trolder
naar de overkant van de haven brengen. Eén man van de ploeg trok er dan
op uit om een vletje te stelen, want een
dubbeltje voor het sleepbootje kon er

381.

Samuel Vlessing (1876–1934). Deze destijds
populaire en voor vele IJmuidenaren
onvergetelijke musicus-componist werd op
25 april 1876 in Den Burg op Texel geboren.
Alhoewel hij een conservatoriumopleiding in
Antwerpen achter de rug had, kwam hij rond
de eeuwwisseling binnen een familiebedrijf als
manufacturier naar IJmuiden. Natuurlijk werd
hij als amateur-muzikant lid van de Harmonie-
Vereeniging 'Concordia'.
Reeds in 1907 keerde hij, tot ongenoegen van
zijn vader, de handel de rug toe. Hij had zich al
eerder geheel in de muziek gestort. Hij
verzamelde in 1903 een aantal leerlingen om
zich heen, vormde het orkest Kunstkring en
beschouwde zichzelf vanaf het moment dat hij
directeur was van dit orkest, als
beroepsmusicus.
Bij Concordia verwisselde hij rond 1909 zijn
klarinet voor de dirigeerstok. In die periode
verschenen van zijn hand onder meer de
operettes *Rose Marie* en *Marion de
Marketentster*. Vlessing dirigeerde de
operettevereniging Apollo, waarmede hij zijn
werken in Thalia met groot succes voor het
voetlicht bracht. Bovendien componeerde hij
veel harmonie- en fanfaremuziek, waarvan
vooral zijn marsen faam verwierven. De
populairste daarvan zijn *Voor het Vaderland,
Vers l'Avenir* en de *Jubileummars*. Maar vooral
door zijn grotere werken als *Vlaams Feest,
3 Scènes de Carnaval, Ouverture Symphonique,
Oreste, Feestouverture* enz. genoot hij
bekendheid tot over de grenzen.
In die roem deelde ook Concordia, dat hem
meestal terzijde stond bij de eerste uitvoering.
Concurrentie in de muziekwereld was hem
vreemd. Illustratief hiervoor is het oprichten
van een muziekschool in 1916 samen met zijn
meest bekende collega J. Gonlag. De school
heeft tot de Tweede Wereldoorlog een grote
bloei gekend.
Naast de genoemde verenigingen leidde
Vlessing onder meer ook nog Harmoniekapel
'De Eendracht' uit Velsen-Noord, RK
Harmonie-Vereeniging 'Soli Deo Gloria' uit
Driehuis en Fanfarecorps Wilhelmina uit
Santpoort. Dit alles had tot gevolg dat hij een
zeer gezocht jurylid bij concoursen werd.
Bij zijn 25-jarig jubileum als beroepsmusicus in
1928 werd Vlessing spontaan en op grootse
wijze gehuldigd. Rond de muziektent stonden
naast een grote mensenmenigte zeven korpsen
opgesteld, waaronder Concordia, Kunst na
Arbeid, Wilhelmina, De Eendracht en Soli Deo
Gloria. Een van de vele sprekers was
burgemeester Rijkens, die hem wegens zijn
grote culturele verdiensten voor IJmuiden het
ereburgerschap aanbood. De Franse regering
eerde hem met de hoge onderscheiding van
Officier de l'Academie.
Niet alleen als musicus maakte Vlessing zich
verdienstelijk, ook andere verenigingen van
algemeen nut en vele commissies telden hem
onder hun leden. Hij was ere-voorzitter van de
toneelvereniging Varia. Vlessing overleed op 22 *383*

384

mei 1934. Onder enorme belangstelling werd
hij op Westerveld gecremeerd. Zijn naam zal
voortleven in de Sam Vlessinghof in Oud-
IJmuiden.
Het beheer van de muziekschool werd tot de
Tweede Wereldoorlog overgenomen door zijn
muzikaal begaafde kinderen Philip en Nettie.
Philip woonde in Haarlem waar hij veel optrad
met het Haarlems trio voor klassieke muziek.
Ook musiceerde hij met een sextet voor de
omroep. Driemaal in de week gaf hij
muzieklessen in IJmuiden. Zijn joodse afkomst
werd hem noodlottig. In het begin van de
Tweede Wereldoorlog werden hij en zijn vrouw
bij een razzia in Haarlem opgepakt en richting
Duitsland weggevoerd. Zijn laatste
levensberichten zijn van 1944 en komen uit het
kamp Blechhanner in Polen.
Zijn zuster Nettie wist onder te duiken en
woont nu als pianolerares in IJmuiden.

381

382.
Annonce *Vraag en Aanbod* 25 oktober 1913.
383.
Annonce *IJmuidens Advertentieblad* 17 mei 1919.
384.
Hervormd Kinderkoor Hosanna ca 1912, onder leiding van J. Gonlag (links met hoed en baard).
385.
Programma van de openbare les van de Muziekschool Gemeente Velsen uit 1932.
386.
De generale repetitie in gebouw Cycloop van de Operette Vereeniging Apollo voor de opvoering van de operette *Het Gouden Kruis* in 1914. Op de voorgrond de kamermuziekvereniging Kunstkring. In het midden (met krans) Sam Vlessing.

386

385

OPENBARE LES

TE GEVEN

DOOR DE LEERLINGEN VAN DE

MUZIEKSCHOOL GEMEENTE VELSEN

gevestigd Kanaalstraat 150, IJmuiden

Directeur: SAM. VLESSING

op Vrijdag 1 April a.s., des avonds half acht

in de kleine zaal van „THALIA"

(ingang v.d. Polstraat).

PROGRAMMA

1 a	In het bootje (piano vierhandig)	Tinie Wijnschenk en Teuna v. Leeuwen
b	Marsch en Rondedansje (vierhandig)	Ria Collard en Teuna v. Leeuwen
c	Doedelzakspeler en Smidsliedje (piano)	Corry de Joode
d	Walsje	Nellie Kaan
2 a	Aubade Printanière (viool)	Hans Polderman
b	Le Voyage en Suisse (viool)	Jan Kok
c	Danse des Marionnettes (viool)	Freek Kok
d	Menuet (viool)	T. van Ikelen
e	Notturno (orgel)	Marcelina Sleutel
3 a	Gondellied (vierhandig)	Jo Heere en Bep Wijnschenk
b	Wiegelied (piano)	Teuna v. Leeuwen
c	Mazurka (piano)	Bep Wijnschenk
4 a	Echo des Montagnes (piano)	Bertha Smit
b	Un Rêve (piano)	Rie Gullekens
c	Rondedansje (piano)	Fientje van der Harst
d	Zampa, kleine Fantasie (piano)	Willem Gorter
e	Tarentelle (piano)	Rinske Kuiper
f	Scherzo (viool)	Jan Hendriksen
g	Valse Modérée (viool)	Piet Goedhart
h	Berceuse (viool)	Kees Suyk
i	Romance orgel e piano	Martha Vorst

PAUZE

5	Valse Mignonne (piano) Chaminade		Rina Bart
6	Sonate op 14 no 2 deel 1 L. v. Beethoven (piano)		Sophie Kufus
7	Polonaise (viool) Ph. Comas		Willem v. d. Vis
8	Menuet (viool en piano) L. v. Beethoven		Mien Geluk en Lea Koningstein
9	Chanson sans paroles Tschaikowski (viool)		Willem Smit
10	Scherzo Bossi (piano)		Guus Mollevanger
11	Fantasie D. moll. Mozart (piano)		Geeri Roosekrans
12	Sonate op 14 no 1 L. v. Beethoven deel 3 (piano		Jan Starreveld
13	Caprice Mendelsohn (piano)		Herman v. Doekum
14	Sonate Schubert op 137 deel 1 (viool)		Klaas Schol
15	Sonate Corelli op 5 Largo en Gigue (viool)		Frits Smit
16	Czardas Monti (viool)		Han Hamburger
17	Sonate Pathetique L. v. Beethoven Rondo		Nelly Roza

natuurlijk niet af. Met de vlet werd een lijntje naar de overkant gebracht en met een lier draaiden wij dan de trolder naar de Zuidzij.'

Het zal in 1907 zijn geweest dat Hein van der Plaat onze eerste zeelieden-bond – Volharding – oprichtte. Een paar jaar later deed Daan Schilling, nog altijd een lichtend voorbeeld van moed, idealisme en zelfopoffering, het voorstel voor de werkers aan de wal een eigen vakbond op te richten. In het zaaltje van de weduwe Outenaar werd hiertoe besloten, zodat op 8 april in de zaal van Cycloop in het jaar 1913 te Oud-IJmuiden de Bond werd op-gericht. De walwerkers doopten dit bondje met de naam Bijtijds Ontwaakt en later met Ken Uw Plicht, maar het werd door iedereen al gauw de Dub-beltjesbond van Ome Daan genoemd. De contributie bedroeg namelijk tien centen per week.

Daan Schilling heeft het moeilijk ge-had. Willekeur en machtsmisbruik wa-ren schering en inslag in het visserij-bedrijf. Gewetenloze walschippers – gelukkig waren niet allen zo – kozen tot ver na de Eerste Wereldoorlog voor het lossen van trawlers alleen díe men-sen die zaterdags bij het afrekenen van het verdiende loon twee kwartjes in

hun spaarpotje gooiden en een paar borrels voor hen hadden betaald. Als kleine despoten stonden ze 's avonds op de bak der trawlers, die gelost moesten worden. Tergend lang-zaam kozen de heren dan uit een om werk bedelende massa kaairidders – soms wel driehonderd stevige mannen – één voor één de mannetjes voor het lossen van het schip. Meestal bleven hun ogen dan rusten op een mastwoud van opgestoken rechterhanden. Eén opgestoken vinger betekende een bor-rel, twee vingers een borrel en een si-gaar, drie vingers twee borrels en een sigaar. De kaairidders gaven met hun duim ook nog aan, waar de walbaas zijn borrel kon opnemen: bij Marcuse, Kruidbos, Huier, Kempema of Ko-ningstein. Dan stapte zo'n despoot aan de wal, liep met de kaairidders achter zich aan tot het einde van de vishallen, bleef een poosje onbewogen voor zich uit staren om zich daarna plotseling om te draaien en met de vinger wijzend te zeggen: 'Ga jij er maar heen. Jij en jij de plank maar halen. Jullie twee daar in het ruim ... en de rest kan voor mijn part naar moeder gaan.'

Never mind. Op de trawlers waren de toestanden niet beter, soms erger. Al-tijd knibbelen op percentages, op de

387.

387.
Het elftal van Stormvogels, dat in het seizoen 1918/1919 naar de Eerste Klasse NVB zou zijn gepromoveerd als de Bond niet juist dat jaar een zogenaamde Overgangsklasse had ingesteld. Aan het eind van het seizoen 1922/1923 verkregen de blauw-witten dan toch de fel begeerde promotie.
Van links naar rechts: (zittend) Krooshof, Sprokkreeff, Van Hemert, Oldenburg; (knielend) Snoeks jr, Blinkhof sr, Koster, Snoeks sr; (staand) Slikkerveer (secr.), Blinkhof jr, Bremerkamp, Vos, Heilig; (reserve) en Van Tol (scheidsrechter).

388.
Huldiging Stormvogels bij het kampioenschap van de Westelijke Eerste Klasse, Afdeling 2 van de NVB, juni 1924.

388

RANGLIJSTJES

AFDEELING I.
Eerste klasse

	gesp.	gew.	gel.	verl.	pnt.	v.-t.	gem.
Alax	7	5	2	0	12	25—13	1.71
Stormvogels	7	4	2	1	10	18—11	1.43
R. C. H.	7	4	0	3	8	19—17	1.14
West Frisia	7	2	3	2	7	21—14	1.—
K. F. C.	7	3	1	3	7	18—15	1.—
Hermes-D.V.S.	7	2	3	2	7	17—17	1.—
H. B. S.	7	2	2	3	6	25—23	0.86
't Gooi	7	1	3	3	5	13—18	0.71
Sparta	7	2	1	4	5	8—20	0.71
H. V. V.	7	1	1	5	3	16—32	0.43

Tweede klasse A

Haarlem	7	5	1	1	11	25—10	1.57
H. R. C.	6	3	2	1	8	13—7	1.33
D. W. S.	7	4	1	2	9	18—10	1.29
Alcm. Victrix	5	3	0	2	6	13—8	1.20
Bloemendaal	6	3	1	2	7	14—10	1.17
Kinheim	7	3	1	3	7	15—18	1.—

AFDEELING II.
Eerste klasse

Feijenoord	7	7	0	0	14	19—5	2.—
V. S. V.	7	5	2	0	12	15—9	1.71
D. F. C.	7	4	1	2	9	19—7	1.29
Z. F. C.	7	2	3	2	7	12—15	1.—
V. U. C.	7	2	2	3	6	19—14	0.86
H. F. C.	7	2	2	3	6	6—12	0.86
A. D. O.	6	2	0	4	4	11—11	0.67
Blauw Wit	7	1	2	4	4	10—17	0.57
Xerxes	7	1	2	4	4	10—18	0.57
Hilversum	6	1	0	5	2	8—21	0.33

390

IJMUIDEN.
Stormvogels huldiging

Donderdagavond had alhier de grootsche huldiging plaats van de IJmuider Voetbalvereen. „Stormvogels" ter gelegenheid van het behalen door het eerste elftal van het Eerste klasseschap van den Nederlandschen Voetbalbond. Des avonds te half zeven verzamelde zich in een der zalen van den schouwburg Cycloop het huldigingscomité, het bestuur, het elftal, waaronder we

389

391

Van links naar rechts: (staand) NN, NN, Groeneveld, Karst, Slikkerveer, NN, De Nobel, Michels, De Jong, Suwerink, Martens, Magner, Stafleer, J. v.d. Plas, Gomes; (zittend) Stam, Dunnebier, NN, NN, Tusenius, NN.

389.
Spelmoment uit de wedstrijd VSV-West Frisia. De VSV-ers waren favoriet voor de kampioenstitel en wonnen met 5–2. Op de achtergrond de Watertoren. *De Prins* 1927.

390.
Ranglijstje *Het Nieuwe Dagblad* 2 november 1931.

391.
Bericht *IJmuider Courant* 28 juni 1919.

392.
De tribune van Stormvogels tijdens een wedstrijd Stormvogels-EDO. Rechtsonder, zittend naast het trapje, Sam Vlessing.

392

voeding; de verblijven waren mensonwaardig. Vrije tijd was iets wat voor de 'troldergasten' niet bestond. Zaterdagmorgen binnengekomen, even naar moeder de vrouw, of rechtstreeks naar de kroeg, zaterdagavond trok de schipper weer aan de stoomfluit. Wel hadden de mannen van de trawlers in 1909 voor het eerst de boel erbij neergesmeten. Toen werd met een uniforme regeling van de stoomtrawlervisserij de eerste stap gezet op weg naar een CAO. De Eerste Wereldoorlog maakte de toestand rond de haven pas iets draaglijker. De vis werd duur betaald. Letterlijk en figuurlijk, want vooral in het laatste oorlogsjaar moest menig visserman het varen met de dood bekopen door het op zwervende mijnen lopen van trawlers. Maar hoe cynisch het in dit verband ook klinkt: IJmuiden leefde op...
De Dubbeltjesbond sloot zich op 1 januari 1918 aan bij de in Rotterdam opgerichte Centrale Bond, waarin net als in de afdeling van de Christelijke Bond van Van der Steen plaats was voor alle bij de haven betrokken werkers. Maar veel vissers en kolenwerkers voelden zich niet thuis in die grote bond. Ook hier kwam weer de onevenwichtigheid van dat groeiende IJmuiden tot

uiting. Die vissers namen in 1918 contact op met de revolutionair Henk Sneevliet, één van de eerste door de Duitsers in de Tweede Wereldoorlog gefusilleerde Nederlanders. Henk Sneevliet was voorzitter van het NAS, het syndicalistisch-anarchistische Nationaal Arbeids Secretariaat. November 1919 werd de IJmuider Federatie onder het NAS gebracht. De zeelieden behaalden in 1919 een overwinning met het sluiten van een collectief contract. Pas in 1926 werden de 'losse' kaairidders – er waren ook 'vaste' losploegen – bij toerbeurt te werk gesteld. Daarmee kwam eindelijk een einde aan het nachtelijke zwerven van de kaairidders langs de haven. Soms hadden ze niet eens een paar centen voor een kop koffie in het koffiehuis De Leeuw op de Kop van de Vissershaven.
Bij de zeelieden barstte in 1923 de bom opnieuw. De rederijen, die eerst weigerden met het NAS – onder leiding van Sneevliet, Bouman, Brandsteder en Blaas – te onderhandelen, sloten nu ook de deuren voor de Centrale Bond van Daan Schilling. Drie weken later verzocht de heer Koster van de NV Visscherijonderneming VEM aan Schilling om toch maar eens te komen praten.

De kas van het NAS raakte in die staking snel uitgeput. Met grote moeite slaagde de Centrale Bond erin een kleine overwinning af te dwingen. Tekenend voor het merkwaardige, weerbarstige karakter van IJmuiden vind ik weer, dat het NAS van Sneevliet er zoveel invloed kreeg. In andere plaatsen had dit vakverbond nauwelijks aanhang. Als tot voorstander van de zogenaamde moderne bond (het NVV) bekeerde linkse socialist moet ik wel vaststellen, dat het NAS talrijke verbeteringen voor de vissers tot stand wist te brengen. Zo werd het Fonds voor Sociale Voorzieningen gesticht, waarin reders en vissers gelijkelijk een percentage van het loon stortten. De dichteres Henriëtte Roland Holst, die levenslang bevriend is geweest met Henk Sneevliet, stortte een bijdrage van f 5000 in dit fonds.
De op 13 april 1942 voor de lopen van een Duits vuurpeloton in Amersfoort gestorven Henk Sneevliet is misschien wel de enige echte revolutionair, die Nederland in de twintigste eeuw heeft voortgebracht. Met Lenin werkte hij in 1920 de basisresolutie uit voor de koloniale politiek van de Communistische Partij, heb ik later gelezen. Als Komintern-agent onderhandelde hij dat

393

GYMNASTIEK.
UITVOERING T. V. IJ.

Het was Vrijdag weer gezellig vol in „Thalia". Daar waren ze weer, de ouders, om hun Beppie en Marietje, Jantje en Pietje, of hoe die kleine kleuters meer mogen heeten, aan het werk te zien. „Thalia", hoeveel belangstellenden het ook kan bergen, bleek voor dezen avond te klein te zijn, want nog tientallen aanvragen voor toegangskaarten moesten worden afgewezen.

Even over tijd begon de opmarsch onder de niet altijd welluidende klanken van het turnerslied. Toen die achter den rug was, sprak de kranige veteraan A. W. Driessen in zijn kwaliteit van voorzitter een welkomst- en openingswoord.

Toen kon het „spel" beginnen. En het begon en duurde tot . . . ., nu, laat ons zeggen, tot het al tamelijk laat was. Het programma was voor één avond te lang, vooral met het oog op de jeugd, die zoo rijkelijk vertegenwoordigd was. Enkele nummers namen te veel tijd in beslag, waardoor ze tenslotte niet meer zoo boeiden en oorzaak waren van bovengenoemde fout.

Er is echter een verontschuldiging te vinden. We kunnen ons best voorstellen, dat de technische leiding, na een jaar, waarin de ouders niets van de prestaties hunner kinderen gezien hebben, niet kan aankomen met de jongens en meisjes „even" een oefeningetje te laten doen. Dat zou geen prestatie heeten en dat zou geen voldoening schenken.

394

395

397

396

Van links naar rechts: (vooraan) Annie Kuyk; (eerste rij) Lies Buis, Mevrouw Den Dulk (presidente), Leentje Koster; (tweede rij) Janna van Leeuwen, Stien de Koning, Coba van Leeuwen, Pieternel Voogd; (derde rij) Jobje Langbroek, Aagje de Koning, Judith v.d. Kuil.
De meisjes waren toen 18 of 19 jaar en naaiden voor arme gezinnen.

393.
De gymnastiekvereniging TVY op het Schapenland omstreeks 1915. Van het Schapenland resteert thans nog het plantsoen aan de Heerenduinweg bij de Spaarnestraat.

394.
Bericht *IJmuider Courant* 17 februari 1926.

395.
Schoolfoto van School C aan het Willemsplein ca 1918. Rechts het schoolhoofd, meester Jansen.

396.
De oprichters van de Christelijke Reciteer- en Debating-Club (Oefening Kweekt Kunst) opgericht op 5 januari 1908. Van links naar rechts: (staand) E. v.d. Brink, P. Verschoor, P. Zwaan, H. Langbroek, J. Kuyk; (zittend) S. v.d. Vlugt, meester Taanman.

397.
Gereformeerde meisjesvereniging Tabitha in 1910.

399

398

398.
Staking te IJmuiden 1913–1914.
399.
Staking te IJmuiden, oktober 1911. Veel boten liggen stil, groepjes zeelieden slenteren langs de haven.

jaar met de Chinese Warlords over het doortrekken van de Siberische spoorweg. Met de OSP-ers Jacques de Kadt, Sal Tas en Piet Smidt bezocht hij Trotski voor het oprichten van een Vierde Internationale. Een fel en onbuigzaam mens over wie eigenlijk nog lang niet alles bekend is. Een man die als enige Nederlander een rol in de Chinese revolutie van Mao heeft gespeeld. Ik heb hem een paar keer ontmoet. Hij had iets romantisch. Voor vrouwen was hij onweerstaanbaar. Hij is vier maal getrouwd geweest.

Het optreden van zijn bond in IJmuiden werd in elk geval steeds driester. Het bestuur van de IJmuider Federatie eiste, dat alle opvarenden bij deze organisatie moesten zijn aangesloten. In de periode dat het IJmuiden voor de wind ging werden die eisen wel aanvaard, maar tegen 1930 ging het weer veel slechter. Spoedig lagen de trawlers voor de kant, en één der grootste reders stelde de vissers voor de keus, ondanks een rechtsgeldig contract: een kwart procent minder of anders stempelen. Zelfs schippers deden hieraan mee. Als één van de matrozen of stokers met een scheel oog naar de brug keek, werd hem snauwend door de aldaar tronende schipper toegebeten: 'Solliciteer jij

soms naar een blauw stempelboekje..?'

De NAS-leden wilden staken. Hun hoofdbestuur durfde het echter niet meer aan. Toen bedacht men een geniale oplossing: loslaten van de oude taktiek en fuseren met de Centrale Bond.

Jaap van der Veer, de bestuurder van de Centrale Bond, was ervóór! 'Mijn hoofdbestuur vroeg of ik wel wist wat ik in huis haalde', vertelde Jaap mij later over deze onderhandelingen. 'Ik zei: Nou en óf ik dat weet, maar juist daarom! Ik heb dat soort liever in huis dan buiten de deur. Als je ze in huis hebt, dan kun je tenminste meepraten over wat ze doen. Ik doe nou niks anders dan knokken met ze. Ik kan mijn tijd beter gebruiken! Ik heb heel wat moeten doen om het hoofdbestuur in Rotterdam ja te laten zeggen tegen deze fusie. Enfin, die is er tenslotte toch gekomen. En ik heb in die tijd prima samengewerkt met Blaas en Brandsteder. Maar eerst heb ik ze goed laten weten, dat we nu niet langer vertegenwoordigers waren van het NAS en de Centrale. We hadden nu ons werk te doen als bestuurders van de IJmuider Federatie!'

De fusie, op 11 november 1930 een feit,

400

In 1919 voer de haringvloot op volle sterkte
uit, de vangsten waren groot uit de gedurende enige jaren minimaal beviste
zee en het prijsniveau hield aanvankelijk nog stand. De resultaten van
1919 lagen zelfs op het niveau der hausse-jaren 1915-1916. Maar reeds in
1920 ontstonden onverkochte voorraden, er werden door de inflatie zeer
grote betalingsverliezen geleden en het bedrijf ging bergafwaarts, wat duidelijk blijkt uit onderstaande tabel (1):

	1919	1920	1921	1922	1923
Schepen in bedrijf	691	572	425	257	295
Bemanning	9232	7638	5685	3489	4022
Aanvoer - 1000 kg	115.800	90.844	39.562	27.019	45.322
Prijs - cts per kg	31,3	23,5	18,2	14,8	14,7
Opbrengst - 1000 gld	36.212	21.317	7.199	4.014	6.678
Export - 1000 kg	74.041	46.934	54.075	22.994	32.394
Opbrengst - 1000 gld	29.533	14.032	12.832	4.765	6.421

401

402

403

De vergaderingen van de IJmuider Federatie van Transportarbeiders te IJmuiden, gehouden op 3,
4, en 5 Juli 1918, respectievelijk
te Haarlem, IJmuiden en Egmond
aan Zee;

Gehoord de bespreking van de
wenschelijkheid van het weder in
de vaart komen van de Stoomtraw-
lervloot te IJmuiden;

Gelet op de feiten dat het spoedig
weder in de vaart komen dier vloot
in verband met de levensmiddelenvoorziening van zeer groot en algemeen belang is, en voor een zeer
groot aantal thans werkloos zijnde
opvarenden daarvan en Havenarbeiders, als een zeer belangrijke be-
staanskwestie is aan te merken;

Constateert dat de werklooze
Noordzeevisschers in het algemeen
op zeer onvoldoende wijze worden
gesteund, en dat met name de hon-
derdtallen werklooze Noordzeevisschers te Egmond aan Zee zoo goed
als geheel van steun zijn uitgesloten, en dat die te Haarlem er al
niet veel beter aan toe zijn.

Spreken als hare overtuiging uit
dat het zeer wel mogelijk zou zijn
dat een zóólanige regeling tot stand
kwam dat het mogelijk zou worden
dat het Noordzeevisscherijbedrijf
zonder buitengewoon levensgevaar
voor de bedrijfsgenooten kan worden uitgeoefend en achten het tot
stand brengen van desbetreffende
overeenkomst te behooren tot de
taak en den plicht der Nederlandschen Regeering;

404

400.
Staking te IJmuiden 1913–1914.
401.
Fragment pag. 59 uit D.J. Gouda
De Nederlandse zeevisserij tijdens de
1e Wereldoorlog 1914–1918.
Leiden/Heemstede, 1975.
402.
Het bestuur en leden van de Algemeene
Nederlandsche Zeeliedenbond tijdens de
staking te IJmuiden in 1913.
403.
Eerste pagina van de CAO van 1 november
1926.
404.
Bericht *IJmuider Courant* 6 juli 1918.
405.
Titelblad van de brochure *De IJmuider*
Federatie 20 jaar. Een goed besluit.
406.
Het bestuur van de IJmuider Federatie.
Van links naar rechts: K. Minneboo
(kolenwerker), C. Kramer (havenarbeider),
W. de Jong (metaalarbeider), J.A.
Brandsteder, P. Booy (machinist); (zittend)
G. Blaas (secretaris), J. Beek (machinist),
C. Hellings, C. Berg (kolenwerker), J. Smit
(machinist). De bestuursleden behorend tot
het dekpersoneel waren niet binnen en
ontbreken op deze foto.

406

405

werd een succes. De IJmuider Federatie werd met één slag een machtig verbond. Natuurlijk liep niet alles meteen op rolletjes. 'Verschillende royementen waren nodig om revolutionaire elementen die het constructieve vakbondswerk ondermijnden, tot zwijgen te brengen', zoals men zich in vakbondstaal uitdrukte in die dagen. De IJmuider Federatie was een bond met een geheel eigen karakter, de leden kozen zelf hun bezoldigde bestuurders, de zogenaamde 'vrijgestelden'.

Tot aan 1933 bereikten Van der Veer, Brandsteder en Blaas verbetering op verbetering voor de vissers en de mensen aan de wal. Jaap moest niet alleen vechten tegen de reders, maar ook tegen zijn eigen leden. Ik besefte dat in die jaren niet zo goed. Ik droomde van de revolutie.

Ik vond het eigenlijk verraad van Brandsteder, dat hij met de moderne bond in zee was gegaan. Pas veel later heb ik begrepen wat voor een constructief vakbondsman Jaap was. Een onverstoorbare persoonlijkheid, die rustig voortging met het opruimen van misstanden aan de haven. 'We hebben wat rottigheid moeten opruimen; monopolies van vaste visploegen moeten breken, die de losse ploegen het

licht in hun ogen niet gunden', zei hij vaak. 'Die vaste ploegen gingen met dertig, veertig gulden naar huis, terwijl de losse ploegen niet eens een tientje per week verdienden. Het heeft me wat zweetdruppels gekost om ze solidair met elkaar te laten zijn. Solidariteit met elkaar betonen, woorden die hun notabene altijd voorin de mond lagen...!'

Er werd een eerlijk roulatiesysteem ingevoerd voor het verdelen van het werk onder de vislossers. Er kwam ook een porder, die ze 's nachts ging roepen als ze aan de beurt waren voor het lossen van een schip. Het arbeidsloon wisten Jaap en de zijnen op te voeren tot $f4,50$ per schip en vijf centen van elke duizend gulden besomming. Aan die ontwikkeling kwam in 1933 door de economische en politieke crisis een abrupt einde. De reders kwamen met ingrijpende voorstellen, die zouden betekenen dat alle strijd tevergeefs was gevoerd. Jaap zei, dat hij wel bereid was op bepaalde voorstellen in te gaan, doch louter en alleen als het hierdoor uitgespaarde kapitaal aangewend werd voor de instandhouding van het bedrijf. Voor het eerst werden de woorden 'medezeggenschap van de arbeiders' uitgesproken...

De reders voelden daar niets voor. De

407

De organisatie van Arbeiders in het Visscherijbedrijf.

Voor velen in IJmuiden en niet in het minst voor de arbeiders in het Visscherijbedrijf zal het wel verrassend hebben geklonken toen bekend werd dat de „IJmuider Federatie van Arbeiders in het Visscherijbedrijf" een zelfstandige organisatie was geworden na haar afscheiding van het Nationaal Arbeids-Secretariaat.

Dit is een stap, die voor die arbeiders niet van belang ontbloot is.

Vooral, waar men aan den vooravond staat van een contract-actie.

Menigeen onder de arbeiders in het Visscherijbedrijf zal zich dan ook wel

408

eens afgevraagd hebben: „Waarom?" en „Wat nu?"

Fusie . . . met wie? De Katholieke arbeiders organisatie? Met de Christelijke arbeiders? Neen, natuurlijk!

Dan kan het niet anders of er moet gezocht worden in de richting van de moderne organisatie, den Centralen Bond v. Transportarbeiders.

Wij zijn ervan overtuigd dat die richting de juiste is, en dat een fusie op eenigerlei wijze tusschen IJmuider Federatie en Centrale Bond geen al te stoute veronderstelling mag heeten en zelfs de onderhandelingen daarover in een vrij vergevorderd stadium zijn.

IJmuiden, 10 September 1930.   A.

Er was nog een probleem dat spanningen veroorzaakte: de toestand van de vloot, vooral wat betreft de veiligheid, een traditioneel punt van wrijving tussen/de desbetreffende overheidsdienst, toen de Visscherij-inspectie, thans de Scheepvaartinspectie. In 1914 werd op sommige plaatsen bij houten loggers een van 5-6 cm tot slechts 1 cm versleten huiddikte aangetroffen, terwijl menigmaal door paalworm aangetaste plekken niet tijdig waren vernieuwd (1). Met reddingsmiddelen werd als regel onzorgvuldig omgegaan. In 1917 diende de Nederlandsche Zeemansvereeniging "Volharding", na een perscampagne in het dagblad "Het Volk" (2) 83 klachten in betreffende de zeewaardigheid van de trawlervloot te Ymuiden bij de Hoofdinspecteur voor de Scheepvaart, welke grotendeels gegrond bleken. Van de 154 schepen waren slechts 56 volkomen deugdelijk en zeewaardig, 28 van de 98 afgekeurde schepen behoefden ernstige voorzieningen (3). Het vertrouwen in de controlerende ambtenaar was dermate geschokt, dat deze een jaar met onbezoldigd ziekteverlof werd gezonden.

409

DE ALARMKLOK LUIDT: IJMUIDEN

Of je ploetert voor je brood
aan den wal of op een boot;
of j' een hoed draagt of een pet,
bouten klinkt of cijfers zet,
ééne roep bindt alle „luyden":
steunt de stakers te IJmuiden!

Makker, die een tuf chauffeert,
brood en brandstof transporteert,
gij, die op de baren vaart,
mijlen ver van huis en haard;
van het Noorden tot het Zuiden,
steunt de stakers te IJmuiden!

Of je kerksch bent opgevoed
dan wel niet aan vroomheid doet,
of je woont op 't platteland
of driehoog op 't steedsche pand;
d' N.V.V.-klok is aan 't luiden:
steunt de stakers te IJmuiden!

't Christ'lijk Bondsbestuur-verraad
en 't geknoei met 't patronaat,
dat in zijn kortzichtigheid
het bedrijf den nek afsnijdt,
't heeft den werkers te beduiden:
steunt de stakers te IJmuiden!

Geef de heele mammonkliek
met haar lasterpolitiek
't juiste antwoord, kameraad,
door je solidaire daad,
om de zege in te luiden....
steunt de stakers te IJmuiden!

410

411

407.
Beeld van de Trawlerkade tijdens de staking
van 1933.
408.
Bericht A(llan) *IJmuider Courant*
20 september 1930.
409.
Fragment pag. 54 uit D.J. Gouda
*De Nederlandse zeevisserij tijdens de
1e Wereldoorlog 1914–1918.*
Leiden/Heemstede, 1975.
410.
Gedicht uit G. Dumont *Pakt aan. Een
bundel liedjes van de arbeidersstrijd.* [?] 1933.
411.
Staking 1933. Stoomtrawlers onder
bewaking van politie en marechaussee.
412.
Demonstrerende vissers ca 1928. Links
Ras (?), rechts Jaap van Os.

412

grote staking van '33 brak los. Hij zou
negen maanden duren. Het was een
staking die het economische leven van
IJmuiden verlamde en waarin de arbeiders tenslotte het onderspit delfden.
Groot was de kracht die uitging van
Jaap van der Veer: ƒ835 000 aan sta-
kingsuitkeringen zijn door zijn handen
gegaan. Nooit heeft er een cent aan ge-
mankeerd. Eenzaam bleef hij na het
verlies van de staking achter in het Witte Huis van de Federatie aan de Trawlerkade. Blaas ging verdrietig met ver-
vroegd pensioen. Brandsteder nam ge-
belgd ontslag. Brautigam van de Centrale Bond in Rotterdam vroeg Jaap
om Brandsteder van die stap te weer-
houden. 'Ik weet dat je je rot gewerkt
hebt, Jaap. En het is besodemieterd
voor je, maar je bent de enige die iets
bij hem kan bereiken.'
'Ik heb het eerst met stroop gepro-
beerd, daarna heb ik hem verrot ge-
scholden', zei Jaap. 'Ik vind het ver-
domde laf van je dat je wel als bestuurder van de Federatie maar niet als bestuurder van Centrale ontslag neemt.
Ik kan er geen andere conclusie uit
trekken, dan dat je de verantwoordelijkheid van die verloren staking af-
schuift op een ander. Jij verdomt het
om de tweede viool te spelen, dat laat je

liever aan mij over . . !'
Het ging hard tegen hard, maar Brandsteder was niet te vermurwen. Gelukkig smaakte Jaap drie jaar later na een
nieuwe staking van tien weken de voldoening om veel terug te halen van wat
de reders zijn mensen in '33 hadden
ontnomen. In een dramatisch gesprek
vroegen de reders hem toch vooral het
bedrijf te sparen en zijn eisen te mati-
gen. 'Mijne heren, ik spaar het bedrijf',
zei Jaap. 'Als ik voor mijn mannen
werkelijk loon naar werken vroeg, zou
u waarschijnlijk sprakeloos op uw
stoelen blijven zitten . . !'
Never mind. Die staking van '33 was
een wanhoopsdaad. En het was in die
vreselijke winter van die door ons verloren staking, dat wij flessen carbid en
vuilnisbakken door de ramen wierpen
van de werkwilligen, de 'maffers' en
'ballen gehakt', en de hen helpende leden van de in IJmuiden snelgroeiende
NSB. Commissaris De Ridder, die gewend was met z'n vuisten de orde te
handhaven, had zijn handen vol aan
die staking. De strijd was zó fel, dat we
zelfs onderaan de Havenkade een
staaldraad over de weg spanden om de
commissaris met zijn auto te laten ver-
ongelukken. Gelukkig brak die draad
voortijdig, anders waren we nog als

moordenaars de geschiedenis in-
gegaan.
Mijn zuster was inmiddels getrouwd
met een ijverige bouwvakker en ook in
IJmuiden-Oost gaan wonen. Over het
begin van de crisisjaren lees ik in haar
notities:
'Het leek wel of er werkloosheid op
komst was. Je moest vechten voor een
baantje. De mannen werden nerveus
en er zat onrust in de lucht. Het leven
werd moeilijker. Van de steun kreeg je
maar dertien gulden per week. Als je
drie dagen had gewerkt, dan moest je
een volle wachtweek maken om weer in
de steun te kunnen lopen. Mijn man
verdiende zaterdags wel eens stiekum
drie gulden bij een bloemenman. Dat
was fijn, want een pakje margarine
kostte voor de werklozen elf cent. Wie
het gedaan heeft weet ik nog niet, maar
hij werd verraden. Toen hij donderdags in het stempellokaal kwam, kreeg
hij te horen: "Er is niets voor je, je hebt
zaterdag gewerkt en dat niet op-
gegeven." Mijn man stond te trillen op
z'n benen. Hij was nogal driftig van
aard. Hij smeet de stempelkaart in het
gezicht van de ambtenaar. Hij
schreeuwde: "Hier heb je álles!" En
wilde vechten met die hardvochtige
kerel achter het loket.

De vakbeweging in IJmuiden

In 1907 werd in IJmuiden een afdeling van de Algemeene Nederlandsche Zeemansbond opgericht, terwijl de Kaairidders (vislossers) zich onder leiding van Daan Schilling verenigden onder de naam Bijtijds Ontwaakt, later Ken Uw Plicht genoemd. In 1913 werd deze vakvereniging een afdeling van de Rotterdamse Zeemansvereeniging 'Volharding'. In 1911 ontstond in IJmuiden ook een christelijke vissersvereniging, die was aangesloten bij de Bond van Christelijke Noordzeevisschersvereenigingen.

Vele van deze plaatselijke vakverenigingen gingen in deze tijd samenwerken in bonden, die aansluiting zochten bij een vakcentrale. De belangrijkste visserij-vakcentrales waren het syndicalistische Nationaal Arbeidssecretariaat (NAS) van 1893, het socialistische Nederlandsch Verbond van Vakvereenigingen (NVV) van 1906, het Christelijk Nationaal Vakverbond (CNV) van 1909 en de RK Vakorganisatie (RKV) van 1909.

Vóór de Eerste Wereldoorlog kwamen stakingen weinig voor en hadden nauwelijks succes. Enkele stakingen kwamen voor in IJmuiden en waren uitgeroepen door de Algemeene Nederlandsche Zeeliedenbond (ANZB), die aangesloten was bij het NAS. In het NAS overheersten syndicalistische ideeën. In de praktijk kwam dat neer op zoveel mogelijk stakingen, plaatselijk georganiseerd, zonder weerstandskassen, maar met bijdragen van niet-stakers. Al deze stakingen mislukten door gebrek aan geldmiddelen.

De twintiger jaren begonnen slecht. De economische teruggang van 1920 tot 1923 trof de haringvisserij zwaar. De haringexport naar Duitsland, een van de voornaamste afzetgebieden, stagneerde. De zeeliedenorganisaties moesten zich neerleggen bij een vermindering der gages voor de vissers. Ook in de treilvisserij in IJmuiden liepen de zaken slecht: de redersvereniging verlaagde de gages met een kwart procent. De IJmuider Federatie, aangesloten bij het NAS, riep daarop een staking uit. Binnen tien dagen lag de treilervloot plat. De invloed van de IJmuider Federatie was echter omgekeerd evenredig aan de omvang van de stakingskas van het NAS. Half februari moest de staking wegens gebrek aan geld beëindigd worden: de geldende arbeidsvoorwaarden bleven gehandhaafd. De voornaamste winst was dat de Federatie door de reders als gesprekspartner was erkend, hetgeen de overlegsfeer in IJmuiden later ten goede kwam.

Zowel in het treilvisserijbedrijf te IJmuiden als in het haringvisserijbedrijf te Vlaardingen, Maassluis, Scheveningen en Katwijk heerste eind 1929, toen de wereldcrisis uitbrak, sociale rust. Ook het visserijbedrijf zou echter de gevolgen van deze crisis voelen. Spanningen tussen de werkgevers, die de sociale lasten in deze moeilijke tijden als nog drukkender dan eerder ervoeren, en de werknemers, die de sociale verworvenheden wilden behouden, konden niet uitblijven. De redersvereniging te IJmuiden zegde eind 1932 het bestaande collectieve arbeidscontract voor IJmuiden op en diende nieuwe voorstellen in, die een verslechtering voor alle werknemers inhielden, o.a. een loonsverlaging van ca 15 %. De IJmuider Federatie, na een conflict in 1930 afgescheiden van het NAS en een afdeling geworden van de Centrale Bond van Transportarbeiders, nam het niet. Zij proclameerde op 3 januari 1933 de staking. Het zou de langste worden in het visserijbedrijf. De staking werd met grote felheid gevoerd. IJmuiden kreeg politieversterkingen. De zeeliedenorganisaties waren onderling verdeeld; met name tussen de socialistische en christelijke transportarbeidersbonden bestond verschil van mening. Eerst op 11 juli werd de staking opgeheven. Niemand had gewonnen; allen leden schade.

De rust in IJmuiden was van korte duur. Een volgende staking brak uit op 11 juni 1936 en duurde tot 10 juli. Er heerste nu meer eensgezindheid onder de zeeliedenorganisaties. De reders zagen uiteindelijk van een voorgenomen loonsverlaging af.

De laatste grote staking in het visserijbedrijf vóór de Tweede Wereldoorlog was die in de haringvisserij in 1938, die zou duren van 11 mei tot 9 juli. De eisen gingen vooral om meer vrije tijd tussen twee visreizen en om verbetering van enige onderdelen van de loonbetaling, zoals jaagloon, afsnijgeld enzovoort.

Overzicht van acties en stakingen te IJmuiden
1909
Staking van 12 oktober tot 6 november in het treilvisserijbedrijf. De vissers willen een minimale bemanning van tien man, voeding voor rekening van de rederij, uitbetaling van gages op het rederijkantoor en niet door de schipper in een kroeg, minstens 24 uur vrij na elke reis en niet uitvaren tussen zaterdag 12 uur en maandagmorgen. De staking mislukt.

Het conflict in het Visscherijbedrijf.

De IJmuider Federatie proclameert de staking.

Ook de Christelijke haven-arbeiders bij het conflict betrokken.

Christelijke zeelieden in meerderheid achter hun bestuur.

Rechts: de heer G. Blaas voorzitter IJ.F.; in het midden: de heer J. Brandsteder, secretaris.

Zoo tegen half elf Maandagmorgen werd het ongewoon druk op de Trawlerkade. De drukte concentreerde zich voor het witte „paleis" van de IJmuider Federatie op welks toren de blauwe vergadervlag, die klapperde in de winterkoelte aantoonde, dat er vergaderd zou worden.

schersvaartuigen werd besloten niet meer te lossen, tenzij de overeenkomsten opnieuw voor een jaar werden verlengd. De Nederlandsche trawlers, vóór of op 31 December vertrokken, zullen bij binnenkomst nog worden gelost, voor zoover zulks kan geschieden volgens de oude loonen en arbeidsvoorwaarden.

Gisteravond stemden de in Egmond woonachtige leden. Er werden uitgebracht 142 stemmen, waarvan 137 vóór, 2 tegen en 3 blanco, zoodat ook hier een overweldigende meerderheid zich uitsprak voor staking.

De totale uitslag van de stemmingen der IJmuider Federatie is dus: uitgebracht 501 stemmen waarvan 486 voor, 11 tegen staking en 4 blanco.

Reeds spoedig nadat het stakingsbesluit was gevallen werd begonnen met posten bij die trawlers, welke gereed lagen om naar de visscherij te vertrekken.

De leden van den Ned. Bond van Christelijke Fabrieks- en Transportarbeiders vergaderden in twee groepen, n.l. des morgens 11 uur en des middags 2 uur. Hier was o.a. aanwezig het hoofdbestuurslid de heer J. v. d. Steen, die den toestand uiteenzette. De vergaderingen zouden hebben te stemmen over de door het bestuur gedane tegenvoorstellen, welke voor de zeelieden ongeveer het volgende inhielden:

1. Inwilliging van den eisch der reeders: stopzetting hunner bijdragen aan het Fonds voor Sociale Voorzieningen;
2. Afschaffing van het zoodje visch; in plaats daarvan een vergoeding van f 2 per reis;
3. Geen verlaging der gages;
4. Lever- en kuitgeld tot f 150 voor de bemanning, boven f 150 voor reeder en opvarenden de helft;
5. Opheffing der verplichte uitkeering bij opleggen;
6. Opheffing van het z.g. afstappersgeld van f 80 voor een schipper en f 40 voor een machinist.
7. Handhaving van den vrijen dag na Paschen, Pinksteren en Kerstmis;

1911
Staking van eind oktober tot 27 november, uitgeroepen door de Algemeene Nederlandsche Zeeliedenbond onder leiding van Hein van der Plaat. Men eist een betere verdeling van lever- en kuitgeld. De staking wordt verloren.

1913
Staking van 28 oktober tot 12 januari 1914, uitgeroepen door de Algemeene Nederlandsche Zeeliedenbond; ook de Zeemansvereeniging 'Volharding' sluit zich aan. De eis om vrije voeding wordt niet ingewilligd.

1915
Landelijke actie van de Nederlandsche Zeemansvereeniging 'Volharding', die in oktober een extra-toelage eist van ƒ75,— wegens oorlogsgevaar. Het wordt door de reders niet ingewilligd, waarop vele vissers weigeren te monsteren.

1923
Staking van 6 januari tot half februari, uitgeroepen door de IJmuider Federatie vanwege een voorgenomen loonsverlaging. De staking heeft succes, de loonsverlaging gaat niet door.

1924
Staking van 12 december tot eind januari, uitgeroepen door de IJmuider Federatie. De looneisen worden ten dele ingewilligd.

1933
Staking in het treilvisserijbedrijf van 3 januari tot 11 juli, de langste staking in het visserijbedrijf, uitgeroepen door de IJmuider Federatie. De staking om loonsverlaging ongedaan te maken, heeft geen succes, mede door meningsverschillen tussen de socialistische en christelijke bonden.

1936
Staking bij de treilvissers van 11 juni tot 10 juli. Een voorgenomen loonsverlaging wordt verijdeld.

1938
Landelijke staking in het haringvisserijbedrijf van 11 mei tot 9 juli. De eisen betreffen vooral meer vrije tijd tussen de visreizen en verbetering van enige loononderdelen als jaagloon en afsnijgeld. De positie van de stakers wordt aanzienlijk verzwakt doordat de christelijke transportarbeidersbond uiteindelijk van steun aan de staking afziet. Er wordt weinig verbetering bereikt.

413.
Bericht *IJmuider Courant* 3 januari 1933.

414.
Het personeel van de Radiocentrale Velseroord-Velsen ca 1928. Deze particuliere onderneming verzorgde de radiodistributie, waarvoor concessie van het rijk was verkregen. De contributie bedroeg ƒ2,— per maand. De Velser Radio Centrale (VRC) was gevestigd aan de Stationsweg 23. Tijdens de Tweede Wereldoorlog werden de concessies overgenomen door de PPT.
Van links naar rechts: (zittend) Wij, S. Oudshoorn, NN, NN; (staand) J. Put, Van der Ploeg, A. Oudshoorn, NN.

414

Later moest-ie terug om z'n excuus te maken, anders waren we helemaal uitgesloten van de steun. Daarna kreeg hij alleen wat bonnen voor onvermengde margarine en vlees. Dat vlees kon je in Velsen afhalen; het was van de slacht van afgekeurde koeien en paarden. Je kreeg drie pond erwtensoepvlees of iets dergelijks voor een gulden, en zo ging je maar voort. Hoewel we maar ƒ3,80 per week moesten betalen voor ons huis, werd onze huurschuld steeds hoger. Je dook weg als je Smitje zag komen om te innen. De mensen van de Hoogovens waren gelukkiger; zij hadden vast werk. Voor ons was er meer en meer sprake van "het taaie ongerief" van de schrijver Theo Thijssen. We hadden geen geld meer voor het kopen van kleren en schoenen voor onze kinderen. Ze mochten het doen met afdragertjes van anderen. En je kon er niet meer zo op letten, of die afdragertjes ook pasten...
De tijden werden steeds slechter. De mensen werden moedeloos van de voortdurend groter wordende werkloosheid. Aan "de Kant" werd al maandenlang gestaakt. Overal moest worden gepost. Mijn man en zijn vrienden werden al driester. 's Nachts kalkten ze leuzen op straat en op muren van fabrieken. Zo'n staking lijkt wel op het begin van een oorlog; ze moesten voortdurend uitkijken, want de mensen vertrouwden elkaar niet meer. Op een nacht roeiden ze met hun kalkemmers en kwasten in een vlet naar de Velserbrug. Ze waren net bezig "Wie maakt onze centen zoek, honger Ruis de Beerenbroek!" op de brug te kalken, toen een bewaker hen betrapte. Hij stond te schelden en dreigde ze dood te schieten als ze niet van die brug afkwamen. Een vriend die de wacht hield duwde een revolver in de bewaker zijn nek en zei ijzig kalm: "Als je dat doet, dacht je dan dat je de begrafenis mee zou maken?" Zo ging het in die dagen. Bij ons thuis werden kleine bommetjes voor de strijd gemaakt...'
In dat gepassioneerde IJmuiden waaiden in die tijd de politieke vlammen hoog op. Het bleef een gemeente van uitersten. Niet alleen de NSB kreeg er zevenhonderd leden, ook onze linkse radicale partijen als de OSP en weer later de uit een fusie met Sneevliets' RSP ontstane RSAP mochten zich verheugen in een voor Nederland verhoudingsgewijs grote aanhang. Er smeulde revolutionair vuur langs de haven en ook op de fabrieken in die dagen. De communisten hadden hun eigen 'Le-

417

DAGBLAD
VOOR-IJMUIDEN-VELSEN
SANTPOORT BEVERWIJK E.O.

DONDERDAG 28 OCTOBER 1926.

Het volledige officieele Programma van de Groote Feesten te IJmuiden van 28 October tot en met 6 November.

Winkelweek. — Algemeene Illuminatie. — Sportfeesten. — Kermis. — Muziek- en Zanguitvoeringen. — Vliegenhten — Vlootrevue. — Roeiwedstrijden. — Officieel Diner. — Vuurwerk. — Volks- en Kinder eesten. — Historische , Allegorische- en Reclameoptocht. — Ontvangst der regeerings- en stedelijke autoriteiten. — Straatversiering. — Historische Tentoonstelling.

418

416

419

415.
Tarieflijst van café-restaurant Cycloop, dat stond op de hoek Prins Hendrikstraat-Visseringstraat.

416.
Hotel-Lunchroom-Restaurant De (kleine) Bijenkorf aan de westzijde van de Visseringstraat, tussen de Kanaalstraat en de Prins Hendrikstraat. Voorheen heette dit hotel Café Brittannia. Enkele van de eigenaren waren Wielinga, Miss Bremen en Herman Visser. De Bijenkorf was een zogenaamd soephuis dat dag en nacht geopend was en tevens één van de cafés waar de lever- en kuitgelden (de smeessies) werden uitbetaald.

417.
De Bloemstraat tijdens de feesten ter gelegenheid van het 25-jarig regeringsjubileum van koningin Wilhelmina, september 1923.

418.
Kop van het *Dagblad voor-IJmuiden-Velsen-Santpoort-Beverwijk e.o.* 28 oktober 1926.

419.
Affiche van de winkelweek ter gelegenheid van het 50-jarig bestaan van IJmuiden, van 29 oktober t/m 6 november 1926.

420.
Manufacturenmagazijn Gebr. Bischoff aan de Neptunusstraat ca 1928.

421.
Melkhandel Luit, Zeeweg 50, op 29 maart 1929. Op deze plaats begint nu De Noostraat met het huizenblok aan de zijde van Plein 1945. Piet Luit draagt het uniform van de Melkinrichting Velsen. Op de kar staat: 'Gerechtigd tot het voeren rijksbotermerk'.

421

420

ninhuis' in IJmuiden-Oost, de NSB-ers hadden hun roodzwart kringhuis net even over de Julianabrug. De CPN vergaderde vaak op ''t landje van Zegel'. Ik heb daar Lou de Visser en Wijnkoop donderreden horen afsteken tegen het kapitalisme en de reders. En als Jacques de Kadt met Sal Tas voor de OSP naar IJmuiden kwam, vormden wij een 'socialistische afweer' om hen te beschermen tegen het lijfelijk geweld van rechts. We waren inderdaad in het bezit van revolvers. We oefenden daarmee op het strand, omdat je door het geluid van de branding het schieten niet kon horen! En in de polder haalden we de met alarmbellen beveiligde aardappelkuilen van de boeren leeg om de buit onder de hongerigen te verdelen.

Mensen deden van alles om nog een beetje aan de kost te komen. De jonge visser Huug Plug, een man met een prachtige tenorstem, ging met z'n zuster zingen in deftige buitenwijken van Haarlem.

Anderen gingen met emmers aan een juk haringventen in Amsterdam.

Er stonden ook steeds meer huizen leeg, omdat mensen de huur niet meer konden betalen. In IJmuiden-Oost brak een huurstaking uit. Begin 1932

telde IJmuiden al bijna drieduizend werklozen. Velen van hen hebben zeven jaar op werk moeten wachten. De crisisjaren waren een gesel voor de gemeente Velsen. Ze hebben een verwoestende uitwerking gehad. Vele gezinnen zijn er in die jaren maatschappelijk aan onderdoor gegaan. Bij ons in de straat was een gezin met veertien kinderen. Ze woonden in een hoekhuis naast een poort. In dat zanderige poortje rook het altijd naar uien, waarnaar de kinderen uit dat gezin in de schoolbanken stonken en daarom werden gemeden. Die mensen kregen blijkbaar van familieleden op het land balen uien gestuurd om in leven te kunnen blijven. Het was vrijwel hun enige voedsel. Nog jaren daarna heb ik die lucht als 'armoelucht' ervaren. Toch was misschien in die tijd de ui de beste vriend van de armen: hij stelde hen in staat nog iets van hun karig maal te maken.

Wij hadden thuis naast vis nog wel eens bruine bonen met spek. Zaterdags kocht Neeltje wat vlees om jus te kunnen maken; 's maandags werd er al water bij gedaan, 's woensdags kocht ze een speklapje om nieuwe jus te kunnen maken, donderdags en vrijdags ging de pan weer onder de kraan en werd de jus

422

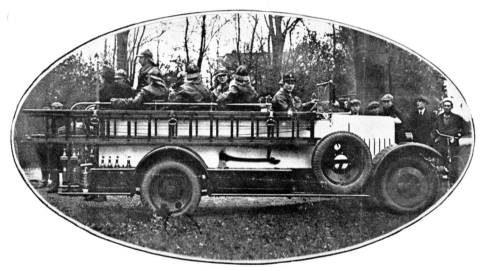

423

422.

De binnenhaven van IJmuiden gezien in zuidelijke richting. Geheel rechts in de benedenhoek is nog net iets van de bouw van de nieuwe (derde) sluis zichtbaar. Daarnaast de binnen- en buitenhaven verbonden door de grote sluis. Achter het sluiseiland het Noordzeekanaal.

423.

Demonstratie van de nieuwe motorspuit van de Velsense brandweer. Uit: *De Stad Amsterdam* 20 december 1929.

DE NIEUWE AUTOMOBIEL-BRANDSPUIT.

Een groote aanwinst.

Zaterdagmiddag werd in het park Velserbeek Velsen aangeschafte automobiel-brandspuit voor het eerst in werking gesteld, bij wijze van proef.

Tegenwoordig waren hierbij de burgemeester en alle wethouders en vele raadsleden. Voorts de gemeente-secretaris, de heer M. K. Hofstede, de commissaris van politie, de heer D. de Ridder, de hoofdinspecteur de heer B. F. Kipp, de hoofdcommies ter gemeente-secretarie, de heer E. W. de Boer, de opperbrandmeesters, de heeren K. Luyting en J. Melgerd, terwijl ook vele ingezetenen van hunne belangstelling blijk gaven.

Ongeveer kwart over tweeën werd het luiden der bel van de naderende brandspuit vernomen en eenige oogenblikken later reed de wagen het park binnen.

Bij den vijver werd halt gehouden en van dit moment af gerekend ging 5 minuten 32 seconden later de eerste waterstraal de lucht in.

Lang duurde het niet of de tweede straal volgde. Toen werden de verdeel-flensen aangekoppeld en weldra werd met zes stralen aangetoond de groote hoeveelheid water, die onze nieuwe automobiel-brandspuit tot blussching van brand kan aanwenden.

Alles ging vlug in zijn werk.

De slangen, praktisch onder de zitplaatsen der spuitgasten geborgen, werden onder toezicht van den commandant, den heer A. de Wit, en den onder-command., den heer J. Th. Verzijlbergh, snel uitgeloopen.

Met een enkele handbeweging werd de pomp op den motor gekoppeld en alles verliep of men in Velsen nooit anders dan met een dergelijke brandspuit had gewerkt.

Hierna verplaatste de demonstratie zich naar de Van Tuyllweg, waar op de waterleiding werd aangekoppeld en binnen enkele minuten met twee stralen van 4½ atmosfeeren werd gespoten.

Ten einde het zuigvermogen te controleeren, werd naar den Kanaaldijk, ter hoogte van het vleeschkeuringslokaal, gereden en ook daar toonde de brandspuit aan de gestelde eischen volkomen te voldoen.

424

425

424.
De noordzijde van het Willemsplein ca 1930.
425.
Bericht *Dagblad voor IJmuiden* 16 december 1929.
426.
De Wijk aan Zeeërweg bij de IJmuider Straatweg in 1929. Links het agentschap van de Amstelbrouwerij J. van Donselaar NV, rechts Lunchroom De IJsbeer.

426

al dunner. Onze buren haalden op bonnen van de B-steun pakjes margarine van elf cent en blikken gehakt en spinazie in die naargeestige regeringswinkel op de hoek van de Frans Naereboutstraat.

Kinderen van werklozen werden paria's op school; ze mochten tussen de middag overblijven voor bijvoeding uit de Centrale Keuken: 's maandags snert, op zaterdag rijst met krenten. De kinderen van de werkers op de Hoogovens waren rijk in hun ogen. Want zijzelf hadden helemaal niets meer om tegen op te kijken. Hun moeders waren altijd bang om zwanger te worden, van voorbehoedsmiddelen hadden verreweg de meeste mensen toen nog niet gehoord. Ze liepen altijd met betraande gezichten als ze weer eens 'over tijd' waren. Hun mannen hadden alleen nog het bed. Doelloos stonden ze overdag op de hoeken van de straten, of ze gingen kaarten op de landjes in de omgeving van Velserbeek.

IJmuiden, dat in 1926 met allerlei uitvoeringen, tentoonstellingen, een groot vuurwerk van negentig nummers en roeiwedstrijden voor vletterlieden het vijftigjarig bestaan zo vrolijk had gevierd, was eigenlijk op sterven na dood.

Jaap van der Veer deed in de gemeenteraad verwoede pogingen voor het redden van de visserij.

Het leven werd grauw in IJmuiden in die jaren voor de Tweede Wereldoorlog, maar het was niet altijd zonder kleur. DCY werd op de honderd velden tweemaal damkampioen van Nederland. Het telde in zijn rijen meesters als Barend Dukel, Henk Laros en Cees Suyk, die meededen aan internationale damtoernooien. De enthousiaste Kerst de Jong, die zich als opticien Brillé noemde, versierde in '29 zelfs een oude brandweerwagen voor de huldigingstocht van zijn kampioenen. Karel Haak van Stormvogels trainde mee met het eftal van Uruguay, dat voor de Olympiade in Amsterdam in '28 in hotel Velserbeek was ondergebracht. Jelle Blinkhof, alias de Steekwagen, en zijn broer Jan, 'Witte Jan', speelden briljante partijen voor de IJmuidense ploeg. In '24 werd de strijd voor het landskampioenschap tegen Feyenoord met slechts één doelpunt verschil verloren. In '33 werd Stormvogels voor de derde keer kampioen van de eerste klasse der KNVB.

Tot diep in de nacht hebben we toen feest gevierd in de Kennemerlaan en het café van Willem Koster.

Ook bij de 'concurrentie' laaide de vreugde hoog op: de supporters van VSV dansten uitgelaten rond het beeld van Laurens Coster in Haarlem, toen hun ploeg na moeilijke promotiewedstrijden eind '28 door de protestcommissie van de KNVB alsnog tot de eerste klasse werd toegelaten. Tot aan de oorlogsjaren heeft VSV op het veld in de Schildersbuurt te IJmuiden-Oost een sterke rol in de competitie gespeeld.

In 1941 werd VSV met doelman Niek Michel, ooit eens uitverkoren voor het Nederlands elftal, eindelijk kampioen Eerste Klasse NVB. Spoedig moesten toen zowel onze Stormvogels als VSV op last van de bezetters hun terrein verlaten. VSV werd naar Beverwijk en Stormvogels eerst naar Santpoort en later naar Haarlem verbannen. De accommodatie op de velden achter het Bos van Boreel werd vernield. De Duitse bezetters leden toen al aan een chronisch gebrek aan schootsveld om met hun kanonnen een eventuele geallieerde invasie op te kunnen vangen. Het leven in de haven kwam niet helemaal tot stilstand. Er bleven schepen door de sluizen van en naar Amsterdam varen. Wel werd ook het door de veel te jong gestorven, vermaarde Joh.

156

427

429

"Deze school werd door het gemeentebestuur van Velsen gewijd
aan de nagedachtenis van de door
oorlogsgeweld gebleven vaders en
zonen"

De heer Vermeulen: Ik moet u
zeggen dat ik met groote bevreem-
ding dit voorstel heb gezien. Ik heb
de geheele voorbereiding van die
school medegemaakt en met geen
enkel woord is er over gesproken,
dat die zou zijn gewijd aan de nagedachtenis van de door oorlogsgeweld gebleven vaders en zonen.

Ik acht het voorstel zeer zinledig;
ik dacht dat die school gewijd was
aan het onderwijs.

Er is indertijd eene commissie
benoemd om een werkelijk gedenk-
teeken te IJmuiden op te richten
ter nagedachtenis voor de gebleven
visschers. Toen kon geen overeenstemming verkregen worden, doch
ik heb de hoop, dat die overeenstemming nog wel eens komt.

De heer Tusenius: Ik zou het
met den heer Vermeulen eens kunnen zijn, als niet bleek, dat die
overeenstemming er nog niet is.

De heer Schilling: Als wij daarop
moeten wachten, kunnen wij voorloopig wel blijven wachten. Het is
afgestuit, dat in die commissie
personen aan het hoofd zaten, die
de menschen letterlijk den dood
hebben ingejaagd. Nu ook in den
laatsten tijd komen die gruwelijke
dingen aan de orde en blijkt, dat
booten gekelderd zijn, om maar aan
de assurantie penningen te komen,
ofschoon daarbij menschenlevens in
gevaar werden gebracht. Ik begrijp
niet, dat de heer Vermeulen nog
over die dingen durft te spreken.

De Voorzitter: Wij moeten op
een nette manier onze meening
zeggen; u moet dat niet zóó doen,

428

De opening der Bewaarschool te Velseroord.

430

Veel is reeds over deze school
geschreven en nog meer gezegd, en
over het gebouw algemeen in
afkeurenden zin. Wij weten niet of
de communis opinio hier juist, wijl
wij daartoe onbevoegd zijn. Als leek
kan de stijl ons niet bekoren, mooi,
sierlijk, kunnen wij het niet noemen.

OPENING DER U. L. O.-SCHOOL TE IJMUIDEN

EEN BELANGRIJKE REDE VAN WETHOUDER TUSENIUS.

Wat sinds 1926 voor Openbaar en Bijzonder onderwijs is geschied.

431

"Een der mooiste U. L. O.-scholen in Nederland".

433

432

434

427.
Gevelsteen van de Openbare Bewaarschool die in 1920 aan de Casembrootstraat werd gebouwd.
428.
Fragment van het officiële raadsverslag. *IJmuider Courant* 6 april 1921.
429.
De bouw van de Noordersluis in 1926. Eén schutkolkmuur is aangestort.
430.
Bericht *IJmuider Courant* 8 januari 1921.
431.
Bericht *Dagblad voor IJmuiden* 7 januari 1930.
432, 433, 434.
De Openbare School voor ULO aan de Platanenstraat, kort na de bouw in 1929; de Openbare Lagere School J, hoek Cornelis Drebbelstraat–Hadleydwarsstraat, kort na de bouw in 1927; de Openbare Lagere School K (Velserbeekschool), kort na de bouw in 1931.
Alle gemeentelijke scholen, gebouwd rond 1930, hebben dezelfde stijlkenmerken. Ze zijn ontworpen door de hoofdopzichter van het Bedrijf Openbare Werken, J.P. Koopen. De architectuur is die van de laatste periode van de zogeheten Amsterdamse School, gekenmerkt door blokvormige torens, rondlopende muurvlakken, ramen met roedeverdelingen, rollagen in het metselwerk, etc. Zij gaf de scholenbouw in Velsen vóór 1940 een geheel eigen karakter.
435.
Fragment uit de rede van wethouder K.H. Tusenius bij de opening van de ULO. *Dagblad voor IJmuiden* 7 januari 1930.
436.
Na de opening van de Noordersluis op 29 april 1930 maakte het koninklijk gezin een rijtour door IJmuiden. Op de achtergrond de splinternieuwe Johan van Oldenbarnevelt, destijds het grootste motorschip van de Nederlandse koopvaardijvloot. Het schip zou enige dagen later in dienst van de Stoomvaart Maatschappij Nederland zijn eerste reis naar de tropen maken.

436

in 1927 school J.	*f*	100.841.99
in 1928 „ E.	„	96.044.09
in 1929 „ H. (2 lok.)	„	15.355.57
in 1929 U. L. O.	„	122.133.20
	f	334.424.85
voor het Bijzonder Onderwijs :		
in 1926 Julianaschool	*f*	83.174.88
in 1927 Neutrale School	„	10.440.85
in 1927 Da Costa School	„	88.001.23
in 1928 Chr. School Santpoort	„	69.083.62
in 1929 Marnixschool	„	86.290.72
in 1929 Creutzbergschool	„	75.508.57
	f	412.499.87
terwijl in voorbereiding zijn :		
Nieuwe B.L.O. School geraamd op	*f*	150.000,—
Nieuwe Lagere School geraamd op	„	80.000,—
Uitbreiding Julianaschool	„	80.000,—
Uitbr. R.-K. Jongenssch. Zeeweg	„	80.000,—
Verbouwing R.-K. Meisjesschool Zeeweg + nieuw Gymnastieklok.	„	25.000,—
	f	415.000,—

435

F. Wijsmuller opgebouwde bloeiende zeesleepvaartbedrijf sterk ingekrompen. Een maatschappij die geschiedenis had gemaakt door in 1924–25 met de Willem Barendsz en de Vlaanderen een droogdok van IJmuiden naar Sabang te slepen. Op de thuisreis namen de zeeslepers het zwaar gehavende stoomschip City of Singapore van Adelaïde mee naar Rotterdam. Voor deze prestatie werd de leider van het transport, kapitein D. Moerman, onderscheiden met de Orde van Oranje-Nassau. Later zou hij met zijn reder Wijsmuller model staan voor de figuur van Jan Wandelaar in *Hollands Glorie*, Jan de Hartogs in Nederland bekendste boek.
Er waren in die jaren ook grote stormen, die rouw brachten in gezinnen van vissers en andere zeevarenden. Onverschrokken zeeredders als Pieter Kramer en Reyer King brachten in 1928 de bemanning van het gestrande Britse stoomschip Shonga aan wal, maar bij de redding van de opvarenden van het Italiaanse stoomschip Salento in datzelfde jaar sloeg de reddingboot om en kwam de vijfenvijftigjarige Pieter Visser om het leven.
Met het visserijbedrijf bleef het droevig gesteld. Na de verloren staking van

1933 beleefden de vissers een harde tijd. 'Veel arbeiders trekken steun en IJmuiden verwaarloost het visserijbedrijf', schreef F. van de Walle in het *Volksblad* van 13 september 1934. De columnist 'Pieterman' verwonderde zich er in de *IJmuider Courant* van 1 december 1934 over, dat de handelaars voor een gerookt makreeltje een kwartje durven vragen, terwijl vissers en reders er maar een paar centen voor krijgen. Brautigam stond keer op keer vergeefs in de Tweede Kamer voor de belangen van IJmuiden en het visserijbedrijf op de bres. Neeltje en ik kunnen weinig lichtpuntjes in die crisisjaren ontdekken.
Voor het in de zomer van 1926 opgerichte *Dagblad voor IJmuiden, Velsen, Santpoort, Beverwijk en Omstreken*, een editie van de *Oprechte Haarlemsche Courant*, betekenden de visserijstakingen zelfs de genadeslag. Deze door goedkope reizen, strandfeesten en de jeugdrubriek van tante Tobie en ome Flip zo populair geworden krant, koos in bedekte termen de zijde van de reders in het conflict. Het waren vooral de venijnige stukken van een onder de schuilnaam 'Aquarius' schrijvende schipper, die 'de Kant' deze krant de rug deed toekeren. Het blad is later op-

437

Ir. Mussert opent het nieuwe kringhuis.

Zaterdagmiddag is het nieuwe Kringhuis der N. S. B. Kerkstraat no. 7 officieel door den leider Ir. Mussert geopend. Op de beide trottoirs in de Kerkstraat had zich een groot aantal leden en belangstellenden opgesteld. Omstreeks half vier kwam de heer Mussert, vergezeld van den heer Tusenius en een aantal andere vooraanstaanden in de N. S. Beweging o.a. van Ds. Geelkerken in het kringhuis aan, waarna de leider spoedig op het balcon verscheen en de vlag der N. S. B. heesch.

Nadat deze plechtigheid was geschied, begaven allen zich naar het gebouw Victorie aan den IJmuiderstraatweg. De zaal vulde zich geheel, terwijl nog een klein aantal zich met een plaats in den tuin tevreden moest stellen.

Een in den tuin aangebrachte luidspreker stelde de leden in den tuin en de buurtbewoners aan de straat in staat, de redevoeringen in de zaal te volgen. Het totaal aantal bezoekers bedroeg ongeveer 300, waarvan zeker de

438

helft uit andere plaatsen, als: Haarlem, Amsterdam, Utrecht enz. afkomstig was.

Op het podium, op den achtergrond waarvan een aantal vaandels was geplaatst, stonden eenige knapen in het zwarte hemd.

Toen de leider was aangekomen opende de kringleider van IJmuiden de heer H. J. Woudenberg de bijeenkomst. Na een begroetingswoord sprak de heer Woudenberg zijn vreugde uit over het feit ,dat hij namens den kring IJmuiden het geopende kringhuis aan de Nat. Socialistische beweging mocht aanbieden. Na een korten tijd van rust en vacantie is weer de tijd aangebroken om aan den arbeid te gaan en den strijd weer te beginnen.

De heer Mussert, die daarna onder luid applaus en hou-zee-geroep het podium betrad, wenschte den kring IJmuiden geluk met het nieuwe gebouw, waarvan hij hoopte dat het mag zijn een bolwerk voor de N. S. B. in Nederland en als straks de zege behaald is, door een nog grooter, nieuw gebouw vervangen mag worden, in welks lijnen de gedachten der N. S. B. mogen zijn uitgedrukt.

439

Arts A. J. van Leusen spreekt voor de Ver. van Vrijzinnig Hervormden.

In het gebouw van de Ver. van Vrijzinnig Hervormden heeft de heer A. J. van Leusen, arts, alhier gisteravond gesproken over „Jodenvervolging en Barmhartigheid". Het zaaltje was tamelijk goed bezet toen de aanwezigen door den heer Lindhout welkom werden geheeten. Spreker vond het jammer, dat er niet meer toehoorders aanwezig waren.

De heer van Leusen meende, in tegenstelling met den voorzitter, dat de belangstelling bevredigend is, gezien de korte voorbereiding. Spreker meent, dat de bezoekers niet gekomen zijn om gruwelverhalen te hooren maar om mede te helpen versterken de gedachte, dat wat in Duitschland gebeurt, in ons land niet mogelijk is. In dezen getuigenisavond zal spreker het niet hebben over de politiek, maar de kerk heeft hier wel iets te zeggen. Het gaat hier om menschenrechten die vertrapt worden, om Gods eer, die bezoedeld wordt. Het gaat hier om gevoelens, die leven in een godsdienstig hart en het ware harteloos, indien wij daarvan niet getuigden. Een avond als deze, wat geeft die? Wellicht niet veel, maar we moeten spreken, we moeten stelling nemen tegen menschen in Nederland, die dit vraagstuk in vergaderingen hebben besproken en daar de vraag hebben gesteld, of het lot der Nederlandsche werkloozen niet even ernstig is. Neen, het leed der Duitsche Joden is daarmee niet te vergelijken, want de Nederlandsche werklooze heeft nog overgehouden het recht zijn uitkeering te eischen ,om iemand recht in de oogen te zien, om te gaan zitten in parken.... Dat alles mist de Duitsche Jood.

Er gebeuren ontzettende dingen, vervolgde spreker, maar het is niet zijn taak, daarover te spreken. Maar denken we ons in van de Duitsche kinderen, die gehoond worden door menschen die de macht hebben. De Duitsche leider heeft nog onlangs gezegd, dat niemand hem verwijten kan dat hij laf is geweest. Maar wat hij thans doet is zoo laf, dat de wereld er geen taal voor heeft om dit uit te drukken.

We weten dat het Duitsche volk met deze pogroms niet instemt; daarvoor is het Duitsche volk te zeer aan het onze verwant. Er is in ons hart iets van haat tegen de machten die deze misdaden begaan. Er is een heilige haat, die in dit gebouw uitgesproken mag worden, een heilige haat tegen alles wat slecht is.

Duitschland dreigt met maatregelen, die nog harder en nog geslepener zijn als het buitenland zich met deze zaken blijft bemoeien. Maar het buitenland zal niet zwijgen en wat er geschied is kan niet geslepener, kan niet laffer. De wereld zal weten dat daar in Duitschland een onrecht geschiedt zooals de wereld nog nooit gekend heeft. Wij kunnen niet anders dan spreken, wat er ook in Duitschland gebeurt. De heilige haat roept ons te doen wat ons hart ingeeft.

In een vurig betoog wees spreker op de noodzakelijkheid dat wij Nederlanders, misschien het rijkste volk van de wereld, meer doen dan tot nu toe is gedaan om de Joden te helpen. Het probleem is moeilijk, maar het leed, dat gelenigd moet worden is ontzettend. Er zal een offer gevraagd worden, maar wat is dat een kleinigheid, vergeleken bij het ontzettende leed dat geleden wordt. Wij willen — het is Christenplicht — den Jood, die alles wat er op de wereld gebeurt op zijn geweten heeft — sluiten in ons hart. Spreker citeerde een vers van Joost van den Vondel en sloot met een verzoek om een oogenblik van gewijde stilte en met het Onze Vader.

De na afloop der lezing gehouden collecte heeft f 44 opgebracht welk bedrag aan het Comité voor Joodsche vluchtelingen zal worden overhandigd.

440

437.
Het Kennemerplein in zuidoostelijke
richting. De vijver met fontein was
bijzonder fraai beplant en zat vol
goudvissen. Op de achtergrond hotel-café
Kennemerhof; links de Kennemerlaan,
rechts de Edisonstraat.
438.
Bericht *IJmuider Courant* 27 augustus 1934.
De IJmuidenaar H.J. Woudenberg werd
tijdens de Tweede Wereldoorlog
commissaris van het gelijkgeschakelde N V V,
dat wil zeggen dat het onder druk van de
bezetter onder nationaal-socialistisch beheer
werd gebracht. Met ds Geelkerken bedoelt
de verslaggever de in 1901 geboren C. van
Geelkerken, die in december 1931 samen
met ir A.A.M. Mussert de N S B oprichtte.
Hij fungeerde sinds de oprichting als
algemeen secretaris. De foutief genoemde
ds Geelkerken was de Gereformeerde
predikant dr J.G. Geelkerken, die om een
theologisch geschil over de vraag of de
slang in het Paradijs al of niet gesproken
zou hebben, in 1926 met enkele gemeenten
uit de Gereformeerde Kerk trad. Deze
geruchtmakende zaak speelde in dezelfde
jaren, maar ds Geelkerken had uiteraard
part noch deel aan de NSB van Mussert en
Van Geelkerken.
Met 'het gebouw Victorie' wordt Tivoli
bedoeld.
439.
Tivoli in de jaren dertig.
440.
Dokter A.J. Van Leusen hield eind dertiger
jaren door het gehele land spreekbeurten in
het kader van de beweging Eenheid Door
Democratie (E D D), hoofdzakelijk gericht
tegen fascisme en nationaal-socialisme.
IJmuider Courant 22 november 1938.
441.
Bericht *IJmuider Courant* 4 september 1933.
442.
Muziekschool van Philip en Nettie Vlessing
in de Kanaalstraat ca 1938.

**COMMUNISTISCHE AANVAL OP
NATIONAAL-SOCIALISTEN.**

◆

Op het Kennemerplein is het Zaterdagavond tot ernstige ongeregeldheden gekomen
waaraan de politie ten slotte met de blanke
sabel een einde heeft moeten maken.
Zooals elken Zaterdagavond in den laatsten tijd de gewoonte is, colporteerde een
aantal fascisten met „Volk en Vaderland",
het weekblad der Nationaal socialistische beweging. Tot nu toe deden zich daarbij geen
ongeregeldheden voor; de fascisten lieten
iedereen met rust en werden ook zelf met
rust gelaten. Zaterdagavond acht uur
zou de rust echter ernstig verstoord worden.
Een aantal Amsterdamsche communisten,
klaarblijkelijk naar IJmuiden gekomen om
wanordelijkheden uit te lokken, viel de fascisten lastig, waarop een algemeene vecht-
partij ontstond. In het bijzonder hadden de
aanvallers 't gemunt op den fascist P., een
gewezen voorman uit de Zaandamsche syndicalistische vakbeweging en ex-S.D.A.P.-er.

441

442

gegaan in de *IJmuider Courant.*
Die jaren tussen 1929 en 1939 deugden
niet. Zelfs de armoede was ongelijk
verdeeld. De staatslieden uit die dagen
gaven er de voorkeur aan de crisis
maar te laten uitzieken, in plaats van
initiatieven te nemen die de mensen
weer moed konden geven. Ik kan alleen maar met bitterheid aan die jaren
terugdenken. Wat een ellende! Blij zijn
als je zondagsavonds bij bakkerij De
Tijdgeest een oud krentenbrood voor
een dubbeltje kon kopen, blij zijn met
een kommetje stroop van vijf centen,
bang zijn voor de huisbaas, bang zijn
voor de steuncontroleur. Als Simon de
Wit 's avonds tingelend met z'n ijskar
langs kwam, sprongen mijn zuster en
haar man plotseling op voor een wilde
rondedans met hun kinderen. Dan
hoefden ze tenminste de ijsbel niet te
horen . . .
Voor de mensen uit onze omgeving gaf
op de duur alleen de viering van de
eerste mei nog enige hoop. Dan liep
een optocht van oude en jonge socialisten met brandende fakkels en rode
vlaggen over de Velserduinweg naar
het land waar de openluchtmeeting
werd gehouden. Dan riepen we
'Vrijheid, arbeid, brood!' en 'Fascisme
is moord!', beleefden we samen een

hartverwarmende solidariteit en waren
we er na de rede van een voorman en
het zingen van de *Internationale* van
overtuigd dat 'eens de schone dag zou
komen!' Dán hielden we onze kinderen een dag van school, hetgeen ze later
moesten bezuren omdat de eerste mei
niet door de school als feestdag van de
arbeiders werd erkend.
De verbittering in die tijd van armoede, machteloosheid en rechteloosheid
was zo groot, dat er zelfs scheidslijnen
tussen de schoolkinderen werden getrokken. Onze kinderen vierden geen
koninginnedag. Kinderen uit konings-
gezinde gezinnen kwamen hun de ogen
uitsteken met de chocoladereep, die ze
van het Oranje-Comité hadden gekregen. Onze kinderen deden niet mee aan
het zaklopen en het blokjes rapen op de
Schapenweide. Onze kinderen hielden
tot woede van de meesters hun lippen
stijf dicht als in de klas het *Wilhelmus*
werd gezongen. De koningin was in die
dagen de vorstin van de mensen die het
goed hadden. Wij hadden Domela
Nieuwenhuis en Troelstra.
In de verstarring van IJmuiden als gevolg van de grote crisis kwam pas verandering, toen in 1939 de mobilisatie
werd afgekondigd, de Tweede Wereldoorlog uitbrak en de marine begon met

443

444

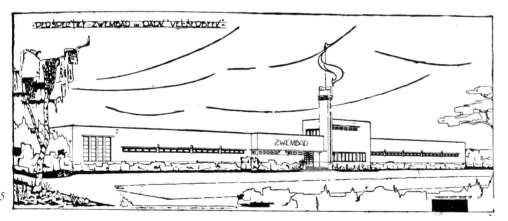

445

446

443.
De begrafenisstoet van N.H. Edcius, lid van de Harmonie-Vereeniging 'Concordia', op het Kennemerplein. Klaas Edcius, agent van politie, later particulier detective en hoofd van een bewakingsdienst, overleed op 16 januari 1934.
Rechts naast de harmonie de dirigent Sam Vlessing. De drager van het vaandel is C. van Vrede, juwelier aan het Willemsplein; de loper naast de trommel is Dreyer van de oliewagen. Op de achtergrond de RK-school en de Witte Bioscoop.

444.
De Alkmaar Packet onder de Velser spoorbrug in 1939.

445.
Een ontwerp van een zwembad in het park Velserbeek aan de Ver Loren van Themaatlaan volgens plan van de Velser Zwemvereniging. *IJmuider Courant* 29 september 1934.

De Velser Zwemvereeniging heeft grootsche plannen.

Een fraai open zwembad in Velserbeek.

Voor het nieuwe plan werd een voorloopige begrooting opgezet. Men kwam tot de slotsom, dat men voor f 35.000 à f 40.000 een prima inrichting zou kunnen bouwen, die aan alle eischen voldoet. Wanneer het werk in werkverschaffing wordt uitgevoerd, zou het f 9000 minder kosten. Met 35000 baden bij een abonnementsprijs van f 4 à f 5 en dezelfde prijzen voor „losse" baden als bij de inrichting in den sluisput, zal men de inrichting kunnen exploiteeren met een bruto winst van f 6000 à f 7000 benevens de gebruikelijke afschrijvingen.

447

Ongetwijfeld zal er, wanneer ook eenmaal Amsterdam (d.w.z. city) door den prachtigen Rijksweg is verbonden met Velsen een zeer druk verkeer ontstaan met IJmuiden. Op drukke zomerdagen zullen honderden auto's en niet minder rijwielen van en naar de hoofdstad rijden. Dit drukke verkeer zal zich door de tunnels moeten wringen naar Stationsweg en Kalverstraat.

448

De gevolgen van de economische crisis doen zich voor onze plaats steeds sterker gelden. Thans heeft het hier nog werkzaam zijnde personeel der Amsterdamsche Ballast Maatschappij, in totaal nog een 30 man, tegen Zaterdag ontslag gekregen.

449

450

446.
Het zwembad in 'de Put'.

447.
Bericht *IJmuider Courant* 29 september 1934.

448.
Bericht *IJmuider Courant* 2 juli 1932.

449.
Bericht *IJmuider Courant* 12 juli 1932.

450.
v z v-voorzitter P. Borst dankt burgemeester Rambonnet voor het verrichten van de officiële opening van de Velserzweminrichting in de Spuisluisput bij de Noordersluis in juni 1935. Bij het publiek werd deze instelling bekend onder de naam 'de Put'.

451.
De opening van het nieuwe reddingbotenhuis aan de Geul, de toegangsweg naar de Zuidpier, mei 1936.

451

het vorderen van de grote trawlers voor het gebruik als patrouilleboten. Vreemd genoeg betekende het uitbreken van de Tweede Wereldoorlog, dat er plotseling weer werk kwam voor de langzamerhand tot paria's in de samenleving verworden werklozen. Er moesten verdedigingswerken worden aangelegd, landingsbanen worden gemaakt, bunkers gebouwd en staal worden geproduceerd, éérst voor het Nederlandse leger, en na de capitulatie voor de Duitsers. Het betekende ook, dat er voor het eerst in de gezinnen van de werklozen na jaren van pakjes onvermengde regeringsmargarine weer eens roomboter kon worden gegeten . . .

De oorlog kwam onverhoeds. En hij is naarmate hij langer ging duren voor IJmuiden ronduit treurig verlopen. De lijsten van IJmuidenaars, die in het verzet, in concentratiekampen, door executies en door bombardementen zijn omgekomen, zijn zó lang dat ik vele pagina's nodig zou hebben om al hun namen te noemen. Er vielen doden onder de vissers, die op regeringsbevel met hun trawlers naar Engeland waren opgestoomd om aan de zijde van de geallieerden tegen nazi-Duitsland te vechten. Er vielen doden door het

standrechtelijk neerschieten van gijzelaars en van mannen, die op de Hoogovens uit protest tegen het wegslepen van Amsterdamse joden aan de Februaristaking hadden meegedaan. Er vielen óók doden onder IJmuidenaars die in de Waffen-s s en de N S K K de zijde van de Duitsers hadden gekozen. Kinderen van bekende IJmuidense N S B-ers gingen naar kampen van de Hitler Jugend in Duitsland en kwamen terug in zwarte uniformen en met messen met *Blut und Ehre*-inscripties. Lange tijd pronkte in de hal van het Velserbad een jongeman in een s s-uniform met het IJzeren Kruis, dat hij had gekregen voor het verlies van een been aan het Oostfront.

IJmuiden heeft prachtige verzetsmensen als een meneer Strengholt, èn in de gehele provincie Noord-Holland gevreesde en gehate politiemannen als een Ko Langedijk voortgebracht. En honderden IJmuidenaars verdienden goed geld met het bouwen van bunkers voor de Duitse firma Weyss und Freitag. Wanneer je vroeg waarom ze dat deden, kreeg je meestal het antwoord dat ze volop sabotage pleegden door te veel zand aan het cement voor het betonstorten toe te voegen. Na de oorlog bleek, dat de bunkers in IJmuiden zo

solide waren gebouwd, dat ze eenvoudig niet meer konden worden opgeblazen. In de grote s-bunker aan de Haringhaven is nu nog een steenfabriek gevestigd.

Eigenlijk kon je het de arbeiders niet eens kwalijk nemen, dat ze in de oorlog bunkers bouwden voor de Westwall van de Duitsers. Vooral in die eerste twee tamelijk kalme oorlogsjaren hadden ze na tijden van groot gebrek eindelijk weer brood op de plank. De Duitsers gingen niet onmiddellijk driest te werk. Ze roofden niet meteen de winkels leeg en gedroegen zich aanvankelijk correct tegenover de bevolking. En hoe kon men ook van de door de crisis gedemoraliseerde werklozen verwachten, dat ze onmiddellijk pal stonden voor koningin en vaderland en intuïtief de goede kant kozen? Ze waren toch immers jarenlang door hun regeerders aan hun lot overgelaten? Misschien had ik deze episode uit de geschiedenis van IJmuiden met de mantel der liefde moeten bedekken. Misschien is het niet goed oude wonden weer open te rijten. Misschien is het verkeerd te vertellen, dat een IJmuidenaar als de N S B-er Woudenberg meteen begon met het gelijkschakelen van de vakbeweging in het Ar-

De verkiezing voor den Gemeenteraad

	S.D.A.P.	R.S.A.P.	Lijst Stevens	A.R.	Kath. Dem. P.	R.K. Staatsp.	Vrijheidsb.	Oud-Kath.	C.P.H.	Neutrale Partij	Chr. Dem. Partij	Vrijz. Dem. P.	Christ. Hist.	Lijst Schmidt
1	132	4	5	50	4	152	45	—	12	111	17	46	97	—
3	128	—	8	59	3	205	77	—	6	57	11	49	53	—
2	148	1	10	39	2	339	63	—	11	157	16	101	68	—
4	286	4	59	41	8	244	79	—	5	28	31	28	62	—
5	192	14	2	54	4	43	20	59	33	42	6	13	58	7
6	227	20	8	79	3	104	30	111	32	71	12	30	105	20
7	199	3	4	81	3	51	16	118	29	30	17	18	87	15
8	124	3	2	74	1	46	35	100	10	43	21	16	82	10
9	184	5	2	105	5	49	18	127	20	23	39	24	123	10
10	323	2	8	137	5	86	51	110	36	80	48	75	237	5
11	215	8	4	260	1	55	39	133	30	47	49	28	182	12
12	227	6	44	72	6	144	21	63	61	66	44	48	119	—
13	301	16	44	46	15	114	7	20	117	32	18	33	70	—
14	325	23	43	97	8	138	12	13	150	33	40	57	101	0
15	164	8	63	38	12	208	5	6	80	25	16	26	40	—
16	352	10	14	40	16	184	8	4	75	39	15	39	31	—
17	527	13	22	76	14	132	9	19	115	46	34	57	56	0
18	333	14	46	72	23	153	49	9	99	107	18	112	82	—
19	331	7	6	73	11	331	5	—	13	74	33	47	77	—
20	299	6	6	63	9	251	6	—	24	37	23	14	63	—
21	255	11	5	54	11	217	8	—	30	32	15	19	67	—
22	199	4	25	58	4	236	42	—	9	67	8	45	88	—
	5471	182	430	1668	168	3494	644	892	998	1249	531	925	1948	79

452

454

453

455

456

452.
Bericht *IJmuider Courant* 27 juni 1935.

453.
Ten behoeve van de bouw van het politiebureau moest de Palmenstraat verdwijnen. Op de achtergrond is de oprit voor de spoorbrug goed zichtbaar. De foto dateert uit 1939.

454.
Annonce *Dagblad voor IJmuiden* 18 september 1936.

455.
Bioscoop Thalia aan de Breesaapstraat ca 1930.

456.
Het afscheid van commissaris D. de Ridder van de Velsense politie op 1 mei 1936 op het Willemsplein.

457.
Bericht *IJmuider Courant* 14 januari 1939.

458.
Het Velserduinplein ca 1938. Rechts de Kalverstraat.

458

PREDIKBEURTEN

SANTPOORT
NED. HERV. KERK. V.m. 10: Ds. R. H. Oldeman.
NED. HERV. KAPEL. V.m. 10: Ds. J. de Wit, van Leiden. Nam. 5: H. Heeresma, van A'dam.
GER. KERK IN H. V., geb. Bethel, Wüstelaan. V.m. 10: K. v. d. Berg.

IJMUIDEN
NED. HERV. KERK, Kanaalstraat. V.m. 10: Ds. de Beus, Overveen. Nam. 5.30: Ds. A. T. W. de Kluis, Rotterdam, Jeugddienst.
BETHLEHEMKERK, James Wattstraat. V.m. 10: D. Selling.
HERV. EVANG., Oranjestraat 8. V.m. 10 en nam. 5: Leesdienst.

GEREF. KERK, Wilhelminakade. V.m. 10: Ds. S. E. Wesbonk. Nam. 5: Cand. B. J. A. Streefkerk, Rotterdam.
HULPKERK, Marnixschool. V.m. 10: Cand. Streefkerk. Nam. 5: Ds. S. E. Wesbonk.
CHR. GEREF. KERK. V.m. 10: Ds. A. Zwiep; nam. 5: Dezelfde.
DOOPSGEZ. en AFD NED. PROT. BOND, Helmstraat 9. V.m. 10.30: Ds. Milatz.
OUD-KATHOLIEKE KERK. V.m. 10: H. Dienst. Nam. 7: Vesper.
LEGER DES HEILS. V.m. 10: Opdrachtsdienst, Nam. 3.30: Heiligingssamenkomst. Nam. 8: Verlossingssamenkomst o.l.v. Mej. Varwijk.

IJMUIDEN-OOST
NED. HERV. KERK, Goede Herderkerk, Velser-duinweg. V.m. 10: Ds. G. F. Callenbach. Nam. 5.30: Dezelfde.
VEREENIGINGSGEBOUW, Kalverstraat. V.m. 10: Jeugddienst.
VER VAN VRIJZ. HERV., Vereenigingsgeb., Stationsweg, Velsen. V.m. 10.30: Prof. Dr. G. A. v. d. Bergh van Eysinga, Bloemendaal.
GER. KERK, Velserduinweg. V.m. 10 en nam. 5: Ds. E. G. van Teylingen.
BAPTISTENGEM., lokaal Willemsbeekweg 22. Vrijdag nam. 8: Ds. L. de Haan, pred. te HrL.
VERGADERING VAN GELOOVIGEN, Willems-beekweg 22 V.m. 10: Broodbreken. Nam. 7.30: Evangelisatiesamenk. Spr. A. Bes-selaar, Amsterdam. Maandag nam. 8: Bijbel-bespreking.
HERST APOST. ZENDINGSGEM., Willebrord-straat 10. V.m. 10.15: Godsdienstoefening. Nam. geen dienst.
ROZEKRUISERS, Stationsweg 65. V.m. 10.30: Tempeldienst. Maandag nam. 7.15: Genezings-dienst.

VELSEN
457 NED. HERV. KERK. V.m. 10: Ds. Johs. Brons-geest. Bed. H. Avondmaal. Nam. 5.30: Dezelfde.

beidsfront. Hij slaagde er zelfs in 'vrij-gestelden' te doen geloven, dat onder Hitler en Mussert pas echt een begin zou worden gemaakt met de verwezen-lijking van het socialisme. Maar u weet wat voor vlees u met mij in de kuip heeft. 'En het zou historisch onjuist zijn dit soort gebeurtenissen te ver-zwijgen', fluistert Neeltje in mijn oor. Het verliep ook allemaal zo gluiperig. Rijkscommissaris Seyss-Inquart aan-vaardde namens de Führer Adolf Hit-ler op 29 mei 1940 zijn hoge post met een installatierede, waarin de volgende zinsneden de aandacht trokken: 'Wij komen niet hier om een volkskarakter in het nauw te brengen en te vernielen en om aan een land de vrijheid te ontnemen. [...] Wij willen dit land en zijn bevolking noch imperialistisch in het nauw drijven, noch aan dit land en zijn volk onze politieke overtuiging op-dringen.'

Het klonk geruststellend. Zelfs bij ons thuis week de paniek, die ertoe had ge-leid dat Neeltje en ik op de dag van de capitulatie alle *Fakkels* en socialisti-sche boeken en brochures als *Nacht over Nazi-Duitsland* in de kachel had-den gestopt. Maar na twee maanden werd het N V V in handen gespeeld van Woudenberg en men benoemde Rost

van Tonningen tot gevolmachtigde voor de socialistische beweging. Rost van Tonningen kondigde op 20 juli al aan, dat de R S A P en de C P N waren ont-bonden. Een klein contingent geluk-zoekers bleek bereid om met deze heer het werk van de S D A P voort te zetten in de Nederlandse Socialistische Werk-gemeenschap. Ze kondigden aan dat de successen van Hitler-Duitsland in de oorlog aantoonden, dat het socialis-me zich langs andere banen zou verwe-zenlijken dan vroeger was gedacht. De naïevelingen, blijkbaar hadden ze *Nacht over Nazi-Duitsland* toch niet zo goed gelezen ...

Er waren in de periode 1940–1945 in IJmuiden prachtmensen, èn figuren van laag allooi die zich al snel meester maakten van het gemeentebestuur en het ambtelijke apparaat. Figuren van laag allooi, die het leven van de goede mensen met hun pesterijen en drei-gementen steeds meer tot een hel maakten, en hand- en spandiensten verleenden bij de vooral in de laatste oorlogsjaren toenemende razzia's van de Duitsers. Hoe Neeltje en ik toch steeds weer ontkomen zijn aan arresta-ties, is mij nog steeds een raadsel. Op een of andere manier slaagden vrien-den op het politiebureau of het raad-

Het verboden Meispel

Burgemeester Kwint zocht vergeefs naar cultureele en aesthetische waarden.

BEVRIENDE MOGENDHEID IN HET GEDRANG

Het sociaal-democratische gemeenteraadslid J. van der Veer heeft aan den burgemeester een paar vragen gesteld naar aanleiding van diens verbod van het Meispel „Vijftig jaar".

Burgemeester Kwint heeft hierop als volgt geantwoord:

„Naar aanleiding van een door u tot mij gerichte vraag inzake de opvoering van het tooneelstuk „Vijftig jaren" heb ik de eer u er op te wijzen, dat ik te dezer zake aan den Gemeenteraad geenerlei verantwoording schuldig ben."

„Nadat ik van het mij door den plaatselijken raad van de S.D.A.P. toegezonden tooneelstuk „Vijftig jaren" had kennis genomen, was ik van oordeel, dat dit Meispel tal van ontoelaatbare passages bevatte en de opvoering daarvan ten zeerste ongewenscht moest worden geacht.

Het antwoord van den burgemeester.

Ik kan u van mijn kant de verzekering geven, dat deze dag, waarop wij ons militaire garnizoen kunnen begroeten, ook in de annalen dezer gemeente — tot welker inwoners u voortaan nu ook zult behooren — als een belangrijke zal worden opgeteekend. Jarenlang heeft het helaas de Nederlandsche Weermacht ontbroken aan belangstelling en aan medeleven van de zijde van het overgroote deel van het Nederlandsche volk, maar de tijden zijn veranderd en een nieuwe geest is waardig geworden over ons volk en bijna dagelijks kunnen wij lezen hoe de herboren belangstelling voor de landsverdediging ook in daden wordt omgezet

VRIJDAG 10 MEI 1940

VELSEN
VELSEN-NOORD
DRIEHUIS
SANTPOORT

HET DAGBLAD

VOOR

IJMUIDEN · EGMOND AAN ZEE · KATWIJK

ABONNEMENTSPRIJS 15 CENT PER WEEK MET HOOGE GRATIS ONGEVALLEN-VERZEKERING

BUREAU VOOR ADVERTENTIES EN ABONNEMENTEN :
KENNEMERLAAN 102 — TELEFOON 5437 — IJMUIDEN

BUREAU VOOR REDACTIE IJMUIDEN :
KENNEMERLAAN 102 — TELEFOON 5437 — IJMUIDEN

BIJKANTOOR VOOR ADVE
WILHELMINAKA

Nederland in oorlog met Duitschland

Hedennacht werd ons land overvallen

Groote formaties vliegtuigen en vijandelijke bommenwerpers overvlogen Nederland

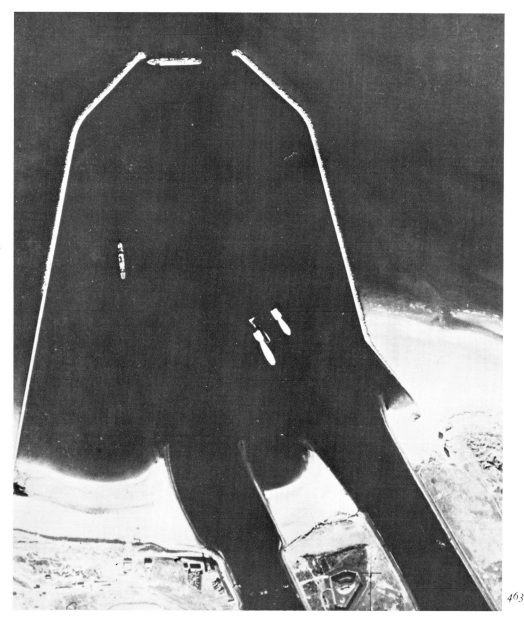

459.
Bericht *Algemeen Handelsblad* 23 april 1939.

460.
Burgemeester Kwint inspecteert in gezelschap van kapitein Drukker op 9 januari 1939 de Compagnie van de Kustartillerie te IJmuiden, bij gelegenheid van het 125-jarig bestaan van de Kustartillerie.

461.
Fragment uit de toespraak van burgemeester Kwint ter gelegenheid van de vestiging van de Kustartillerie te IJmuiden. *Het Dagblad voor IJmuiden* 29 maart 1938.

462.
Kop en deel van de voorpagina *Het Dagblad voor IJmuiden* 10 mei 1940.

463.
Bommen op IJmuiden. Bij de kop van de Zuidpier ligt de gezonken J.P. Coen. Binnen de pieren de Van Rensselaer.

464.
Bericht *Het Dagblad voor IJmuiden-Egmond aan Zee-Katwijk* 14 mei 1940.

465.
Een Duitse wachtpost op de Noordpier in 1940. Op de achtergrond de J.P. Coen.

465

„Van Rensselaer" op een mijn geloopen

Bij het verlaten van de haven van IJmuiden.

Drie personen vermist, de kapitein overleden.

De directie der K. N. S. M. deelt ons mede, dat het stoomschip „Van Rensselaer" bij het verlaten van de haven van IJmuiden in den nacht van Zondag op Maandag op een mijn geloopen is. Van de 150 zich aan boord bevindende personen worden vijf personen vermist, n.l. van de bemanning twee, de lampenist P. Wijnberg uit Hollum en de bediende J. H. G. Koets. Van de passagiers wordt vermist de heer Frederick James W. Popham, een Britsch onderdaan. De kapitein F. J. Haasters is tijdens het leiden van de redding door een hartverlamming getroffen en overleden.

464

huis er steeds in ons te waarschuwen als er storm op til was. Ik schaam me niet om te vertellen dat ik menigmaal mijn handen heb gevouwen om God te smeken Neeltje en mij te behoeden voor de gang naar het concentratiekamp. Tussen de echt kwalijke figuren op het gemeentehuis en het politiebureau liepen ook mensen, die met hun keuze voor de NSB en de haat die de Duitse inval onmiddellijk tegen deze beweging opriep eenvoudig geen raad wisten. Ze waren al in de eerste uren van de tiende mei als verraders en leden van een 'vijfde colonne' gedoodverfd en zagen geen kans meer zich van dit stigma te bevrijden. Niemand nam na de tiende mei meer van hen aan, dat zij zich uit wanhoop over de economische toestand bij NSB hadden aangesloten, omdat de roep om een Nieuwe Orde hun een uitweg uit de misère leek. Na de tiende mei werden ze door hun arrestatie onmiddellijk landverraders, besmette mensen, verklikkers met wie je beter niet kon praten. Ze kregen geen kans meer zich te rehabiliteren. Ze waren 'fout' en begonnen zich in hun isolement ook vaak als zodanig te gedragen. Voor hen was het Duitse leger plotseling hun natuurlijke beschermer geworden.

De oorlog kwam inderdaad onverhoeds voor IJmuiden. Plotseling was de hemel in de vroege ochtend van de tiende mei 1940 vol Duitse vliegtuigen, die mijnen afwierpen in de havenmond en het kanaal. Mensen holden in nachtkledij de straat op. Mijn zuster schreeuwde naar haar kinderen dat ze in bed moesten blijven. 'Het is niks, het zijn maar "mavroeves"!' (Het woord 'manoeuvre' voor oefeningen was nog geen gemeengoed in onze familie.) Maar toen ze de radio aanzette, drong het spoedig tot haar door wat er werkelijk aan de hand was.
Er kwam een regeringsbevel om alle Rijksduitsers en NSB-ers onmiddellijk te arresteren. Ook die arme in augustus 1917 van de Renate Leonhardt gedeserteerde Duitse stoker George Paul Wolf. Een stille, vriendelijke man, die nooit veel zei. Maar op een avond in 1939 heeft hij mij verteld, wat de gasoorlog op de slagvelden van Frankrijk in de Eerste Wereldoorlog voor de soldaten betekende. Ik kende geen man, die de oorlog méér verafschuwde als hij. Ruw werden die NSB-ers en Rijksduitsers door de politie uit hun huizen gehaald. Het was de voorbode van een beeld, dat in de latere oorlogsjaren bijna alledaags zou worden...

466

Aan den Heer Ortskommandant

te

K   V E L S E N - N O O R D.

Bericht op schrijven van 19 Januari 1944, B. no. 2.
4 e Afd. No.   bijl.   VELSEN, 4 Februari 1944.
ONDERWERP: Schuilloopgraaf Willemsplein.

Naar aanleiding van Uw bovenvermeld schrijven deel ik U mede, dat de schuilloopgraaf op het Willemsplein te IJmuiden ongeveer vier jaar geleden van hout is gemaakt en met grond is overdekt. Bij een ter plaatse ingesteld onderzoek is gebleken, dat de veerkracht van het hout dermate heeft geleden, dat het gebruik van deze schuilloopgraaf bij een ernstigen aanval ten zeerste moet worden ontraden.

Met de thans ter beschikking staande materialen is een zoodanige herstelling der schuilplaats, dat deze weer als betrouwbaar kan worden aangemerkt, niet mogelijk.

In verband hiermede stel ik U voor goed te keuren, dat meergenoemde schuilplaats niet wordt hersteld, doch van gemeentewege wordt opgeruimd.

De Burgemeester van Velsen,

467   468

469

BEKENDMAKING

De Burgemeester van Velsen maakt bekend, dat blijkens mededeeling van de Deutsche Sicherheitspolizei in den laatsten tijd en ook reeds eerder in IJmuiden (omgeving Kanaalstraat) bij herhaling sabotagehandelingen plaats gevonden hebben. In het bijzonder zijn ook banden van motorrijtuigen van de Duitsche weermacht beschadigd.

Als repressaille-maatregel is door den leider der Deutsche Sicherheitspolizei te Amsterdam met instemming van den Weermachtscommandant te Haarlem bevolen,

473

466.
Het Nederlandse batterijschip IJmuiden, de voormalige oorlogsbodem Heemskerk, in het buitentoeleidingskanaal door de eigen bemanning op 14 mei 1940 tot zinken gebracht. Op de achtergrond de J.P. Coen. Tijdens de oorlog hebben de Duitsers het schip gelicht en gerepareerd. Tot voor kort deed het nog dienst als het wachtschip Neptunus in de Marinehaven van Den Helder.

467.
Het Kennemerplein in bezettingstijd.

468.
Brief van de burgemeester van Velsen van 4 februari 1944.

469.
Het maken van houten schuilplaatsen op het Willemsplein in 1940. Op de achtergrond een doorkijk in de Amstelstraat met links het Koning Willemshuis.

470.
Bericht *Haarlemsche Courant* 15 augustus 1942.

471.
Bericht *IJmuider Courant* 7 februari 1941.

472.
Kaartje van het gebied waar de avondklok gold. *Het Dagblad voor IJmuiden* 10 september 1940.

473.
Openbare Bekendmaking van 30 september 1941.

OM TIEN UUR BINNEN.

472

In de havenmond werd een binnenlopende Britse torpedobootjager hevig aangevallen door Duitse stuka's. De torpedobootjager zette een commando Britse geniesoldaten aan wal, die opdracht hadden om de sluizen van IJmuiden en de olietanks van Amsterdam op te blazen. De commandant van de positie-IJmuiden, overste C. Hellingman, piekerde er niet over ze daarvoor toestemming te geven. Britten hádden niets te bevelen! Generaal Winkelman moest dat doen.
De volgende dag liep een Nederlands marinescheepje op een magnetische mijn in het kanaal. IJmuiden zag de eerste zeven oorlogsdoden. Het was in verwarring. Het gonsde bovendien van de geruchten, dat N S B-ers lichtsignalen hadden gegeven aan in de Velserpolder gelande Duitse parachutisten. Die geruchten kregen een luguber karakter toen er dikke zwarte rookwolken over de polder begonnen te drijven. Generaal Winkelman had tenslotte op 14 mei de Britten toch toestemming gegeven om de olievoorraden van Amsterdam in brand te steken.
Het werd verwarder en schriller toen er steeds meer vluchtelingen naar IJmuiden stroomden. Op het Sluisplein stonden bussen met Fransen en Engelsen.

Ze werden door Engelse torpedobootjagers opgepikt. Zondag 12 mei gingen prinses Juliana, prins Bernhard en de prinsesjes Beatrix en Irene aan boord van de torpedobootjager Codrington. Een paar uur na hun vertrek naar Engeland liep het met vluchtelingen afgeladen vracht-passagiersschip Van Rensselaer tussen de pieren op een mijn. De gezagvoerder overleed aan een hartverlamming, er waren nòg twee doden. Honderden met stookolie besmeurde en vaak gewonde drenkelingen moesten in vliegende haast worden gered. Een dag later liep er een lange trein met zeshonderd Duitse krijgsgevangenen binnen voor inscheping naar Engeland aan boord van de Phrontis. Later kwamen er nog driehonderd krijgsgevangenen in vrachtwagens. Bijna werden de Duitsers op de Phrontis het slachtoffer van hevige aanvallen van hun eigen stuka's…
Maar het érgste was toch wel de invasie van duizenden vertwijfelde joodse Nederlanders, die ten koste van hun hele bezit met een trawler naar Engeland wilden oversteken. Ze smeekten iedereen die maar een beetje op een zeeman leek om hen van de Duitsers te redden. Sommigen boden meer dan dertigduizend gulden voor een plaatsje

De heer TJ. O. v. d. WEIDE

**Installatie-plechtigheid
door den
Commissaris der Provincie**

GEINSTALLEERD ALS BURGEMEESTER VAN VELSEN

„Er valt in Velsen iets grootsch te doen" — aldus de nieuwe Magistraat

*Met een kernachtige rede, welke een afspiegeling vormde van zijn krachtige persoonlijkheid, heeft de heer Tj. O. v. d. Weide gistermiddag officieel zijn ambt als Burgemeester van Velsen aanvaard. Velsen heeft hiermede een nieuwen nationaal-socialistischen burgemeester gekregen, die weliswaar streng zal regeeren, doch die rechtvaardigheid in zijn vanen heeft geschreven en die een ieder die van goeden wille is, de hand zal reiken.
De rede van den nieuwen magistraat werd vooraf gegaan door de installatieplechtigheid, welke verricht werd door den Commissaris der Provincie, Mr. A. J. Backer.*

Voor het Velsensche raadhuis stonden formaties van de W.A. en Nationale Jeugdstorm ter verwelkoming opgesteld, terwijl in de raadzaal, waarin portretten van den Führer en ir. Mussert waren neergezet, een groot aantal genoodigden aanwezig was. Het zwart der NSB-uniformen domineerde hier, afgewisseld door het fleurige blauw en oranje der Jeugdstorm-uniform. Onder de aanwezigen merkten wij op den Beauftragte van den Rijkscommissaris, Unger; den wnd.-burgemeester van Beverwijk, alsmede de burgemeester van 's-Gravenhage, Haarlem, Castricum, Zaandam, Alkmaar, Baarn, Bunnik, Bussum, Bloemendaal, Heemstede en Landsmeer, Mr. de Kock van Leeuwen, voorzitter van de Kamer van Koophandel in Noordholland, den Ortsgruppenführer der NSDAP, Ortskommandant, Hafencommandant en den Gevolmachtigde van den leider, den heer De Ruiter. Spreker herinnerde vervolgens aan zijn tien jaar geleden in Velsen gehouden redevoeringen en aan de vele goede kameraden, welke hij toen hier gevonden heeft, om hierna te memoreeren de woorden van Jan Pietersz. Coen: „Daar is iets grootsch te doen." *Deze gemeente,* aldus burgemeester v. d. Weide, *zal de grootste visschershaven worden van Europa* en ik hoop haar op dezen mooien tocht naar het einddoel een eindweegs te vergezellen en den dag te beleven, dat de trawlers en loggers weer zullen uitvaren naar de zeeën, om met rijken buit weer huiswaarts te keeren.

ANDERE NAMEN.

De naambordjes van de Koningin Wilhelminakade, de Julianakade en de Julianabrug zijn door andere vervangen, die achtereenvolgens de namen Noorderkade, Zuiderkade en Kennemerbrug dragen

475

VERBODEN voor JODEN

476

477

478

474

474.
Bericht *Dagblad voor Noord-Holland*
30 september 1942.

475.
Bericht *Het Dagblad voor IJmuiden-Velsen-
Beverwijk-Driehuis-Santpoort* 13 april 1942.

476.
Op bevel van de Rijkscommissaris voor het
bezette Nederlandse gebied moesten in de
gemeenten verordeningen worden
vastgesteld, waarbij het aan joden verboden
was om hotels, restaurants, cafés,
bioscopen, schouwburgen, openbare
leeszalen, openbare zwem- en
badinrichtingen enz. te betreden of daarin
te verblijven. Ook in Velsen werden de
eigenaren, exploitanten en bestuurders van
bovenomschreven inrichtingen per 15 april
1941 verordonneerd biljetten 'Verboden
voor Joden' duidelijk zichtbaar aan te
brengen.

477.
Kriegsmarineofficieren op de Middensluis
tijdens een bezoek aan IJmuiden ca 1941/
1942. Van de afgebeelde personen zijn
alleen bekend de toenmalige
havencommandant van IJmuiden kapitein-
luitenant ter zee Himmelgart (met sikje),
oud-gezagvoerder van het Duitse
passagiersschip Bremen, met naast hem de
commandant van de Kriegsmarinewerf in
Den Helder ir Ahler.

478.
Huwelijksstoet voor het raadhuis te Velsen-
Zuid in 1941; omdat benzine niet
verkrijgbaar was, waren de auto's met
gasreservoirs uitgerust.

479.
Annonce *IJmuider Courant* 22 april 1941.

480.
In het seizoen 1940/1941 werd VSV
kampioen Eerste Klasse NVB. Van links
naar rechts: (boven) Tjeerd Servaas
(grensrechter), Jaap Stek, Jan van der Kuil,
Gerrit van der Lugt, Ab de Vries, Syp
Sterk, ir A.J. van Leusen (voorzitter), K.J.
Kaufman (trainer), Paul van Osch (gebogen
in het midden); (onder) Wim Balvers, Cees
Broek, Jan Poulus, Niek Michel, Jan van de
Gevel, Siem Voet.

479

V.S.V. Kampioen 1e Klasse K.N.V.B. 1940-'41   *480*

aan dek van een trawler. Het gekrioel
van deze steeds weer voor laag overra-
zende bommenwerpers terugdeinzen-
de mensen aan de haven was aan-
grijpend. Er waren veel te weinig schepen om ze allemaal te kunnen redden.
Er waren ook teveel chicanes. De grote
stroom joodse vluchtelingen uit Amsterdam en 't Gooi en van verder kwam
al spoedig niet voorbij Velserbeek. Er
werd vrijwel niemand meer tot de haven toegelaten. De vluchtelingen uit
Haarlem en omgeving, die op de 14e
mei 's morgens al waren gearriveerd,
hadden het meeste geluk. Velen van
hen zijn inderdaad nog weggekomen –
onder hen was mijn vriend Jacques de
Kadt met zijn familie.
De meidagen van 1940 zijn in mijn herinnering ook de dolste dagen uit de geschiedenis van IJmuiden. Het was een
stad vol paniek, explosies en vreemde
vertoningen. Tussen de pieren werd
door het Engelse commando de oude
oceaanreus Jan Pieterszoon Coen tot
zinken gebracht. Ook de Naaldwijk en
per vergissing een paar slepers van
Wijsmuller ondergingen dit lot. Daarmee was de haven van IJmuiden plotseling niet alleen voor de Duitsers,
maar ook voor de nog steeds toestro-
mende wanhopige joodse vluchtelin-

gen geblokkeerd. De wrakken van de
Jan Pieterszoon Coen, de Naaldwijk
en Van Rensselaer hebben vrijwel de
gehele oorlog het silhouet van de haven
bepaald. Tussen de paniekerige mensen reden opgeschoten jongens in allerlei soorten auto's, die de vluchtelingen
op de Tegeltjesmarkt hadden achter-
gelaten. Nog geen dag na de intocht
van de Duitsers moesten ze hun pas
verworven bezit alweer inleveren. Ik
krijg het nu nog koud als ik aan die
meidagen van '40 terugdenk . . .
Die paniek in IJmuiden bereikte het
hoogtepunt toen plotseling op de dag
van de capitulatie het bericht werd verspreid, dat de Engelse geniesoldaten
binnen een half uur alsnog de Hoogovens, sluizen en het forteiland zouden
opblazen. Overal zag je ineens mensen
met kinderwagens en karretjes op weg
naar de duinen en naar het veilig geachte IJmuiden-Oost om angstig te
wachten op de gevolgen van de zware
explosies. Het hielp niets dat politie-
mensen vertelden, dat de oorlog voor
Nederland voorbij was en dat zij veilig
naar hun huizen terug konden keren.
Er ontstond in Oud-IJmuiden een
complete uittocht. Duizenden mensen
zochten naar een veilig plekje in de duinen bij de terreinen van vsv en Storm-

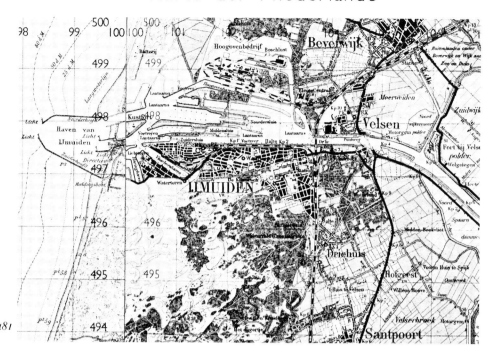

" Op Zaterdag , 9 Januari 1943,omstreeks 14.45 uur verschenen uit westelijke richting een twintigtal vliegtuigen,die volgens verstrekte inlichtingen door de warnzentrale in deze gemeente van Engelsche nationaliteit waren,vliegende in oostelijke en later in westelijke richting boven de gemeente Velsen.──────────

Zoolang deze vliegtuigen zich boven de gemeente bevonden heeft het in de omgeving van Ymuiden opgestelde afweergeschut van de Duitsche weermacht op deze toestellen geschoten.──────

Bij het inwerkingtreden van het afweergeschut om 14.45 uur werdhet sein "Luchtalarm" gegeven,terwijl om 15.31 uur het sein "Einde Luchtalarm" weerklonk.──────────

Bij een door mij,verbalisant,ingesteld onderzoek is gebleken,dat door deze vliegtuigen bommen zijn afgeworpen op de fabrieksgebouwen en terreinen van de N.V. Kon.Nederlandsche Hoogovens en Staalfabrieken N.V. ,te Ymuiden.────────

Door den Kommandoführer der Warnzentrale werden mij hierover de volgende inlichtingen verstrekt nl.:

" Drie bommen kwamen terecht op de Hoogovens,drie op de Staalfabrieken,drie op de Walsbedrijven en negen in het IJserpark.Voorts liggen er nog enkele (vermoedelijk vijf) blindgangers. Er ontstond ernstige materieele schade,terwijl meerdere personen werden gewond en gedood."
         4

──────

Gehoord:de Luitenant Teijnsmann,der Warnzentrale te Velsen, die verklaart,dat op 13 Februari 1943 van 16,06 tot 16,45 uur in de gemeente Velsen,luchtalarm was geweest,voor verscheidene vijandelijke vliegtuigen,die boven de gemeente Velsen vlogen en dat een vrij groot aantal bommen zijn afgeworpen boven IJmuiden én de hoogovens.

Inverband met bovenstaande is door mij relatant een onderzoek ingesteld waarbij bleek,dat in de Spilbergenstraat te IJmuiden,gemeente Velsen,een tweetal bommen zijn terecht gekomen op de perceelen 4,6,8 én 10,waardoor deze perceelen nagenoeg geheel zijn vernield,terwijl de perceelen 2,12 en 14 vrij belangrijke schade bekwamen.
         4

──────

Luchtalarm in de Gemeente Velsen van 10.54 tot 11.19 uur. Zeven bommen geexplodeerd ten Z.W.van IJmuiden-Oost. Geen persoonlijke ongelukken.Wel glas en kleine materieele schade aan huizen,waarvan de bewoners geëvacueerd zijn. Tevens zijn bommen gevallen in de omgeving van het Hoogovenbedrijf zonder ernstige schade aan te richten. Voor onderzoek naar blindgangers is de omgeving afgezet geworden.─

Luchtalarm in de Gemeente Velsen van 16.05 tot 16.45 uur. Bominslag in de van Spilbergenstraat No.4, 6, en 8.+10 Deze panden zijn geheel verwoest.Ongeveer 30 huizen beschadigd in de omgeving van de van Linschotenstraat en IJmuiderstraatweg. Bommen op het Hoogoventerrein,waarvan de uitwerking óns niet bekend is. Een onontplofte granaat in de Burg.Enschedélaan bij perceel No.34, Geen persoonlijke ongelukken.
         4

──────

Te 13.27 uur werd luchtalarm gegeven,hetgeen duurde tot 15.15 uur. In dien tijd vlogen naar schatting ruim 300 vijandelijke vliegtuigen in 8 golven over het westelijk gedeelte van de gemeente Velsen, waarbij een groot aantal brisantbommen werden uitgeworpen. Hierdoor werden getroffen het gebied van Oud-IJmuiden, de industriewijk ten zuiden van de Vissc erhaven en het beZuiden daarvan gelegen militaire duinterrein. Doordat Oud-IJmuiden geheel geëvacueerd is en doordat er daar het Zondag was, ook in de industriewijk slechts zeer weinig personen vertoefden, is het aantal slachtoffers in verhouding tot de omvang van het bombardement, uiterst gering. Acht burgers werden gedood; voor hun personalia wordt verwezen naar het proces-verbaal No.154 van de gemeentepolitie. In Oud-IJmuiden werden door voltreffers de volgende gebouwen geheel vernield of zeer zwaar beschadigd.

Gereformeerde Kerk	Noorderkade	25
Perceelen	"	42, 43, 44.
"	"	50, 51 en 52.
"	Prins Hendrikstr.	80,82,84,86,88 en 90

Trawlerkade	53-54	Agentuur-en Handelsmaatschappij, achtergevel weggeslagen, overige gevels zwaar beschadigd.
2e Havenkade	7	N.V. Scheepsherstelinr. Booy & Co, voorgevel geheel weggeslagen, verder zware schade.
Middenhavenstr.	64	Fa.Zwart en Duivenbode, geheel vernield.
"	34	Kistenfabriek Gebr.Jupijn "
"	36	Markiezenfabriek van Hits "
"	38	IJsfabriek Parlevliet "
"	80-86	Voorheen N.V."De Nijverheid"
4e Havenstraat		Pakhuizen "Frigo" geheel vernield.
Middenhavenstraat		Een blok van 3 Rijkswoningen geheel vernield.
Industriestraat	2	Pakhuizen Fa.Nyss und Freytag A.G. geheel vernield.
"	13-15	Gisterij Suyk, geheel vernield.
"	29	Vischrookerij R.Goedhart, geheel vernield.
"	75	Kennema Chemische Industrie Sluis, geheel vernield.
"	76	Electrische Centrale van den Rijkswaterstaat, geheel vernield.
Vuurtorenstraat	7	Woning van den Rijkswaterstaat geheel vern.
Haringkade	42,44,46	Perceelen in gebruik als werkplaats en pakhuizen bij de Fa.Nyss und Freytag A.G., geheel vernield.
Logerstraat	7	Timmerfabriek Stals, geheel vernield.
"	16	Rookerij, S.H. Loy "
"	8-10	Als pakhuizen in gebruik bij de Weermacht, geheel vernield.
"	34	Rookerij J.Groen, woning geheel vernield en de rookerij, die in gebruik was bij de Weermacht, gedeeltelijk vernield.

         4

481.
Detail van de stafkaarten 24 Hillegom en 25 Amsterdam. Duitse uitgave 1941, de zgn. 'Truppenkarte'.
482.
Aanval op de PEN-centrale door RAF Boston Aircrafts in mei 1943. De foto is genomen uit één van de zeer laag vliegende bommenwerpers. Op de voorgrond huisjes aan de Esdoornstraat. Daarachter bebouwing aan de Groeneweg, Tussenbeeksweg en Kastanjestraat. Op de achtergrond de bominslag in de PEN-Centrale.
483.
Fragment uit een proces-verbaal van de politie Velsen van 10 januari 1943.
484.
Fragment uit een proces-verbaal van de politie Velsen van 16 februari 1943.
485.
Fragment uit een rapport van het plaatsvervangend hoofd van de Luchtbeschermingsdienst van 15 februari 1943.
486.
Fragment uit een rapport van het plaatsvervangend hoofd van de Luchtbeschermingsdienst van 6 april 1944.
487.
Fragment uit een rapport van het plaatsvervangend hoofd van de Luchtbeschermingsdienst van 6 april 1944.
Bij het betreffende bombardement op IJmuiden van 26 maart 1944 kwamen de volgende personen om het leven:
Cornelis Pat, geboren op 28 november 1906, woonachtig in 's-Gravenhage.
Mardjan, geboren op 15 augustus 1904, woonachtig in 's-Gravenhage.
Josef Theodorus de Haan, geboren op 15 december 1921, woonachtig in Velsen.
Klaas Sikkens, geboren op 6 maart 1879, woonachtig in Zaandijk.
Frederik Christiaan Cottaar, geboren op 3 maart 1923, woonachtig in Velsen.
Cornelis Johannes van de Wateren, geboren op 28 augustus 1893, woonachtig in Santpoort.
C. van Hof, woonachtig in Krommenie [nadere gegevens ontbreken].
Louis Nieuwenhof, geboren op 20 juni 1923, woonachtig in Apeldoorn.
488.
Openbare Bekendmaking van 22 mei 1943.

Inlevering van Radio-Ontvangtoestellen

De Burgemeester (Politiegezagsdrager) van Velsen roept hiermede, in verband met het bepaalde in artikel 2 der Beschikking van den Höheren SS- und Polizeiführer d.d. 13 Mei 1943, betreffende het verbeurdverklaren van radio-ontvangtoestellen, de in deze gemeente woonachtige- en tot inlevering van die toestellen met toebehooren en eventueele onderdeelen verplichte personen op, bedoelde voorwerpen in te leveren.
Hiervoor zijn 6 bureaux ingesteld, n.l.:

A. het gymnastieklokaal der o.l. school no. 4 aan den Wijk a. Zeeërweg te IJmuiden (Oost);

B. het gymnastieklokaal der o.l. school no. 6 aan de Eksterlaan te IJmuiden (Oost);

C. het gebouw van den R.K. Volksbond, Wijkerstraatweg 76 te Velsen (Noord);

D. het perceel Driehuizerkerkweg 79 te Driehuis;

E. het Jeugdhuis der Ned. Herv. Kerk aan de Burg. Enschedélaan te Santpoort (dorp);

F. het gebouw ,,De Toorts", Duinweg 34a te Santpoort (station).

De inlevering moet geschieden op de hierna vermelde data door de inleveringsplichtigen, woonachtig in de achter elken datum vermelde straten:

1943

488

vogels. Pas nadat er vele uren zonder explosies waren verstreken en ineens de straatverlichting begon te branden, begon de terugtocht naar IJmuiden. Langzaam viel de nacht van de bezetting over onze stad. De schijnwelvaart van plotseling opbloeiende oorlogsindustrie verdween. Achter de bezettingstroepen marcheerden de Ortskommandant, de SD en hun trawanten IJmuiden binnen. De druk van de bezetter op de bevolking werd geleidelijk sterker. Er kwamen steeds meer verordeningen. De politieke partijen konden bovengronds niet meer functioneren. De weinige vissers die een vergunning hadden gekregen om in het belang van de voedselvoorziening door te mogen vissen, kregen een v-man, een vertrouwensman, mee naar zee. Ze mochten eens lust krijgen om naar Engeland over te steken.
Misschien wel de bizarste gebeurtenis in de visserij was, dat de door de Duitse Kriegsmarine met vissers uit Bremerhaven en Hamburg bemande voorpostboten 'illegaal' aan de visserij gingen meedoen. Die voorpostboten voor patrouilles langs de Nederlandse kust waren verbouwde trawlers – de in uniform gestoken Duitse vissers waren te gehecht aan hun stiel. Hun bloed

kroop waar het niet gaan kon. Ze verkochten hun vis aan IJmuidenaars, die vergunning hadden om aan 'de Kant' te komen. Die IJmuidenaars brachten die vis in koffers naar Amsterdam waar ze door naar de hoofdstad geëvacueerde plaatsgenoten hoofdzakelijk aan joodse Nederlanders zonder bonkaart werd verkocht. Uiteraard met winst...
Arbeiders werden geprest om in Duitsland te gaan werken. Radio's werden in beslag genomen. Mensen waarop de verdenking rustte dat ze illegaal werk deden, werden 's nachts van hun bed gelicht. Overal loerden verklikkers. Niemand wist op het laatst meer of hij zijn buren nog wel kon vertrouwen. Mensen toonden vaak zeldzame moed door voor de nazi's ondergedoken mensen te verbergen, weer andere mensen werden profiteurs van de toenemende schaarste aan goederen door in de zwarte handel te gaan en exorbitant hoge prijzen te vragen voor een pond vlees of een pond vet. De Vissershaven, de duinen en het zo geliefde strand werden tot *Sperrgebiet* verklaard. Niemand mocht deze gebieden meer zonder speciale toestemming betreden. En in 1942–'43 beleefde Oud-IJmuiden een nieuwe exodus. Alle be-

Bekendmaking

De Burgemeester van Velsen maakt bekend, dat ingevolge telegrafische opdracht van de Duitsche autoriteiten het spergebied

voór 1 Maart 1943 moet
zijn ontruimd.

Op genoemden datum worden uit alle woningen in het spergebied gelegen het gas en water weggenomen en de bewoners, zoo noodig, met den sterken arm verwijderd.

Dit geldt natuurlijk niet voor enkele gezinnen, die van mij, namens de Duitsche autoriteiten toestemming hebben bekomen om in het spergebied te blijven wonen.

VELSEN, 22 Februari 1943.   De Burgemeester voornoemd,
                                          Tj. v. d. Weide

Drukkerij Schmitz, Velsen-Noord

A.J. Allan   *Amschotenstraat 5*

ONTRUIMINGSBEVEL

Op verzoek van den Weermachtsbevelhebber in Nederland heeft de Rijkscommissaris voor het bezette Nederlandsche gebied gelast, dat Uw woning/Uw pand vóór ~~30 November 1942~~ / **31 December 1942** moet zijn ontruimd en U en Uw gezin Uw woonplaats moeten hebben verlaten.

Eenige aanwijzingen, welke voor U in verband met de gelaste ontruiming van belang zijn, doe ik U hiernevens toekomen.

25 November 1942 / ~~December 1942~~   De Burgemeester van
                                                    Velsen,
                                                    Tj. van der Weide

Gemeente Velsen
BEKENDMAKING

De Burgemeester van Velsen maakt bekend:

1e. dat op Zondag 5 November a.s. voor het laatst van kookgas gebruik kan worden gemaakt, aangezien de gasvoorziening met ingang van

6 November a.s. wordt gestaakt;

2e. om te voorzien in de behoefte aan warm voedsel zal met ingang van 6 NOVEMBER a.s. gelegenheid bestaan dit voedsel te betrekken van de CENTRALE KEUKEN;

3e. verstrekt wordt per persoon 3/4 liter per dag;

4e. ieder die aan deze voedselvoorziening wenscht deel te nemen, dient daartoe tevoren een weekkaart aan te koopen, waartoe gelegenheid bestaat ELKEN VRIJDAG van 9-12 en 13-16 uur, voor het eerst op VRIJDAG 3 NOVEMBER a.s. in de navolgende lokaliteiten:
   a. gymnastieklokaal van de o.l. school no. 4 aan den Wijk aan Zeeërweg te IJmuiden-Oost;
   b. het patronaatsgebouw aan den Willemsbeekweg te IJmuiden-Oost;
   c. de Centrale Keuken aan de Abeelenstraat te IJmuiden-Oost;
   d. het gymnastieklokaal van de o.l. school no. 6 aan de Eksterlaan te IJmuiden-Oost. (Dit lokaal is tevens aangewezen voor de bewoners van Driehuis);
   e. de Bijenstand Mellona aan den Bloemendaalschestraatweg te Santpoort;
   f. een lokaal van de o.l. school no. 8 aan de Burg. Enschedelaan te Santpoort.

5e. De prijs van de kaarten is fl.40 per week en per persoon en dient direct bij den aankoop te worden voldaan. Daarbij moeten worden ingeleverd de voor elke periode door de Distributiedienst bekend te maken bonnen. De bonnen moeten reeds van de kaarten zijn afgeknipt; in de uitreiklokalen zal hiervoor geen gelegenheid zijn.

6e. Het voedsel moet worden afgehaald aan dezelfde lokalen, alwaar de deelnemerskaarten zijn verkocht. Van dezen regel kan niet afgeweken worden. Het verdient aanbeveling, dat voor elk gezin één persoon de kaarten koopt en het eten afhaalt.

De voedselverstrekking aan baby's en zieken is in voorbereiding en zal nader worden bekend gemaakt.

Velsen, 27 October 1944.
De Burgemeester van Velsen.
Tj. v. d. Weide

Daar het goed functioneeren van de voedselvoorziening van het allergrootste belang is, doe ik een beroep op de inwoners om zich belangeloos beschikbaar te stellen als hulp voor kaartverkoop, vervoer en uitscheppen van het eten.

Geeft U daartoe spoedig schriftelijk op aan het Raadhuis, 5e Afd., onder vermelding van naam, adres en leeftijd.

De Burgemeester voornoemd,
Tj. v. d. Weide

DRUKKERIJ MOBO — IJMUIDEN O

Ds. B. EGGINK, Ned. Herv. Predikant te Nyega-Opeinde in de gemeente Smallingerland kan

vier inwoners

van de gemeente Velsen in huis ontvangen. Zijn er nog oude bekenden uit de plaats zijner vroegere inwoning, het dorp Velsen, die hierop reflecteeren?

489.
Openbare Bekendmaking van 22 februari 1943.
490.
Ontruimingsbevel van november/december 1942.
491.
Het Nieuw-Zeelandse squadron 487 bestookt Hoogovens op 13 februari 1943.
492.
Openbare Bekendmaking van 27 oktober 1944.
493.
Bericht *Het Dagblad voor IJmuiden* 3 december 1942.
494.
Luchtfoto van de RAF van de tankgracht bij Driehuis. Boven de doorlaatpost in de Duin- en Kruidbergerweg; beneden Beeckestijn. In de kringen bunkers, vermoedelijk voorzien van anti-tankwapens.
495.
Intimidatie van inwoners.

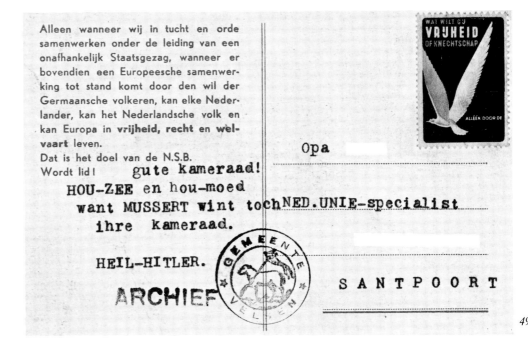

495

494

woners moesten hun huizen verlaten en werden naar andere plaatsen in het land geëvacueerd. Velen van hen zouden na de oorlog nooit meer terugkeren naar hun geliefde woonplaats. IJmuiden werd een vestingstad, omringd door een tankgracht en zware betonnen muren en asperges. Je had een *Ausweis* nodig om nog in dit gebied te mogen wonen. De toestand werd in de laatste oorlogsjaren erger en erger. De bezetters besloten uit angst voor een geallieerde invasie schootsveld te maken voor hun vèrdragende kanonnen. Duizenden huizen werden gesloopt, hele woonwijken veranderden in onafzienbare puinvelden, duizenden bomen werden in de bossen tussen IJmuiden-Oost en Santpoort geveld. En bij dit alles kwamen tenslotte de bittere koude en de honger in de strenge winter van 1944–'45. Het leven werd ondragelijk. Het broodrantsoen daalde tot ver beneden het minimum. Het bodempje soep of stamppot uit de gaarkeuken was te waterig om het branderige gevoel van honger ook maar eventjes te verdrijven. Mensen gingen lijden aan hongeroedeem. Uit de vesting IJmuiden begonnen de lange hongertochten naar de kop van Noord-Holland om de laatste beddelakens, de

gouden trouwringen, de naaimachines bij de boeren te ruilen voor een paar liter melk, een paar pond tarwe, wat aardappelen en kool.
Ik zie me nog met mijn broer met een lading hout op een handkar een tocht maken naar de Wieringermeer. Het was bitter koud. De vrieswind langs het Groot Noordhollandsch Kanaal blies dwars door onze kleren. Onderweg kiepte de kar een paar maal, zodat we het steeds weer wegrollende hout van de gesloopte IJmuidense huizen met onze toch al geringe krachten weer moesten opladen.
Er waren de bittere ervaringen van mensen, die op hun terugtocht uit 'de Noord' hun voedsel door meedogenloze Nederlanders in het uniform van de Landwacht in beslag genomen zagen. Weg tarwe, weg handkar, weg fiets op tuinslangbanden, weg een week leven. Er was het steeds vertwijfelder zoeken naar brandhout, het koken van de suikerbieten om stroop te maken, de stank van de pulp van die bieten in de keuken, de vreemde smaak van een tulpenbol en de smerige gele zwavelzalf om de door het gebrek aan zeep optredende scabiës, een hardnekkig soort schurft, te bestrijden.
Er was geen gas en geen electriciteit

ORTSKOMMANDANTUR
IJMUIDEN - VELSEN
TELEFON 4594

(UMFASSEND DIE ORTE
VELSEN, VELSEN-Nord, IJMUIDEN,
IJMUIDEN-Oost,
DRIEHUIS, SANTPOORT).

B.Nr. 46/40

IJMUIDEN, den 9. Dezember 1940.
JULIANAKADE 60.

496

Der Unterzeichnete erklärt, dass er von dem Bürgermeister der Gemeinde Velsen ein Zahlungsverzeichnis der ausgezahlten Quartiergelder, zum Betrage von hfl. *89.58,63.* sowie *149* diesbezügliche Quartierzettel empfangen hat.

VELSEN, 1 1 DEC. 1942

Ober-Leutnant M.A.
Standortoffizier

499

Festungskommandeur Oberst Peters,
"Schoonenberg",

D R I E H U I S.

Uw kenmerk	Uw brief van	Ons kenmerk	
		No.	Afd.
Onderwerp:		VELSEN, den 3. März 1944.	

Anbei sende ich Ihnen eine Karte vom östlichen Teil meiner Gemeinde, auf dem ich mit blauen Streifen das Land, das gesumpft wird, angegeben habe, laut der Offizieren, welche auf der Sammlung in Haarlem anwesend waren.

Morgen hoffe ich Ihnen eine Karte zu senden von allem Lande, das in Nord Holland gesumpft wird.

H E I L   H I T L E R !
Der Bürgermeister von Velsen,

497 Die Karte von der Provinz Nord Holland wird Ihnen hierbei schon zugesendet.

Aan

Z.O.Z.

Uw kenmerk	Uw brief van	Ons kenmerk	
		No.	Afd.
Onderwerp:		VELSEN, 18 April 1944.	

Werkzaamheden voor de Duitsche Weermacht.

Aan mij is de verplichting opgelegd door de Duitsche Weermacht om voor typewerk, dat geen uitstel kan lijden, burgerlijke arbeidskrachten plus schrijfmachines ter beschikking te stellen

Uit Uw bedrijf wordt tenminste één bekwame typiste of typist plus schrijfmachine door U aangewezen, die zich Maandag 24 April a.s. om 3.15 uur dient aan te melden op het Raadhuis te Velsen. De duur van de tewerkstelling is waarschijnlijk 4 à 5 weken. Reclames tegen dezen oproep worden niet aangenomen.

Door den Wehrmachtsbefehlshaber is medegedeeld, dat het niet-voldoen aan dezen oproep zal worden beschouwd als sabotage. Het loon bedraagt het bedrag dat op dit oogenblik bij den werkgever genoten wordt.

432. De Burgemeester van Velsen,

498

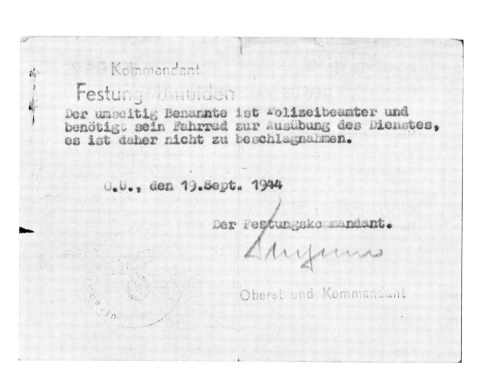

Kommandant Festung IJmuiden

Der umseitig Benannte ist Polizeibeamter und benötigt sein Fahrrad zur Ausübung des Dienstes, es ist daher nicht zu beschlagnahmen.

O.U., den 19. Sept. 1944

Der Festungskommandant.

Oberst und Kommandant

500

VEREENIGDE STEENKOLENHANDEL N.V.

TELEFOON No. 4643
(2 lijnen)

Bankrelatie
De Twentsche Bank N.V.
IJmuiden

Telegram-Adres:
-ERIN-

Postgiro No. 346677

IJMUIDEN, 20 April 1944
Kennemerlaan 44

GEMEENTE VELSEN
INGEK. Nº
21 APR 1944
REG. Nº

Den Heer Burgemeester van Velsen

V e l s e n

Edelachtbare Heer,

Betr. Werkzaamheden voor de Duitsche Weermacht.

In antwoord op Uw schrijven dd. 18 dezer en in vervolg op ons telefonisch onderhoud van hedenmorgen deelen wij U mede, dat onze typist voor Duitschland is gevorderd. Onze firma heeft thans nog slechts de beschikking over een boekhouder, die 61 jaar, hardhoorig en momenteel ziek is, alsmede een kwitantielooper, die niet typen kan.

Ons eigen typwerk wordt, voorzoover ondergeteekende dit niet kan verrichten, uitbesteed, zoodat U zult begrijpen, dat wij U tot onze spijt niet van dienst kunnen zijn.

Hoogachtend
VEREENIGDE STEENKOLENHANDEL N.V.

501

496.
Briefhoofd van de Ortskommandant van IJmuiden-Velsen. Na het bevel tot 'Küstenräumung' eind 1942, waaronder ook het slopen van panden binnen de 'Festung IJmuiden' viel, verplaatste de Ortskommandantur zich naar hotel De Prins in Velsen-Noord.

497.
Brief van de burgemeester van Velsen van 3 maart 1944.

498.
Brief van de burgemeester van Velsen van 18 april 1944.

499.
Verklaring betreffende de betaling van gelden voor inkwartiering van de Duitse weermacht bij particulieren en in hotels en pensions. De uitbetaling geschiedde overeenkomstig de verordening 50/1940 van de Rijkscommissaris voor het bezette Nederlandse gebied.

500.
Vrijstelling voor de politie inzake het inleveren van fietsen.

501.
Reactie (20 april 1944) op de brief van de burgemeester van Velsen (zie nr. 498).

502.
Brief van de burgemeester van Velsen van 1 november 1944.

503.
Fragment uit een toen geheim rapport over de ontruiming en afbraak van woningen en gebouwen binnen de 'Festung IJmuiden' van 14 november 1942.

Geheim

DER REICHSKOMMISSAR
FÜR DIE BESETZTEN NIEDERLÄNDISCHEN GEBIETE
Der Räumungskommissar
Ing.Mün./Ga.

DEN HAAG, **am 14. November 1942**

An den
Bürgermeister der Gemeinde
I j m u i d e n .

Betrifft: Küstenräumung – Ijmuiden.

    Aufgrund der Anordnung des Reichskommissars für die besetzten niederländischen Gebiete vom 20.10.1942 betreffend die Bestellung eines Räumungskommissars erteile ich Ihnen nachstehenden Auftrag:

    1. Sie haben die in beiliegender Liste (Beilage A) bezeichneten Gebäude bis zum 10.12.1942 bis auf Terreingleiche abzubrechen und evtl. Kellerräume auf dieses Niveau anzufüllen. Mit den Arbeiten ich am 15.11.1942 zu beginnen und zwar nach Bergung der in den Gebäuden zurückgelassenen Einrichtungsgegenstände.

503

Den Heer A.J. de Pagter,
Kampersingel,
H A A R L E M.

Uw kenmerk	Uw brief van 27 Oct. 1944.	Ons kenmerk
Onderwerp:	No.	Afd. 4.
Afbreken van panden.	VELSEN, 1 November 1944.	

    Naar aanleiding van Uw bovenaangehaald schrijven deel ik U mede, dat op last van de Duitsche Weermacht in verschillende straten te IJmuiden, o.a. in de Houtmanstraat en de De Rijpstraat, panden worden afgebroken. Daar de afbraak op korten termijn moet geschieden ontbreekt de gelegenheid, mede in verband met de bijzondere omstandigheden, om de belanghebbenden tijdig te waarschuwen.
    Voor het bekomen van inlichtingen omtrent vergoedingen terzake geef ik U in overweging, U te wenden tot het bureau Onteigening van den Algemeen Gemachtigde voor de Oorlogs-en Defensieschaden, Parkstraat 38, 's-Gravenhage.

De Wethouder van
de bedrijven,

De Burgemeester van Velsen,

502

meer. Er was op laatst niets meer dan ellende en een vaak egoïstisch gevecht in gezinnen om in leven te blijven. Een vader die razend werd, omdat zijn hongerige zoon een hap van zijn gaarkeukenprakkie had genomen. Er waren de vrouwen, die de laatste snede klef oorlogsbrood uit hun mond spaarden om hun kinderen in leven te houden. En er was soms de vreugde van plotseling iets lekkers: door de distributie beschikbaar gestelde pakken vooroorlogse taai-taai, het Zweedse wittebrood met de Zweedse margarine. Maar er waren ook nog verschrikkelijke razzia's van de met machinepistolen door de straten razende jonge fanatieke soldaten van de *Hermann Göring-Division*, die alle weerbare mannen boven zestien jaar dwongen een voettocht naar de loodsen van de Amsterdamse haven te maken voor verder transport naar Duitsland. De bezetters vreesden dat bij een invasie deze uitgemergelde mannen de kant van de geallieerden zouden kiezen.

Soms was er toch ook nog een beetje humor. Nóóit vergeet ik het verhaal over die vetgevreten zwarthandelaar met balen tarwe op zijn zolder. Op een dag zocht hij zich een ongeluk naar zijn mooie, gezond-glanzende kater. 'Poes,

poes, poes, kom toch! Waar zit je toch, beestje?' klonk het in de poort achter ons huis. Totdat hem plotseling een lichtje opging, bij het opsnuiven van een heerlijke braadlucht uit het huis van een groot armelijk, aan hongeroedeem lijdend gezin. Hij had niet de moed om aan te bellen. De buurt gunde hem het verlies van zijn kater. Er was soms een pannetje soep na een uur houthakken door de kinderen voor de bezetter, die op het laatst ook nog maar alleen uit een verzameling oude Oostenrijkers in opgelapte uniformen bestond. En die twee vrouwen, die in de allerergste maand van de hongerwinter het gerucht hoorden dat de Duitse officieren in Huize Velserbeek brood, Duitse kuch, uitdeelden. Verlangend keken ze omhoog naar een raam, waarachter een Duitser hen scherp opnam. Hij opende het nijdig en vroeg wat ze daar toch uitspookten. *'Wir haben honger!'* schreeuwden ze zo hard als ze konden. *'Ich auch!!!'* snauwde de Duitser en sloot woedend het raam.

504

Bekendmaking.

In verband met de in de laatste dagen in de gemeenten Velsen en Beverwijk voorgekomen moordaanslagen, is het volgende bevolen:

De op 16 April j.l. gearresteerde inwoners van genoemde gemeenten zullen onmiddellijk in vrijheid worden gesteld, indien **voor 19 April 1944, te 18 uur,**

1.) de daders dezer aanslagen door de inwoners van Velsen en Beverwijk zijn gegrepen en overgeleverd aan de bevoegde politie-instanties, of

2.) van de bevolking mededeelingen worden ontvangen, welke tot de opsporing en aanhouding van de daders leiden.

Velsen-Beverwijk, 17 April 1944.

De Burgemeesters van Velsen en Beverwijk,
Tj. van der Weide,
J. B. van Grunsven.

505

506

507

504.
Bescherming van het bevolkingsregister aan de achterzijde van het raadhuis te Velsen-Zuid door prikkeldraadversperring en patrouillerende politiemannen.
Rechts agent C. Beentjes, die in september 1944 van burgemeester Van der Weide ontslag kreeg 'wegens vermeend onderduiken'. Links agent D.H. Bosman, die in september 1944 eveneens zijn ontslag kreeg omdat hij volgens Van der Weide 'zijn post verlaten had'.
Beide politiemannen kregen na de oorlog volledig rechtsherstel.

505.
Openbare Bekendmaking van 17 april 1944. De door de beide burgemeesters bedoelde moordaanslagen waren acties van het verzet, hoofdzakelijk uitgevoerd door de IJmuidenaar Jan Bonekamp en de Beverwijker Henk Pools. Het begon met de liquidatie van de Beverwijkse SD-agent Jan van Soelen, op de hoek Groenelaan/Zeeweg in Beverwijk op 7 maart 1944 's avonds. Op 24 maart van dat jaar volgde op de Wijkerstraatweg, ter hoogte van de Pelstraat, een aanslag op de Velser burgerbewaker of SD-agent J.J. (Ko) Langendijk. Deze voormalige kapper uit Velsen-Noord ontkwam met een schot in de heup. De collaborerende politie-inspecteur W. Ritman werd op 6 april 1944 vlak bij de pont te Velsen-Noord neergeschoten. Represaille-maatregelen konden niet uitblijven. Op 9 april ondernam de SD uit de Euterpestraat in Amsterdam een 'Silbertanne-actie'. Een aantal onschuldige slachtoffers werd uitgezocht: de Beverwijkse chirurg dr L.J. Büller werd in de hal van zijn huis doodgeschoten en de bankwerker Johan Philip Juckers uit Velsen-Noord werd verwond. De liquidatie van de Beverwijkse NSB-groepsleider S.J. de Graaff in Beverwijk op 15 april leidde tot een razzia, uitgevoerd door de Grüne Polizei, waarbij 486 mannen uit Velsen-Noord en Beverwijk werden gearresteerd. Onder hen bevond zich Pools. Hoewel zijn medegevangenen vermoedden dat hij bij de aanslag betrokken was, werd hij niet verraden. De daders meldden zich niet en de gearresteerden werden op 19 april naar Amersfoort overgebracht; een deel ging later op transport naar Duitsland. Na de bevrijding keerden velen niet terug.

506.
Een tweemans onderzeeboot, type Seehund, werd vlak na de oorlog op de kade van de buitenhaven van Hoogovens gevonden. Dit nieuwste en nauwelijks beproefde wapen van de Duitsers opereerde vanuit IJmuiden sinds de jaarwisseling 1944/1945 tot april 1945. De totale vloot van 40 boten heeft in die korte tijd 120000 bruto ton tot zinken gebracht. In december 1944 waren de schepen in het geheim naar IJmuiden gebracht, waar ze in Velserbeek in de Lindenlaan werden opgeslagen. Over de bomen waren camouflagenetten gespannen. Bij actie werden de boten naar de kleine sluis vervoerd en via

een glijbaan te water gelaten. De bemanning en het technisch personeel, een Marine Einsatz-Kommando, kregen hun opleiding in het gebouw van Rijkswaterstaat aan de De Wetstraat.

507.
Gezicht op de snelbootbunker na het bombardement van 26 maart 1944. Links de verwoeste vismeelfabriek Sluis. Op de achtergrond de munitiebunker aan de Strandweg. Commandant van de bunker was Amende.

508.
Hoewel het verraad en de collaboratie tijdens de oorlog in IJmuiden hoogtij vierden – IJmuiden werd niet voor niets een NSB-nest genoemd – heeft deze plaats en ook andere delen van de gemeente Velsen vele moedige inwoners gekend, die zich met gevaar voor eigen leven en met inzet van alle krachten ingezet hebben voor de strijd tegen de Duitsers. Een van hen was de IJmuidenaar Jan Bonekamp, die zich onmiddellijk vanaf het begin van de oorlog, gedreven door een enorm stuk verontwaardiging maar ook door zijn politieke scholing en achtergrond – hij was overtuigd communist – voor het verzet op onnavolgbare wijze verdienstelijk heeft gemaakt. Als chauffeur bij Hoogovens werkzaam en deelhebbend aan de communistische celvorming bij dit staalbedrijf werkte hij mee aan het verspreiden van illegale bladen en het collecteren voor de illegaliteit. Zijn onvermoeibare pogingen om zijn collega's van de kracht van het middel staking te overtuigen kregen effect in februari 1941 en april 1943, toen de landelijke stakingsoproepen overal, ook in de IJmond, gehoor kregen. Bij de laatste staking kwam Bonekamp op de 'zwarte lijst' van de Duitsers. Toen hij gearresteerd werd kon hij door geluk en een slimme manoeuvre ontsnappen. Na die gebeurtenis dook hij onder en wijdde hij al zijn tijd aan de illegaliteit. Hij was verbeten en onverzoenlijk geworden vanwege de bittere ervaringen in IJmuiden, dat meer en meer door de Duitsers met de grond gelijk werd gemaakt. Hierdoor en door de gesprekken die hij had met vrouwen van opgepakte verzetsstrijders werd Bonekamp, zoals velen in de Nederlandse illegaliteit, tot een vorm van verzet gedreven, die alleen nog maar met dezelfde methoden wilde werken als de Duitsers zelf deden, dat wil zeggen: geweld.

Jan Bonekamp ging dikwijls als eenling te werk hetgeen mogelijk was door zijn goede verbindingen en contacten, niet alleen in de IJmond, maar ook in Alkmaar, de Zaanstreek en Haarlem. Daar kwam hij regelmatig bij de groep die later uitgroeide tot de Raad van Verzet. Bonekamp pleegde op veel terreinen verzet. Hij nam deel aan overvallen op stadhuizen en distributiekantoren; hij saboteerde bij spoorlijnen en in fabrieken, zoals de Velser PEN-Centrale, maar zijn opvallendste werk was het neerschieten van

mensen, die collaboreerden met de Duitsers. In opdracht of op eigen initiatief – door dit laatste kwam hij wel eens met zijn illegale superieuren in conflict – raakte hij langzamerhand gespecialiseerd in het doodschieten van collaborateurs die door verraad betrouwbare Nederlanders, onder wie vele verzetsstrijders, hadden aangegeven. Bonekamp was verantwoordelijk voor de dood van onder meer Musman, Van Soelen, De Graaff, de politie-inspecteur Ritman. Hij pleegde – alleen of in samenwerking met anderen – aanslagen op Langendijk en Roosendaal. Met de Haarlemse verzetsstrijdster Hannie Schaft schoot hij de Heemsteedse banketbakker Faber neer. Onvermoeibaar meldde hij zich keer op keer bij zijn illegale chefs, die hem tot kalmte maanden en hem probeerden af te remmen. 'Als ik geen opdracht krijg, ga ik zelf wel', was in dat soort gevallen zijn vaste commentaar en zijn chefs wisten dat hij ernaar zou handelen. De Velser burgerbewaker G. J. Roosendaal werd door

hem op 13 juni 1944 op het Velserduinplein geliquideerd. Acht dagen later voerde Jan Bonekamp zijn laatste opdracht uit. Samen met Hannie Schaft, met wie hij in de loop van de oorlog een bijzonder kameraadschappelijke verhouding had opgebouwd, schoot hij de politieman Ragut in Zaandam neer. Daarbij werd hij zelf levensgevaarlijk gewond. Hij kon nog ontvluchten, maar kwam toch in handen van de Duitsers. Die brachten hem naar een Feldlazarett in Amsterdam, waar hij volgespoten werd met stimulerende middelen om te praten. Na een extra-krachtige injectie stierf hij daar, 31 jaar oud. De naar hem genoemde straat in IJmuiden en het kleine eenvoudige monument in Zaandam herinneren nog aan deze verzetsstrijder.

509.
Brief van de burgemeester van Velsen van 8 augustus 1944. De gegrepen moordenaar, waarop burgemeester Van der Weide doelt, is Jan Bonekamp.

508

GEMEENTE VELSEN

Den Heer Max Blokzijl

te

W A S S E N A A R.

e Afdeeling No.   bijl.1   VELSEN, 8 Augustus 1944.

ONDERWERP:
    Kameraad!
    Ingesloten retourneer ik U denmij toegezonden brief van A. van Vuuren, Walravenstraat 25 te Velsen-Noord; genoemde persoon geeft de feiten ongeveer juist weer. Naar aanleiding van verschillende moorden in Beverwijk en Velsen-Noord werd op 17 April een razzia gehouden door de Grüne Polizei op last van den S.D. en werden een kleine 500 jonge mannen tusschen 18 en 25 jaar naar Amersfoort overgebracht. De volgende morgen moesten de Burgemeester van Beverwijk en ik publiceeren, dat, zoo door of met medewerking van de bevolking de dader van de moordaanslagen binnen 2 x 24 uur kon worden gearresteerd, de jonge mannen oogenblikkelijk zouden worden vrijgelaten. Aangezien de moordenaar niet binnen den bepaalden tijd kon worden gearresteerd, bleven de jonge mannen in Amersfoort; vermoedelijk een 150 tal werd geleidelijk aan vrij gelaten, hoofdzakelijk arbeiders uit de Rüstungsbetriebe.
    Eenige weken daarna werd de moordenaar gegrepen en verwachtte men toen algemeen, dat de nog in Amersfoort zittende jonge lieden zouden worden vrijgelaten.
    De Burgemeester van Beverwijk en ik hebben alle mogelijke middelen in het werk gesteld om de vrijstelling te verkrijgen, er op wijzende, dat het vasthouden der jonge lieden waarschijnlijk zeer veel verbittering zou veroorzaken. De Festungskommandant alhier heeft onze actie ondersteund, doch alles tevergeefs. Wij hebben niettegenstande persoonlijke bezoeken aan de S.D. autoriteiten en diverse verzoekschriften geen resultaat kunnen boeken. Integendeel, kort daarop werden de jongelieden, na gekeurd te zijn, voor Arbeidsinzet naar Duitschland overgebracht, waar zij niet meer als gevangenen, doch als gewone arbeiders beschouwd worden en behandeld.
    De afgekeurden zijn nog in Amersfoort en pogingen, om voor dezen vrijstelling te verkrijgen, hebben ook nog geen resultaat opgeleverd.
    Hopende U hiermede voldoende te hebben ingelicht,

                    H O U   Z E E !
        De Burgemeester van Velsen,

                        W.

509

510

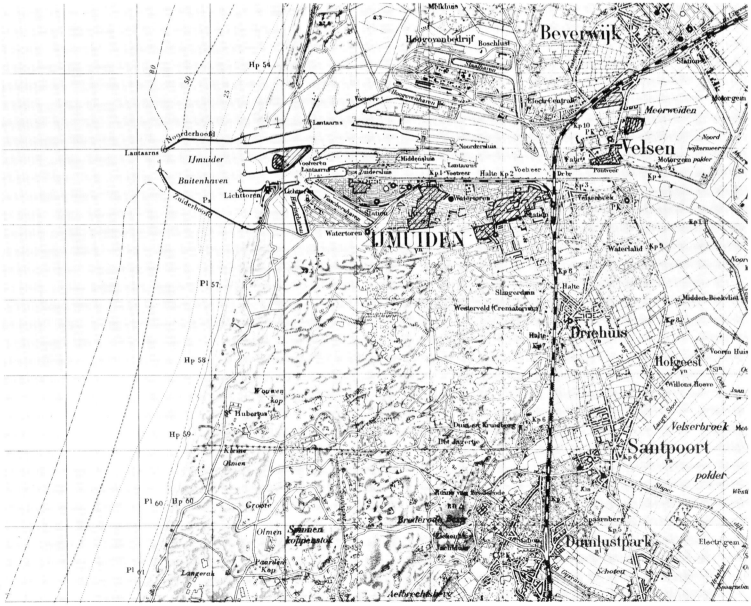

511

510.
Herstelwerkzaamheden aan de Vishallen in
1946.
511.
Detail van de stafkaarten 24 Hillegom en
25 Amsterdam, verkend in 1949.
512.
Bericht *IJmuider Courant* 3 mei 1946.

vrede en wederopbouw

het verhaal van de vroedvrouw
1945-1976

4 Mei! Dag van den vrede. Er werden
al vlaggen uitgestoken, er was vreug-
debetoon. Op advies van de Nederlandsche regeering in Londen werden de
vlaggen later weer ingehaald. Zoolang
de Duitschers nog, aanwezig zijn kunnen moeilijkheden verwacht worden.
Ook niets doen, wanneer misschien een
enkele Canadeesch tank zich mocht
vertoonen. Wachten met uiterlijk vreug-
debetoon tot de eerste geallieerde le-
gergroep aankomt.

De B.S. had de order wanneer de
klok van het Patronaatsgebouw geluid
wordt moeten de posten betrokken worden. Op het afgesproken sein konden de
wapens in ontvangst worden genomen.

In den morgen van den 5en Mei
kwam de B.S. in het geweer. Het eerst
werd het politiebureau bezet. Daar waren geen Duitschers, maar N.S.B.-poli-
tiemannen, die zich zonder verzet over-
gaven, tot spijt van de B.S. Die had
gaarne het zaakje uitgevochten.

Nadat het politiebureau bezet was,
werden ook de andere wachtposten uitgezet.

Een der sectie-commandanten kreeg
de opdracht, de sluizen te bezetten. Men
vreesde, dat de ondeskundige Duitschers
hier wel eens „brokken'' zouden kunnen maken.

De sectie-commandant vervoegde
zich bij de Hafenkommandant.

„Was wollen Sie?''

„De sluis bezetten''.

„Wofür?''

„Kans op vernieling door de burgers''.

De Hafenkommandant zeide, dat hij
orders had, de sluizen te blijven bezetten totdat de Canadeezen waren gekomen. We zullen zorgen, aldus de
Duitsche officier, dat de burgers van de
sluizen gehouden worden.

„Wieviel Männer haben Sie?''

1500......!

Of ze gewapend waren. En waar ze
de wapens vandaan hadden?

Op 8 Mei kwamen de Canadeezen in
de gemeente. Hoe ze ontvangen werden,
behoeft hier niet te worden verteld.

De Canadeesche commandant stelde
zich direct met het commando der B.S.
in verbinding, verschafte wapens en
deelde orders, voedsel en sigaretten uit.

512 Het waren schoone dagen, die eerste
dagen van Mei. Die vergeten we nooit.

513.

Detail blokkaart 3A met een overzicht van de vestingwerken, die in de Tweede Wereldoorlog als de zogenaamde 'Festung IJmuiden' deel uitmaakten van de Duitse 'Atlantik Wall'. De 950 bunkers zijn gedeeltelijk gesloopt, onder de grond gebracht of (in het kustgebied) 'ondergestoven'. De complexen op deze kaart zijn omlijnd en de bunkers met stippen aangegeven. Onderstaand een beschrijving van de belangrijkste verdedigingswerken.

L. Batterie Dunenberg bevond zich op het Paasduin en bevatte vier 10,5 cm luchtdoelbatterijen met een schootsveld van 360°. Aan de noordzijde ervan stonden op een duintop drie 2 cm luchtdoelmitrailleurs.

A + B + D. Batterie Graphorn bestond uit vier stukken kustgeschut van 10,5 cm, opgesteld in zeer zware luifelbunkers. Schootsveld 60°. Elke batterij was uitgerust met één zware 2 cm mitrailleur en één 4 cm snelvuurkanon.

E + F. Ugrukostelling, waar de centrale commandopost van de zware luchtdoelbatterijen zetelde. Het dak van deze geheel ingegraven post aan de oostelijke duinrand bestond uit 6 m gewapend beton, waarop 5 m zand. De oppervlakte bedroeg ca 40 × 20 m.

U. Forteiland, dit oorspronkelijk Nederlandse verdedigingswerk was zwaar versterkt. In de geschutbunkers bevonden zich 18 cm kanonnen; op de strekdammen stonden bunkers voor het uitwerpen van dieptebommen. Aan de voet van de Zuidpier stonden bunkers, die dienden als verblijven voor manschappen en opslagplaatsen voor voedsel.

BB. Batterie Heerenduin was, op het Forteiland na, het zwaarst bewapende deel van de 'Festung IJmuiden'. Het omvatte vier stukken kustgeschut van 17 cm L/40, vier 'Nebelwerfers' van 20 cm, zes 5 cm granaatwerpers, zeven 8 cm granaatwerpers en vierendertig 7,5 cm snelvuurkanonnen in overdekte luifelbunkers opgesteld.

CC. Batterie Olmen was een luchtdoelbatterij van vier 7,5 cm kanonnen in pantserkoepels opgesteld en twee 2 cm mitrailleurs met een schootsveld van 360°. Meer noordelijk lag de machine- en transformatorbunker.

JJ. Bunkerdorp Süd omvatte hoofdzakelijk verblijven voor manschappen, beveiligd door twee stukken PAK en diverse mitrailleur-opstellingen.

DDD. Schonenberg, het stafkwartier van de commandant generaal-majoor Hüttner van de Wehrmacht Artillerie. Het hele gebied, waar de staf van de vesting was gelegerd, was afgezet met prikkeldraad. Hier lagen tevens 1400 Pantservuisten opgeslagen.

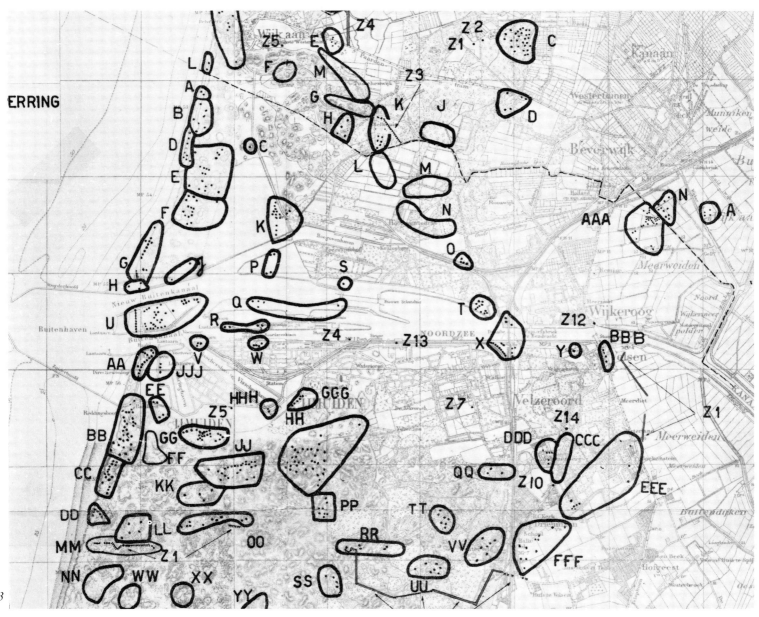

HH. Stafkwartier Kampfgruppe Süd had als commandant majoor Blekwedel. Hier waren 340 Pantservuisten opgeslagen.
BBB. Gebied Velsen, pontveer bestond uit een aarden wal en bunkers met geschut ter verdediging van de Amsterdamseweg en het Noordzeekanaal.
X. Gebied Spoorbrug omvatte een complex van onderkomens en geschutstellingen ter bescherming van de spoorbrug van Velsen. Op de dijk langs het kanaal stond langs de hele noordzijde van het vestinggebied een driedubbele rij prikkeldraadversperringen en diverse nevelapparaten.
FFF. Süd-Ost Batterie (luchtdoelbatterij) bestond uit vier 8,8 cm stukken en twee 2 cm mitrailleurs. Eind april 1945 was daar een munitievoorraad van 1000 à 1500 granaten en munitie van 16000 schoten per mitrailleur.
EEE. Opslag gasgranaten en anti-tankwapens.

Beeckestijn en Waterland dienden als opslagplaatsen voor de gasgranaten. In de directe omgeving van de doorlaatpost in de tankmuur over de Doodweg (later Kapelweg) in Driehuis stonden vijf zogenaamde 'Goliath-tanks'. Dit waren miniatuurtanks, uitgerust met een electro-motor en volgestouwd met munitie die, verbonden aan een afrollende kabel, op hun doel werden afgestuurd. Begin 1945 werden deze anti-tankwapens door de Duitsers ingezet.
N. Stützpunkt-Batterie Bahnhof, achter station Beverwijk gelegen, bestond uit drie 7,5 cm kanonnen en twee 2 cm mitrailleurs. Deze batterij bestreek tevens het gebied van de spoorbrug en het pontveer.
514.
Openbare Bekendmaking van 7 mei 1945.

GEMEENTE VELSEN

Ik breng ter algemeene kennis dat ik door den waarnemend Commissaris der Koningin in de provincie Noordholland belast ben met de waarneming van het burgemeestersambt in deze gemeente tot dat den Burgemeester dezer gemeente Mr. M. M. Kwint is teruggekeerd.

VELSEN, 7 Mei 1945
DEN TEX   *514*
waarnemend Burgemeester van Velsen

You telling me. Mensenkinderen, 't leek wel of IJmuiden de Engelse ziekte had, toen de laatste Duitse troepen, een allegaartje van oude mannen in tot op de draad versleten uniformen, zwijgend waren afgemarcheerd. Je kon geen man tegenkomen, of hij zei *You telling me* en woorden als *sure* en *may be.* Zelfs de jongste snotaap wilde je in die dagen laten geloven, dat hij in de oorlog aan de zijde van de geallieerden had gestreden. *You telling me,* wat deden die knaapjes stoer, maar het verhaal van Truus Streefland over de thuiskomst van de eerste IJmuidense zeeman uit Engeland is in elk geval te mooi om het niet te vertellen. Vroeger ben ik als vroedvrouw bij Truus in IJmuiden veel over de vloer geweest, zodat ik die ronde gezellige meid goed kende. Ze zat na de bevrijding nog met haar drie kinderen geëvacueerd op de bovenverdieping van een villa aan de Verbindingsweg in Bloemendaal. ''t Stikte daar van de IJmuidenaren', zei Truus. 'Han Effern was bij mij ingetrokken, je weet hoe dat gaat. Die meid had eerst met haar zoontje ergens in 'de Noord' gezeten en later bij het grote gezin van Verburg, dat zelf al niet veel ruimte had. Dat zoontje was geboren, kort nadat haar man in mei 1940

naar Engeland was overgestoken. 't Had z'n vader dus nooit gezien. "Kom jij maar lekker bij mij, meid. Dan heb je een kamer, een slaapkamer en samen de keuken. Veel te koken valt er toch niet meer", zei ik. Ja, je had op 't laatst toch van alles niks meer. En toen kwam de bevrijding. We zijn met z'n tweeën de straat opgehold. Uit de deur van de villa naast ons kwam een jodenman met zó'n lange baard en zó'n oranje strik erin naar buiten. Die had vijf jaar in die villa ondergedoken gezeten, zonder dat iemand het in die buurt ooit had gemerkt. We wisten van vreugde niet wat we het eerst moesten doen. Met die jodenman zijn we maar op een kist gaan staan om uit volle borst het *Wilhelmus* te zingen. En zenuwachtig dat die Han was! Ze moest meteen plassen, ze kon het niet meer ophouden. 't Is misschien een raar praatje, maar dat hàd je toch in die dagen. Dat kwam van al dat waterige spul dat je uit de gaarkeuken te eten kreeg. Ik zei: "Niks in de weg, m'n kind, dat regelen we wel even." Nou, mooi niet, ik belde aan bij een huis om te vragen of ze even van het toilet gebruik mocht maken. "Dáár beginnen we niet aan", zei het wijf dat opendeed snibbig. Ze smeet zó de deur voor onze neus dicht.

"Zeker een NSB-er, die ze vergeten zijn op te sluiten", dacht ik. Han deed 't meteen in d'r broek, haar schoenen stonden helemaal vol.
Maar wat gaf het allemaal, die nachtmerrie van de bezetting was eindelijk voorbij. Waar we het vandaan hebben gehaald weet ik niet meer, maar toen later die lange rij verslagen Duitsers voorbijtrok, hadden al die geëvacueerde IJmuidense vrouwen plotseling lange roodwitblauwe onderbroeken aan. En ze tilden hun rokken juichend omhoog, als die kerels even naar ze keken. En maar zingen natuurlijk, allemaal van die echte vaderlandse liedjes, die vijf jaar verboden waren geweest. Het werd 10 mei en we zaten met z'n tweetjes een beetje uitgeraasd boven te breien voor de openslaande deuren naar het balkon. En daar kómt me toch een kwak jongens aan, allemaal rond een man met een ouwe, zotte damesfiets zonder banden! Aan die fiets hingen wel vier van die zwarte glanzende trolderzakken, je kent die dingen wel. Ik zei tegen Han: "Meid, dat lijkt wel een mof, maar hij heeft een Hollandse marinepet op en een RAF-blauw uniform aan, wat raar hè?" Ik keek weer en zei: "Meid, is dat jouw kerel niet!" Zij zei: "Nou, van achteren lijkt hij er

515

516

517

518

Het lijkt mij - na overleg met de Canadeesche Militaire Autoriteiten - gewenscht, U dringend te waarschuwen tegen de drie volgende, veel voorkomende misbruiken:

1. Het klimmen op, of hangen aan motorvoertuigen der Canadeesche troepen;

dit belemmert den dienst in hooge mate en zal tot ernstige ongelukken leiden;

2. Demonstraties tegen Duitsche militairen of hunne collaborateurs, zooals N.S.B.ers en daarmede gelijkgestelden;

de Canadeesche militairen begrijpen onze gevoelens volkomen, maar zij zijn verantwoordelijk voor de openbare orde en rust en kunnen dit dus niet toelaten:

bovendien onthoudt elk behoorlijk mensch zich van het bespotten of beleedigen van een verslagen vijand;

3. Verhuizen zonder mijne vergunning;

reeds zijn huizen betrokken door menschen, die er niet in hooren; bovendien bestaat de mogelijkheid dat de zonder vergunning betrokken woningen weer moeten worden gebruikt voor andere doeleinden;

verwezen wordt naar mijn verordening d.d. 7 Mei 1945 dienaangaande.

VELSEN, 10 Mei 1945
De waarnemend Burgemeester van Velsen,
DEN TEX.

519

515.
Aftocht van de Duitsers bij Hoogovens,
mei 1945.
516.
Wegtrekkende Duitsers in de Kalverstraat
gezien vanaf het Velserduinplein, mei 1945.
517.
Teksten door Duitse krijgsgevangenen
aangebracht op de schoorsteenmantel van
een ontruimd huis aan de Industriestraat in
IJmuiden, mei 1945.
518.
Intocht van de Canadezen op het
Velserduinplein, mei 1945. Op de
achtergrond boekhandel Keuter, daarnaast
de kruidenierswinkel van De Gruyter.
519.
Openbare Bekendmaking van 10 mei 1945.
520.
Jeugdige belangstelling voor de Canadese
voertuigen op het Tiberiusplein bij het
hoofdbureau van politie op 8 mei 1945.

520

wel op." Ik riep: "Vooruit roepen!"
En zij schreeuwen: "Toon! Toon!
Toon!" Nou, hij draaide zich om,
stomverbaasd, want hij had haar daar
helemaal niet verwacht. Hij liep daar
naar z'n broer te zoeken, omdat hij
wist dat die ergens in Bloemendaal
moest huizen. En Han dacht dat hij
dood was, omdat ze al maandenlang
niets meer via het Rode Kruis van hem
had gehoord.
Jemig, dat was me wat, ze vlóóg van de
trap af, alles om, stoelen, hobbelpaard
ondersteboven, roets de straat op! En
hij liet die fiets los, alle trolderzakken
over straat, en kwam zó naar d'r toe.
Ze vloog hem om de hals! Je kon je
ogen er niet droog bij houden. Dat
kleine jochie van d'r, zo'n donder-
straaltje van vijf, was natuurlijk achter
haar aan gelopen. Een beetje verweesd
stond ie naar die zoenpartij op straat te
kijken. Ineens trok hij aan 't uniform
van Toon en zei: "Hé, jij bent zeker
m'n vader?" Toon zei verbluft: "Hoe
heet jij dan?" "Ik heet Tony Effern."
"Waarom denk je dat ik je vader ben?"
En dat jochie: "Poeh, anders zoen je
m'n moeder toch zeker niet!" We hebben d'r om gegild met z'n allen.
En toen allemaal naar boven natuurlijk, ook die zware trolderzakken. Wat

daar niet allemaal inzat! Sigaren, sigaretten, naalden, fietsbanden, blikken
groente, blikken vlees, te gek om 't allemaal op te noemen. Luilekkerland.
Toon zei: "Nou moet je me één plezier
doen. Laat alsjeblieft niemand binnen." Ik zei: "Dat is nogal logisch. Je
hebt wel wat te vertellen als je elkaar
vijf jaar niet gezien hebt."
Nou komt Toon uit een groot gezin en
hij was voor de oorlog een bekend spe-
ler in de voetbalclub Haarlem. Zijn
woorden waren nog niet koud, of de
bel ging al. Kick Smit van Haarlem en
even later Karel Lotsy en na hem een
bus met de hele familie Effern erin. En
een bloemen dat er werden gebracht!
Mijn huis leek wel een bloemenwinkel.
Affijn, je kunt het wel raden, dat is me
toch een feest geworden, verschrikkelijk gewoon!
Toon kon er maar niet over uit. Hij was
met een auto vanuit België naar Holland gekomen. Straat in, straat uit had
hij in Bloemendaal naar z'n broer
Huub gezocht. "Dat ik jou nou hiér
moest vinden, hoe bestaat 't", zei hij
maar steeds tegen Han. Hij was de
eerste IJmuidenaar, die uit Engeland
terugkwam.
Nou, je begrijpt het wel, de volgende
dagen stond de bel niet meer stil. Vrou-

wen kwamen naar hun mannen en
moeders naar hun zonen informeren.
"Weet je wat van die? Weet je wat van
die?" Daar waren ook namen van gesneuvelden bij. Toon deed dan maar
of-ie niks wist. "Wat moet je nou?" zei
hij. "Ik durf het ze nou nog niet te vertellen. Daar krijgen ze wel bericht
van . . ." Eenmaal op dit punt aangekomen, was zelfs de praatgrage Truus ineens uitverteld.
You telling me, ik raak dat Engelse
stopzinnetje niet meer kwijt, maar in
IJmuiden stonden we de Duitsers niet
in roodwitblauwe onderbroeken uit te
wuiven. Ik vond het zelfs merkwaardig
stil op straat, toen ze met karretjes en
wat paarden en wagens richting Afsluitdijk vertrokken. Het was of het na
de orkaan van vreugde over de bevrijding, het kaalknippen van de meiden
die met de Duitsers hadden gevrijd, het
opsluiten van de NSB-ers en de collaborateurs in met prikkeldraad omheinde
scholen even windstil werd in onze
zwaar geschonden gemeente. Goeie genade, we stonden dan ook wel voor een
karwei. Na het opmaken van de balans
bleek dat 3200 van onze huizen op bevel van de Duitsers waren gesloopt,
232 huizen door bombardementen waren verwoest en 1186 huizen zwaar be-

521

524

522

525

Sloper van IJmuiden gearresteerd

Te Dordrecht, is de beruchte aannemer van werken der Duitse Weermacht, Christiaans uit Bloemendaal, gearresteerd. Deze profiteur der oorlogsellende heeft tonnen verdiend o.m. aan het slopen van woningen en gebouwen te IJmuiden en Velsen. Zo groot was zijn winst, dat het verhaal de ronde deed, dat hij voor zijn privé-uitgaven iedere week ƒ 4000 nodig had om zich van clandestien gekochte levensmiddelen te voorzien.

Onmiddellijk na de capitulatie hadden de Duitsers hem geholpen uit zijn woning te Aerdenhout te ontvluchten, door zijn auto met een gewapend escorte te omringen.

523

526

521.
Arrestatie van een verdachte
rijksveldwachter op 7 mei 1945.
522.
Het arresteren en opbrengen van verdachte
personen geschiedde door leden van de
Binnenlandse Strijdkrachten.
523.
Bericht *Het Vrije Volk* 28 mei 1945.
524.
De gearresteerde NSB-burgemeester van
Velsen, Tj. O. van der Weide (met geblokte
kousen), en zijn medebestuurders voor het
hoofdbureau van politie op 7 mei 1945.
525.
De arrestanten worden het hoofdbureau
binnengeleid.
526.
Vlak na de bevrijding werd de spoorbrug
enige tijd voor het normale verkeer gebruikt.
527.
Geschutkoepel op de noordkant van het
Noordzeekanaal bij de spoorbrug, mei 1945.

527

schadigd, zevenendertig procent van onze woonvoorraad; dat een groot deel van de bevolking her- en derwaarts over het land was verspreid, en dat de bij de laatste razzia's in de hongerwinter opgepikte jonge mannen nog niet terug waren.

En tòch stonden we niet te juichen, toen de Duitsers eindelijk de afmars bliezen. Kwam het door hun schamelheid? Hun vermagerde, vermoeide en gekwelde gezichten? Ik weet het niet meer. Ikzelf had ook niet de geringste lust om te juichen, of zelfs maar te schimpen. Misschien was er ook onder die andere zwijgende toeschouwers het besef, dat we er aan het einde van die lange oorlog bijna allemaal even erg aan toe waren: Duitsers, Oostenrijkers en IJmuidenaren. Misschien kwam het door het vertrek van die totaal verslagen vijand, dat we het gevoel kregen dat dit niet het moment was voor een uitbarsting van haat, voor het vereffenen van de rekening. Er heerste naar mijn gevoel stilte in de straten, omdat de resten van dit in de meidagen van '40 zo fris geschoren binnengetrokken leger ons het besef bijbrachten van de omvang van de ramp, van de puinvelden in IJmuiden-Oost, van de wrakken in het Noordzeekanaal en de havens,

van de wrakken onder de bevolking. Ik wil vooral niet te emotioneel spreken over het IJmuiden van vlak na de oorlog. Maar dat valt niet mee: er waren te veel wonden geslagen, er waren te veel verschrikkingen geweest om kalm over na te kunnen praten. Onze eerste reactie op het bericht van de bevrijding was er een van uitzinnige vreugde – allicht. In een roes van geluk richtten we haastig buurtverenigingen op, dansten we tot diep in de nacht op de muziek van plotseling gevormde orkestjes, genoten we van het voedsel dat door de bevrijders werd uitgedeeld, konden we eindelijk vrij ademhalen na jaren van onderdrukking.

Maar waar moesten we beginnen? Wie van al die ondervoede mensen kon helpen bij het opruimen van het puin bij de Paterskerk, met het herstellen van de gehavende woningen in Oud-IJmuiden, met het opruimen van de wrakken in de haven en het kanaal, zodat de haven tenminste weer draaien kon? Waar was het materiaal daarvoor en hoe kon het worden aangevoerd? Treinen reden er niet meer. De Duitsers hadden de bovenleidingen zelfs gestolen. Wie zou op het gemeentehuis Velsen weer gaan besturen nu de foute burgemeester en zijn foute wethouders

achter prikkeldraad op berechting door een tribunaal wachtten? Wat gingen we doen met het plotseling opgelaaide gevoel van eenheid en met de kreet, dat het in IJmuiden nooit meer zo mocht worden als het voor de oorlog was? Wie van de vissers, die in de meidagen van '40 in opdracht van de regering naar Engeland waren opgestoomd, voor de Britten hadden gevist, konvooien naar Moermansk hadden beschermd, op marineschepen hadden gevaren, zou nog in leven zijn? Hoe zouden hun vrouwen en kinderen na vijf jaar gedwongen scheiding op hun thuiskomst reageren? Wie van de naar Duitsland gesleepte IJmuidenaars zou nog in leven zijn? Hoe zouden we erin slagen voor al die geëvacueerde IJmuidenaars weer onderdak te vinden? Hoe zouden we de voedselvoorziening weer op gang krijgen? Hoe zouden we onze bevolking weer van werk en kleding kunnen voorzien? Hoeveel rouw zouden vele gezinnen nog moeten verwerken? *You telling me.*

Ik ben een mens, dat als vroedvrouw vroeger in heel wat IJmuidense gezinnen hielp bij de geboorte van een kind. Ik had het daarmee zelfs te druk om zelf aan kinderen te denken. Toen ik de

528

529

530

531

IJmuidens „kracht" vlak voor 5 Mei

Uit een overzicht van de in de vesting IJmuiden gelegerde Duitse eenheden blijkt, dat deze vlak voor de bevrijding beschikte over:

    800 valschermjagers,
    450 marinemannen,
    700 marine-artilleristen,
    900 infanteristen en
    600 mariniers.

Van Wijk aan Zee tot Duin en Kruidberg bevonden zich in die dagen blijkens de nauwkeurige tellingen van de Binnenlandse Strijdkrachten 1500 man (waaronder 200 Polen). De artilleriebatterijen waren met 130 man bemand.

532

528.
Bevrijdingsfeest aan de Velserduinweg.
529.
Op 14 mei 1945 hijst de heer G.A. Kessler, president-directeur van Hoogovens, op het voorplein van de fabriek de nationale driekleur. Een periode van herstel en wederopbouw wordt aangekondigd.
530.
Voedseldropping boven de Velserbroekpolder door geallieerde bommenwerpers op 6 mei 1945.
531.
Het Duitse oorlogsmaterieel werd na de bevrijding onder meer opgeslagen naast het politiebureau op het Tiberiusplein. Rechts een zogenaamd 'Kommandogerät 36', een Duits vuurlijningstoestel voor afweergeschut.
532.
Bericht *Haarlems Dagblad* 4 mei 1955.
533.
Bioscoop Thalia aan de Breesaapstraat, mei 1946.

533

Duitsers zag vertrekken was mijn hart niet van haat vervuld, wèl van zorg. Ik wist op dat moment, dat ik als een soort sociaal werkster in een gemeente vol leed, gebrek en nood een antwoord op althans een paar van die vragen zou moeten vinden. Ik wist dat ik en mijn man zouden moeten helpen bij het lenigen van die nood. Vrouwen moed zou moeten inspreken, omdat hun man of hun zoon nooit meer zou terugkeren. Bemiddelen in gezinnen, die door het gedwongen vertrek van de vader in mei '40 met een trawler naar Engeland uit elkaar waren gegroeid. Toch voelde ik me die dag heel zeker. De eerste overweldigende vreugde van de bevrijding gaf me het gevoel dat we bergen konden verzetten. Eindelijk konden we in een vrij land weer ons eigen bestaan opbouwen, vrijuit spreken zonder angst voor verklikkers, vrije kranten uitgeven, vrij een gemeenteraad kiezen ...
Nu, na dertig jaar, voel ik me als AOW-ster in een leuk benedenflatje aan het Gijzenveltplantsoen in dat optimisme van toen beslist niet teleurgesteld. En Frans, mijn man, al die jaren lid van de gemeenteraad voor de KVP, zit instemmend te knikken als ik hem dat zeg. Niet alles is gegaan zoals we het toen in

onze vreugde droomden. De oude tegenstellingen bleken sterker te zijn dan we toen in ons optimisme dachten. Ook nu lees ik van de tachtigjarige oud-vakbondsbestuurder Jaap van der Veer een stuk in de *IJmuider Courant*, waarin hij pleit voor de redding van het opnieuw in nood verkerende visserijbedrijf, om over de berichten en geruchten over ophanden zijnde ontslagen aan 'de Kant' en op de Hoogovens maar te zwijgen. Ook nu moeten we weer vechten tegen 'Vader Amsterdam', die eerst wilde dat we klein bleven, en thans van ons eist dat we voor hem een Voorhaven aanleggen, waardoor de laatste mooie stukjes strand en duinen van IJmuiden verloren dreigen te gaan. Nog altijd bevechten sociaaldemocraten, katholieken, AR-ers, CHU-ers, CPN-ers en VVD-ers elkaar in het nieuwe stadhuis, dat de meester-architect ir W.M. Dudok naar mijn smaak toch te pompeus, te ongenaakbaar heeft ontworpen, zodat wéér alleen de elite, de 'tweehonderd van Velsen' schampert Frans, de nieuwjaarsreceptie bezoekt.
Maar ik leef vandaag wèl in een ongeveer 64 000 zielen tellende gemeente, die welvarend mag worden genoemd. Een gemeente, die waarschijnlijk nooit

meer zo hard zal groeien, zoals dat schoksgewijze in de eerste honderd jaar van haar bestaan het geval is geweest. Een 'stad aan de zee', die na de stormachtige groei van de Hoogovens tot een bedrijf met 24 000 werknemers opnieuw een enorme stroom migranten moest opnemen en nu haar grenzen is genaderd. Een gemeente, die het, zoals haar burgemeester J. Reehorst meent, in de toekomst vooral in de kwaliteit van het bestaan van haar burgers en niet in de kwantiteit zal moeten zoeken. En dat zal voor mensen die altijd van een groter schip dromen niet makkelijk zijn. Beter dan ik kan de burgemeester de toekomst van IJmuiden en de afwijzing van de Voorhaven onder woorden brengen. Daarom laat ik het hem liever even zelf (het is nu eind 1975) vertellen:
'We zullen op sportgebied nieuwe leuke dingen moeten gaan doen. We moeten meer aandacht besteden aan recreatie en cultuur. En dat is natuurlijk veel moeilijker dan huizen bouwen, industrie aantrekken en grote wegen aanleggen. Velsen wordt met Beverwijk en Heemskerk niet de grote staalstad van honderdduizenden inwoners waarvan in de jaren zestig is gedroomd. De Hoogovens zijn nu op weg

534

535

536

537

538

539

534.
Sigarenwinkel van Jacq. Tellier op de hoek
Kanaalstraat–Oranjestraat in vooroorlogse
dagen.
535.
Hetzelfde punt in december 1946.
536.
De resten van Huize Stormveld aan de
Velserduinweg in mei 1945 rechts op de
voorgrond; daarachter de beschadigde
Gereformeerde kerk.
537.
Overblijfsel van het vermaarde café Cycloop
aan de Prins Hendrikstraat, mei 1945.
538.
Het Willemsplein, centrum van IJmuiden,
ca 1939.
539.
Het zwaar geschonden centrum van
IJmuiden in 1946.
540.
De Vishallen in 1946.

540

van 6 miljoen ton staal naar 8,5 miljoen
ton, en dat zal op de duur wel 11 miljoen ton worden. Dat is geen groeifilo-
sofie, maar in de pas blijven met de we-
reldverhoudingen, met de jaarlijks
groeiende behoefte aan staal. Met die
11 miljoen ton staal zullen de Hoogovens in dit gebied de grens van hun
mogelijkheden hebben bereikt. Maar
van die groei verwacht ik toch geen
nieuw brok werkgelegenheid voor duizenden mensen. Die groei van de
Hoogovens zal vooral worden bereikt
door het gebruik van steeds efficiënter
wordende machines.
Daarnaast zullen wij alles op alles
moeten zetten om het plan voor de
aanleg van een nieuw zeebad met goede accommodatie voor regenachtige
dagen ten zuiden van de havenmond
uit te voeren. Dat betekent automa-
tisch dat we tegen de aanleg van de
door Amsterdam gewenste Voorhaven
zijn. Die Voorhaven zal inderdaad
werk geven aan wat mensen, maar Amsterdam naar mijn overtuiging toch
weinig soelaas geven. Het betekent
hoogstens dat er enig transport van
Rotterdam naar IJmuiden wordt verplaatst. De sluizen kunnen niet veel
groter en dieper worden, omdat de Velsertunnel in het Noordzeekanaal als

drempel fungeert.
Voor mij lijkt het voldoende, wanneer
Amsterdam bereikt kan worden door
schepen tot 100 000 ton. Dat zijn dan
niet de grote olie- en ertstankers. Maar
we mogen blij zijn voor Nederland als
die grote schepen in de toekomst naar
Rotterdam blijven komen. We zullen
zelfs moeten vechten om Rotterdam
als wereldhaven te behouden.
Het ligt daarom helemaal niet in de lijn
der verwachtingen, dat er nog eens behoefte ontstaat aan een tweede diepste-
kende haven in IJmuiden. Zo'n haven
zou alleen maar verplaatsing van een
aantal bedrijven uit Amsterdam naar
IJmuiden betekenen, hetgeen Amsterdam nu al niet graag ziet. Amsterdam
zou er alleen maar leger door worden.
Voor IJmuiden zou die Voorhaven een
enorme aanslag op het milieu en een
geweldige verkeerscongestie betekenen, hetgeen wij zien als een ondraag-
lijke last voor een bevolking die toch al
zoveel mooie gebieden voor het behoud van de industrie heeft moeten op-
offeren. Het is niet zo, dat wij Amsterdam niet willen helpen, graag zelfs,
maar de Voorhaven betekent alleen
een nieuw visitekaartje voor de hoofdstad. Het helpt Amsterdam niet aan
nieuwe klanten.

Amsterdam zal zich naar mijn overtuiging op nieuwe gebieden moeten richten. Waarom niet op de Sowjet-Unie,
de Oostzeestaten, de ontwikkelings-
landen? Daar liggen voor mensen met
een fijne neus vast nog wel grote mogelijkheden voor handel en transport.
IJmuiden kan geen grote verkeerscon-
gesties, geen wegen dwars door de duinen voor de afvoer van produkten,
geen nieuwe spoorlijnen meer verdra-
gen. Menselijkerwijs gesproken kan
dat gewoon niet meer . . .'
Daar kan Mokum het wel mee doen,
kan ik nu niet laten te zeggen. Maar
laat ik terugkeren naar die eerste moeizame jaren na de bevrijding. Zoals ik
me ervan bewust was wat me te doen
stond, zo beseften ook onze mannen
dat er weer werk aan de winkel was.
Sneller dan ik dacht maakten de ber-
gingsvaartuigen de haven en het
Noordzeekanaal vrij van wrakken.
Sneller dan ik dacht draaiden de beton-
molens en werden met behulp van het
fijngemalen puin van de afgebroken
huizen de eerste nieuwe woningen aan
het Moerbergplantsoen en de Burgemeester Rambonnetlaan gebouwd.
Truus Streefland was een van de eerste
gelukkigen, die met haar kinderen zo'n
nieuw huis mocht betrekken. 'Daar

Explosies

De Burgemeester van Velsen brengt ter algemeene kennis, dat, volgens hem verstrekte mededeelingen, vermoedelijk met ingang van

Vrijdag 22 Februari e.k.

door de Genietroepen een aanvang zal worden gemaakt met het opruimen van den DUIKBOOTBUNKER en den SNEL-BOOTBUNKER aan de Haringhaven te IJmuiden, door middel van springstoffen.

Als gevolg hiervan zijn krachtige explosies te wachten en zal de omgeving der bunkers niet kunnen worden betreden wegens het groote gevaar der zich verspreidende brokstukken.

Verdere bijzonderheden hieromtrent zullen bij nadere publicatie ter algemeene kennis worden gebracht.

VELSEN, 19 Februari 1946.

541

De Burgemeester voornoemd,
M. M. KWINT.

542

WIJ willen vóór den winter alle IJmuidenaren behoorlijk gehuisvest hebben. Ongeveer 5000 menschen moeten nog een plaats in de gemeente vinden. Hiertoe zijn ingrijpende maatregelen noodig, voorts het samenwonen van twee gezinnen in één woning en de bouw van noodwoningen," aldus vertelde ons de directeur van den Wederopbouw van IJmuiden, de heer Kroon.

543

VELSEN. — Om eenigen honderden arbeiders van plaatselijke industrieën met hun gezinnen een woning te kunnen verschaffen, hebben het gemeentebestuur van Velsen en de inspectie Volksgezondheid het plan gevormd, een aantal één-verdiepings noodwoningen te bouwen, aldus deelde ons de heer Visser, wethouder van Volkshuisvesting, mede. Er is vergunning verleend voor den bouw van ongeveer 300 woningen, maar wellicht zal dit aantal verhoogd worden. Men zal gebruik maken van afgebikte steenen van afgebroken woningen.

Hoe groot de woningnood te Velsen is, blijkt uit de volgende cijfers: op 9 Mei 1940 bedroeg de woningvoorraad 12.818 huizen; hiervan zijn 3190 afgebroken. Voorts werden 800 woningen zwaar en 1500 licht beschadigd. 31 % van den woningvoorraad *544* is door vernieling en afbraak voor bewoning uitgevallen.

De voormalige fiere winkelgalerij en de eenvoudige noodwinkeltjes, welke thans in het plantsoen van het Kennemerplein te IJmuiden zijn geplaatst, vormen weliswaar een typisch contrast, doch verscheidene middenstanders kunnen de belangen *546* van hun cliënten tenminste weer behoorlijk behartigen.

545

IJmuidens plannen worden werkelijkheid

Met de bouw van de eerste huizen na de bevrijding is men begonnen

Een enorme berg puin bij het station-Julianakade te IJmuiden zal daar ten eeuwigen dage blijven liggen als openbare uitzichttoren over stad en havens. Een merkwaardig monument ongetwijfeld, dat bouwmeester Dudok heeft laten opwerpen, maar ongetwijfeld ook zinvol. Bovendien wordt de naaste omgeving als eerste gedeelte van het herbouwplan van Velsen — tot welke gemeente IJmuiden ook behoort — weer opgebouwd. Dat plan is in samenwerking met Dudok en de Rotterdamse architecten Tijen en Maaskant ontworpen.

547

541.
Openbare Bekendmaking van 19 februari
1946.
542.
De herbouw van Walserij-West van
Hoogovens in 1946/1947.
543.
Bericht *De Patriot* 6 september 1945.
544.
Bericht *Het Parool* 21 juni 1945.
545.
De in 1960 gesloopte noodwoningen aan de
Zuiderstraat in Velsen-Noord.
546.
Bericht *De Patriot* 13 augustus 1946.
547.
Bericht *Algemeen Dagblad* 17 mei 1947.
548.
Het door de Duitsers afgebroken deel van
IJmuiden, gezien vanaf de Kennemerlaan.
Op de voorgrond het eerste begin van de
woningbouw; links boven de voormalige
PEN-Centrale aan de Kanaaldijk in 1948.

548

heeft Henk de Boer voor gezorgd', zei
ze. 'Ze wilden het me eerst niet geven,
omdat ik een gescheiden vrouw was,
die met een uit Engeland teruggekeerde marineklant leefde. Ik had me we-
zenloos gelopen om uit Bloemendaal
naar IJmuiden terug te keren. Na veel
bidden en smeken kregen we wat in
Oud-IJmuiden, helemaal verwaar-
loosd, vies en smerig. Een paar opgepakte NSB-vrouwen hebben het een
beetje op orde gebracht. Die kon je
daarvoor huren bij die school in de
Pres. Steijnstraat. Ik kwam Henk tegen
op 't Zwarte Pad naar de Vissershaven.
Hij was toen nog bestuurder van de
Centrale Bond. Hij zei: "Jij krijgt een
nieuw huis. Kom straks maar even
langs op m'n kantoor. Ben jij belazerd!
Die man van je heeft de hele oorlog in
Engeland gezeten. Je hebt dat huis verdiend, of je nou met hem getrouwd
bent of niet. We zullen wel eens zien
wie de blankste billen heeft." En zo
heeft hij dat mooi voor ons versierd...'
Sneller dan ik dacht, waren we na de
periode van het Militair Gezag in de
gemeenteraad van Velsen weer terug in
het oude politieke spoor, ook al werden nu de sociaal-democraten en de
vrijzinnig-democraten PVDA-ers genoemd. Ik herinner me van die eerste

naoorlogse jaren vooral de verbitterde
gevechten in de gemeenteraad over de
toekomst van het deerlijk gehavende
IJmuiden. Frans raakte er thuis na de
raadsvergaderingen niet over uit-
gepraat. De wethouder van Openbare
Werken, W. F. Visser, was fel gekant
tegen de herbouw van dit gebied. Ik
kon zijn standpunt wel begrijpen, maar
niet delen. Zijn drijfveer was de gedachte dat de benauwde woontoestan-
den in de 'Veertig' en de 'Zestig' nooit
meer mochten worden herhaald. In het
licht van de uitbreiding van de Vissershaven, de enorme groei van de Hoogovens en de toen reeds voorziene verlenging van de pieren vond wethouder
W.F. Visser Oud-IJmuiden eenvoudig
ongeschikt als woongebied. Het moest
industriegebied worden, punt uit!
Maar wij Oud-IJmuidenaars vochten
furieus voor het herstel van onze geboorteplaats. Mijn wieg heeft nota
bene in de Bloemstraat gestaan! We
voelden ons nu eenmaal verbonden
aan de vooroorlogse gezellige woon-
kern. We waren sterk gehecht aan het
avondlijke loopje naar de sluizen, waar
de slepers van Goedkoop en Wijsmuller, altijd gereed voor actie, in het gelid
liggen. We hadden heimwee naar de
films van Jacky Coogan in Thalia en

het geluid van de drukpersen van Sinjewel. En de kaairidders wilden de stenen
trap afdalen naar de kuil voor het station om in de vishal op het bord te lezen wie er voor het nachtelijk lossen
van de schepen waren ingedeeld. Ze
wilden kijken naar de schepen die al
binnen waren, de Thorina IJM. 33 van
Rein Groen, de Allan Water IJM. 34
van schipper Ouwehand en Leen Bloks
Haarlem IJM. 9, de de mooiste stoomtrawler die IJmuiden ooit heeft gehad;
kijken naar de gasten van het in hun
ogen deftige hotel Augusta, een borrel-
tje drinken in het café van Engel Stam;
de meeuwen horen krijsen en de geur
ruiken van teer, stoom, vis en pas ge-
taande netten.
Dat alles betekende voor ons nu eenmaal Oud-IJmuiden. We dachten ook
dat we in het nieuwe door de architect
Dudok ontworpen IJmuiden van
hoogbouw afgewisseld door laagbouw
en veel licht en groen tussen de Kennemerlaan en de Heerenduinen en bij de
Paterskerk niet zouden kunnen aarden. Het herstel van dat Oud-IJmuiden
vonden ik en mijn man gewoon in het
belang van het psychisch herstel van
mensen, die moesten trachten een oorlog te vergeten.
Het was voor al die uit het lood gesla-

In Velsen's toekomstig centrum voltrok zich een ontroerende plechtigheid

Mevrouw P. Homburg onthulde het monument

In het toekom   hart van Velsen, te midden der puinen en even overstraald door het milde licht van een lente-avond, heeft de burgerij van een geteisterde gemeente Woensdagavond haar vrijheidsbeeld zien onthullen. Daar gleed de vaderlandse driekleur onder doodse stilte van de trits der stenen mannenfiguren, daar zijn ernstige en gemeende woorden gesproken, daar was een zwijgende, duizendkoppige schare getuige van een groots moment uit Velsens historie.

549

550

551

549.
Bericht *IJmuider Courant* 7 mei 1948.
550.
Het betrekken van het eerste blok nieuwe woningen aan de Warmenhovenstraat op 18 oktober 1948.
551.
Bezichtiging van de nieuwbouw aan de Melklaan in Velsen-Noord op 8 april 1949. V.l.n.r.: burgemeester Kwint, de minister van Wederopbouw, mr dr J. In 't Veld en wethouder van Openbare Werken W.F. Visser.
552.
Bericht *IJmuider Courant* 27 december 1946.
553.
Bericht *IJmuider Courant* 30 augustus 1946.
554.
Bericht *IJmuider Courant* 27 augustus 1946.
555.
Bericht *IJmuider Courant* 29 augustus 1946.
556.
Artikel S.B. (Sjoerd Baarda) *IJmuider Courant* 20 mei 1947.

Waarom moet Oud-IJmuiden fabrieksterrein worden?

Onze meening ten aanzien van deze radicale wijziging der structuur van onze havenplaats kan in een paar woorden worden vervat: wij achten haar om redenen van practischen aard onjuist en wij kunnen ons niet onttrekken aan de gedachte dat, wanneer de makers van het plan IJmuidenaren waren geweest, zij met iets anders naar voren zouden zijn gekomen.

Hoe is dit idee in de hoofden der heeren Dudok, van Tijen en Maaskant gerijpt? *552*

Park Rooswijk wordt plantsoen met sportvelden en een zwembad. - Een groene strook van Rooswijk tot den Wijkerstraatweg. - Een bioscoop nabij de halte Hoogovens. - Hervormde Kerk en winkels aan de Gildelaan. - De Wijkerstraatweg verliest veel van zijn beteekenis. *553*

Een nieuwe verkeersader van Oost naar West. De Willemsbeekweg verhuist. Het nieuwe raadhuis komt in de Kalverstraat. Velsen-Noord krijgt een ander aspect. Een abattoir in Oud-IJmuiden *554*

Plaats gereserveerd voor twee Gereformeerde, één R.K., één O.K. en één Ned. Herv. Kerk. Voorts voor een schouwburg, een bioscoop, een museum, een bibliotheek, een visscherij-instituut en voor vele scholen. *555*

IJmuiden ging weer „ter piere"
Maar gemakkelijk was het niet

Men is al bezig, de bunker op de Zuiderpier af te breken. De dikke muren van gewapend beton worden geleidelijk opgeblazen, maar het zal wel enige maanden duren voordat dit wanstaltige monument verdwenen is.

Vreemd is het, als je een knaap van een jaar of vijf, zes, terwijl hij naar het strand wijst, zijn vader hoort vragen: „Wat is dat vader?" — „Dat is het strand, jongen." *556*

557.
De loodsboot Regulus in april 1948. Vlak na de Tweede Wereldoorlog had de loodsendienst slechts de Canopus tot haar beschikking. Men voer alleen uit als er een schip beloodst moest worden. Toen de Regulus uit Vlissingen erbij kwam, hield men als vanouds om de week buiten de pieren de wacht. Beide schepen werden vervangen door de Aldebaran (in 1948) en de Deneb (in 1949); in 1951 kwam de Bellatrix erbij. In 1969 werd voor het eerst een koopvaardijschip na helicopter-beloodsing binnengebracht. In datzelfde jaar vierde Nederlands oudste loodsensociëteit Recht door Zee aan de Kanaaldijk haar 75-jarig bestaan. De Aldebaran en de Deneb zijn van het IJmuidens toneel verdwenen. Thans varen de loodsboten Bellatrix en Betelgeuse, geassisteerd door enkele loodstenders (afhalers).

557

gen gezinnen toch al zo moeilijk om weer te wennen aan normale verhoudingen. Hier kon de vader na vijf jaar Engeland totaal niet meer overweg met zijn onafhankelijk van hem opgegroeide kinderen, daar bleek de man in die vijf jaar een nieuwe vaste relatie te hebben aangeknoopt. Mensenkinderen, dat waren soms hele toestanden. De meesten van die kerels zeiden, dat ze een 'deuk in de kist' hadden. Daarmee wilden ze zeggen, dat ze vijf jaar aan boord van hun schip hadden gezeten en nooit achter de vrouwtjes aan waren geweest. Maar al gauw zag je in IJmuiden Engelse vrouwen naar hun 'oorlogsmannen' zoeken. Eén van die vrouwen zag door het raam in een huis een trouwfoto van 'haar man' op het dressoir staan. Ze heeft toen een steen door de ruit gesmeten om haar woede te koelen. Er waren zelfs gevallen van bigamie. En er zijn tenslotte ook mannen met hun Engelse vriendin getrouwd, nadat ze eerst van hun IJmuidense vrouw waren gescheiden. Er kwamen veel ruzies uit voort, want die mannen gingen in de kroeg ook nog opscheppen over hun avonturen met 'Engelse ladies'. 'De oorlog is voorbij. We hebben de beker der liefde tot de laatste druppel leeggedronken. We hebben alle vrouwtjes versierd. Blank eiken, old finish en stoelenkleur', zei er nog eens één starnakel-zat tegen zijn vrouw. Maar daarna had hij wel een paar blauwe ogen . . .

You telling me. Er was soms veel leed op de poesta en niet in het minst voor de geëvacueerden, die niet mochten terugkeren uit Friesland omdat er geen woning voor hen beschikbaar was en er, hard genoeg, geen behoefte meer was aan hun aanwezigheid. Ze moesten maar blijven waar ze waren en als het kon tot aan hun dood. IJmuiden had alleen behoefte aan jonge, sterke mensen, die huizen konden bouwen, op de Hoogovens en de papierfabriek konden werken en de uit Duitse en Engelse havens terugkerende trawlers en sleepboten konden bemannen. Over het leed in de gezinnen, waarvan de mannen of zonen niet terugkeerden, wil ik maar liever zo kort mogelijk zijn. Dat was te droevig. Een paar keer ben ik met een teruggekeerde zeeman meegeweest om een moeder te vertellen dat haar zoon was gesneuveld. Verschrikkelijk, eerst stonden ze verstijfd en daarna huilen – niet tekort. Vooral als zo'n man dan een foto, een horloge of een ring van de gesneuvelde bij zich had. Ik kwam er steeds doodziek van

thuis.

Al schrijvend wellen er echter toch veel vrolijke herinneringen bij me op. Aan feestjes hadden we geen gebrek en we deden veel onder elkaar. Truus kon aan vis komen, die we voor allerlei andere etenswaren en spulletjes ruilden, zodat we al spoedig weinig gebrek meer hadden. Met Truus zijn we zelfs een keer met een vrachtwagen naar Hansweert gereden. Daar liepen in die tijd de trawlers binnen, omdat de Vissershaven nog door wrakken afgesloten was. Van de trawler van haar schoonvader hebben we toen een weelde aan suiker, boter, chocolade en ik weet niet al gehaald. Ik zeg weelde want 'jemig man, een potje jam, daar deed je een moord voor', zou Truus kernachtig zeggen. En dan hadden we natuurlijk de Canadezen en de joodse soldaten van de *Jewish Brigade* in IJmuiden, die ons vaak allerlei lekkers toestopten. Dat veel meisjes en jonge vrouwen smoorverliefd op die jongens werden, hoef ik natuurlijk niet te vertellen.

Maar dat ook getrouwde jonge vrouwen voor hun avances bezweken, was minder leuk. Daar kwam weer een heleboel narigheid uit voort . . .

Frans had het in die jaren in de ge-

558

559

560

De gedetailleerde voorlopige uitslagen in Velsen zijn:

	Stemmen			Zetels	
	1949	1948	1946	1949	1946
P. v. d. A.	6893	6926	5870	9	9
C. P. N.	2958	3363	4183	4	7
K. V. P.	5230	5047	4367	7	7
C. H. U. en	5129*	1845	1531	6*	2
A. R.		2572	1961		3
V. V. D.	1405	1537	777	1	1
Vrije Geref.					
Kiesver.	150	—	—	—	—
Geldig	21765			27	29

* In 1949 C.H.U. en A.R. gecombineerd

In onderstaand staatje worden de behaalde percentages per partij ten opzichte van 1946 weergegeven.

	1949	1946
P. v. d. A.	31.67	31.40
C. P. N.	13.59	22.38
K. V. P.	24.03	23.37
C. H. U. en A. R.	23.57	18.69*
V. V. D.	6.45	4.16
Vrije Ger. Kiesver.	0.69	—

* De percentages waren in 1946 resp.: C. H. U. 8.19 en A. R. 10.50.

De voorlopig gekozenen in de Velsense raad zijn:

1. **Partij van de Arbeid:** W. F. Visser, A. J. v. Leusen, R. Verbeek, D. Verbaan, mevrouw M. G. Werre-Anthonisse, E. Luikman, H. de Boer, J. de Groot en A. Andrea.

2. **C.P.N.:** C. Scheringa, G. F. Schilling, Th. Kruisman, R. v. Eijken.

3. **Katholieke Volkspartij:** J. Nuijens, C. P. J. Maas, F. J. A. Strijbosch, J. van Leeuwen, M. C. Kortekaas, A. J. v. Veen, mr. H. J. M. Tonino.

4. **C.HU. en A.R.:** A. ten Broeke, H. J. Lips, J. Visser, J. Chr. Aschoff, M. Schouten en J. G. Kolkman.

5. **V.V.D.:** J. H. A. K. Gualthérie van Weezel.

Dit is dus een voorlopig resultaat waarbij eventuele voorkeurstemmen, die op candidaten uitgebracht werden, niet verwerkt zijn.

561

558.
Bij het koninklijk bezoek aan de gemeente
Velsen op 20 juli 1949 werden ook de pas
herstelde Vishallen bezichtigd.
559.
De Neeltje Jacoba brengt op 28 mei 1950 een
bij zwaar weer in nood verkerende
kajuitsloep in de veilige Vissershaven. De
notedop was met vier leerlingen van de
Zeevaartschool uit Den Helder onderweg van
Engeland naar Den Helder.
560.
Verbouw van de duikbootbunker tot
Kalkzandsteenfabriek in juni 1951.
561.
Fragmenten bericht *IJmuider Courant*
15 februari 1949.
562.
De Oranje, op weg naar Amsterdam, passeert
het pontveer van Donkersloot.

562

meenteraad druk met de strijd over de wederopbouw van IJmuiden. Vooral de middenstanders lagen overhoop met Dudok, die ook op de winkelpanden puntdaken wenste. De middenstanders wilden aan de Lange Nieuwstraat, het Plein 1945 en het Marktplein platte daken op hun winkelpanden. Ze vonden die veel moderner en eveneens doelmatiger. Ze hebben wat afgepraat over dit soort dingen in de raad. Oud-IJmuiden kreeg soelaas toen wethouder R. Verbeek de teugels op Openbare Werken overnam. Verbeek was een zakelijk en modern man met grote liefde voor zijn woonplaats. Hij liet het idee varen om Oud-IJmuiden alleen te bestemmen voor de vestiging van industrie.

Maar als ik nu dertig jaar na de oorlog door Oud-IJmuiden wandel, kan ik toch niet erg enthousiast zijn over het resultaat van al dat gekrakeel. Er is wat nieuwbouw, er zijn flatgebouwen verrezen, maar veel stukken van dit woongebied zien er in mijn ogen nog troosteloos uit. Frans roept: 'Mens, wat had je dán gewild?' 'Herstel van ons vermaarde Willemsplein!' zeg ik bits tegen het oud-raadslid.

Met alle respect voor wat er na de oorlog op het gebied van woningbouw,

scholenbouw, sport en vertier is gepresteerd, kunnen toch voor mij het Plein 1945, het Marktplein en de slechts aan één kant met winkels bebouwde Lange Nieuwstraat niet tegen de gezelligheid van het Willemsplein en het Kennemerplein met zijn mooie vijver en fontein.

Natuurlijk is het waar dat IJmuiden nu een v&d, een Hema, grote supermarkten, sporthallen, prima zwembaden, het Zeewegziekenhuis en het prachtige sportpark Schoonenberg heeft. Ik wil beslist de prestaties van de naoorlogse generatie IJmuidenaars op het gebied van herstel, uitbouw en vervolmaking van hun woonplaats niet kleineren. Vooral op het terrein van het onderwijs heeft een bezielende, idealistische man als wethouder H. de Boer bergen werk verzet. 'Kinderen zijn levend goud', zei hij eens in de raad bij de verdediging van zijn begroting. Ik vond het een bezielende kop boven het verslag van de raadsvergadering in de *IJmuider Courant*.

Allemaal prachtig, maar alle water van de zee wast niet weg dat Oud-IJmuiden er nog steeds vergeten uitziet. Ik hoop vurig dat men bij het tweede eeuwfeest van IJmuiden enthousiaster over de uiteindelijke vorm en het uiterlijk van

dit eerste IJmuidense woongebied kan oordelen. Misschien zullen de Bloemstraat, de Bik- en Arnoldkade en de Wilhelminakade zó glorieus in ere worden hersteld, dat ze als voorbeeld kunnen dienen van een vooral met de mensen rekening houdende woningbouw in Nederland.

Ach, ik ben weer aan het dagdromen. Daar had ik vroeger geen tijd voor. Er werden in die eerste naoorlogse jaren veel kindertjes geboren. De gezondheidszorg stond nog lang niet op het peil van 1976. Gediplomeerde vroedvrouwen en sociaal en maatschappelijk werksters waren witte raven. Bevallen in een ziekenhuis deed je alleen als er iets mis was. Voor mij als vroedvrouw betekende dat handenvol werk. Ik hèb wat kindertjes gehaald. Er zijn er nu bij, die ir of dr voor hun naam mogen zetten. Wie had ooit gedacht, dat bijvoorbeeld de zoon van banketbakker Hazenberg neuroloog zou worden in een Amsterdams ziekenhuis en Hans de Boer Tweede Kamerlid en landelijk voorzitter van de ARP? Het werd in de meeste gezinnen al mooi gevonden als je de MULO had gehaald. Naar de HBS gingen alleen de kinderen uit het 'villapark' en het Gymnasium Felisenum werd pas in 1950 gesticht. Over mezelf

De Velser Affaire

Onmiddellijk na de bevrijding deden in, maar ook snel buiten IJmuiden speculaties de ronde over de zogenaamde Velser Affaire. Dat was een zaak, waarin de oud-illegalen van Velsen en met name de vroegere politieknokploeg beschuldigd werden van collaboratie met de Duitsers, het aangeven bij en het arresteren van verzetsstrijders voor de bezetter, corruptie, moord, diefstallen van miljoenen guldens en kostbare goederen, chantage en allerlei ander geweld. De speculaties hadden niet alleen betrekking op perioden tijdens de oorlog, maar ook op de tijd kort na de bevrijding, waarin getuigen die te veel zouden weten, bedreigd werden en ook lijfelijk aanslagen kregen te verwerken. De Velser Affaire groeide tot ver in de jaren vijftig uit tot een nationale schandaalzaak, die tenslotte na enkele processen in de doofpot verdween.

Door middel van schandaalpers, maar ook in bladen als de Volkskrant en Het Vrije Volk kwamen overlevenden van concentratiekampen en oud-illegalen in de publiciteit met ernstige aanklachten. Velsense politiefunctionarissen hadden andere verzetsstrijders aan de Duitsers verraden en uitgeleverd, onder andere negen communisten uit IJmuiden, van wie er slechts drie na de bevrijding terugkeerden. Hun motieven waren geld en macht, met als achtergrond de niet onbelangrijke strijd, die ook al tijdens de oorlog gevoerd werd, tussen de verschillende politieke stromingen. Er waren meer aanklachten. Zo was er de zaak van een joodse vrouw, die door de Velsense illegale politieknokploeg in de oorlog beroofd en vermoord zou zijn. De arrestatie van de Haarlemse groep Van der Haas was ook een zaak die binnen de Velser Affaire viel. Opdrachten die tijdens de oorlog vanuit Velsen werden gegeven voor de liquidatie van mensen, kregen na de bevrijding door al deze speculaties en manipulaties een uiterst twijfelachtig karakter. Daarnaast kwamen verdachtmakingen over het stelen van grote bedragen geld, die door zogenoemde bunkerbouwers aan het eind van de bezetting aan de Velsense illegale ploeg gegeven waren, maar nooit in de boeken zouden zijn verwerkt.

De Velser Affaire bracht opnieuw een schandaal, toen bekend werd dat de Politieke Opsporings Dienst van het naoorlogse gemeentelijke politiekorps eigen zaken begon te onderzoeken, volgens de publiciteitsmedia een manoeuvre om sporen uit te wissen. De marechaussee stelde een diepgaand onderzoek in, maar liep zich te pletter tegen een muur van bescherming van hogerhand. Het onderzoek van de departementale commissie Versteegh bleef vertrouwelijk. Enkele details lekten uit. Een Haarlemse inspecteur van politie zocht de affaire tot de bodem uit, maar stootte zijn neus toen hij teveel losliet in een gesprek met een journalist.

De zaak gaf verschillende keren aanleiding tot het stellen van vragen in het parlement en bij de jaarlijkse begrotingsbehandeling van het ministerie van Justitie kwam de Velser Affaire strijk en zet terug. De toenmalige burgemeester van Velsen, mr M.M. Kwint, werd bij de affaire betrokken omdat hij kostbare goederen, afkomstig van diefstal, ter lening aangeboden zou hebben gekregen en omdat hij het zo veel besproken Velsense politiekorps te veel de hand boven het hoofd zou houden.

Alle moeite die gedaan werd om de affaire voor het publiek toegankelijk te maken en een volledige opening van zaken te geven leidde tot niets. Er werden in de jaren vijftig enkele processen gevoerd, waarvan men de indruk had dat alleen ondergeschikten in het beklaagdenbankje moesten verschijnen en waarbij de officiële aanklachten niet in verhouding stonden met het werkelijk gebeurde. De Velser Affaire verdween uit de publieke aandacht, hoewel de belangstelling ervoor – zeker in IJmuiden waar zo veel mensen direct en indirect bij deze zaak betrokken waren – nooit helemaal is verdwenen.

Burgemeester Kwint: „Niets te zeggen over Velser-affaire"

GEPRIKKELD DEBAT IN GEMEENTERAAD

„Men kan voor zichzelf de overtuiging hebben, dat iemand schurkenstreken heeft uitgehaald, doch wanneer de nodige bewijsvoering ontbreekt, dan kan er in een rechtsstaat niets worden uitgevoerd", aldus verklaarde minister Struycken enige tijd geleden in de Kamer. Deze uitspraak is kenmerkend voor het onderhavige geval, zo zegt men hier. Momenteel mag men dan misschien over méér gegevens beschikken, toen men ze voor een veroordeling nodig had, waren ze er niet en de betrokken mensen zijn door de zuiveringscommissie zuiver verklaard. Juridisch gezien is aan een dergelijke uitspraak niet te tornen.

Het geval van de moordaanslag op de boer Van Son, die door leden van de K.P. was gepleegd en waarna door toedoen van „illegalen", die thans nog belangrijke functies bekleden, vijf K.P.-ers zouden zijn gedood, is ten slotte, zo merkt men nog op, een zaak voor de militaire rechter.

563

Volledige openbaarheid in de zaak-Menten gevraagd

Mr. Vonk: „Complex van roofdaden tegen één man dat zijn weerga niet heeft"

Velser affaire en de zaak-Schallenberg opnieuw ter sprake

564

Roof en smokkel in de Velser-affaire

Een zeejacht vol goederen | Vier uitspraken

„Er bestaat geen Velsen-affaire".
(Mr B. J. BESIER als advocaat-fiscaal bij het Bijzonder Gerechtshof te Amsterdam)

„Zeer grote invloed van oud-illegalen in de berechting van verraadzaken moet worden bepleit, zo mogelijk zelfs met uitschakeling van de zogenaamde legalen."
(Mr N. J. G. SIKKEL als procureur-fiscaal bij het Bijzonder Gerechtshof te Amsterdam)

„Al het mogelijke zal worden gedaan, om klaarheid te scheppen, al zal dit, wat de beginperiode betreft, wellicht niet eenvoudig zijn, omdat, wanneer de mensen niet spreken willen, het uitermate moeilijk is de muur, waarachter zij zich verschuilen, te doorbreken."
(Minister WIJERS in de Eerste Kamer)

„De „Velser-affaire" is misschien wat laat aangepakt".
(Minister STRUYCKEN in de Twee-de Kamer)

565

„Velser affaire"

De leden van de Velser raad wijzen de minister er op, dat deze affaire voor Velsen onaangename gevolgen heeft, zoals gebrek aan vertrouwen in het politiecorps en onrust onder de bevolking.

Inmiddels heeft de minister van Justitie het verlangen van de Velser raad al ondervangen, door, zoals wij Zaterdag berichtten, de procureur-generaal in Amsterdam opdracht te geven de wenselijkheid van een gerechtelijk vooronderzoek in de „Velser affaire" te overwegen.

566

Minister Mulderije in Tweede Kamer

„Politievraagstuk niet voor jaren in de ijskast"

Dossiers Menten en Schallenberg ter inzage aan Kamercommissie

Onderzoek Velser-affaire nog gaande

567

Bestaat er wel een Velser affaire?

Twee politiemannen hoorden vrijspraak eisen

568

563.
Kop uit *de Volkskrant* 29 maart 1951 en
bericht *Het Parool* 16 april 1951.
564.
Bericht *IJmuider Courant* 5 december 1951.
565.
Bericht *de Volkskrant* 14 april 1951.
566.
Bericht *Het Parool* 23 april 1951.
567.
Bericht *Nieuwe Haarlemse Courant*
6 december 1951.
568.
Bericht *Dagblad Kennemerland* 4 mei 1954.
569.
Affiche ter gelegenheid van het 75-jarig
bestaan van IJmuiden.
570.
Versiering van de Kennemerlaan bij de
Julianabrug tijdens de festiviteiten van het
75-jarig bestaan van IJmuiden.

569

570

kan ik in alle bescheidenheid opmerken, dat ik na het behalen van het MULO-diploma en het doorlopen van de driejarige Vroedvrouwenschool in de Camperstraat in Amsterdam het als dochter van een kruidenier in Oud-IJmuiden maatschappelijk toch aardig ver heb geschopt. Ik werd graag gevraagd voor het besturen van verenigingen en mijn sociale contacten beperkten zich in de gezinnen niet tot het halen van kinderen. Frans was boekhouder bij de Middenstandsbank en had als raadslid veel contact met de sportverenigingen. Een verwoed Stormvogelsupporter natuurlijk. Door hem bleef ik aardig op de hoogte van de politieke verwikkelingen in Velsen, de economische vooruitgang en het wel en wee van de sport. We waren beide in de beste jaren van ons leven zeer bezige en in vrijwel alles geïnteresseerde mensen.

Er gebeurde in die jaren na de oorlog overigens heel veel, dat typisch IJmuidens was. Heftig en ongeremd. De rel over de Velser affaire, een duistere zaak waar eigenlijk nooit het fijne van boven water is gekomen. Het zou gaan over gezagsdragers, die zich in de oorlog van hun slechtste kant hadden laten zien en door allerlei machinaties

hun gerechte straf trachtten te ontlopen. Er was het groeiend ongenoegen over het autoritair optreden van de in zijn functie herstelde burgemeester mr M.M. Kwint. Ik mocht die meestal letterlijk hoog te paard gezeten man wel. Hij had een bizar gevoel voor humor, maar hij toonde inderdaad weinig respect voor de wethouders en de raadsleden, bespotte graag de ongezouten arbeiderstaal van vooral de communisten en trachtte bondgenoten te vinden onder wat hij noemde 'wij klassiek gevormden'. Een man die duidelijk de toch optredende naoorlogse veranderingen in denken en handelen niet begreep, vonden wij.

Eénmaal werd Frans tijdens een raadsvergadering razend op hem. Het moet begin 1951 zijn geweest: de burgemeester hield zijn Nieuwjaarsrede en zei o.a. dat 'middelmatigheid en halfslachtigheid in het gestoelte der ere' zetelden. Frans – en hij niet alleen – vatte het op als kritiek op de raadsleden van Velsen! Na het 'Ik heb gezegd' kwam dan ook onmiddellijk het verzoek uit de raad om een toelichting op deze passage. Kwint suste de gemoederen door verbaasd te verklaren dat hij zijn woorden 'in volkomen abstractie' had uitgesproken en dat ze bedoeld waren 'als te

wijzen op een verschijnsel uit deze tijd'. Er waren ook weer de vanouds bekende spanningen in de Vissershaven, waar door de vreemde beslissing van de reders om de havenarbeiders voortaan niet meer het gehele hen toekomende percentage van de nu zeer hoge besommingen van de schepen uit te betalen een ongewenste situatie ging ontstaan. 'Jullie krijgen f 25,— per nacht en per schip en een kist vis als compensatie voor het niet meer uitbetalen van de gebruikelijke 0,01 procent van de besomming', was voortaan het parool. Daarmee was in de vishal het hek van de dam. Het bleef niet bij één kist vis per man, heeft Frans me verteld. Hij had op de bank veel met de visserij te maken.

's Nachts om half drie stonden de eerste handelaren al klaar om snel de kisten vis van de kaairidders naar elders te transporteren. Er was voortdurend onenigheid over deze regeling, vooral onder de vissers die zich ronduit gezegd bestolen voelden. Oók hun inkomen was grotendeels afhankelijk van de opbrengst van de door hen gevangen vis. Vakbondsbestuurder Daan Verbaan van de Centrale Bond van Transportarbeiders en later ook Teun van Slooten van de Christelijke

Heeft IJmuiden kansen als oliehaven?

Gunstige ligging als bunkerstation trekt de aandacht

IJmuiden is een zich na de oorlog snel ontwikkelende haven- en industrieplaats. In het bijzonder de industrialisatie trekt op dit moment de aandacht nu verschillende nieuwe projecten pas gereed gekomen zijn, dan wel in een stadium van voorbereiding verkeren. Wij denken hier aan Beynes in Beverwijk, aan de Kalkzandsteenfabriek in de Haringhaven, die binnenkort met de productie hoopt te beginnen, aan een Breedband, waar duizenden arbeiders werk zullen vinden, en aan de kleinere bedrijven, die door deze grote industrieën worden aangetrokken en die alle weer een bron van inkomsten voor grote en kleinere groepen gaan worden. Een gevolg van deze industrialisatie zal ook zijn een toenemen van de scheepvaart, niet voor de doorvaart naar Amsterdam, maar steeds meer schepen zullen IJmuiden als doel krijgen, om er grondstoffen te lossen, om er fabrikaten te laden en weg te voeren over de zeeën.

571

Negen mannnen bliezen veertig jaar geleden ,,Wilhelmina'' eerste leven in

572

Dorpsfanfare werd bloeiende Harmonie

Strandexploitanten benieuwd naar rijksafwikkeling rampenschade

Voorlopig pieren en koffie uit de verhuiswagen

BIJ DE ZUIDPIER zijn weer pieren te koop. Op een bord van karton staat geschreven ,,Heden koffie, thee en soep''. De twee strandexploitanten die ten gerieve van de talrijke vissers ook in de winter hun zaken geopend hielden, zijn na de 57 stormnacht, waarin de paviljoens en huisjes door het water van het strand werden geveegd, niet bij de pakken gaan neerzitten.

,,Velser Gemeenschap'' komt cultureel leven in de gemeente overkoepelen

Vertegenwoordiging van alle geestelijke stromingen

Naar reeds gisteren in het kort is gemeld, wordt op Donderdag 12 Maart de ,,Velser Gemeenschap'' opgericht.

5

575

571.
Bericht *Nieuwe Haarlemse Courant* 6 oktober 1951.
572.
Bericht *IJmuider Courant* 29 juli 1953.
573.
Bericht *IJmuider Courant* 17 februari 1953. In de beruchte februaristorm, waarbij Zeeland onder water liep, kreeg ook de IJmuidense kust het zwaar te verduren.
574.
Bericht *IJmuider Courant* 18 februari 1953.
575.
Vlaggetjesdag in de Vissershaven in 1953.
576.
De nog smalle en kale Lange Nieuwstraat in 1952. Op de lege plekken links werden in 1961/1962 Vroom & Dreesmann en in 1967/1968 de Hema gebouwd.

576

Bond zijn wat keren uit hun bed gebeld om een in de vishal dreigend conflict te bezweren. Schipper Rein Groen van de Thorina IJM. 33 zorgde op een dag voor een explosie in de vishal door op de visserijgolf aan een collega te vertellen dat hij 'nog één trekkie voor de kaairidders' zou doen en dan ging thuisstomen. Alle kaairidders luisterden op hun radio naar de gesprekken op de visserijgolf!
Ze weigerden dan ook unaniem zijn schip te lossen. Eerst moest Rein Groen zijn verontschuldigingen komen aanbieden in de vishal. Ze voelden zich door hem beledigd. In zijn lange witte onderbroek en zijn dikke hemd keek Rein Groen die nacht geamuseerd naar de porder die hem het slechte nieuws kwam meedelen. Z'n antwoord kwam hierop neer, dat alle kaairidders van hem mochten doodvallen. 'Ik ga weer slapen.'
Al dat soort onenigheden over vreemde regelingen leidde tenslotte weer tot een lange staking, toen de reders en vakbonden tot de conclusie kwamen dat er naar een ander beloningssysteem moest worden gezocht. Voortaan zou er per kist vis worden betaald en de uitbetalingen in natura zouden worden teruggebracht tot driemaal in de week

een 'zoodje vis' van vijf kilo.
Ik vergeet nog erbij te vertellen, dat in die periode vooral ook de onmiddellijk na de oorlog opgerichte en sterk onder communistische invloed geraakte E V C (Eenheids Vakcentrale) zich duchtig roerde. Dat alles werd nog verwarder, toen zich in het koor van de niet als eenheid optredende vakbeweging ook de van de E V C afgescheiden O V B (Onafhankelijk Verbond van Bedrijfsverenigingen) mengde. Ik moet daar tegenover stellen, dat in die dagen de latere wethouder H. de Boer zich als bestuurder van de Centrale Bond verwoed tegen allerlei wantoestanden heeft gekeerd. Hij was bereid voor de belangen van de havenarbeiders, kolenwerkers en vissers door het vuur te gaan, maar het 'smezen' van vis vond in zijn ogen geen genade.
Hij stak geen hand uit voor de mensen, die daarvoor door de Halpolitie werden aangehouden en zich in Haarlem voor de rechter moesten verantwoorden. Frans heeft altijd veel waardering voor hem gehad, ook toen hij wethouder werd en bijna drie jaar als loco-burgemeester de ernstig zieke mr J.C. Bührmann verving. Natuurlijk had hij – zelf katholiek – meer contact met K V P-wethouders als J.A. Strijbosch,

C.P.J. Maas en de drogist Jan van Leeuwen. Ach, Frans was niet zo'n bijterig raadslid. Hij stond als bankman en verdediger van de belangen van de sport graag met alle wethouders op goede voet. Ook met de C P N-ers Th. Kruisman en R. van Eyken, de vriendelijke C H U-ers J.C. Aschhoff en Jaap Kolkman, de rustige A R-man Ab de Jong en de geestige P V D A-er dokter A.J. van Leusen. 'De K V P-er J.P. Nijssen en de A R-man F.P. Vermeulen waren in september '46 al weg', roept hij me toe. 'Die heb ik dus niet als wethouder meegemaakt.'
Rare plaats soms, dat IJmuiden, maar het is onjuist om de troebelen in de Vissershaven als een zwaartepunt van de naoorlogse ontwikkelingen te beschouwen. Ik zou dan de honderdjarige een beschamend rapport hebben uitgereikt. Er gebeurde heel veel om juist van dat rare IJmuiden nu eindelijk eens een echte, veilige wijkplaats voor velen te maken. De Hoogovens beleefden een enorme ontwikkeling en toonden zich een bedrijf, dat de les van de crisisjaren had geleerd, namelijk dat goede arbeidsvoorwaarden onontbeerlijk waren voor een ongestoorde produktie. Vergeleken bij de haven met zijn in die jaren nog altijd wat steelse

577

578

579

577.
De rotonde aan het westelijk eind van de Lange Nieuwstraat in 1953. Links de Planetenweg, rechtsboven het Cultureel Centrum.

578.
De boswachterswoning in de Heerenduinen, bewoond door de heer G. Jansen, werd ten behoeve van de aanleg van de Maasstraat in 1953 gesloopt.

579.
Op 6 april 1955 overleed te Velsen de 82-jarige Jan Daniël Heijkoop, één van de laatste mannen die bij de oprichting van het Staatsvissershavenbedrijf een leidinggevende functie vervulde. Onder directie van de eerste directeur van het bedrijf, de heer J.M. Bottemanne, werd hij met ingang van 16 juni 1899 benoemd tot de eerste Rijksafslager-

Al haast een halve eeuw sleept Wijsmuller over de zeven zeeën

OP DEZELFDE PLEK, waar N.V. Bureau Wijsmuller voor de oorlog naast het gebouw van het Witte Kruis haar kantoor en de magazijnen bezat, is in de laatste maanden aan het Sluisplein door de firma H. M. Koning en onder architectuur van het architectenbureau K. van den Berg en E. J. Jurriens te Naarden een hypermodern scheepvaartkantoor uit de grond gestampt. Het bijna negenentwintig meter lange pand, waarin beneden de magazijnen, op de eerste verdieping de kantoren en op de tweede étage twee woonhuizen zijn gelegen, is in strakke lijnen opgetrokken en daarbij zeer ruim van opzet. Een grotere overgang dan die van het benauwde en donkere kantoor op de hoek van de Kanaalstraat en de Visseringstraat naar dit nieuwe pand is haast niet denkbaar. IJmuiden, maar bovenal Bureau Wijsmuller kan er mee voor de dag komen en wanneer het gebouw geheel is ingericht — hier en daar valt nog iets te installeren en te schilderen — zal directeur G. v. d. Vuurst de belangstellenden kunnen welkom heten bij de officiële opening. Op Dinsdag, 14 December; een dag waarop ongetwijfeld de gedachten van vele bij het IJmuidense sleepvaartbedrijf geïnteresseerde en betrokken personen zullen teruggaan naar de jaren dertig, twintig en zelfs naar 1915, toen de eerste sleper van Wijsmuller in de vaart kwam. *580*

Een vlaggend Velsen begroette Koningin

Op Kop van IJmuidense Vissershaven voltrok zich ontroerende plechtigheid

(Van onze verslaggevers)

BIJ DE STRAKKE BAZALTEN DAM op de Kop van de IJmuidense Vissershaven hebben duizenden tussen de middag het Vissersmonument door Koningin Juliana zien onthullen en ruim een uur daarna de indienststelling van het nieuwe hospitaal-kerkschip „De Hoop" door het hijsen van de HKS-vlag kunnen gadeslaan. Met al die vlaggen in de stad en aan de havens was er in Velsen het uiterlijke beeld van blijdschap.

Toch was er ook dat andere, waaraan niemand ontkwam. Want er was niet alleen blijdschap; er was op deze dag ook ontroering. Blijdschap om de indienststelling van een zo voortreffelijk ingericht hospitaal-kerkschip als de „De Hoop" en ontroering bij een monument, waar de vissers van heel Nederland werden herdacht, die bij rampen met tal van vissersvaartuigen in de laatste jaren op zee zijn omgekomen. Die ontroering hebben allen ongetwijfeld het sterkst in zich gevoeld tijdens de plechtigheid op de Kop van de Vissershaven, toen Koningin Juliana om twaalf uur onder doodse stilte het dundoek

van het bronzen beeld liet glijden en de forse vissersfiguur tevoorschijn kwam, waarvan de voorzitter van het comité Vissersgedenkteken IJmuiden, mr. M. M. Kwint, enige ogenblikken tevoren in zijn toespraak had gezegd:

„Dit monument werd opgericht om de nagedachtenis van de omgekomen vissers te eren en om een plaats van herdenking te bieden aan hun nabestaanden en aan de gehele burgerij. Van dit voetstuk rijst op een mannenfiguur, gegoten in brons, naar het model van de beeldhouwer H. M. Wezelaar. Een doodgewone visserman, breeduit staande in waterlaarzen, zijn oliejas opbollend in de wind, die altijd over IJmuiden is. De rechterhand gestrekt en dragende een stormlantaarn, uitziende over de zee en van nu af aan bij dag en nacht, jaar in jaar uit de dodenwacht houdende over die vissers, die eens uit deze haven uitvoeren, maar daarin nimmer terugkeerden. Moge hun ziel in het Eeuwige leven een veilige haven hebben gevonden in het Huis des Vaders, waarvan geschreven staat dat daarin zijn vele woningen".

581

Ongelukken en rampen

In de tent op de Kop Vissershaven heeft de Koningin gesproken met de weduwen en enkele andere nabestaanden, onder wie ouders, van vissers, die bij de volgende ongelukken en rampen op zee zijn gebleven:

Stoomtrawler Tzonne IJm. 1 op 25 December 1951. Stuurman J. van der Leek over boord geslagen.

Motorlogger Gorredijk IJm. 75 op 11 Januari 1952. Matroos D. Zondervan over boord geslagen.

Motortrawler Alkmaar IJm. 31 op 15 Januari 1952. Met man en muis vergaan. Tien slachtoffers.

582

halchef. Sinds 1913 diende hij het Vissershavenbedrijf als halchef en leider van het halbedrijf, welk beroep hij tot zijn pensionering op 1 november 1937 heeft uitgeoefend. De regering erkende zijn verdiensten door hem in 1929 te benoemen tot Ridder in de Orde van Oranje-Nassau.

580.
Bericht *IJmuider Courant* 27 november 1954, inzake de nieuwe behuizing van Bureau Wijsmuller aan het Sluisplein.

581.
Bericht *IJmuider Courant* 8 juli 1955.

582.
Bericht *Het Vrije Volk* 8 juli 1955.

583.
De zuidelijke bouwput van de Velsertunnel in 1953. Links de spoorwegtunnel.

583

praktijken, vormden de Hoogovens een oase van arbeidsrust. En voor IJmuiden lag juist bij de Hoogovens het zwaartepunt van zijn economische wederopbouw.

Naast de wederopbouw van het woningbestand werd er ook keihard gewerkt aan de verbreiding van de cultuur, dat moet gezegd. Er ontstond een sterk besef dat de stroom van nieuwe bewoners van IJmuiden, deze verversing van de oorspronkelijke bevolking, ditmaal niet aan zijn lot mocht worden overgelaten. Eén van de mooiste resultaten van dit besef was in mijn ogen de stichting van de Velser Gemeenschap, die zich belastte met de begeleiding en de verdeling van subsidies voor de opbouw van het verenigingsleven in al zijn facetten, zoals dat heet.

De Velser Gemeenschap kreeg onderdak in het inmiddels gebouwde Cultureel Centrum aan het eind van de Lange Nieuwstraat. vsv, Stormvogels, dcy, het vzv van Pum Zwier en talrijke andere verenigingen deden weer van zich spreken. Er werd weer toneel gespeeld, dansen geleerd en op koren gezongen. Ik vond het zelf ook prachtig om met Vox Humana mee te gaan naar een zangconcours in het Amsterdamse Krasnapolsky. De in het

Nederlands elftal gekozen doelman Piet Kraak hielp Stormvogels in 1952 in een prachtige en met 4–1 van het Zaanse zfc op Schoonenberg gewonnen wedstrijd aan het kampioenschap. En toen ze in de promotiewedstrijd ook nog eens Volendam versloegen, waren de Stormvogels weer terug in de Eerste Klasse van de knvb. De supporters waren door het dolle heen. IJmuiden beleefde weer eens de ouderwetse rijtoer van de kampioenen. En op de feestelijke receptie in Kennemerhof tegenover het nu ook nieuw gebouwde Hotel Royal in de Kennemerlaan konden Chr. Suwerink, hoofdonderwijzer Gerrit Jan Bremerkamp en natuurlijk Kerst de Jong, die met zijn scheepsroeper het publiek had opgezweept om de elf van Stormvogels toe te juichen, eindelijk weer glunderen. Het daarna gekomen betaalde voetbal bracht Stormvogels en vsv weinig succes, maar het uit de top van deze twee verenigingen samengestelde prof-elftal van Telstar is nog steeds goed voor een plaats in de middenmoot van de eredivisie. Volgens Frans, aan wie ik al die voetbalkennis dank, zien Ajax, Feyenoord en psv er als vanouds tegenop om naar Schoonenberg te gaan. Telstar heeft de vooraanstaande plaats van vsv en

Stormvogels in de vaderlandse voetbalwereld overgenomen. De club is dan ook een bron van vreugde voor duizenden supporters en is tevens een voorbeeld van de versmelting, die dat wonderlijke IJmuiden, Velseroord, Driehuis en de beide Santpoorten ten lange leste toch als Velsen hebben ondergaan.

IJmuiden, of nu beter gezegd de gemeente Velsen, groeide razendsnel in de jaren zestig. De jonge gemeentearchivaris Siebe Rolle heeft wat cijfers voor me opgezocht. Over het jaar 1961 lees ik: aantal inwoners 66 175, beroepsbevolking 22 203, waarvan 11 595 werkzaam in de nijverheid, 289 in land- en tuinbouw en veeteelt, 9 691 in diensten en verzorgende bedrijven, 628 in de visserij. Uit dit laatste cijfer blijkt, dat de vissers voornamelijk uit andere plaatsen kwamen. Katwijk en Egmond bleven de meeste vissers leveren. Er kwamen dat jaar 686 schepen door de sluizen en IJmuiden telde 87 scholen. Toen in 1961 de Hoogovens een uitbreidingsplan op tafel legden, waardoor nog eens voor duizenden mensen werkgelegenheid werd geschapen, werd ook begonnen met de uitbreiding van de havenmond. De Zuidpier zou daarna liefst 2,8 kilometer ver in zee

„Looft den Heer"
bestaat straks officieel veertig jaar
Oratorium verdrong concours

Op het vendel van het Christelijk Gemengd Koor „Looft den Heer" staat de begin-regel geborduurd van het oude, simpele lied „Adeste", gedicht door Guido Gezelle. Met dit „Adeste" verwierf het koor zich na de heroprichting in October 1915 bekend-heid en toen de IJmuider burgerij in 1919, na afloop van de eerste wereldoorlog, de vereniging een vaandel aanbood, prijkte de notenbalk van deze eerste regel op de eenvoudige banier.

Het koor, dat vóór 1914 al had bestaan, ging door de mobilisatie van Augustus 1914 ten onder. Over dat oude koor, dat in 1900 geboren was — oorspronkelijk een een-voudige zangklas met meester Bijkerk van de Christelijke school aan het hoofd — heeft N. H. Andriessen, de vader van Willem en Hendrik Andriessen, nog de dirigeer-staf gezwaaid.

584

„DE BRULBOEI" AAN DE SLAG
In de Kanaalstraat begon een veelbelovend „schip" de vaart
Vele goede wensen en reeks geschenken bij opening van een lang verwacht jeugdhonk

Ondanks de regen marcheerden ruim honderd kinderen zaterdagmiddag achter het tamboer-korps van „Wilhelmina" aan om gevolg te gaven aan de uitnodiging die levensgroot op een boord werd meegedragen: „Komt mee naar de Brulboei".

Tegen vijf uur kwamen zij dan in het geheel in het nieuw gestoken Huis IJmuiden „De Brulboei" in de Kanaalstraat aan, waar het een feest van belang was: je kon er zo maar tafeltennissen, sjoelen, ringwerpen ,tafelvoetballen, je kreeg er limonade, het marionettenspel „Circus Kronkel" kon je er gaan zien en last but not least kon je voor deze ene keer zo maar helemaal ongeorganiseerd door het hele, grote, prachtig ingerichte gebouw dwalen, met zijn gezellig inge-richte huiskamer,

585

Feestdag voor heel de natie
VELSER TUNNEL GEOPEND

586

Niet naast en door elkaar werken:
Velsen contra havenplannen van Amsterdam

Naar aanleiding van vragen in de gemeenteraad van Velsen over de Amsterdamse havenplannen op Velsens grondgebied hebben B. en W. een rapport „toekomstige ontwikkeling van de industrie in het IJmondgebied" gepubliceerd.

In het rapport komt men tot de conclusie, dat de prognoses en de daarop steunende gevolgtrekkingen uit de nota van B. en W. van Amsterdam aan de Amsterdamse raad aanvechtbaar zijn. Gesteld wordt in het rapport van Velsen, dat de prognoses voor het toekomstige kolenvervoer niet te aanvaarden zijn. Voorts dat de verwachte toeneming van het ertsvervoer niet zeker is, gezien de drang tot aanvoer van ertsen via de Westduitse havens en gezien de mogelijkheid van vestiging van Hoogovens en staalfabrieken elders aan de kust. De vestiging van een raffinaderij bij het Noordzeekanaal is misschien mogelijk maar onderzocht moet worden of zulks met het oog op de ruimtelijke spreiding gewenst is. De gevolgen van de voor diverse regeringen aangekondigde verbeteringen van havens en kanalen, gepaard gaande met een politiek van bevoordelen van deze havens, worden waarschijnlijk onderschat, zo zegt het Velsense rapport.

587

588

589

584.
Bericht *IJmuider Courant* 18 oktober 1955.
585.
Bericht *IJmuider Courant* 16 september 1957.
586.
Kop op de voorpagina van *Trouw*
28 september 1957.
587.
Bericht *De Typhoon, Dagblad voor de
Zaanstreek* 11 mei 1960.
588.
Erepenning van de gemeente Velsen,
uitgereikt aan de heer J. Buis bij het 75-jarig
bestaan van IJmuiden. Jan Buis was toen de
oudste nog in leven zijnde kanaalwerker en
bij zijn dood in 1957 Velsens oudste inwoner.
589.
Oud-IJmuiden in 1961. Op de voorgrond de
Oranjestraat; links de Vissershaven met de
Rijksvishallen; rechts het Sluisplein.
590.
Oud-IJmuiden in 1961. Op de voorgrond de
Oranjestraat; rechtsboven het Stationsplein.

590

reiken...
Eén van de grootste in Velsen na de
oorlog uitgevoerde werken is ongetwijfeld de bouw van de Velsertunnel. In april 1952 ging daarvoor de
eerste spade in de grond, zoals dat officieel heet. Het is een karwei geweest,
waarvoor de Ballast-man ir Ph.J.W.A.
Diderich heel wat zweetdruppels heeft
moeten laten. Wel interessant eigenlijk, bedenk ik net, dat de Amsterdamsche Ballast-Maatschappij, die
ooit is begonnen in een klein keetje bij
de sluizen met het ballasten van zeeschepen met zand nu de zorg kreeg
voor de uitvoering van dit grote Water-
staatswerk. Er moest door ir Diderich
en zijn ploeg zo worden gewerkt, dat de
scheepvaart er zo weinig mogelijk hin-
der van zou ondervinden. Er moest
zelfs een nieuw stuk kanaal voor worden gegraven.
Ik ben niet zo technisch, maar ik weet
wel dat het een machtig stuk werk was.
Je kon het goed volgen, omdat de tunnels in een droge put werden gebouwd.
Vijf jaar later konden de twee autotun-
nels en de spoorwegtunnel onder het
Noordzeekanaal feestelijk door koningin Juliana worden geopend. De kosten voor de bouw van de Velsertunnel
bedroegen rond 130 miljoen gulden,

maar daarmee werd dan ook een belangrijke barrière voor het verkeer tussen Velsen, Velsen-Noord, Beverwijk,
Heemskerk en de kop van Noord-Holland opgeruimd.
Ik herinner me nog een relletje over dat
grote feest. Wethouder De Boer weigerde aan te zitten aan het officiële diner met de koningin, omdat daarvoor
alleen 'hoge omes' waren uitgenodigd.
'De mensen die in de bouwput hebben
gestaan behoren daarvoor te worden
uitgenodigd. Zij hebben die tunnels
toch gebouwd?' riep hij boos. 'Of zijn
jullie soms bang, dat ze niet met mes en
vork kunnen eten?' Dat sympathieke
protest van hem sprak me destijds wel
aan. Het is helaas nog zo, dat bij het
openen van iets groots de bouwers
meestal worden vergeten. 'Die kerels
hebben hun geld eraan verdiend. En
daarmee is voor ons de kous af',
schijnen die besturen altijd te denken.
Een andere mijlpaal in het bestaan van
IJmuiden was de openstelling van de
nieuwe havenmond door koningin Juliana op 15 juni 1967. Het Noordzeekanaal werd op een diepte van 15,50
beneden NAP en een breedte van 270
meter gebracht, zodat voortaan schepen tot 90000 ton zonder moeite naar
Amsterdam konden varen. En nu ik

toch aan het opsommen ben, wil ik ook
de opening van het stadhuis van Dudok op 24 september 1965 door prinses
Margriet niet overslaan. Het
gemeentebestuur werd uiteraard aan
haar voorgesteld. Frans wil het niet
toegeven en zegt dat ik een gek oud
mens ben, maar hij vond het best leuk
om even met de prinses te praten. We
zijn als katholieke mensen geen repu-
blikeinen...
Zeer droevige gebeurtenissen waren
het met man en muis vergaan van de
trawlers Alkmaar en Catherina Duyvis. De Catherina Duyvis kwam niet
terug van zee na de februari-ramp van
1953. Die ramp veroorzaakte veel
schade in IJmuiden door het onder water lopen van Scheveningen Radio op
het Sluiseiland, chaotische toestanden
in de havens en vishallen en het verloren gaan van de bezittingen van de
strandexploitanten. We wisten toen
nog niets van de verschrikkingen in
Zeeland. Meteen na het bekend worden daarvan vertrokken veel (Urker)
kotters uit IJmuiden naar Zeeland om
hulp te bieden aan de getroffenen.
De ramp met de Catherina Duyvis
heeft me destijds zo sterk aangegrepen,
omdat ik sommige opvarenden van dit
schip persoonlijk kende. Het schip

Vlaggen wapperden bij de Zuiderpier

Spoorwegen brachten tienduizendste wagon met keien naar IJmuiden

591 *Belgische steengroeven produceren*
dagelijks duizenden tonnen

G.S.: nog geen oordeel over havens zuidelijk van IJmuiden *593*

Snelle ruilverkaveling in IJmond nodig

De plannen voor nieuw aan te leggen havens ten zuiden van de havenmond van IJmuiden bevinden zich nog niet in *592* een zodanig stadium van voorbereiding, dat Gedeputeerde Staten van Noordhol-land zich over deze plannen en hun con-seuenties een oordeel hebben kunnen vormen. Hoewel de ontwikkeling niet met zekerheid is te overzien menen Ge-deputeerde Staten, dat genoemde plan-nen niet noodzakelijkerwijs in conflict behoeven te komen met de strekking van het streekplan voor Zuid-Kennemerland.

591.
Bericht *IJmuider Courant* 24 november 1961.
592.
Bericht *IJmuider Courant* 30 december 1961.
593.
Frederik Pieter Vermeulen (1870–1964) werd op 29 juli 1870 als zoon van de bekende hoofdonderwijzer Pieter Vermeulen geboren op de Heide, het huidige IJmuiden-Oost. Als vertegenwoordiger van de Centrale Anti-Revolutionaire Kiesvereeniging werd hij, 30 jaar oud, lid van de gemeenteraad. Tien jaar later, 18 oktober 1910, volgde zijn benoeming tot wethouder van Openbare Werken, welke functie hij tot 2 september 1919 vervulde. In zijn lange raadsperiode en vooral tijdens zijn wethouderschap heeft Vermeulen veel voor de gemeente tot stand gebracht. Hij had een belangrijk aandeel in de oprichting van het gemeentelijk gasbedrijf en beraamde de plannen voor de bouw van een eigen onderkomen aan de Havenkade voor de gemeentelijke Visserijschool. Onder zijn leiding kwam in 1912 de inrichting van de

PLAN ZEEWIJK: 2100 WONINGEN

7000 mensen komen in de IJmuidense duinen te wonen

De gemeente Velsen heeft een uitbreidingsplan zóver klaar dat het de gemeente-raad spoedig ter al- of niet goedkeuring kan worden aangeboden. Dit is het uit-breidingsgebied Duinwijk. Er is daar in Zeewijk — geheel in het fraaie duinengebied van IJmuiden neergelegd — plaats voor circa eenentwintighonderd woningen, oftewel een bevolking van ruim zevenduizend zielen. Het is, zoals dat bij alle uitbreidings-*594* plannen van de gemeente gaat, weinig met zekerheid te zeggen wanneer deze woningen gereed zullen kunnen zijn.

596

Telstar bereikt reeds in één jaar eredivisie *597*

595

598

Reinigingsdienst gereed; de gemeentelijke
Waterleiding werd op 26 februari 1917
officieel geopend. De dienst Openbare
Werken werd door de heer Vermeulen in 1915
geheel gereorganiseerd.

Zonder de belangen van het openbaar
onderwijs uit het oog te verliezen, was
Vermeulen voorstander van bijzonder
onderwijs. Met kracht bestreed hij de
annexatieplannen van de gemeente
Amsterdam, die begerige blikken wierp op
het grondgebied van Velsen.

Tijdens de Tweede Wereldoorlog was
Vermeulen actief in het verzet. Op 1 juni 1945
werd hij benoemd tot adviseur van
burgemeester mr M.M. Kwint, in welke
functie hij een grote rol speelde bij de
wederopbouw van de tijdens de oorlog zwaar
geschonden gemeente. Hij werd 27 januari
1948 benoemd tot Ridder in de Orde van
Oranje-Nassau en werd later, ter gelegenheid
van het 75-jarig bestaan van het
Noordzeekanaal, ereburger van de gemeente
Velsen.

Vermeulen was naast dit alles lid van de
Provinciale Staten van Noord-Holland en
van 1914 tot 1940 secretaris van de
Redersvereniging, waarbij hij nog lid was van
de Nederlandse Visserijcentrale, de
Levensmiddelenraad van Amsterdam en de
Commissie tot Bevordering van het
Visgebruik in Nederland.

In 1952 droeg hij zijn verzameling
curiositeiten en wetenschappelijke
voorwerpen aan de gemeente over. Deze
verzameling vormt de kern van het in 1955
geopende Pieter Vermeulenmuseum.
F. P. Vermeulen overleed op 8 september
1964 in Haarlem.
594.
Bericht *IJmuider Courant* 15 september 1961.
595.
December 1962 kocht de gemeente het Rex-
theater en richtte het in als Stadsschouwburg.
Op 17 september 1963 vond de officiële
opening plaats.
596.
Het elftal dat de promotie van Telstar naar de
Eredivisie bewerkstelligde.
Van links naar rechts: (staand) Toon van den
Enden (trainer), Heinz Stuy (doelman),
Tjeerd Kort, Olaf Hendriks, Joop Daniëls,
Joop Pirovano, Theo van Kampen; (zittend)
Ted Immers, Gerrie Dolder, Bert Wooning,
Fred André, Freddie Dikstaal.
597.
Bericht *Het Vrije volk* 8 mei 1964.
598.
Werkzaamheden aan de Burgerzaal van het
nieuwe stadhuis in 1964.
599.
Voor de verlenging van de pieren waren door
Rijkswaterstaat twee speciaal geconstrueerde
kraan-hefeilanden ingezet. Ze kregen de
toepasselijke namen Lepelaar en
Kraanvogel.

599

moet in die vreselijke stormnacht een
paar uur voor het binnenlopen onder
lager wal zijn verdaagd en door een
zware grondzee zijn getroffen. Zo'n
scheepsramp is iets verschrikkelijks in
die toch kleine gemeenschap van vissersgezinnen. Plotseling komen er
vijftien, zestien mannen in de bloei van
hun leven nooit meer thuis. 'Onze
Huib is op zee gebleven', zegt een vis-
sersvrouw later berustend als het ergste
verdriet is gesleten. Maar haar, door
het niet meer kùnnen huilen, rood op-
gezwollen gezicht een paar dagen na de
ramp, is me altijd bijgebleven. Mijn
moeder zei in haar avondgebed met
ons altijd: 'En denkt u ook aan de mensen op zee, Lieve Heer?' Dat zinnetje
krijgt ineens een diepe betekenis als je
na het vergaan van een trawler in een
huiskamer tegenover een vrouw en een
stel jonge kinderen zit, aan wie de
dominee juist heeft verteld dat er geen
hoop op overlevenden meer is...
In Velsen stonden op 10 mei 1940 precies 12 879 huizen; op 5 mei 1945 was
dit getal door bombardementen en
vooral de gedwongen afbraak geredu-
ceerd tot 9 136; thans telt Velsen ruim
21 000 huizen, lees ik in een door het
Bureau Voorlichting van de gemeente
uitgegeven boekje. Het is voor mij wel

een bewijs, dat er althans op het gebied
van huisvesting iets groots is verricht in
die dertig jaar na de bevrijding. Overal
zijn moderne nieuwe wijken verrezen,
waarvan ik het laatst gebouwde Zeewijk even apart wil noemen. Hier is
voor het eerst op grote schaal in IJmuiden getracht om een harmonisch even-
wicht tot stand te brengen tussen woningbouw en duinlandschap, zoals de
ontwerpers dat zo mooi omschrijven.
Zeewijk heeft een moderne winkelgalerij en het ligt niet ver van de sporthal en
de nieuwe sportvelden bij de Planetenweg.
Of dit plan Zeewijk ook geslaagd is in
de ogen van de bewoners, laat ik aan
hun eigen oordeel over. Ze namen in
ieder geval het initiatief tot de oprichting van het Opbouworgaan Zeewijk,
dat ijvert voor een zo goed mogelijk
leefklimaat in deze ruime buurt. Leefklimaat. Opbouworgaan. Hoe verzin-
nen ze het? Op je ouwe dag leer je nog
een heleboel nieuwe woorden. Ik haal
het maar aan om te tonen, dat we op
dit gebied in de gemeente Velsen ook
niet achterblijven in Nederland. Dat
Opbouworgaan heeft een prikactie gevoerd om de gevolgen van de soms ve-
nijnig door deze buurt blazende zee-
wind te beteugelen. Het door die wind

Storm sloeg tonnen zware stenen weg

DE uitbouw van de pieren bij IJmuiden en de verdieping van de vaargeul voor de havenmond zijn thans bijna voltooid. Weliswaar heeft het slechte weer van de laatste weken de zaak enigszins' vertraagd, maar binnenkort zal de laatste steen worden gestort aan de kop van de verlengde Noorderpier. Aanvankelijk wilde men de laatste steen gisteren storten, maar windkracht 9 maakte dat onmogelijk.

601

600.
Bericht *IJmuider Courant* 7 oktober 1965.
601.
Bericht *Algemeen Handelsblad* 1 maart 1967.
602.
De gemeentelijke sociale werkvoorziening. Interieur van de op 31 maart 1967 in gebruik genomen werkplaats Het Seepaerdt aan de Kalverstraat, dat op 1 maart 1970 door brand werd verwoest. Na een tijdelijk onderkomen in het oude postkantoor aan de Houtmanstraat betrokken de werkers op 19 juni 1972 het moderne complex De Tunnel in Velsen-Noord.
603.
Bericht *Het Vrije Volk* 8 september 1966.
604.
De officiële opening van de verruimde havenmond door HM koningin Juliana op 15 juni 1967. Achter haar mr J.C. Bührmann, burgemeester van Velsen.

Stadhuis ook voor de jeugd functioneel

„Het nieuwe stadhuis ten dienste van de gehele burgerij!" is ongeveer het motto geweest, dat door de autoriteiten bij de officiële opening van Dudoks indrukwekkende bouwwerk centraal gesteld werd. Nu is het niet waarschijnlijk dat de jeugd de zin van al deze zorgvuldig opgestelde redevoeringen heeft verstaan, ofschoon een en ander toch onmiddellijk door haar in praktijk is gebracht.

600

602

B. en W. Velsen willen vinger in visserijpap

Huidige situatie schept problemen

IJMUIDEN. B. en W. van Velsen zijn niet meer tevreden over de positie van het Staatsvissershavenbedrijf in de gemeente. Zij lichten hun grieven aan de hand van een zeer uitgebreid rapport nader toe. Hun belangrijkste uitspraak is dat het gemeentebestuur het nodige te zeggen moet krijgen in de vis-afslag. Het bedrijf moet worden ondergebracht in een stichting, gevormd door de Staat en Velsen. Aan alle sectoren van het bedrijfsleven moet gelegenheid worden geboden tot bijstand in het beheer op ruime schaal.

603

604

605

605.
De koningin op het balkon van het stadhuis. In verband met de opening van de havenmond wordt op het Plein 1945 het volgende programma uitgevoerd:
RK Harmonie-Vereeniging
'Soli Deo Gloria' – marsmuziek
Fanfarekorps Wilhelmina – marsmuziek
Algemeen Velser Bejaardenkoor – zang
Gezamenlijke kinderkoren – zang
De heer A. Toonen – voordracht
IJmuider Harmonie – muzikale show.
606.
Bouw van de oxystaalfabriek 2. Deze moderne staalfabriek met 250-tons converters werd in 1968 aan het Hoogovenbedrijf toegevoegd. Daarmee was een belangrijk deel van het toen nog 'vier miljoen ton staalplan' verwezenlijkt.

meegevoerde stuifzand doet de mensen in Zeewijk dan denken dat ze in de Sahara wonen. *'You telling me.'* Als kind wist ik al hoe moeilijk het is om de graag wandelende duinen met helmbeplanting op een vaste plaats te houden. Maar goed, laat ik nou niet als een pinnige ouwe tante op alle slakken zout gaan leggen. Vroedvrouwen hebben toch al de naam, dat ze zo streng zijn.
Mijn kroniek over de naoorlogse jaren van de mensen in IJmuiden is allesbehalve volledig, merk ik, maar ik ben tot de ontdekking gekomen dat veel gebeurtenissen waarover we ons druk maken, spoedig verbleken. In mijn herinnering zijn vooral menselijke beelden blijven hangen. De schepen met de gerepatrieerden uit Indonesië in de Noordersluis. Donkere kinderogen onder een te grote pet tegen de kou. Een groene ereboog voor het ouderlijk huis van een na de 'politionele acties' in Indonesië teruggekeerde IJmuidense dienstplichtige soldaat. Het bleke gezicht van Tjeerd Servaes na het horen van het bericht van het sneuvelen van zijn zoon in Indonesië. Tjeerd was een VSV-bestuurder, die mijn man door zijn connecties met de sportwereld nogal goed kende.

Mijn eerste paar 'zwart', voor f 15,— op het Waterlooplein in Amsterdam door Frans gekochte nylonkousen. Het zingen van liedjes als *Goodnight Irene* door de uit Engeland teruggekomen mannen. De Egmondse vrouwen in IJmuiden maakten er al gauw 'Genácht Eirien' van. De eerste sinaasappelen in de winkels. Het weer kunnen kopen van een pak voor Frans. Onze verhuizing van het voor ons te groot geworden huis aan de Julianakade naar het Gijzenveltplantsoen.
Maar van het feest tijdens het vijfenzeventigjarige bestaan van IJmuiden herinner ik me nauwelijks iets meer. Wèl weer de opening van nieuwe winkels door 'Dorus', dat onvergetelijke, door de veel te vroeg gestorven artiest Tom Manders gecreëerde voddenrapertje. Arme Dorus, wij IJmuidenaars zijn veel te nuchter voor dit soort vertoningen. We geloofden eenvoudig niet dat Dorus écht met een bakfiets op 't Marktplein stond. 'Ja, Dorus is gek', zeiden we tegen elkaar. 'Zo'n grote artiest gaat toch niet op het Marktplein staan. Die kan bij de VARA meer verdienen.' En ook herinner ik me hoe glorieus de nieuwe Statendam de Nieuwe Waterweg werd binnengesleept. Tot ergernis van de jongens van Smit in

Rotterdam gebeurde dat door de zeeslepers van het weer door een echte Wijsmuller geleide Bureau Wijsmuller. 'Een IJmuidens huzarenstukje', noemde burgemeester Kwint het in zijn Nieuwjaarsrede. Het verdwijnen van de Velserbrug is ook weer zo'n vastgelegd moment in mijn geheugen vol gaten. Ik blijf het een kaal gezicht vinden. Ik mis het vertrouwde beeld van de Velserbrug, waarvan jeugdige waaghalzen op een hete zomerse dag graag het kanaal indoken.
Door al dat mijmeren over beelden en dingen van weleer, zou ik bijna het plan voor het samenvoegen van de gemeenten Velsen, Beverwijk en Heemskerk tot de staalstad IJmond vergeten. Mensenkinderen, dat plan is één van de strijdvragen geweest, die de gemoederen lang in beweging heeft gehouden. Frans was er vol van. De verbitterde debatten in de gemeenteraden in de jaren zestig gingen vooral over de vraag, hoe die staalstad zou moeten worden bestuurd. Beverwijk en Heemskerk waren beducht voor een overwicht van het grotere Velsen en vreesden hun eigen en vergeleken met IJmuiden totaal verschillende karakter te zullen verliezen.
Ik had het net over het verbleken van

DUIDELIJKHEID

Wethouder C. Ockeloen zal het volgende week dinsdagavond in de Brulboei moeilijk krijgen. Oud-IJmuiden vraagt duidelijkheid, en terecht! Oud-IJmuiden is doodziek. Oud-IJmuiden is al zó lang ziek, dat de betrokkenen nu eindelijk wel eens precies mogen weten, hoe het ermee staat.

Dooddoeners als: geen ijzer met handen kunnen breken; Den Haag, dat niet meewerkt; denkt u, dat wij niet anders zouden willen, enz. enz., daarmee zal men het in Oud-IJmuiden niet eens zijn. De ellende is tè groot, het duurt allemaal tè lang. Een dak, dat zo lek is als een zeef. p r a a t je niet dicht. Beloften en toezeggingen zijn géén anti-rottingsmiddelen. Als socialistisch wethouder zal de heer Ockeloen... iets moeten dóén...!

607

Sanering Oud-IJmuiden laat op zich wachten

608 IJMUIDEN. Zal het oudste stuk IJmuiden er nog staan als in 1976 het 100-jarig bestaan wordt gevierd? Dit gemeentedeel zal onder slopershanden moeten vallen. Maar wanneer?

IJmuiden wordt basis voor olieboringen

Belanghebbenden bij dit project zijn de N.V. Kalkzandsteenfabriek IJmuiden de N.V. Cementbouw te Heemstede en de Amsterdamse Droogdok Maatschappij. Zij zouden voor dit project reeds contracten met meerdere oliemaatschappijen hebben afgesloten.

609

610

611

Een terugblik op de historie van de IJmuider Harmonie resulteert onherroepelijk in een stukje muziekgeschiedenis van de gehele IJmond. Dit deel van Kennemerland wist namelijk tot aan de tweede wereldoorlog een tiental bloeiende muziekverenigingen op de been te houden, waarvan de ouderen zich waarschijnlijk de namen og zullen herinneren van „Juliana", „Concordia", „Wilhelmina", „De Eendracht", 'Kunst Na Arbeid" en „Voorwaarts". Met de bekende pijn en moeite slaagden de respectieve besturen erin de muzikale activiteiten gedurende de eerste jaren erin de muzikale activiteiten gedurende de eerste jaren van de bezetting nog te blijven voortzetten — tot de dag waarop Nederland met de zo berucht geworden „Kulturkammer" werd opgeknapt.

Zoals bekend weigerde het overgrote deel van de toneel-, zang- en muziekverenigingen zich echter bij deze, door Duitsland gedecreteerde instantie aan te sluiten, hetgeen ook met de leden van beide laatstgenoemde korpsen het geval is geweest. Zij lieten daarbij hun partituren en instrumenten eveneens „onderduiken", een voor die jaren gevleugeld begrip, zodat repetities en concerten in afwachting van betere tijden moesten worden gestaakt.

Dit was ook het geval met de leden van „Kunst Na Arbeid" en „Voorwaarts" welke korpsen mede ten gevolge van de evacuatie evenwel dermate waren gedecimeerd, dat een afzonderlijk optreden vrijwel onmogelijk was geworden. Men besloot aldus tot een voorlopige samenwerking, welke combinatie na enige maanden zou leiden tot het definitief oprichten van een nieuwe muziekvereniging *612* voor IJmuiden.

607.
Bericht *Het Journaal* 24 oktober 1968.
608.
Bericht *Het Vrije Volk* 28 februari 1968.
609.
Bericht *Het Journaal* 18 april 1968.
610.
''t Klaphekkie' bij de Van der Zwaagstraat in 1969. Enige jaren later is dit spoorwegovergangetje vervangen en meer westwaarts geplaatst.
611.
In 1969 werd de Neeltje Jacoba vervangen door de Johanna Louisa.
612.
Bericht *IJmuider Courant* 24 oktober 1970.
613.
Het slaan van de eerste paal van het bejaardentehuis De Moerberg van de Christelijke Interkerkelijke Stichting voor Bejaardenverzorging op 21 maart 1969.
614.
Bericht *IJmuider Courant* 10 april 1970.

613

Verdediger laakt beleid van overheid

(Van een onzer verslaggevers)

HAARLEM — De drie IJmuidense zeeloodsen, die in de nogal geruchtmakende zaak over het aannemen van steekpenningen donderdagmiddag bij de Haarlemse rechtbank de spits moesten afbijten voor hun ongeveer honderd collega's (waarvan zestig uit IJmuiden en veertig uit Amsterdam), hebben in mr. G. W. F. van der Valk Bouman een vrij milde officier van Justitie tegenover zich mogen vinden. Weliswaar noemde hij dit „collectief corruptie-delict" een hoogst kwalijke zaak, waarmee in de geschiedenis van het loodswezen een zwarte bladzij tot stand is gekomen, maar aan de andere kant wilde de officier er toch ook rekening mee houden, dat niet alle loodsen in dezelfde mate schuldig kunnen worden geacht. In dit geval wilde hij de kwaden dus met de goeden laten meelopen, zodat de officier kwam tot een eis van vijfhonderd gulden boete voor ieder, bij niet betalen te vervangen door vijftig dagen hechtenis, plus een voorwaardelijke gevangenisstraf van twee maanden, met een proeftijd van drie jaar.

614

---

dingen die toen zo groot leken. Wel, aan die discussie kwam in latere jaren vanzelf een eind, toen de dromen over de oneindige groei van de industrie in het IJmondgebied op een illusie bleken te berusten. Frans was trouwens niet zo'n voorstander van die fusie. Hij zei telkens weer: 'Het Noordzeekanaal is een niet te overwinnen barrière tussen de drie gemeenten. We hebben al zo'n moeite om Velsen-Noord erbij te houden.' Ik heb me er nooit zo druk over gemaakt, maar ik vond het wel vreemd dat ze bij de Hoogovens in geval van brand eerst moesten kijken op welk gebied die was uitgebroken om te kunnen beslissen of de brandweer van Velsen of Beverwijk moest worden gealarmeerd. Want dat grote bedrijf ligt op grond van beide gemeenten. Enfin, die fusie is uiteindelijk van de tafel geveegd. En Velsen blijkt nu zelfs door het vertrek van vooral jonge mensen naar elders inwoners te verliezen. De vraag naar arbeidskrachten in het IJmondgebied is allang zo groot niet meer als de planologen hebben voorspeld. Het huidige gemeentebestuur verheelt niet, dat die uittocht van jonge mensen zorgen baart. Het zou kunnen betekenen, dat het hoge verzorgingspeil door allerlei op groei gebaseerde

gemeentelijke diensten moeilijker te handhaven valt. Ik weet daarom wel zeker, dat het gemeentebestuur door bijvoorbeeld het bouwen van woningen in de Velserbroekpolder die uittocht zal trachten te verhinderen. Een vergrijzend Velsen is voor niemand een aanlokkelijk toekomstbeeld.
Als ik zo langzamerhand aan het slot van mijn relaas nog eens terugkijk op wat er in die honderd jaar in IJmuiden allemaal is gebeurd, dan is dit IJmuiden voor mij op dit moment een plaats van rust. 'Stop!' zullen nu vele jonge IJmuidenaars meteen roepen, 'politiek is onze woonplaats nog voortdurend in beweging. Nergens hebben de Wereldwinkels, de acties voor het Medisch Comité Vietnam en voor de voor hun vrijheid vechtende volkeren in Afrika misschien zoveel succes als in IJmuiden. Nergens wordt misschien zo streng gelet op discriminatie van gastarbeiders als in IJmuiden, dat nu eenmaal altijd een wijkplaats is geweest voor mensen van heinde en verre.'
'Stop!' roep ik dan op mijn beurt. Wat ik bedoel te zeggen, is dat deze door wildgroei, door steeds weer nieuwe groepen immigranten ontstane wijkplaats aan de monding van het Noordzeekanaal eindelijk in wat rusti-

615

616

Rapport:

Buitenhaven noodzakelijk

- kosten 265 miljoen -

AMSTERDAM-IJMOND — In een woensdag in Amsterdam openbaar gemaakt economisch rapport over de Amsterdamse haven wordt de aanleg van een buitenhaven bij IJmuiden als voorwaarde gesteld voor een verdere groei. Zonder een buitenhaven zou het niet mogelijk zijn alle overheids- en particuliere investeringen, die reeds in het havengebied zijn gedaan, te beschermen.

617

„Buitenhaven is een hersenschim"

IJMUIDEN. — De rechtelijke macht heeft zich uitgesproken in de ont- eigeningsprocedure tussen de gemeente Velsen en de eigenaren van het landgoed Heerenduinen. Krachtens de onteigenings-wet is de gemeente nu verplicht binnen het tijdsbestek van 1 jaar een begin te maken met de eer- ste aanzet van het plan „Zeebad", dat in zijn totaliteit veertig hectare duin- terrein beslaat.

618

Planologisch onverantwoord Bedreiging voor milieu

(Van een onzer verslaggeefsters)

**IJMUIDEN. — „Het gemeentebestuur van Velsen acht de aanleg van een voorhaven uit economisch oogpunt niet verantwoord en uit een oogpunt van planologie en milieu-hygiëne onaanvaardbaar".
Dit is de slotconclusie van een rapport van het gemeentebestuur.**

619

Wethouder C. Ockeloen over de voorhaven:

„Amsterdam lanceert plan met fanfare, maar houdt geen maat"

620

615.
De Pres. Steijnstraat, één van de straten gelegen binnen het saneringsplan van Oud-IJmuiden, hier gefotografeerd in 1969.
616.
Hetzelfde punt in 1973.
617.
Bericht *IJmuider Courant* 17 december 1970.
618.
Bericht *Dagblad Kennemerland* 17 juli 1971.
619.
Bericht *IJmuider Courant* 17 september 1971.
620.
Bericht *IJmuider Courant* 18 september 1971.
621.
Bericht *Dagblad Kennemerland* 28 oktober 1970.
622.
Bericht *Het Vrije Volk* 6 oktober 1964.
623.
Bericht *Dagblad Kennemerland* 11 februari 1972.

Wetsontwerp doet IJmondvuur oplaaien

De laatste tijd is de IJmond weer in het nieuws. Na twaalf jaar van onzekerheid over de beste bestuursvorm voor 't gebied der gemeenten Velsen, Beverwijk en Heemskerk heeft minister Toxopeus bij de Tweede Kamer een wetsontwerp ingediend dat aan de huidige, ongewenste situatie een eind moet maken.

GEEN GROOT IJMUIDEN

N A een middag van inmense spanning heeft de Tweede Kamer gisteravond met een toch vrij grote meerderheid het ontwerp tot opheffing van de gemeenten Beverwijk, Heemskerk en Velsen en vorming van een nieuwe gemeente IJmuiden met 75 tegen 55 stemmen verworpen. Toen in de muisstille vergaderzaal de laatste stem was uitgebracht barstte de feestvreugde op de beide overvolle publieke tribunes los.

622

623

---

ger vaarwater is gekomen, tenslotte volwassen lijkt te zijn geworden. IJmuiden is als een 'klein Amerika' tegen de keer in gegroeid. Er bestond geen plan voor de ontwikkeling van deze gemeenschap, zoals dat bijvoorbeeld thans bestaat voor Almere, waar stedenbouwers, sociologen, economen, pedagogen en welzijnswerkers zich behoedzaam buigen over de wieg van het pasgeboren kind. IJmuiden heeft het heel lang zelf maar moeten redden.
En het hééft het gered! Het verschil tussen oude en nieuwe bewoners komt niet meer zo erg aan de oppervlakte. Vele tegenstellingen zijn langzamerhand vervaagd. Ik als katholiek kan

„BEJAARDEN INTEGREREN IN SAMENLEVING"
CRM-staatssecretaris opent bejaardentehuis „Breezicht"

621

vandaag rustig bij een gereformeerde groenteboer iets kopen en omgekeerd is dat ook het geval. Sinds de opvolging van burgemeester Kwint door de helaas te vroeg overleden mr J.C. Bührmann, het driejarige bestuur van loco-burgemeester H. de Boer, het bestuur van waarnemend burgemeester W.M.B. Bosman en nu het bewind van burgemeester drs J. Reehorst en de wethouders C. Ockeloen, drs M. Roessingh, Th.C. Witte en ir H. van der Werff plus een verjongde gemeenteraad kent het ook bestuurlijk minder rimpelingen. Behalve dan het vertrek van de heren Roessingh en Ockeloen, die respectievelijk hun opvolgers vonden in H. J. Scheeper en J. W. Meijer. Tóch moet ik er als oudere vrouw voor waarschuwen, dat rust kan leiden tot gezapigheid. IJmuiden zal ook in de komende jaren de kop ervoor moeten houden, gaan zorgen dat vooral de visserij weer gezond wordt, gaan zorgen dat de werkgelegenheid behouden blijft, gaan zorgen dat het verder wordt behoed voor aanslagen op het prachtige duin- en strandgebied, gaan zorgen dat het ook cultureel en sportief een gemeente van groot belang blijft. De uitvoering van het ambitieuze plan voor het zeebad zou daarvoor weleens

een forse impuls kunnen zijn. Het zou leven in de brouwerij brengen en IJmuiden met name voor de recreatie van de Amsterdammers een functie van groter belang kunnen geven. IJmuiden heeft altijd verborgen krachten gehad. Daarvan ben ik in mijn veertigjarige loopbaan als vroedvrouw, vaak ook als bezoekster van in nood verkerende gezinnen en als de vrouw van een bij het bestuur van de gemeente Velsen betrokken man overtuigd geraakt. Niet voor niets zeggen de IJmuidenaars: 'Maak van je nadeel een voordeel!'
En daarom is ondanks alles dat ongewenste kind van Amsterdam een sterke kerel geworden. Een kerel die in goede verstandhouding met zijn zevenhonderdjarige vader nieuwe mogelijkheden zal vinden voor verdere groei en bloei. Zonder de voor een gemeente eigenlijk taalkundig foute vergelijking tussen een vader en een zoon verder door te trekken, kan ik dit verhaal ook besluiten in de zekerheid, dat het honderdjarige IJmuiden best in staat is de belangen van het zevenhonderdjarige Amsterdam te behoeden, zonder daarvoor haar eigen bruisende leven te hoeven opgeven. IJmuiden wil anno 1976 niets liever, dat staat voor mij vast!

624

625

626

627

624.
Overzicht van de reeds gedeeltelijk gesloopte voorgevel van het Antonius Ziekenhuis in 1972.
625.
Verleden tijd is dit gezicht op de woonschepen voor de buitenlandse werknemers van Hoogovens, Casa Marina (links) en Arosa Sun, gelegen in het binnenspuikanaal in 1973.
626.
Bouw van de zogenaamde sterflat aan het Zeewijkplein in 1972.
627.
Albert Jan van Leusen (1899–1972) werd in Assen geboren. In 1929 behaalde hij aan de Universiteit van Groningen zijn artsenbul, waarna hij zich direct in Velsen vestigde. Dokter Van Leusen heeft zeer actief aan het plaatselijke organisatieleven deelgenomen. In 1939 werd hij voor de Vrijzinnig Democraten in de gemeenteraad gekozen. Vóór de benoeming had hij zich leren kennen als een man die voor zijn mening durfde uit te komen, getuige het verslag van zijn lezing over 'jodenvervolging en barmhartigheid' in november 1938 (zie: pag. 158, nr. *440*).
Na de Tweede Wereldoorlog werd hij lid van de Partij van de Arbeid. Als wethouder van Onderwijs en Sportzaken heeft hij veel bijgedragen tot de oprichting van het gymnasium Felisenum, terwijl zijn aandeel in de stichting van het sportpark Schoonenberg niet minder groot is geweest. De heer van Leusen was van 1935 tot 1954 lid van Provinciale Staten. Voorts is hij onder meer voorzitter geweest van het Algemeen Ziekenfonds IJmuiden, van de Landelijke Federatie van Ziekenfondsen, de voetbalvereniging v s v, de Vereniging voor Vrijzinnig Hervormden en de Oranjevereniging

Driehuis. Landelijke vermaardheid verwierf Van Leusen zich door het verzorgen van de radiorubriek 'Tijdelijk Uitgeschakeld' voor de VPRO. Deze praatjes zijn in 1952 onder dezelfde titel gebundeld en uitgegeven.

Bij zijn afscheid als lid van de gemeenteraad in 1962 werd hem de gouden erepenning van Velsen uitgereikt. In november 1969 legde hij zijn praktijk als huisarts neer, ter gelegenheid waarvan hem door patiënten en vertegenwoordigers van het plaatselijk verenigings- en organisatieleven een groots afscheid werd aangeboden.

Op 16 januari 1972 overleed A. J. van Leusen, waarmee Velsen een niet alleen plaatselijk, maar ook landelijk zeer gewaardeerde persoonlijkheid verloor.
628.
Bericht *IJmuider Courant* 3 januari 1973.
629.
Bericht *IJmuider Courant* 21 februari 1973.
630.
Bericht *IJmuider Courant* 22 februari 1973.
631.
Bericht *IJmuider Courant* 2 maart 1973.
632.
Bericht *IJmuider Courant* 3 maart 1973.
633.
Bericht *IJmuider Courant* 5 maart 1973.
634.
Bericht *IJmuider Courant* 2 maart 1973.
635.
Wim Bunte (1924–1974) was commissaris van NV Estel Hoesch-Hoogovens, lid van de Centrale ondernemingsraad van Hoogovens IJmuiden BV en lid van de Ondernemingsraad van het Hoogovenbedrijf te IJmuiden.

„Koninklijke" van Van Gelder verdwijnt

ZAANDAM. — De koninklijke papier-fabrieken Van Gelder zonen mogen niet langer de onderscheiding koninklijke dragen, zo heeft de regering beslist.

Reden is dat inmiddels 50 percent van de aandelen Van Gelder in handen is *628* **gekomen van het Amerikaanse bedrijf Crown Zellerbach International.**

IJMUIDEN. — Hoogovens ligt stil. Een zorgvuldig voorbereid stakingsplan van de drie industriebonden had gisteren en vandaag tot gevolg, dat enkele produktieslagaders werden afgebonden. Mogelijk is er nog een kleine produktie-uitloop naar morgen, maar dan draait er ook werkelijk niets meer, verzekerde vanmorgen stakingsleider Herman Bode.
629

IJMUIDEN — Hoogovens heeft vanochtend bij de president van de Haarlemse rechtbank een kort geding aanhangig gemaakt tegen de industriebonden NKV en NVV. Het zal dinsdagmiddag dienen. Geëist wordt, dat de stakingsparolen worden ingetrokken, op straffe van een dwangsom van f 5 miljoen per gebeurtenis. Hoogovens beoogt met deze stap niet een uitspraak te krijgen over de erkenning van het stakingsrecht als zodanig, noch een uitspraak over het eigenlijke geschil. Het gaat er de directie om de situatie te herstellen waarin het mogelijk is onder normale omstandigheden een oplossing voor het conflict te vinden.
630

IJMOND — Anderhalve week duurt nu de staking die door de industriebonden onder een deel van het personeel van Hoogovens is uitgeroepen. Een staking, waarmee de bonden een inkomensnivellering willen bereiken, zodat de kloof tussen hoger betaalden en de lagere inkomens zo niet gaat verdwijnen, dan toch in elk geval tot een minimum zal worden beperkt.
631

Hij zegt alle verwikkelingen eigenlijk „hartstikke zat" te zijn. Ook hij vertoonde juist als zovelen in deze strijd rond het loonconflict uitputtingsverschijnselen. De altijd laconieke, rustige Bunte maakt voor het eerst een geïrriteerde indruk. „Geen wonder als je per nacht drie, vier uur slaapt! We moeten oppassen dat we door oververmoeidheid, de verharding van het conflict en het tekort aan tijd geen onjuiste beslissingen gaan nemen. Ik geloof dat we vooral de tijd moeten nemen en dat we alle emoties moeten wegbannen, want nog steeds *632* is in deze één ons wijsheid meer dan een kilo verstand".

De president overwoog, dat het oproepen tot een staking op zichzelf in beginsel niet onrechtmatig is, maar dat zo'n oproep slechts in uiterste noodzaak en na zorgvuldige overweging mag worden toegepast. De president haalde een arrest van het Amsterdamse gerechtshof van 13 april 1972 aan. Daarin staat dat een stakingsoproep alleen als uiterste middel mag worden gedaan en dan nog slechts ter bereiking van betere arbeidsvoorwaarden.

De president twijfelt eraan, of die betere arbeidsvoorwaarden inzet waren voor de staking bij Hoogovens; immers, tegenover verbeteringen voor het lagere personeel, zouden verslechteringen voor *633* **het hogere komen te staan. Een tweede overweging was, dat het hoger personeel onvoldoende is betrokken bij de onderhandelingen in het loonconflict.**

De president noemt het een ongeschreven rechtsbeginsel in de Nederlandse democratie, dat, wanneer een groep burgers een offer verlangt van een andere groep, de laatstgenoemde groep gelegenheid krijgt zich hierover uit te laten. De president heeft geen dwangsom nodig geacht, omdat de gedaagden tijdens de pleidooien hebben toegezegd, dat zij zich aan het vonnis zouden houden.

Namens de ondernemingsraad had de heer Bunte, NVV-vertegenwoordiger en werknemerscommissaris, na een vergadering van de raad gisteren nog aan de pers meegedeeld dat de raad bij zijn standpunt bleef. Dat nam de stakingsleiding niet. Aangenomen kan worden dat de „afgedwaalde" bondsleden in de OR door de industriebonden onder druk zijn gezet om in het openbaar van standpunt te veranderen.

Speerpunt

De verwarring in de OR was vandaag groot. Arie Groenevelt deelde mee dat de OR-leden het effect van hun eerste verklaring verkeerd hebben getaxeerd. Hij benadrukte dat de speerpunt van de vakbondsacties gericht blijft op Hoogovens en dat het stellen van ultimata bij andere bedrijven afhankelijk is van wat er bij Hoogovens gebeurt. Groenevelt is van mening dat de laatste voorstellen voor het kort geding een basis zijn voor een verder gesprek. Hij gaf de werknemerscommissarissen een pluim voor hun optreden. De kapitaal-commissarissen hebben nog geen poot uitgestoken, zei *634* hij erbij.

635

De secretaris van de ondernemingsraad van Hoogovens ziet het
gevaar, dat mede door het bedrijven-
werk de leden van de gekozen raden
van overleg in de diverse afdelingen
van Hoogovens loopjongens worden.
„Leden van zo'n orgaan moeten hun
persoonlijke verantwoordelijkheid
kunnen houden om te kunnen handelen naar bevind van zaken, mits
voorzien van goede objectieve infor-
matie met de mogelijkheid van contact met de achterban.

De heer Bunte houdt overigens
zijn hart vast vóór alle plannen van
Hoogovens die op de rol staan. Die
angst is ingegeven door een complex
van zaken: zorgen om de produktie,
het nog steeds toenemende ziektever-
zuim, de situatie in de staaf- en
draadwalserij (die naar zijn mening
636 op meer plaatsen dreigt) en de alge-
mene malaisestemming.

639

———————

**IJMOND. — Vandaag is bij Hoogo-
vens de verkiezingsstrijd rond de Ondernemingsraad ontbrand. Een strijd
welke feller is dan ooit te voren als
gevolg van de perikelen in en rond
de Industriebond NVV. Zoals wij al
eerder schreven is een aantal NVV
vakbondsleden verontrust geworden
door de gang van zaken in het be-
drijvenwerk van de bond bij dit
staalconcern. Naar aanleiding van
de presentatie van een kandi-
datenlijst, welke volgens deze leden niet representatief is voor alle
heeft men een groep verontruste
NVV-leden gevormd, welke nu de
naam „Constructieve Vakbondsleden"
draagt en is men met een eigen lijst
uitgekomen, waarop het merendeel
637 van de nu zitting hebbende Onderne-
mingsraadleden vermeld staat.**

640

IN MEMORIAM
W. Bunte

Maar er zijn ook herinneringen
aan de moeilijkheden die hem
niet bespaard bleven. In
huiselijke kring tijdens de
ziekte van een van de kinderen. In het werk toen hem
door zijn opstelling binnen
zijn vakbond - een opstelling
die hem door hoofd en hart was
ingegeven - het royement
bleek te wachten.
Daarna als OR-lid te worden
herkozen, gaf hem aan de ene
kant voldoening, aan de
andere kant was er het verdriet
van het moeten loslaten van
een vroegere basis die zoveel
voor hem had betekend.

638

641

636.
Bericht *Dagblad Kennemerland* 7 november 1973.
637.
Bericht *IJmuider Courant* 26 maart 1974.
638.
Fragment uit 'In memoriam W. Bunte' door Th. W. van Erp en J. Ham. *De Grijper* 10 oktober 1974, nr. 16.
639.
In 1974 werd begonnen met de renovatie van het Rode Dorp (Zandersstraat en omgeving) in IJmuiden-Oost.
640.
In het kader van haar 700-jarig bestaan organiseerde de hoofdstad in augustus 1975 'Sail Amsterdam 700'. Het voorbij varen van deze unieke vloot 'varende monumenten' trok ook in IJmuiden een enorme belangstelling.
641.
Een gevaarte dat in het havengebied enige tijd het silhouet bepaalde was de Aquila van de firma Bos en Kalis uit Papendrecht. Deze ontziltingsinstallatie heeft slechts drie jaar, van 1969 tot 1972, voor de kust van IJmuiden zandgezogen. Toen Amsterdam het ophogen van industrieterrein stopzette, had ook de Aquila geen emplooi meer. De zandzuiger ging in 1975 naar Amsterdam en werd omgebouwd om pijpen te kunnen leggen voor de Nederlandse Gasunie.
642.
Bericht *IJmuider Courant* 3 december 1975.
643.
De Kop van de Haven, een geliefd plekje van menig automobilist.
644.
Bericht *Dagblad Kennemerland* 17 oktober 1975.
645.
Zorgelijke gezichten in de Vishallen anno 1976. Vanwege de van overheidswege opgelegde beperking van de visvangst?

643

Een kolossaal gemaal

Niemand in de IJmond heeft er wakker van gelegen, maar toch heeft de minister van verkeer en waterstaat, drs. T. E. Westerterp, gistermiddag het grootste gemaal van Nederland in bedrijf gesteld. De burgemeester van Velsen, drs. J. Reehorst, deed er een beetje bedremmeld over: de grootste staalfabriek, het grootste sluizencomplex, de grootste papierfabriek, de grootste visafslag, de grootste elektriciteitscentrale, en nu dit weer.... En straks misschien ook nog de grootste voorhaven van Nederland. In eendrachtige samenwerking met wethouder C. Ockeloen van de gemeente Velsen zal het Comité Anti-Voorhaven alles doen om de aanleg van deze voorhaven te voorkomen. Maar het gemaal is klaar. En het kan per seconde 150 kubieke meter water uit het Noordzeekanaal op het buitenwater uitslaan.

644

Wijkcomité Oud-IJmuiden blij met renovatiebesluit

IJMUIDEN — Het wijkcomité Oud-IJmuiden is erg verheugd over het renovatie- en rehabilitatiebesluit van de gemeenteraad afgelopen donderdag. De bewoners van de wijk zien het besluit als de kroon op hun werk van meer dan twee jaar om het bestaande sloopprogramma voor Oud-IJmuiden gewijzigd te krijgen. Aan dit vele werk heeft de raad volgens het wijkcomité nauwelijks aandacht besteed. Het debat werd toegespitst tot ordeproblemen over inspraak en daardoor ontstond volgens het comité alleen maar negatieve publiciteit. Naast vreugde is er daarom ook teleurstelling in de wijk.

642

645

216

✠ diensten ✠

IJMUIDEN

Petruskerk, Zaterdag 19 u. bijz. dienst; zondag 10 u. hoogmis en 12 uur.

Nederlands Hervormde Kerk, Kanaalstraat 10 uur. Ds. R. Timmers, 19 u. Ds. J. v.d. Schee.

Bethlehemkerk, Gijzenveldtplantsoen, 10 uur Mevr. Ds. A. Goudsmit-Aalbers.

Chr. Gereformeerde Kerk, Marconistraat 10.30 en 17 uur Ew. Hr. B. Oosterbroek.

Oud-Katholieke Kerk, Kon. Wilhelminakade, 10 uur Hoogmis.

Leger des Heils, Edisonstraat 10 en 19.30 uur samenkomsten.

Jehova's Getuigen, Oranjestraat 92, 10-12 uur vergadering. Ook donderdag 19.30 uur.

Gereformeerde Kerk, Ichthuskerk, 9.30 uur. Ds. N. wijngaarden, 17 u. Ds. P. C. Koster.

Petrakerk, Spaarnestraat, 9.30 uur Ds. P. C. Koster, 17 u. Ds. L. Dorst (Kindernevendienst).

Gereformeerde Kerk (vrijgemaakt) 9.30 en 17 uur Ds. J. Rijneveld.

Zeewegziekenhuis (aula) 14.30 u. Leger des Heils.

Doopsgezinde Gemeente (Helstraat) 10 uur DS. M. C. Stubbe.

Baptistengemeente IJmuiden. J. P. Coenstraat, 10 uur. Ds. A. H. Agtereek, 19 u. Dhr. C. v. d. Geer.

Vakantiecentrum „De Seinpost" (strand) geen opgave.

Herv. Gem. Velsen-Zuid. 9 uur en 10 u. Ds. L. Brink.

Vergadering van Gelovigen, Abelenstraat 1, 10 uur eredienst, donderdag 19.30 uur bijbelbespreking.

Goede Herderkerk, Velserduinweg 52, 10 uur Ds. Joh. Brezet.

Pinkstergemeente IJmuiden, Velserduinweg 162, 10 uur D. P. Hartendorp, 19.30 u. J. Kool.

IJMUIDEN-OOST

Gereformeerde Kerk Bethelkerk, Zeeweg 9.30 uur Ds. L. Dorst, 17 u. Ds. J. L. Bel.

Vereniging van Vrijzinnig Hervormden, Zeeweg 264, Braambos. Zie Santpoort De Hoeksteen en Dorpskerk.

R.K. Laurentiuskerk. Willemsbeekweg, Zat. 19 u.: zondag 9.30 uur: Hoogmis: 10.45 uur bijz. dienst, 12 uur met zang.

Oud-Katholieke Kerk, (Sparrenstraat) 10 uur Hoogmis.

DRIEHUIS

R.K. Engelmunduskerk, Driehuizerkerkweg, zat. 19 uur H. Mis met samenzang, zon. 9.30 uur Greg. Hoogmis en 18 uur H. Mis 11.30 uur jongerenmis met zangkoor, 11.30 uur jongerenmis.

SANTPOORT

R. K. Parochie, Frans Netscherlaan, zaterdag 19 uur, mis zondag 9.45 uur mis met zangkoor, 11.30 uur koorgroep.

Gereformeerde Kerk, Burgemeester Enschedelaan, 9.30 Ds. J. Tiersma, 19 u. Ds. J. Dijkstr.

Adventskerk, Prov. Ziekenhuis 19.00 uur Ds. J. Bel.

De Hoeksteen, Willem de Zwijgerlaan, 9 uur Ds. Mr. C. G. Mulder.

Volle Evangelische Gemeente, Gebouw Berea, Patriciuslaan, 10 uur G. A. Goldschmeding, 19.30 u. G. van Rooy.

646 **Dorpskerk,** 10.30 uur Ds. Mr. C. G. Mulder.

DRIE JAAR RAAD VAN KERKEN IN VELSEN.

Nu na drie jaar het voorzitterschap van de RAAD van KERKEN in VELSEN wordt overgedragen, lijkt het een zinvolle zaak na te gaan, hoe de plaatselijke oekumene zich heeft ontwikkeld.

Sinds jaar en dag was in Velsen een kleine groep enthousiastelingen op oekumenisch gebied aktief. Oekumenische diensten werden gehouden, gespreksavonden belegd en regelmatig vergaderde de Oekumenische Raad. Toen in 1968 de landelijke Raad van de helling gleed, leek het gewenst de plaatselijke situatie daaraan aan te passen. Langdurig werd vergaderd over het reglement, dat ook een juridisch verantwoorde zaak moest zijn en dat de basis zou aangeven voor het toekomstige werk. Op 10 december 1968 werd in de Petrakerk in IJmuiden door de vertegenwoordigers der kerken het reglement goedgekeurd. De vertegenwoordigers der ledenkerken konden nu aan de slag om de weg te zoeken die zou leiden naar een nieuwe vorm van kerk-zijn in Velsen. Een ervan noemen we hier: najaar 1970: Velsen in Gesprek. 3 huiskameravonden over geluk, gehoorzaamheid, praten en doen. In Zeewijk 128 deelnemers in 9 kringen; in Santpoort 278 deelnemers in 20 kringen.

Na drie jaar Raad van Kerken in Velsen is thans het moderamen van de RAAD Pater Ant. Freriks, m.s.c., Driehuizerkerkweg 60 (R.K.) voorzitter.
L. E. Posthumus, Ch. de Bourbonlaan 3, Santpoort (N.H.) secret.
J. W. Laan, Middeloolaan 6, Driehuis (Doopsgezind) penningmeester.
A. Tol, Lange Nieuwstraat 5 (Oud Kath.).
J. C. v. d. Kogel, Duinweg 23, Santpoort (Ger.).
Ds. D. J. Spijkerboer, Vinkenbaan 16, Santpoort (N.H.).

647

Massale opkomst bij inspraak in Velsen

IJMUIDEN. — De inspraakavond voor de bevolking van Velsen over de Nota van Uitgangspunten voor het Amsterdam-Noordzeekanaalgebied is door het gebrek aan ruimte een rommelige toestand geworden. De zaal van het Cultureel Centrum puilde uit en er stonden zelfs nog mensen op de gang. Door de tafels uit de zaal te verwijderen, kon men voorkomen dat de hele inspraak naar een andere ruimte moest verhuizen. 648

Unaniem sprak de raad zich uit vóór de noodzaak van wonigbouw in de Velserbroekpolder en tegen de aanleg van een voorhaven. De overgrote meerderheid van d e raad had geen bezwaar tegen de uitbreiding van Hoogovens, zij het dat hier en daar een waarschuwende vinger werd opgestoken en verscheidene raadsleden zich het recht voorbehielden een ander standpunt in te nemen wanneer er meer bekend is en het moment 649 **van beslissingen is aangebroken.**

650

651

646.
Bericht *IJmuider Courant* 14 augustus 1976.
647.
Bericht *Santpoorts Weekblad Huis aan Huis*
29 september 1971.
648.
Bericht *IJmuider Courant* 23 januari 1976.
649.
Behandeling 'Nota van Uitgangspunten'.
IJmuider Courant 30 april 1976.
650.
Het Visrestaurant van vader en zoon Van Es aan
de Industriestraat.
651.
Spanning op de Telstartribune in het seizoen
1975/1976.
652.
Hearing over de 'Nota van Uitgangspunten' in
het Cultureel Centrum op 22 januari 1976.
653.
Een zondagsdienst in de Oud-Katholieke kerk
aan de Koningin Wilhelminakade, voorjaar
1976.

652

653

654

655

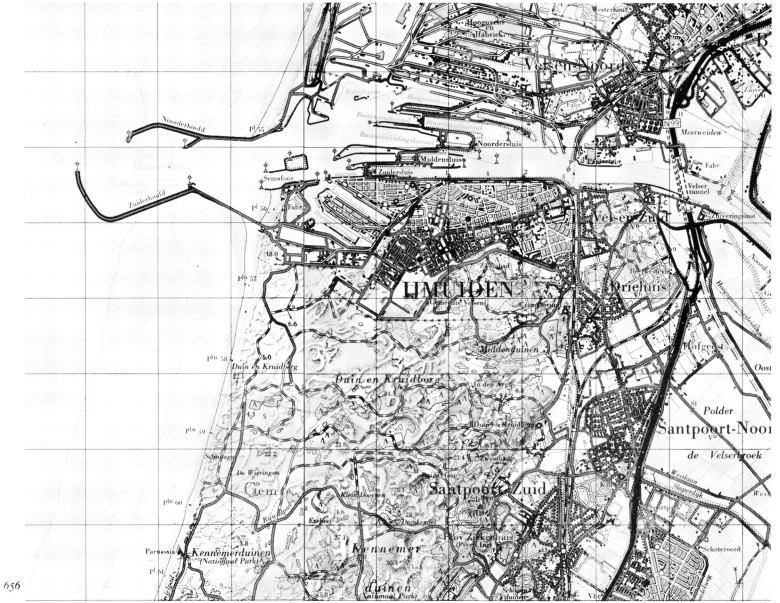

656

657

654.
Nieuwbouw in Oud-IJmuiden, oktober 1975.
655.
Nestor van de raad Th. Kruisman (CPN).
656.
Detail van de stafkaarten 24 Hillegom en
25 Amsterdam, verkend in 1969.
657.
Enige leden van de VVD- en CDA-fractie. V.l.n.r.:
mevr. A. J. P. van Heel-Montijn, mr A. B. J.
Koch, M. Kotte, J. A. Andriesma, A.
Roosendaal, drs N. E. A. M. Kraetzer, J. Visser.
658.
Fragment uit de afscheidsrede van wethouder
C. Ockeloen, die met ingang van 16 augustus
1976 werd benoemd tot burgemeester van
Terneuzen.
IJmuider Courant 13 augustus 1976.
659.
Briefhoofd van de werkgroep 100 jaar Oud-
IJmuiden.
660.
In het kader van haar 100-jarig bestaan vierde
Oud-IJmuiden op 11 en 12 juni feest.

„Samenwerken en niet twisten om politieke idealen te verwezenlijken"

Komende tot de politiek zei de heer Ockeloen zich altijd fel te hebben verzet tegen polarisatie van links of van rechts. Niet omdat hij geen eigen mening heeft, of omdat hij het politieke karakter van het gemeentebestuur wil
verdoezelen, maar omdat de halve waarheid is — aldus spreker — dat allen hun politieke idealen meer verwezenlijken als wordt samengewerkt, dan
als men twistend stil zit.

658

659

660

geraadpleegde bronnen

Instellingen

Archief Amsterdamsche Kanaal-Maatschappij. In : Algemeen Rijksarchief, depot Schaarsbergen.

Archief Gemeente Amsterdam.

Archief Gemeente Velsen.

Archief Gemeentepolitie Beverwijk.

Archief Gemeentepolitie Velsen.

Archief *Haarlems Dagblad*.

Archief Maatschappij Breesaap. In : Gemeentelijke archiefbewaarplaats Velsen.

Archief Vermande Zonen bv, IJmuiden.

Aug. M.J. Hendrichs-verzameling. In : Bibliotheek Kamer van Koophandel en Fabrieken voor Amsterdam.

Familiepapieren Arnold. In : Gemeentelijke archiefbewaarplaats Velsen.

Familiepapieren Bik. In : Gemeentelijke archiefbewaarplaats Velsen.

Literatuur

Aa, A.J. van der *Aardrijkskundig Woordenboek der Nederlanden*. Gorinchem, 1840.

Allan, F. *Geschiedenis en beschrijving van Haarlem*. Haarlem, 1874.

Bergh van Eysinga, L.M. van den *Bijdrage tot de sociaal-geographische kennis der gemeente Velsen*. Utrecht, 1933.

Bik, A.J.E.A. *Maatschappij 'IJmuiden' gevestigd te 's-Gravenhage 1876-1901. Korte aanteekeningen ter gelegenheid van IJmuiden's vijf-en-twintigjarig bestaan*. Den Haag, 1901. [Niet in de handel.]

Bik, A.J.E.A. 'Herdenkingsrede'. In : *Jaarverslag 1931* van de Vereeniging Oranje Nassau Museum. 's-Gravenhage, 1932.

Boer, M.G. de *De haven van Amsterdam en haar verbinding met de zee*. Amsterdam, 1926.

Bouwrevue, De Velsen-nummer. Juli 1957.

Bremerkamp, G.J. *Oude foto's en prentbriefkaarten, IJmuiden, Velsen, Driehuis, Santpoort*. IJmuiden, 1968.

Calkoen, H.J. *Velsen. Grepen uit de geschiedenis van een oude woonplaats in Kennemerland*. IJmuiden, 1967.

Catalogus van de Aug. M.J. Hendrichs-verzameling. Amsterdam, 1903 ; met supplement 1905.

Craandijk, J. 'De Amsterdamsche waterwegen naar zee'. In : *Wandelingen door Nederland*. Haarlem, 1887.

Es, C. van *Bles voor de kop ; geschiedenis en volksleven van IJmuiden*. IJmuiden, 1970.

Forum. Maandblad voor architectuur en gebonden kunsten. Jaargang 1950, nr. 10. [Gewijd aan de opbouw en uitbreiding van Velsen.]

Gids voor IJmuiden. IJmuiden, 1926.

Gogh-Kaulbach, A. van 'Jeugdherinneringen'. In : *Haarlems Dagblad* en *IJmuider Courant*, 1957.

D.J. Gouda *De Nederlandse zeevisserij tijdens de 1^e Wereldoorlog 1914-1918*. Leiden/Heemstede, 1975.

Greup, G.M. *Drie-kwart eeuw Noordzeekanaal*. Amsterdam, 1951. [Uitgave Kamer van Koophandel en Fabrieken voor Amsterdam t.g.v. het 75-jarig bestaan van het Noordzeekanaal 1 november 1951.]

Kaam, H. van *Velsen, Santpoort, IJmuiden, Driehuis*. [Uitgave Gemeente Velsen, 1962.]

Knap, G.H. *Vijfenzeventig jaar Noordzeekanaal ; wereldscheepvaartweg voor West-Europa, zeeweg voor het aloude Amsterdam ; historie en levendheden van een van 's werelds grootste zeekanalen*. Amsterdam, 1951.

Kool, M. de *Uit het leven van een honderdjarige. Samengesteld ter gelegenheid van het honderdjarig bestaan van de Chr. Nationale School te IJmuiden-Oost 1867-1967*. [1967.]

Kors, Ton *Hannie Schaft. Het levensverhaal van een vrouw in verzet tegen de nazi's*. Amsterdam, 1976.

Netscher, Frans *Uit de Snijkamer*. Arnhem, 1904.

Port Appraisal – Amsterdam Port Areas ; rapport betreffende het vaststellen van de financiële en economische consequenties van alternatieve ontwikkelingen in de Amsterdamse haven. [Uitgebracht door adviesbureau Inbucon, Amsterdam, 1970.]

Ratelband, G. *Bibliografie van Zuid- en Midden-Kennemerland*. Haarlem, 1971.

Reddingboot, De – 1824-1924. 100 jaren reddingwerk. Gedenkboek der Noord- en Zuid-Hollandsche Redding-Maatschappij. Amsterdam, 1924.

Rolle, S. *100 jaar gezondheidszorg in Velsen*. 1974. [Studie ; niet in de handel.]

Rolle, S. *100 jaar Noordzeekanaal en IJmuiden. Momentopname uit het leven en werken in het Velsen van zo'n honderd jaar geleden*. Beverwijk, 1976.

Rolle, S. en J.H.A.M. Anten *Driehuis*. Driehuis, 1975.

Scholtens, H.J.J. *Uit het verleden van Midden-Kennemerland*. Den Haag, 1947.

Stedebouw. IJmuiden-nummer. Jaargang 11, nr. 1, 1958.

Tijdschrift voor volkshuisvesting en stedebouw. IJmond-noord-nummer. Jaargang 36, nr. 12, december 1955.

Velsen herrijst / IJmuiden de stad aan de zee. Toelichting op het basisplan voor de wederopbouw en uitbreiding van de gemeente Velsen. 1947. [Uitgave Gemeente Velsen.]

Velsertunnels, De. Haarlem, 1957.

Venetien, J. van *Hart van Kennemerland. Album van leven en werken in Midden-Kennemerland door de eeuwen heen*. [Uitgegeven ter gelegenheid van het 50-jarig bestaan van Hoogovens. IJmuiden, 1968.]

Verhoog, Gé *Pieter Vermeulen. Stichter van het christelijk nationaal onderwijs in Velseroord, IJmuiden en Wijkeroog*. [1970 ; niet in de handel.]

Vermeulen, F.P. *De Heide, de school en de meester. Herinneringen uit de geschiedenis van de school voor christelijk nationaal schoolonderwijs op de Heide bij Velsen*. [1949.]

Vermeulen, F.P. *Losse herinneringen aan IJmuiden's verleden*. [1956.]

Verslag aan H.M. de Koningin van de Staatscommissie in zake de toegang tot Nederland door het Noordzeekanaal. 's-Gravenhage, 1911.

Vestigt u te Velsen. [Gids ; uitgave Gemeente Velsen, 1931.]

Vissering, S. 'Een uitstapje naar IJ-muiden'. In : *De Gids*, 1848. Herdrukt in : Vissering *Herinneringen*. Amsterdam, 1863.

Voorhaven en tweede grote sluis IJmuiden. Eerste rapport werkgroep Voorhaven en tweede grote sluis IJmuiden, februari 1971.

Voorhaven. Een economische beschouwing over de – te IJmuiden. Bijdrage van de zijde van de gemeente Amsterdam, maart 1971.

Voorhaven, Een – te IJmuiden? Velsen's standpunt. September 1971. [Uitgave Gemeente Velsen.]

'Voorhaven, Nautisch-technische aspecten van een – in IJmuiden'. In : *De Nederlandse Loods*. Jaargang 13, 1971, nr. 5.

'Voorhaven, De – in Zee te IJmuiden ; een tussentijdse balans'. In : *De Nederlandse Loods*. Jaargang 14, 1972, nr. 6.

Voorhaven, Een maatschappelijke kosten/batenanalyse van de – IJmuiden. Rapport van de Commissie Zeehavenoverleg, maart 1975.

Voort, J.P. van de 'Opkomst en ontwikkeling van de vakbeweging in het Nederlandse zeevisserijbedrijf 1890-1940'. In : *Handleiding tot de expositie 'Een sociale zaak'*. Vlaardingen, 1976.

Vries, Joh. de *Hoogovens IJmuiden 1918-1968. Ontstaan en groei van een basisindustrie*. [Uitgegeven ter gelegenheid van het 50-jarig bestaan Hoogovens. IJmuiden, 1968.]

Wortman, H. en G.J. van den Broek *Geschiedenis en beschrijving van het Noordzeekanaal*. Amsterdam, 1909.

Wijnekus, F.J.M. *Geschiedenis van Velsen-IJmuiden*. [Handschrift ; 1954.]

IJmond, De – van streek tot stad. Een sociologisch onderzoek in een gebied in structuurverandering. Haarlem, 1960.

verantwoording afbeeldingen

Gebruikte afkortingen:
GAV : Gemeentelijke Archiefdienst Velsen.
Tha : Topografisch historische atlas.
Hb : Historische bibliotheek.
Kd : Krantendocumentatie.
AHV : Aug. M.J. Hendrichs-verzameling.
In : Bibliotheek Kamer van
Koophandel en Fabrieken voor
Amsterdam.
AHD : Archief *Haarlems Dagblad*.
Pb : Particulier bezit.

1. *Atlas van de Zeehavens der Bataafsche Republiek.* Amsterdam, 1805, pag. 75.
2. AHV, nr. 347.
3. GAV, Tha.
4. AHV, nr. 577.
5. Meyer jr., D.C. *De bloeitijd van Amsterdam.* Amsterdam, 1974, pag. 134.
6. Boer, M.G. de *De haven van Amsterdam en haar verbinding met de zee.* Amsterdam, 1926, pag. 36.
7. GAV, Hb.
8. Nederlandsch Historisch Scheepvaart-Museum, Amsterdam.
9. Particulier bezit.
10. Idem.
11. Aa, A.J. van der *Aardrijkskundig Woordenboek der Nederlanden.* Gorinchem, 1840, 2e deel pag. 720.
12. GAV, Inventaris Doorninck nr. 64.
13. Hoogovens IJmuiden, fotodienst.
14. Idem.
15. Idem.
16. GAV, Archief Maatschappij Breesaap
17. Hoogovens IJmuiden, fotodienst.
18. AHV, nr. 317.
19. Hoogovens IJmuiden, fotodienst.
20. AHV, nr. 321.
21. AHV, nr. 339.
22. AHV, nr. 340.
23. Dirks, J. *Beschrijving der Nederlandsche penningen, geslagen tussen 1813 en 1863.* Nr. 882. Originele penning in het Koninklijk Kabinet van Munten, Penningen en Gesneden Stenen, 's-Gravenhage.
24. Wortman, H. en G.J. van den Broek *Geschiedenis en beschrijving van het Noordzeekanaal.* Amsterdam, 1909, pag. 19.
25. AHV, nr. 590.
26. AHV, nrs. 351, 362–365.
27. AHV, nr. 613.
28. AHV, nr. 614a.
29. AHV, nr. 434.
30. GAV, Tha.
31. Hoogovens IJmuiden, fotodienst.
32. Gemeentelijke Archiefdienst Amsterdam, Tha.
33. Idem.
34. Idem.
35. Idem.
36. AHV, nr. 583.
37. AHV, nr. 601. Houtgravure J.C. Greive.
38. AHV, nr. 595.
39. Idem.
40. GAV, Tha. Litho J.C. Greive.
41. AHV, nr. 765. Houtgravure J.C. Greive (?).

42. GAV, Tha. Foto P. Oosterhuis.
43. Topografische Dienst, Delft.
44. AHV, nr. 490.
45. AHV, nr. 593.
46. Gemeentelijke Archiefdienst Amsterdam, Tha.
47. Wortman, H. en G.J. van den Broek *Geschiedenis en beschrijving van het Noordzeekanaal.* Amsterdam, 1909, pag. 55.
48. Gemeentelijke Archiefdienst Amsterdam, Tha.
49. GAV, Tha.
50. Wortman, H. en G.J. van den Broek *Geschiedenis en beschrijving van het Noordzeekanaal.* Amsterdam, 1909, plaat VIII.
51. GAV, Secretariearchief 1814–1894, serie Gemeenteverslagen 1852–1895.
52. AHV, nr. 632.
53. Idem.
54. GAV, Tha. Foto P. Oosterhuis.
55. Idem.
56. AHV, nr. 765.
57. AHV, nr. 695.
58. Wortman, H. en G.J. van den Broek *Geschiedenis en beschrijving van het Noordzeekanaal.* Amsterdam 1909, pag. 34.
59. Idem, pag. 37.
60. AHV, nr. 765. Foto P. Oosterhuis.
61. Bibliotheek Kamer van Koophandel en Fabrieken voor Amsterdam.
62. Idem.
63. AHV, nr. 634. Houtgravure J.C. Greive.
64. Bibliotheek Kamer van Koophandel en Fabrieken voor Amsterdam.
65. Idem.
66. Gemeentelijke Archiefdienst Amsterdam, Tha.
67. Litho P.J. Lutgers. In : Lutgers, P.J. *Gezigten in de omstreken van Haarlem.* Loenen aan de Vecht, 1844.
68. AHV, nr. 597.
69. AHV, nr. 642.
70. Idem.
71. Idem.
72. AHV, nr. 641.
73. Idem.
74. AHV, nr. 710.
75. Idem.
76. Idem.
77. Idem.
78. AHV, nr. 653.
79. GAV, Tha.
80. Hoogovens IJmuiden, fotodienst.
81. Idem.
82. Bibliotheek Kamer van Koophandel en Fabrieken voor Amsterdam.
83. GAV, Tha.
84. GAV, Tha. Litho J.C. Greive.
85. GAV, Tha.
86. Bibliotheek Kamer van Koophandel en Fabrieken voor Amsterdam.
87. AHV, nr. 984.
88. AHV, nr. 1149.
89. AHV, nr. 973.
90. Litho M.A. Sipman. In : *De Reuzenwerken van onzen tijd.* Arnhem, (ca. 1872.)
91. GAV, Tha. Litho P.A. Schipperus.
92. GAV, Tha.
93. Idem.
94. Idem.
95. Idem.
96. AHV, nr. 879.

97. AHV, nr. 1152.
98. J. Roubos, Santpoort-Zuid. Pb.
99. Wortman, H. en G.J. van den Broek *Geschiedenis en beschrijving van het Noordzeekanaal.* Amsterdam, 1909, pag. 81.
100. GAV, Kd.
101. AHV, Hb.
102. AHV, nr. 1226.
103. AHV, nr. 1216.
104. AHV, nr. 811.
105. AHV, nr. 872.
106. AHV, nr. 890.
107. AHV, nr. 1148.
108. Bibliotheek Kamer van Koophandel en Fabrieken voor Amsterdam.
109. AHV, nr. 1226.
110. Bibliotheek Kamer van Koophandel en Fabrieken voor Amsterdam.
111. AHV, nr. 1159.
112. Gemeentelijke Archiefdienst Amsterdam, Tha. Houtgravure Taurel. In : *Volksalmanak van het Nut.*
113. Bik, A.J.E.A. *Maatschappij 'IJmuiden' gevestigd te 's-Gravenhage 1876–1901. Korte aanteekeningen ter gelegenheid van IJmuiden's vijf-en-twintigjarig bestaan.* 's-Gravenhage, 1901, bijlage.
114. GAV, zgn. Pakkettenarchief (1761–1962), dossier - 1.811.111 : Gecontracteerde wegen te IJmuiden.
115. GAV, Tha.
116. Gemeentelijke Archiefdienst Amsterdam, Tha. Houtgravure Taurel. In : *Volksalmanak van het Nut.*
117. Hoogovens IJmuiden, fotodienst.
118. GAV, secretariearchief 1814–1894, serie Ingekomen stukken 1814–1894.
119. GAV, Tha.
120. Idem.
121. GAV, Kd.
122. AHV, nr. 1516.
123. AHV, nr. 1494.
124. GAV, Tha.
125. Idem.
126. GAV, zgn. Pakkettenarchief (1761–1962), dossier - 1.811.111 : Gecontracteerde wegen te IJmuiden.
127. C. van Vrede, IJmuiden. Pb.
128. GAV, Secretariearchief 1814–1895, serie Raadsnotulen 1814–1896.
129. AHV, nr. 1295.
130. GAV, Tha.
131. AHV, nr. 1091.
132. C. van Vrede, IJmuiden. Pb.
133. Idem.
134. Idem.
135. AHV, nr. 1428.
136. AHV, nr. 1455.
137. C. van Vrede, IJmuiden. Pb.
138. AHV, nr. 1448.
139. GAV, Tha.
140. GAV, Tha. Tekening J.C. Greive.
141. Topografische Dienst, Delft.
142. AHV, nr. 1172.
143. GAV, Tha.
144. Idem.
145. Idem.
146. Idem.
147. Idem.
148. Idem.
149. Idem.
150. GAV, Familiepapieren Bik.
151. AHD.
152. GAV, Kd.
153. GAV, Tha.

154. AHV, nr. 1497.
155. GAV, Familiepapieren Bik.
156. Oudheidkamer Beverwijk. In : *Jaarverslag 1931 van de Vereeniging Oranje Nassau Museum.* 's Gravenhage, 1932.
157. Mevrouw J.J. Poppe-Kroon, IJmuiden. Pb.
158. GAV, Tha.
159. Idem.
160. Idem.
161. Idem.
162. Idem.
163. Idem.
164. GAV, Familiepapieren Bik.
165. GAV, Tha.
166. GAV, Kd.
167. GAV, Tha.
168. Idem.
169. Idem.
170. GAV, Kd.
171. GAV, Tha. Tekening Joh. Braakensiek. In : Bijvoegsel van *De Amsterdammer, Weekblad voor Nederland.* 26 augustus 1888.
172. Wortman, H. en G.J. van den Broek *Geschiedenis en beschrijving van het Noordzeekanaal.* Amsterdam, 1909, pag. 150.
173. GAV, Tha. Tekening Joh. Braakensiek. In : Bijvoegsel van *De Amsterdammer, Weekblad voor Nederland.* 26 augustus 1888.
174. GAV, Tha.
175. Idem.
176. Idem.
177. Visserijmuseum, Vlaardingen.
178. GAV, Kd.
179. GAV, Tha.
180. GAV, Kd.
181. Idem.
182. GAV, Tha.
183. Visserijmuseum, Vlaardingen.
184. Idem.
185. Idem.
186. GAV, Tha.
187. Idem.
188. Idem.
189. Mevrouw A. van der Velden-Glas, IJmuiden. Pb.
190. GAV, Kd.
191. GAV, Tha.
192. Idem.
193. AHV, nr. 1765 en M.G. de Boer *De Haven van Amsterdam en haar verbinding met de Zee.* Amsterdam, 1926.
194. AHV, nr. 1766.
195. GAV, Tha.
196. Idem.
197. GAV, Kd.
198. GAV, Tha.
199. GAV, Secretariearchief 1814–1894, serie Ingekomen stukken 1814–1894.
200. Idem.
201. Idem.
202. GAV, Kd.
203. Mevrouw A. van der Velden-Glas, IJmuiden. Pb.
204. GAV, Tha.
205. Visserijmuseum, Vlaardingen.
206. GAV, Tha.
207. Idem.
208. Visserijmuseum, Vlaardingen.
209. GAV, Kd.
210. Idem.
211. GAV, Tha.

212. Visserijmuseum, Vlaardingen.
213. GAV, Tha.
214. Idem.
215. Idem.
216. GAV, Kd.
217. GAV, Secretariearchief 1895–1924, serie Ingekomen en verzonden stukken 1895–1924.
218. GAV, zgn. Pakkettenarchief (1761–1962), dossier – 2.07.121 : Diverse stukken inzake gemeente-splitsing.
219. GAV, Tha.
220. Idem.
221. J. Groen, IJmuiden. Pb.
222. GAV, Tha.
223. AHD.
224. GAV, Tha.
225. Idem.
226. Idem.
227. J. Groen, IJmuiden. Pb.
228. GAV, Kd.
229. AHD.
230. GAV, Tha.
231. Idem.
232. GAV, Kd.
233. Idem.
234. GAV, Tha.
235. GAV, Familiepapieren Bik.
236. GAV, Tha.
237. Idem.
238. Idem.
239. GAV, Familiepapieren Bik.
240. GAV, Tha.
241. Idem.
242. GAV, Familiepapieren Bik.
243. GAV, Tha.
244. GAV, Kd.
245. Idem.
246. GAV, Tha.
247. GAV, Familiepapieren Bik.
248. GAV, Tha.
249. Idem.
250. GAV, Kd.
251. Visserijmuseum, Vlaardingen.
252. GAV, Tha.
253. Idem.
254. Idem.
255. Idem.
256. GAV, Kd.
257. Idem.
258. Idem.
259. Idem.
260. AHV, nr. 2046.
261. GAV, Familiepapieren Bik.
262. GAV, Kd.
263. GAV, Tha.
264. Idem.
265. GAV, Kd.
266. GAV, Tha.
267. Idem.
268. GAV, Kd.
269. Idem.
270. GAV, Tha.
271. GAV, Kd.
272. Idem.
273. GAV, Tha.
274. GAV, Kd.
275. GAV, Tha.
276. Idem.
277. Idem.
278. GAV, Kd.
279. GAV, Tha.
280. Idem.
281. Idem.
282. GAV, Kd.
283. Idem.

284. AHD.
285. GAV, Kd.
286. Idem.
287. GAV, Tha.
288. GAV, Kd.
289. GAV, Tha.
290. GAV, Tha.
291. Archief Vermande Zonen bv, IJmuiden.
292. GAV, Tha.
293. Idem.
294. Idem.
295. GAV, Kd.
296. GAV, Tha.
297. Archief Vermande Zonen bv, IJmuiden.
298. GAV, Tha.
299. Idem.
300. Topografische Dienst, Delft.
301. AHD.
302. Idem.
303. GAV, Tha.
304. GAV, Hb.
305. Idem.
306. Idem.
307. AHD.
308. GAV, Kd.
309. GAV, Tha.
310. GAV, Kd.
311. GAV, Tha.
312. Idem.
313. Idem.
314. Idem.
315. Idem.
316. GAV, Kd.
317. GAV, Tha.
318. AHD.
319. Idem.
320. Idem.
321. GAV, Tha.
322. GAV, zgn. Pakkettenarchief (1761–1962), dossier – 1.842.11 : Ziekenhuizen.
323. GAV, Tha.
324. Visserijmuseum, Vlaardingen.
325. AHD.
326. GAV, Tha.
327. Idem.
328. Idem.
329. AHD.
330. GAV, Hb.
331. GAV, Tha.
332. GAV, Secretariearchief 1895–1924, serie Raadsstukken 1902–1924.
333. AHD.
334. Idem.
335. Idem.
336. GAV, Kd.
337. GAV, Tha.
338. GAV, Hb.
339. AHD.
340. Idem.
341. Idem.
342. GAV, Hb.
343. Idem.
344. AHD.
345. GAV, Tha.
346. Idem.
347. AHD.
348. GAV, Kd.
349. GAV, Tha.
350. Idem.
351. GAV, Kd.
352. GAV, Tha.
353. Idem.
354. Idem.
355. GAV, Kd.
356. AHD.
357. GAV, Tha.

358. Idem.
359. Idem.
360. Idem.
361. Idem.
362. AHD.
363. GAV, Tha.
364. Idem.
365. Idem.
366. Idem.
367. Idem.
368. AHD.
369. Archief Vermande Zonen bv, IJmuiden.
370. Idem.
371. GAV, Kd.
372. Archief Vermande Zonen bv, IJmuiden.
373. Idem.
374. Hoogovens IJmuiden, fotodienst.
375. AHD.
376. Idem.
377. GAV, Tha.
378. Idem.
379. AHD.
380. GAV, Tha.
381. Idem.
382. GAV, Kd.
383. Idem.
384. GAV, Tha.
385. Mevrouw J. van der Harst-Retz, IJmuiden. Pb.
386. GAV, Tha.
387. G.J. Bremerkamp, Driehuis. Pb.
388. GAV, Tha.
389. Idem.
390. GAV, Kd.
391. AHD.
392. G.J. Bremerkamp, Driehuis. Pb.
393. GAV, Tha.
394. AHD.
395. GAV, Tha.
396. Idem.
397. Idem.
398. Idem.
399. Idem.
400. GAV, Hb.
401. GAV, Hb.
402. Visserijmuseum, Vlaardingen.
403. GAV, zgn. Pakkettenarchief (1761–1962), dossier – 1.828.2 : Zee- en kustvisserij.
404. AHD.
405. Visserijmuseum, Vlaardingen.
406. G. Blaas, IJmuiden. Pb.
407. Visserijmuseum, Vlaardingen.
408. AHD.
409. GAV, Hb.
410. Visserijmuseum, Vlaardingen.
411. Idem.
412. GAV, Tha.
413. AHD.
414. GAV, Tha.
415. GAV, Kd.
416. GAV, Tha.
417. Idem.
418. GAV, Kd.
419. Idem.
420. GAV, Tha.
421. Idem.
422. Idem.
423. GAV, Kd.
424. GAV, Tha.
425. GAV, Kd.
426. GAV, Tha.
427. Foto J. C. Wijde
428. AHD.
429. GAV, Tha.
430. AHD.
431. GAV, Kd.

432. GAV, Tha.
433. Idem.
434. Idem.
435. GAV, Kd.
436. GAV, Tha.
437. Idem.
438. AHD.
439. GAV, Tha.
440. AHD.
441. Idem.
442. GAV, Tha.
443. Idem.
444. Idem.
445. AHD.
446. GAV, Tha.
447. AHD.
448. Idem.
449. Idem.
450. GAV, Tha.
451. Idem.
452. AHD.
453. GAV, Tha.
454. GAV, Kd.
455. GAV, Tha.
456. Idem.
457. AHD.
458. GAV, Tha.
459. GAV, Kd.
460. GAV, Tha.
461. GAV, Kd.
462. Idem.
463. GAV, Tha. Origineel in : Imperial War Museum, Londen.
464. GAV, Kd.
465. GAV, Tha.
466. Idem.
467. Idem.
468. Secretariearchief van Velsen 1925 tot heden, dossier – 1.865 : Bouwen en slopen van verdedigingswerken, 1943–1947.
496. GAV, Tha.
470. Mevrouw J. van der Harst-Retz, IJmuiden. Pb.
471. AHD.
472. Mevrouw J. van der Harst-Retz, IJmuiden. Pb.
473. Secretariearchief van Velsen 1925 tot heden, dossier – 1.872 : Strafoplegging aan inwoners der gemeente Velsen door de Duitsche overheid, 1941–1944.
474. Secretariearchief van Velsen 1925 tot heden, dossier – 2.07.531 : Persoonlijk dossier burgemeester Tj.O. van der Weide.
475. Mevrouw J. van der Harst-Retz, IJmuiden. Pb.
476. GAV, Kd.
477. GAV, Tha.
478. Idem.
479. AHD.
480. Mevrouw A.A. van der Lugt-Ouwerkerk, IJmuiden. Pb.
481. Topografische Dienst, Delft.
482. GAV, Tha. Origineel in : Imperial War Museum, Londen.
483. Secretariearchief van Velsen 1925 tot heden, dossier – 1.782 : Opgave luchtaanvallen, 1942–1943.
484. Idem.
485. Idem.
486. Secretariearchief van Velsen 1925 tot heden, dossier – 1.782 : Opgave luchtaanvallen, 1944–5 mei 1945.
487. Idem.

488. Secretariearchief van Velsen 1925 tot
heden, dossier – 1.865.28: Inlevering
radiotoestellen, (1943).
489. GAV, Verzameling affiches.
490. GAV, Kd.
491. GAV, Tha. Origineel in: Imperial War
Museum, Londen.
492. GAV, Verzameling affiches.
493. GAV, Kd.
494. Rijksinstituut voor
Oorlogsdocumentatie, Amsterdam.
495. GAV, Kd.
496. Secretariearchief van Velsen 1925 tot
heden, dossier – 1.865.288:
Inkwartiering van Duitsche Weermacht,
1940–1942.
497. Secretariearchief van Velsen 1925 tot
heden, dossier – 1.865.287: Inundatie
van verschillende gebieden, 1944.
498. Secretariearchief van Velsen 1925 tot
heden, dossier – 1.811.122: Afgifte
Ausweise, 1942–1944.
499. Secretariearchief van Velsen 1925 tot
heden, dossier – 1.865.288:
Inkwartiering van Duitsche Weermacht,
1940–1942.
500. GAV, Kd.
501. Secretariearchief van Velsen 1925 tot
heden, dossier – 1.811.122: Afgifte
Ausweise, 1942–1944.
502. Secretariearchief van Velsen 1925 tot
heden, dossier – 1.865.287:
Correspondentie met particulieren over
gesloopte woningen, 1943–1952.
503. Secretariearchief van Velsen 1925 tot
heden, dossier – 1.865.287: Opdrachten
tot het slopen van woningen en
gebouwen gegeven door de Duitse
bezetter, 1942–1944.
504. GAV, Tha.
505. Secretariearchief van Velsen 1925 tot
heden, dossier – 1.872: Strafoplegging
aan inwoners der gemeente Velsen door
de Duitsche overheid, 1941–1944.
506. GAV, Tha.
507. Idem.
508. P.N. Steenbakker, IJmuiden. Pb. Ton
Kors *Hannie Schaft*. Amsterdam, 1976;
Secretariearchief van Velsen 1925 tot
heden.
509. Secretariearchief van Velsen 1925 tot
heden, dossier – 1.872: Strafoplegging
aan inwoners der gemeente Velsen door
de Duitsche overheid. 1941–1944
510. GAV, Tha.
511. Topografische Dienst, Delft.
512. GAV, Kd.
513. Archief 2e Genie-commandement,
Amsterdam (kaart) en Centraal
archievendepôt van het Ministerie van
Defensie, 's-Gravenhage (gegevens).
514. GAV, Verzameling affiches.
515. GAV, Tha.
516. Idem.
517. GAV, Tha. Foto H. Rutgers.
518. GAV, Tha.
519. GAV, Verzameling affiches.
520. GAV, Tha.
521. Idem.
522. Idem.
523. Idem.
524. Idem.
525. GAV, Kd.
526. GAV, Tha. Foto C. Wetting.
527. Idem.
528. GAV, Tha.

529. Hoogovens IJmuiden, fotodienst.
530. GAV, Tha.
531. GAV, Tha. Foto C. Wetting.
532. P.N. Steenbakker, IJmuiden. Pb.
533. GAV, Tha.
534. Idem.
535. Idem.
536. Idem.
537. Idem.
538. Gemeentelijk Bedrijf Openbare werken
en groenvoorziening, Velsen-Zuid.
539. GAV, Tha.
540. GAV, Tha. Foto W.J. van Borselen.
541. Secretariearchief van Velsen 1925 tot
heden, dossier – 1.865: Bouwen en
slopen van verdedigingswerken, 1943–
1947.
542. Hoogovens IJmuiden, fotodienst.
543. GAV, Kd.
544. Idem.
545. GAV, Tha. Foto G.W. Beun.
546. GAV, Kd.
547. Idem.
548. GAV, Tha. Foto Stevens.
549. GAV, Kd.
550. GAV, Tha. Foto C. de Boer.
551. Idem.
552. GAV, Kd.
553. Idem.
554. Idem.
555. Idem.
556. Idem.
557. GAV, Tha. Foto C. de Boer.
558. GAV, Tha.
559. GAV, Tha. Foto C. de Boer.
560. GAV, Tha.
561. GAV, Kd.
562. GAV, Tha. Foto C. Wetting.
563. GAV, Kd.
564. Idem.
565. Idem.
566. GAV, Verzameling affiches.
567. GAV, Kd.
568. Idem.
569. Idem.
570. GAV, Tha. Foto J. van der Zijl.
571. GAV, Kd.
572. Idem.
573. Idem.
574. Idem.
575. GAV, Tha. Foto C. de Boer.
576. GAV, Tha. Foto G.E. Terpstra.
577. Idem.
578. Idem.
579. C. van Vrede, IJmuiden. Pb.
580. GAV, Kd.
581. Idem.
582. Idem.
583. GAV, Tha. Foto C. de Boer.
584. GAV, Kd.
585. Idem.
586. Idem.
587. Idem.
588. Mevrouw M. Broekhuizen-Buis,
IJmuiden. Pb.
589. GAV, Tha. Foto Aero-camera.
590. Idem.
591. GAV, Kd.
592. Idem.
593. Mevrouw G. Vermeulen-Stam,
IJmuiden. Pb.
594. GAV, Kd.
595. GAV, Tha. Foto Articapress.
596. F. André, Heemskerk. Pb.
597. GAV, Kd.
598. GAV, Tha. Foto C. de Boer.

599. GAV, Tha. Foto C. van der Meulen.
600. GAV, Kd.
601. Idem.
602. GAV, Tha. Foto P.J. Roos.
603. GAV, Kd.
604. GAV, Tha. Foto Anefo.
605. GAV, Tha. Foto C. de Boer.
606. Hoogovens IJmuiden, fotodienst.
607. GAV, Kd.
608. Idem.
609. Idem.
610. GAV, Tha. Foto H. van der Put.
611. GAV, Tha. Foto C. van der Meulen.
612. GAV, Kd.
613. GAV, Tha. Foto J. Abbing.
614. GAV, Kd.
615. GAV, Tha. Foto H. van der Put.
616. GAV, Tha. Foto P. Korpershoek.
617. GAV, Kd.
618. Idem.
619. Idem.
620. Idem.
621. Idem.
622. Idem.
623. Idem.
624. GAV, Tha. Foto J. Abbing.
625. Hoogovens IJmuiden, fotodienst.
626. GAV, Tha. Foto J. Abbing.
627. Mevrouw J.A.V. van Leusen-Binnerts,
Velsen-Zuid. Pb.
628. GAV, Kd.
629. Idem.
630. Idem.
631. Idem.
632. Idem.
633. Idem.
634. Idem.
635. Hoogovens IJmuiden, fotodienst.
636. GAV, Kd.
637. Idem.
638. Hoogovens IJmuiden, archiefdienst.
639. GAV, Tha. Foto P. Korpershoek.
640. Idem.
641. Idem.
642. GAV, Kd.
643. GAV, Tha. Foto Eddy Posthuma de Boer.
644. GAV, Kd.
645. GAV, Tha. Foto Eddy Posthuma de Boer.
646. GAV, Kd.
647. Idem.
648. Idem.
649. Idem.
650. GAV, Tha. Foto Eddy Posthuma de Boer.
651. Idem.
652. Idem.
653. Idem.
654. GAV, Tha. Foto P. Korpershoek.
655. GAV, Tha. Foto Eddy Posthuma de Boer.
656. Topografische Dienst, Delft.
657. GAV, Tha. Foto Eddy Posthuma de Boer.
658. GAV, Kd.
659. Idem.
660. GAV, Tha. Foto P. Korpershoek.

register

Aa, A. J. van der 11
aanleg Vissershaven 71
aanlegsteigers voor vissersschepen 87, 106
aannemers, Engelse 35, 41
aannemingscontract 17, 20
aantal inwoners 201
Abelenstraat 216
Adrianastraat 64, 99
Advendo (Alleen De Vriendschap En
  Nederigheid Doen Overwinnen) 135
Adventskerk 216
Advocaatje (Beusenberg) 135
afbraak van IJmuiden 123
afbreken van panden 175
afhouwers 95
Afrika 209
afschaffing kanaal- en havengelden 80
afscheiding IJmuiden 86, 87, 113
Afslag, Café 53, 89, 96
afslagers, particuliere 103, 106, 107
afslagretributie 107
Afsluitdijk 183
afsnijgeld 151
aftocht van de Duitsers 183
Agentuur- en Handelmaatschappij 170
Agtereek, A. H. 216
Ahler 169
Akkerman, G. 50
Albert, prins 53
Aldebaran (loodsboot) 193
Algemeen Dagblad 191
Algemeen Handelsblad 7, 15, 18, 53, 55,
  57, 65, 71, 73, 103, 165, 206
Algemeen Ziekenfonds IJmuiden 212
Algemeene Visscherij-Maatschappij 85
Alkmaar (trawler) 203
Alkmaar Packet 160
Alkmaar IJ M 31 (motortrawler) 200
A(llan, A. J.) 131, 135, 149
Allan, J. J. 136
Allan Water IJ M 34 (stoomtrawler) 191
Allard 101
Almere 211
Ambachtsschool 132, 133
Amende 177
Amerongen, W. van 50
Amersfoort 176, 177
Amstelstraat 48, 97, 167
Amsterdam (radersleepboot) 69
Amsterdam (trawler) 127
Amsterdam Tug and Salvage Company 69
Amsterdam, 700-jarig bestaan 211, 215
Amsterdams Christelijk schoolcomité 34
Amsterdamsche Ballast-Maatschappij 83,
  99, 113, 160, 203
Amsterdamsche Courant 15, 21, 23,
  33-35, 39, 43, 45
Amsterdamsche Kanaal-Maatschappij
  (A K M) 6, 7, 16-18, 20, 21, 25, 27, 32,
  33, 35, 37, 38, 51, 54-56, 67, 72, 73, 75,
  79, 80, 87, 102
Amsterdamsche Stoomboot Maatschappij
  69
Amsterdamse boot 109
Amsterdamse Droogdok Maatschappij 208
Amsterdamse joden 161
Amsterdamse School 157
Amsterdamseweg 181
André, Fred 205
Andrea, A. 194
Andriesma, J. A. 219
Andriessen, Hendrik 202
Andriessen, N. H. 202
Andriessen, Willem 202
Anepool, Jan 135
Anna Pawlowna, koningin-moeder 21
Annastraat 64
annexatieplannen 205
Antonius Ziekenhuis 109, 133, 135, 165, 212
Antonijses, W. 127
Antwerpen 80, 81
Apollo, operettevereniging 140, 141
Apostolisch Genootschap 89
Appeldoorn, Hotel 110
Aquarius 157
Aquila 215
arbeiderskolonie 46

Arbeidsfront 161, 162
arbeidsinzet 177
Archimedes (schroefsleepboot) 69
Arnhem 13
Arnold, Jan Willem 13, 16, 18, 21, 23, 48,
  64, 65, 67, 75, 102
Arnold, J. W. R. 53
Arnold Bik, Adrianus Johannes Emanuel
  61-65, 86, 102, 103
Arnold Bik, Frederik 64
Arnold Bik-Enger, Adriënne Henriëtte 64
Arnold Bik-Francis, Anna Josepha 64
Arnold en Zonen 18
Arosa Sun 212
A R P (Anti-Revolutionaire Partij) 194,195
arrestatie 185
Aschoff, J. C. 194, 199
Asmodée 16
Asser 17
Assistent (havensleepboot) 69
Atlantik Wall 180
Atlas (zeesleepboot) 69
Augusta, Hotel 191
Ausweis 173
autotunnel 203

Baarda, Sjoerd (S. B.) 192
Baas, G. 150
Backer, A. J. 168
badhuis aan de Snelliusstraat 133
badpaviljoen List 95, 96, 111
badpaviljoen Noordzee 140
Bais Jzn., D. 83
Bakker 119
Bakker (ingenieursbureau) 71
Bakker, K. 115
Bakker, Meeuwis Meindertsz. 11
Bakker (Vodje) 61, 102, 103
Bakker Dzn., J. 48
bakkerij De Tijdgeest 159
Bakoenin 129
Baljuw van Batavia 18
Balvers, Wim 169
Baptistengemeente (J. P. Coenstraat) 216
Baptistengemeente (Willemsbeekweg) 163
Barbas 90
Barnum and Bailey 102
Bart, Rina 141
Batavia 18
Batterie Dunenberg 180
Batterie Graphorn 180
Batterie Heerenduin 180
Batterie Olmen 180
Beatrix, prinses 167
bebouwingsvoorschriften 55
Beeckestijn 173, 181
Beek, J. 147
Beentjes, C. 176
behouden teelt 95
Bejaardenkoor, Algemeen Velser 207
bejaardentehuis De Moerberg 209
Bellatrix (loodsboot) 193
Bellona (oorlogsschip) 44
Bell-Telephoon-Maatschappij,
  Nederlandsche 96, 97
Berckenbosch Blok, Simon 115
Beréa, gebouw 216
Berg, C. 147
Berg, K. v. d. 163
Berg, K. van den, en E. J. Jurriens
  (architectenbureau) 200
Bergh van Eysinga, G. A. van den 90, 163
Berghuis, kolenhandel, Agentschap
  IJmuiden van W. H. 146
Berlin-ramp 79
Bernaerds-Bakker, E. 50
Bernhard, prins 167
Bernhard, B. J. 196
Bescherming Bevolking 88
Besier, B. J. 196
besmettelijke ziekten 81
besomming 97
Betelgeuse (loodsboot) 193
Bethel, gebouw 163
Bethelkerk, Gereformeerde (Zeeweg) 216
Bethlehemkerk, Ned. Hervormd
  (Gijzenveltplantsoen) 216

Bethlehemkerk, Ned. Hervormd
  (James Wattstraat) 163
betonfabriek 25, 31, 46, 57
beugvisserij 75, 76
Beukman, E. G. 140
Beurs, de 51, 109
Beusekom, D. van 87
Beverwijk 34, 82, 83, 93, 132, 155, 176,
  177, 187, 203, 207, 209, 211
bevolkingsregister 176
bevrijding 181, 183, 185-187
Bewaarschool, openbare
  (Casembrootstraat) 156, 157
Beynes 198
bezittingen 203
Bie jr, E. de 96
Bienfait, L. A. 7
Biezen, De 34
Bik, Adrianus Johannes 13, 16, 18, 21, 23,
  64, 65, 67, 75, 102
Bik, E. H. 48
Bik, Jan 18
(Bik-)Arnold, Anna Maria 18, 64
Bik- en Arnoldkade 64, 67, 85, 91, 95, 96,
  99, 102, 106, 115, 119, 195
Bik-Francis, Anna Josepha 48, 64
Billiton-Tinmaatschappij 136
Binnenhaven 154
Binnenlandsche Strijdkrachten 85, 179, 184
Bischoff, Gebr. 153
Blaas, Gillis 123, 143, 145, 147, 149
Blanken Janszoon, J. 11
Blauwe Kees (van de Mand) 61, 75
Blauwe Nelis (gefingeerd) 57
Blechnumian (Polen) 140
Blees (G. Blaas) 123
Blekwedel 181
Bleijenhoeve 21
Blikkenbuurt 93, 109, 111
Blinkhof (sr), Jan 142, 155
Blinkhof (jr), Jelle 142, 155
Bloem, Jacobus Cornelis 48, 64
Bloem-Bik, Carolina Jeanette Constance
  48, 64
Bloemen, H. J. 7
Bloemendaal 18
Bloemendaalsestraatweg 172
Bloemstraat 153, 191, 195
blokkaart 3A 180
Blok, Leen 191
Blokzijl, Max 177
B L O School 157
Bode, Herman 213
Boelen, J. 6, 7
Boelen J. Rzn., J. 7, 17, 18, 21, 23
Boer, E. W. de 154
Boer, Hans de 195
Boer, H. de 135, 191, 194, 199, 203, 211
Boer, R. de 135, 137
Boerenoorlog 105, 107
Boerlage, W. 38
bombardementen 123, 161, 171, 205
bommenwerpers 169, 171, 187
Bonekamp, Jan 176, 177
Bonnike, J. E. 6, 7
Boogaard, Café 109
Boogaard, P. 127
Boon, Gebroeders 61, 69
Boon Hz., H. 115
Boon Jz., J. 115
Bootlieden-Vereeniging De Koperen Ploeg
  75, 109, 115
Booy, C. J. G. de 38
Booy, P. 147
Booy & Co., N V Scheepsherstelinr. 170
Boreel van Hogelanden, J. W. G. 129
Borst, F. 161
Bos en Kalis 215
Bos van Boreel 155
Bosch, A. van den 32, 39
Boschlust 11, 15
Boshouwers 61
Bosman, D. H. 176
Bosman, W. M. B. 211
Bosse 14
Boston Aircrafts 171
Bottemanne, J. M. 200

Bouman 143
Bout, A. 115
Bout, K. 115
Bouterse, C. 38
bouwplan (eerste bebouwing) 18, 65
bouwterreinen, verkoop van 54
Braam, T. 13
Braam, W. 50
Braambos 216
brandspuithuis 71
Brandsteder, J. A. 143, 145, 147, 149, 150
brandweer 154, 155, 209
Braun, V. Ph. 82
Brautigam 149, 157
Brauw, T. 127
Breda, ss De Stad 45, 57
Brederode 10
Brederveld, J. 90
Breedband 198
Breesaap 10, 11, 13, 15, 16, 18, 19, 21, 27,
  33, 41, 45, 48, 54
Breesaap-Oost 13
Breesaapstraat 63, 88, 93, 99, 125, 163,
  187
Breesaap-West 13
Breitenstein, C. A. 129
Bremen, miss 153
Bremen (passagiersschip) 169
Bremerkamp, Gerrit Jan 142, 201
Breyghton (ingenieursbureau) 71
Brezet, Joh. 216
Brillé (Kerst de Jong) 155
Brink, E. v. d. 145
Brink, L. 216
Brinkman 13
Britsche Steenkolen Invoer Maatschappij
  146
Britse consulaat 117
Britse regering 117
Broek, Cees 169
Broeke, A. ten 194
Broeke, L. ten 50
Broms, J. F. 7
Bronsgeest, Johs. 163
brood- en scheepsbeschuitbakkerij
  De Hoop 77
broodgebrek 126
broodsnood 34, 47
Brouwer, Dolf 135
Brouwer, Johanna, 32, 39
Brown 29, 45
Brug der Zuchten 130
Brulboei, De 202, 208
Brunings, Christiaan 9
Bruyn, P. H. 20, 38, 54
Büchner 113
Bührmann, J. C. 199, 206, 211
Buis, Jan 203
Buis, Lies 144
Buitenhaven 27, 87, 95, 113, 154, 210
Buitenhuizen 16
Buitenkanaal 37
buitenlandse werknemers 212
Buitentoeleidingskanaal 167
Büller, L. J. 176
Bunge, J. 7
bunker(s) 161, 173, 180, 192
Bunkerdorp Süd 180
bunkerstation 198
Bunte, Wim 213-215
Bureau Voorlichting 205
Burgemeester Enschedélaan 73, 161, 172,
  176, 216
Burgemeester Rambonnetlaan 188
burgerlijke maatschap 18, 55, 65
Burgeraal 205
Burn 15, 17
Bus, D. 130, 137
buurtverenigingen 185
Buys, Cees 127
Bijenkorf, Restaurant De 153
Bijenstand Mellona 172
Bijkerk, meester 202
Bijtijds Ontwaakt 141, 150

Café Afslag 53, 89, 96
Café Boogaard 109

Café Brittannia 153
Café Cycloop 61, 63, 101, 102, 111, 121,
    125, 131, 141, 142, 153, 188
Café Engel Stam 191
(Café) Flora 133
Café Kraak 133
Callenbach, G. F. 163
Canadeesche Militaire Autoriteiten 182
Canadese commandant 179
Canadese tank 179
Canadese troepen 182
Canadese voertuigen 183
Canadezen 179, 193
Canadezen, intocht van de 183
Canopus (loodsboot) 193
C A O (Collectieve Arbeidsovereenkomst)
    143
Capadose 34, 43, 47
capitulatie 163, 169
Carolinastraat 64, 99
Casa Marina 212
Casembrootstraat 157
Cassa Breesaap 1851-1860 13
Catherina Duyvis (trawler) 203
Cementbouw, N V 208
Cemij (Cementfabriek IJmuiden) 133
Centrale Anti-Revolutionaire
    Kiesvereniging 204
Centrale Bond (van Transportarbeiders)
    143, 145, 148, 149, 151, 191, 197, 199
Centrale Keuken 155, 172
Centrale ondernemingsraad van
    Hoogovens IJmuiden B V 213
Chevalier, Ch. Le 6
Chinese revolutie 145
Chinese Warlords 145
Chinezenopstand te Tjilangkap 18
cholera 33, 35, 55
Christelijk Gemengd Koor
    Looft den Heer 202
Christelijk Gereformeerde Kerk 163, 216
Christelijk-Historisch 162
Christelijk Nationaal Vakverbond (C N V)
    150
christelijk-nationale school 45
Christelijke Belangen, Gebouw voor
    88, 91, 105
Christelijke Bond (Zeemansbond IJmuiden)
    143
Christelijke Bond van
    Noordzeevisschersvereenigingen 150
Christelijke Democratische Partij 162
Christelijke Interkerkelijke Stichting
    Bejaardenverzorging 209
Christelijke Matrozen-Vereeniging
    Koningin Wilhelmina 128
Christelijke Oratoriumvereniging
    Looft den Heer 202
Christelijke Reciteer- en Debating-Club
    (Oefening Kweekt Kunst) 145
Christelijke school (Comitéschool) 202
Christelijke School (De Heide) 93
Christelijke School Santpoort 157
Christelijke Transportarbeidersbond 151
Christelijke Vissersvereniging (aangesloten
    bij de Bond van Christelijke
    Noordzeevisschersvereenigingen) 150
Christiaans 184
Christina Berendina (schip) 44
C H U (Christelijk-Historische Unie) 194
City of Singapore, ss 157
Claasen 6
Clancarty, Lord 115
Clausen Hz., J. J. 54
Cleef, Gebrs. Van 108
C N V (Christelijk Nationaal
    Vakverbond) 150
Codrington (torpedobootjager) 167
Coen, ss Jan Pieterszoon 165, 167-169
Coenstraat, J. P. 216
collaborateurs 183
collaboratie 177, 196
Collard, Ria 141
collectief arbeiderscontract 150
Collegie voor de Zeevisscherijen 106
Comité Anti-Voorhaven 215
Comité ter Evangelisatie 88, 91

Comité voor Joodsche vluchtelingen 158
Commissie godsdienstige lezingen 90
Commissie tot ondersteuning van de
    behoeftige Arbeiders-Gezinnen 34
commissionairs 103, 105, 107
Communistische Partij 143
Compagnie van de Kustartillerie 165
concentratiekampen 161, 165, 196
concessie 6, 15-18
Concordia, Harmonievereeniging 69, 102,
    114, 160, 208
Concordia (verenigingsgebouw) 101
Condor IJ M 72 (trawler) 127
Conrad 23
Constandse 132
Constandse, J. T. 84, 137
Constructieve Vakbondsleden 214
Constructiewerkplaats De Kennemer 132
Coogan, Jacky 191
Cool, Fabriek van Marmerwerken
    v/h G. en J. 132
Coöperatieve Afslag 93
Coöperatieve Arbeiders-Bouwvereeniging
    131
Coöperatieve (Visch)afslag of Vischhal
    93, 105-107
Cornelis Drebbelstraat 157
Cornelissen, Pieter 25, 35, 37
corps (politie) 91
Cottaar, Frederik Christiaan 171
C P H (Communistische Partij Holland)
    162
C P N (Communistische Partij Nederland)
    162, 163, 194
Cremer, J. T. 129
Creutzberg, Clara 91
Creutzberg, H. W. 88, 91, 137
Creutzbergschool 157
crisisjaren 123, 149, 153, 157, 199
Croker 15
Cronjéstraat 105
Cultureel Centrum 200, 201, 216, 217
Cycloop, Café 61, 63, 101, 102, 111, 121,
    125, 131, 141, 142, 153, 188
Cycloop (havensleepboot) 69

Da Costa School 157
Dagblad Het Volk 148
Dagblad Kennemerland 197, 211, 215
Dagblad voor Noord-Holland 169
Dagblad voor IJmuiden 137, 155, 157,
    163, 165, 167, 173
Dagblad voor IJmuiden, Egmond aan Zee,
    Katwijk 165
Dagblad voor IJmuiden-Velsen-Beverwijk
    136
Dagblad voor IJmuiden, Velsen, Santpoort,
    Beverwijk en Omstreken 153, 157, 169
Dam, de 13
Dames-Zangvereniging Euterpe 104, 105
Daniëls, Joop 205
Darwin 113
D C IJ (Damclub IJmuiden) 135, 155, 201
De la Reijstraat 105
De Noostraat 153
De Rijpstraat 175
De Wetstraat 89, 105, 177
Dekker, G. 107
Del Court van Krimpen (Officier van
    Justitie) 37
Del Court van Krimpen, Karel 15
Delcourt (landhuis) 41
Den Helder 9, 11, 89, 113
Deneb (loodsboot) 193
Denemarken (pakhuis) 67
Denick Patyn, Jan 115
departementale commissie Versteegh 196
Derpers 87
Deutsche Sicherheitspolizei 167
Diderich, Ph. J. W. A. 203
dienstwoningen 41, 65
Dikstaal, Freddie 205
Dirks, Justus 23, 32
distributie 119-122
Distributiedienst Velsen 166, 172
Doekum, Herman van 141

Doggersbank, Stoomvisscherij-
    Maatschappij 103
Dolder, Gerrie 205
Doleantie 113
Domela Nieuwenhuis 159
Dolphyn (salonboot) 112
Donaupont 83
Donkersloot, pontveer van 195
Donselaar, J. van 155
Doodweg (later Kapelweg) 181
Doodweg (Velsen-Noord) 82
Doopsgezinde Gemeente 88, 113, 163, 216
doorgraving 44
Dorpskerk (Santpoort) 216
Dorst, L. 216
Dorus (Tom Manders) 207
Dossiers Menten en Schallenberg 196
Dou, Jan Pietersz. 9
Doopgezinde Gemeente
Drebbelstraat, Cornelis 157
drenkelingen 78
Dreyer 160
Driehuis 133, 140, 166, 174, 181, 201, 213,
    216
Driehuizerkerkweg 171
Driessen, A. W. 144
Dropman, Theodorus 75, 109
Dros, D. 135
Drukker 165
Dubbeltjesbond van Ome Daan 137, 141,
    143
Dudok, W. M. 187, 190-192, 195, 203
Dudok van Heel, J. P. 7
duikbootbunker 115, 190, 195
Duin en Dal 18
Duin en Kruidberg 186
Duin- en Kruidbergerweg 173
Duinlust (maison) 72
Duinroos, Rederijkerskamer De 52
Duinwatermaatschappij 15
Duinweg 166, 171, 216
Duits keizerlijk paar 63
Duits oorlogsmaterieel 187
Duits vuurpeloton 143
Duitsche weermacht 167, 170, 174, 175,
    184
Duitse belangen 136
Duitse bezetters 155
Duitse consul 118
Duitse eenheden 186
Duitse gesneuvelden 122
Duitse gezant 122
Duitse joden 158
Duitse keizer 115
Duitse kolen 117
Duitse krijgsgevangenen 167, 183
Duitse parachutisten 167
Duitse strijdmachten 122
Duitse Stuka's 167
Duitse torpedoboot (V 69) 122, 123
Duitse troepen 181
Duitse wachtpost 165
Duitsers 123, 127
Duitsers, aftocht van de 183
Duitsland 117, 123, 150, 158, 164, 175, 176
Dukel, Barend 155
Dulk, Den 144
Dumont, G. 149
Dunnebier, J. C. 109, 143
Duynen, Hendrik van 115
Duynen, J. van 75
Dijk, J. 115
Dijkhuizen, Do 123
Dijkman, J. P. 127
Dijkman, W. 50
Dijkxhoorn, G. 84

Eastwell, ss 78, 79
Ebbeling 135
Eckhand, K. W. 92
economische crisis 160
Edcius, N. H. 160
Edisons Phonograaf 101
Edisonstraat 159, 216
Eeghen, C. P. van 7

Eeghen, J. van 7
Eek, Jaap 13
Eems (stoomtrawler) 122
Eendracht, Harmoniekapel De 101, 208
Eendracht, Koninklijke Papierfabriek van
    Van Gelder Zonen De 83
Eenheid Door Democratie (E D D) 159
eenheidsworst 126
eerste huizen na de bevrijding 190
Eerste Nederlandsche Electriciteits
    Maatschappij (E N E M) 99, 102
eerste paal (De Moerberg) 209
eerste particuliere bebouwing 49
eerste spade (kanaal) 18, 21, 23
eerste spade (Velsertunnel) 203
eerste steen (Ned. Herv. kerkgebouw,
    Kanaalstraat) 91
eerste steen (sluiswachterswoningen) 41
eerste steenlegging (wijkgebouw IJmuiden)
    81
eerste stoomboot 42
eerste trawlers 95
Eerste Wereldoorlog 61, 88, 119, 121, 123,
    127, 202
eerste woningcomplexen 55
eerste woningen 41
Effern, Han 181
Effern, Tony 183
Eggink, B. 172
Egidius, Th. 7
Egmond 89, 128, 201
Egmond aan Zee 146
Egmonders 87
Egmondse vissers 125
Eksterlaan 171, 172
Electriciteits Maatschappij, Eerste
    Nederlandsche 99, 102
electriciteitscentrale (P E N) 215
Electriciteitscentrale Kennemerland
    89, 99, 115
Electrische centrale van de
    Rijkswaterstaat 170
Enden, Toon van den 205
Engeland 117, 167
Engelhart, Cor 127
Engels 129
Engels(ch)e dorp 41, 46, 57, 65
Engelse aannemers 25, 35, 41, 53, 73
Engelse geniesoldaten 169
Engelse godsdienstoefening 65
Engelse opschriften 27
Engelse steenkolen 117
Engelse strijdmachten 122
Engelse torpedojager, gemerkt
    III Medusa 118
Engelsen 26, 35, 41, 57, 91, 105, 127
Enger, Gerhard Frederik 64
Enger-Timmerman Thyesen,
    Charlotte M. 64
English Provision Stores 41, 46, 57
Enkhuizen 89
Enschedé, Jacobus Christiaan 34, 71-73
Eredivisie 201, 204
Erka 105
Erp, Th. W. van 215
Es, Van 217
Esdoornstraat 171
Estel Hoesch-Hoogovens N V 213
Euterpe, Dames-Zangvereniging 104, 105
evacuatie 123
Evangelisatie De Heide 90
Evangelisatie Santpoort 90
E V C (Eenheids Vakcentrale) 199
Evers (marinevaartuig) 127
explosies 190
Eijken, R. van 194, 199

Faassen 115
Faber 177
Faddegon 13
Fagel, W. 115
Fakkel, De 139
Fakkels 163
Fanfarekorps Wilhelmina (Santpoort)
    140, 207
fascisme 159
Fatels 13

februari-ramp 199, 203
Februaristaking 161
feesten van 1913 115
Felisenum, Gymnasium 195, 212
Fennell, John 48
Festung IJmuiden 175, 180
Festungskommandeur Oberst Peters 174
F. H. von Lindern (bark) 78, 91
Figee 73
Flora, Café 133
fonds tot oprichting van een ziekenhuis 123
Fonds voor Sociale Voorzieningen 143, 150
fort 60, 61, 75, 93
Forteiland 75, 169, 180
Francis, Emanuel 64
Franciscanessen, Zusters 133
Frans Naereboutstraat 155
Frans Netscherlaan 216
Franse president (A. Fallières) 115
Franse regering 140
Franse school 127
Frascati 17
Frederik, prins 47
Freriks, Anton 216
Friese Vlaak 11
Frigo 170
Fris, Gerrit 151
Fröbelschool, Maria Cornelia- 101
Froger, Willem Anthony 13, 15, 17-19, 71
Frogerstraat 95
Frijn, W. Th. 136
Führer (Adolf Hitler) 163, 168

gaarkeuken 181
garnizoen (fort) 75
garnizoen (Kustartillerie IJmuiden) 164
Gasbedrijf, Gemeentelijk 135
Gas-, Reiniging- en Waterbedrijf 83
gastarbeiders 209
gearresteerde inwoners 176
Gebied spoorbrug 181
Gebied Velsen, pontveer 181
gebouw Beréa 216
gebouw van den R K Volksbond 166, 171
gebouw Victorie 158, 159
Gebouw voor Christelijke Belangen 88, 91, 105
gedenknaald 32
Gedenkpenning 15
Geelkerken, C. van 159
Geelkerken, J. G. 158, 159
Geelvink, Anna Elisabeth 11
Geer, C. v. d. 216
geëvacueerd(en) 173, 181, 193
Gelder, Papiermolen van Van 101
Gelder Zonen, Van 31, 82, 113, 213
Gelderen, J. van 115
Geluk, Mien 141
gemeentelijke sociale werkvoorziening 206
gemeentelijke visafslager 106
gemeenteraad, politieke samenstelling 137, 162, 194
gemeenteraadsverkiezingen 162, 194
gemeenteschool, afdeling IJmuiden 107
Gereformeerde kerk, Ichthuskerk 216
Gereformeerde kerk (Koningin Wilhelminakade) 90, 117, 129, 163, 170
Gereformeerde kerk (Velserduinweg) 163, 189
Gereformeerde kerk (IJmuiderstraatweg) 90, 106
Gereformeerde Kerk in Hersteld Verband (gebouw Bethel, Santpoort) 163
Gereformeerde Kerk (vrijgemaakt) 216
Gereformeerde meisjesvereniging Tabitha 145
Gereformeerde Petrakerk (Spaarnestraat) 216
Gerrits, C. 13
Gerrits, P. 13, 50
Geul, reddingbotenhuis aan de 161
Gevel, Jan van de 169
Gids, De 13
Gildenlaan 192
Gjertsen, L. 140
Glas, Trui 135
God met Ons (koftjalk) 128

godsdienstoefening in het Engels 57
Goede Herderkerk (Ned. Herv.) 216
Goedhard, IJsbrand 85
Goedhardt 170
Goedhart, Piet 141
Goedkoop 53, 69, 77, 112, 191
Goldschmeding, G. A. 216
Goliath-tanks 181
Gomes 143
Gonlag, J. 140, 141
Gonlag, N. 115
Gorredijk IJ M 75 (motorlogger) 200
Gorter, Willem 141
Gouda, D. J. 119, 125, 129, 147, 149
Gouden Ploeg, De 109, 115
Goudriaan 11
Goudsmit-Aalbers, A. 216
Graaff, S. J. de 176, 177
Griekspoor, Cor 127
Griekspoor, Leendert Jan 37
Groen, A. S. 107
Groen (firma) 83, 103
Groen, Firma wed. I. S. 146
Groen, J. 170
Groen, Rein 191, 199
Groenelaan 176
Groeneveld 143
Groenevelt, Arie 213
Groeneweg 171
grondleggers van IJmuiden 18
grondplan van IJmuiden 48, 49, 54
grondwerkerskeet 37
Groot, De 132
Groot, H. J. de 132
Groot, J. de 194
Groot Noordhollandsch Kanaal 9, 13, 15, 44, 173
Groot IJmuiden 152, 211
grote sluis (zie Noordersluis)
Grüne Polizei 176, 177
Grunsven, J. B. van 176
Gruson, H. 61
Gruyter, De 183
Grijper, De 215
Gualthérie van Weezel, J. H. A. K. 194
Guinea (ramschip) 55
Gullekens, Rie 141
Gutteling, J. 90
Gymnasium Felisenum 195, 212
Gijsberti Hodenpijl, I. J. H. 61
Gijzenveltplantsoen 187, 207, 216

Haak, G. F. 87
Haak, Karel 155
Haan, Josef Theodorus de 171
Haarlem IJ M 9 (stoomtrawler) 191
Haarlems Dagblad 137, 187
Haarlemsche Courant 167
Haarlemse Groep Van de Haas 196
Hadleydwarsstraat 157
Haeckel, Ernst 113
Hafenkommandant 179
Hal B (zie hal van Lely)
hal van Lely 75, 93, 97, 107
halpolitie 199
halte Julianakade 130
Halverhout en Zwart 48, 70
Ham, J. 215
Hamburger, Han 141
Handels Entrepôt 81
Hanenland 127
Haringhaven 115, 161
Haringkade 170
Harmonie, IJmuider 207, 208
Harmoniekapel De Eendracht 101, 140
Harmonievereniging Concordia 69, 114, 127, 139, 140, 160
Harmonievereniging Juliana 208
Harmonievereniging Soli Deo Gloria, R K 140, 207
Harmonievereniging Wilhelmina (IJmuiden) 198, 208
Harmse 110
Harst, Fientje van der 141
Hartendorp, D. P. 216
Hartog, Jan de 157
Hartsen 15

Harttenroth, P. 48
haven, Kop van de (Vissers-) 71, 77, 106, 107, 205
haven- en kanaalgelden 80
havenhoofden 23, 29, 31, 45-47, 51, 67, 75, 78, 79, 81, 89, 161, 165, 169, 180, 192, 198, 201, 204-206
havenhoofden, verlenging van de 205
Havenkade 149, 170, 204
havenmeester 107
havenmond 41, 53, 60, 73, 201, 206
havenmond, opening van de 207
havenmond, verruimde 206
havenplannen 202
havenwerken in Chili 32
Hazenberg 195
hearing 217
Heel-Montijn, A. J. P. van 219
Heemskerk 187, 203, 207, 211
Heemskerk Azn., J. 7
Heemskerk (oorlogsbodem) 167
Heere, Jo 141
Heerenduinen 191, 200, 210
Heerenduinweg 145
Heide, de 34, 35, 41, 43, 46, 51, 65, 79, 86, 87, 91, 93, 101, 109-111, 113, 123, 131, 133, 204
Heidebloem, Rederijkerskamer 110
Heidestraat 87
Heilig 142
helicopter-beloodsing 193
Hellingman, C. 167
Hellings, C. 147
Helmstraat 163, 216
Hema 195, 199
Hembrug 81
Hemert, Van 142
Hendrichs, August M. J. 7, 81
Hendrik, prins 81, 115
Hendriks, Olaf 205
Hendriksen, Jan 141
Henning, Chr. 110
Hepner, F. W. 7
Hera, N V Industrieele Mij. 132
herbouwplan 190
Hercules 15
Hermann Göring-Division 175
Hersteld Apostolische kerk 90
Hersteld Apostolische Zendingsgemeente 89, 163
Hervormd Evangelisch 163
Hervormd Kinderkoor Hosanna 141
Hervormde Gemeente 52, 88
Hervormde Gemeente (Velsen-Zuid) 216
Hervormde kerk (Bloemendaal) 90
Hervormde kerk (Kanaalstraat) 115
Hervormde kerk (Velsen) 90
Heshuysen, W. F. 7, 17, 20
Het Nieuwe Avondblad 137
Heteren, G. van 14
Heteren, J. H. van 14
Heukelom, Frans van 7, 14
Heus, W. H. de 7
Heijkoop, Jan Daniël 200
Hibma 119
Himmelgart 169
Hitler, Adolf 163, 174
Hitler Jugend 161
Hoeksteeg 55
Hoeksteen, De 216
Hof, C. van 171
Hoflaan 93
Hofstede, M. K. 154
hoge hoek 106
Hohenzollern (jacht) 63
Holland 17
Holland op 't Smalst (herberg) 11
Holland op 't Smalst (huis) 10, 11
Holland op zijn Smalst (gebied) 6, 9, 13-16, 18, 20, 23, 27, 32, 44, 46, 72
Hollands Glorie 157
Hollandsche Illustratie 39
Hollandsche IJzeren Spoorweg Maatschappij 99
Homburg, P. 192
honderdjarig bestaan, IJmuiden 208, 211, 219

Honert, C. A. E. van den 7
hongertochten 173
hongerwinter 185
hoofdbureau van politie 183, 185
Hoogeberg 35, 51, 83, 93, 110, 135
Hoogheemraadschap Rijnland 9
Hoogovenhaven 138
Hoogovens 13, 15, 123, 131, 133, 138, 151, 155, 161, 169, 170, 173, 176, 177, 183, 187, 188, 191-193, 199, 201, 202, 207, 209, 212-216
Hoop, De, brood- en scheepsbeschuit-bakkerij 77
Hoorns, Klaas 95
Hosanna, Hervormd Kinderkoor 141
Hospitaalkerkschip De Hoop 128, 200
Hotel Appeldoorn 110
Hotel Augusta 191
Hotel De Prins 175
Hotel Nommer Eén 48, 63, 69, 93, 101, 111
Hotel Royal 201
Hotel Willem Barendz 53, 69, 93, 97, 113
House for Sailor's Rest 91
houten hal 107
houten stationnetje (Kanaaldijk) 93
Houtmanstraat 175
Huier 141
Huize Stormveld 109, 188
hulpkerk (Marnixschool) 163
hulppostkantoortje 65
hulpstation 99
hut (polderwerkers-) 35
Hüttner 180
Hutton 47
huurstaking 153
Huijens, J. 194

Ikelen, T. van 141
illegale politieknokploeg 196
Immers, Ted 205
Indische suikercrisis 80
Indonesië 207
industriebonden 213
Industrie- en Handelsmaatschappij 137
Industriestraat 170, 183, 217
inflatie 135
Ingerman, J. P. 48
inkwartiering 120
inleveren van fietsen 175
Insinger, A. F. 7
Insinger, H. A. 7
Insinger, J(?). M. 50
inspraakavond 216
intercommunale telefoonverbinding 96
internationaal padvinderskamp 113, 115, 139
Internationale 145, 159
Internationale Sleepdienst Maatschappij 77
intocht van de Canadezen 183
inwoners 89
inwijding nieuwe kerk (Velseroord) 88
Ir. Justus Dirksstraat 63
Irene, prinses 167
Irene (trawler) 127
Israëlitische kerkelijke gemeente 166

jaagloon 151
Jäger, Johannes Godtlieb 6, 7, 14-17, 19, 75
Jan Gijzenvaart 33, 86
Jan Pietersz. Coen, ss 33, 165, 167-169
Jansen, G. 200
Jansen, meester 145
Janzen, C. 87
Jaski, F. C. 7
Java 18, 64, 81
Jehova's Getuigen 216
Jeugdstorm, Nationale 168
Jewish Brigade 193
Jitta, Simon Willem Josephus 7, 17, 18, 21, 38, 54, 55, 81
joden 123, 169
joden, Duitse 158
joden, verboden voor 168
jodenman 181
jodenvervolgingen 212
Johan van Oldenbarnevelt, ms 157

Johanna Louisa (reddingboot) 209
Johanna Nicoletta (stoomtrawler) 118
Jolle, Le 80
Jong, De 143
Jong, Ab de 199
Jong, Kerst de 155, 201
Jong, W. de 147
Joode, Corry de 141
joodsch-kerkelijke gemeenschap 166
joodse afkomst 140
joodse Nederlanders 167, 171
joodse soldaten 193
joodse vluchtelingen 158, 169
joodse vrouw 196
joodsen bloede, personen van 166
Journaal, Het 209
J. P. Coenstraat 216
Juckers, Johan Philip 176
Juliana, Harmonievereniging 208
Juliana, koningin 200, 203, 206, 207
Juliana, prinses 167
Julianabrug 131, 153, 168, 197
Julianakade 115, 130, 168, 174, 207
Julianaschool 157
Jungbäcker, J. F. A. 63, 105
Jupijn, Kistenfabriek Gebr. 170
jutters 91

kaairidders 102, 111, 123, 139, 141, 143,
  150, 191, 197, 199
Kaan, Nellie 141
kaart van IJmuiden 1876 49
Kabinet des Konings 14
Kadt, Jacques de 139, 145, 153, 169
Kaiserlich Deutsche Gesandtschaft in
  den Niederlanden 62
Kalkoven 13
Kalkzandsteenfabriek 115, 195, 198, 208
Kalverstraat 50, 51, 109, 113, 133, 135,
  160, 163, 183, 192, 206
Kamer van Koophandel (Amsterdam)
  15, 17, 79, 80
Kamer van Koophandel in
  Noord-Holland 168
Kamermuziekvereniging Kunstkring
  125, 140, 141
Kampen, Theo van 205
Kamperduin, Hotel en Café Restaurant
  100
kanaalcommissie 15
Kanaaldijk 127, 154, 191, 193
kanaalplan 15
Kanaalstraat 48, 53, 67, 84, 89, 91, 97, 99,
  136, 139, 153, 159, 163, 167, 188, 200,
  202, 216
Kanaalweg 51, 109
Kant, de 151, 157, 187
Kapelweg (vroegere Doodweg) 181
Karst 143
Kastanjestraat 171
Katholieke Democratische Partij 162
Kattekse 119
Katwijk 83, 89, 119, 129, 133, 150, 201
Katwijkers 125
Kaufman, K. J. 169
Kaulbach 91
Keimpema, P. 100, 141
keizer Wilhelm 62, 63
Keizer Wilhelmstraat 62, 99
keizerlijke Duitsland 123
Kemper 108, 118
Ken Uw Plicht 141, 150
Kennemer, Constructiewerkplaats De 132
Kennemerbrug 168
Kennemerhof 159, 201
Kennemerlaan 131, 133, 155, 159, 174,
  191, 197, 201
Kennemerland (streek) 208
Kennemerland, Maatschappij tot
  uitoefening der Stoomtrawlervisscherij
  103
Kennemerplein, 123, 131, 159, 160, 167,
  190, 195
kerkgenootschappen 26, 90, 163, 216
Kerkstraat 93, 131, 132, 158
Kessler, G. A. 187
kettingveer 83

Keuleman 101
Keuter 183
Kiesvereniging, Centrale
  Anti-Revolutionaire 204
King, Reyer 157
Kinheim (voetbalclub) 135, 142
Kipp, B. F. 154
Kirkwall 118
klaagmuur 127
Klap, P. A. 90
Klaphekkie, 't 209
Klein, Johan N. 63, 101
Klein Zwitserland 21
kleine sluis (zie Zuidersluis)
Klimp 127
Kloppenburg 13
Kloppers, P. J. E. 115
Knaap, J. J. 87
K N S M (Koninklijke Nederlandsche
  Stoomboot Maatschappij) 165
K N V B (Koninklijke Nederlandse
  Voetbalbond) 155, 201
Koch, A. B. J. 219
Kochx, F. J. 110
Kock van Leeuwen, De 168
Koekoek, de 33, 41
Koelhuis IJsvries (Allard), N V
  IJsfabriek en 101
Kofferman, S. 115
Koffiehuis De Leeuw 143
Kogel, J. C. v. d. 216
Kok, Jan 141
Kok, Freek 141
Koks, J. A. 50
kolenwerkers 123, 139, 143
Kolk, Van der 13
Kolk (firma), F. W. van der 146
Kolkman, J. G. 194, 199
koloniale werving 100
Komintern-agent 143
Kommandogerät 36 187
Koning, H. M. 200
Koning, Aagje de 144
Koning, D. de 115
Koning, Stien de 144
Koning der Nederlanden (ramtorenschip)
  42, 43, 53
Koning Willemshuis 93, 97, 167
Koningin Emmastraat 64
koningin-moeder Anna Pawlowna 21
koningin Wilhelmina 113, 153
Koningin Wilhelmina (salonboot) 112
Koningin Wilhelminakade 88, 90, 115,
  117, 129, 168, 216, 217
Koningsplein 89
Koningstein 141
Koningstein, Lea 141
koning Willem I 11, 115
koning Willem III 14-16, 23, 41, 45, 47,
  53, 55, 57, 61
koningin Juliana 200, 203, 206, 207
koninklijk bezoek 195
koninklijk gezin 157
Koninklijke Stoomboot Maatschappij 63
Kool, J. 216
Koopen, J. P. 157
Koops, J. 96
Kooreman 108
Koperen Ploeg, Bootlieden-Vereeniging
  De 75, 109, 115
Koppelmansbuurt 133
Kop van de (Vissers)haven 71, 77, 106,
  107, 143, 200, 205
Kort, Tjeerd 205
Kortekaas, M. C. 194
korvisserij 76
Kossen, J. 115
Koster, J. 77
Koster, Leentje 144
Koster, P. C. 216
Koster, (Simon) 143
Koster, Willem 155
Koster, (Wim) 142
Kotte, M. 219
Kraak, Café 133
Kraak, Piet 201
kraan-hefeilanden 205

Kraanvogel 205
Kraetzer, N. E. A. M. 219
Kralenberg, de 13
Kramer, C. 147
Kramer, Pieter 157
kredieten 105
kredietvoorwaarden 107
Kriegsmarinewerf Den Helder 169
Kringhuis der N S B 158
Kroes, J. Th. 127
Kroes, Reinier de 109
Kroon 190
Kroon, Magazijn De 99
Krooshof 142
Kruidbos 141
Kruimel, J. M. A. 129
Kruisman, Th. 194, 199, 219
Krijger, A. 115
Kufus, Sophie 141
Kuil, Jan van der 169
Kuil, Judith v. d. 144
Kuiper 57
Kuiper, Rinske 141
Kuiper, M. 115
Kulturkammer 208
Kunst na Arbeid (Harmonievereniging)
  140, 208
Kunstkring (Kamermuziekvereniging)
  125, 140, 141
Kunstijsfabriek 101
Kustartillerie 165
Küstenräumung 175
kustmanoeuvres 113
kustvisserij 52
Kuyk, Annie 144
Kuyk, J. 145
Kuyl, Toontje van der 127
K V P (Katholieke Volkspartij) 187, 194
K W 7 (zeillogger) 78
K W 171 (logger) 127, 128
Kuyper, Abraham 105
Kuyper, J. 140
Kuyper, Simon Pieter 48, 82, 83, 107
Kwakkestein, M. 50
Kwint, M. M. 164-166, 181, 190, 192,
  196, 197, 200, 205, 207, 211

laagte, de 96
Laan, J. W. 216
Laan, Van der 86
Landelijke Federatie van Ziekenfondsen
  212
landverraders 165
Langbroek, H. 145
Langbroek, Jobje 144
Langbroek, M. 115
Lange Nieuwstraat 195, 199-201, 216
Langendijk, J. J. (Ko) 161, 176, 177
Langeveld, H. M. 87
Lannata Chemische Industrie Sluis 170
Laros, Henk 155
Lattenmarkt (houten vishal)
  77, 93, 103, 107
Lee, Henry & Son 17, 20, 25, 56
Leek, J. v. d. 200
Leeuw, Koffiehuis De 143
Leeuwen, Coba van 144
Leeuwen, J. van 194
Leeuwen, Jan van 199
Leeuwen, Janna van 144
Leeuwen, Teuna van 141
Leger des Heils 163, 216
Lely 81, 89
Lely, hal van 75, 93, 97, 107
Lenin 129, 143
Leninhuis 153
Lennep, Van 15, 57
Lepelaar 205
Lerwick 119, 128
Letty (trawler) 127
Leusen, A. J. van 158, 159, 169, 194,
  199, 212
Levensmiddelenbedrijf, Gemeentelijk
  120, 126, 127
Levensmiddelenraad van Amsterdam 205
lever- en kuitgelden 151, 153
Levijn, A. 115
Liebknecht, Karl 129

Lindhout 158
Linschotenstraat, Van 170
Lips, H. J. 194
liquidatie 196
liquidatie Amsterdamsche Kanaal-
  Maatschappij 73, 79
List (badpaviljoen) 95, 96, 111
List, Jacob 67, 69, 95, 96, 111, 131
Lith, M. van 150
Lobé, Willem 39
Loggerstraat 170
Londen 17
loods(en) 63, 67, 69, 77, 91, 209
loodsenaffaire 209
loodsendienst 193
loodsensociëteit Recht door Zee 193
loodskotter(s) 65, 77
loodstenders 193
loodswezen 41, 209
Looft den Heer, Christelijke
  Oratoriumvereniging 202
loonconflict 213
Loren van Themaat, H. ver 109, 132, 135
Loren van Themaatlaan, Ver 160
Lotsy, Karel 183
luchtalarm 170
Luchtbeschermingsdienst 171
Luden, H. 7
Lugt, Gerrit van der 169
Luikman, E. 194
Luit, Melkhandel 153
Luit, Piet 153
Lunchroom De IJsbeer 155
Luxemburg, Rosa 129
Luyting, K. 154
Lijst Schmidt 162
Lijst Stevens 162

Maas, C. P. J. 194, 199
Maassluis 129, 150
Maasstraat 200
Maatschap IJmuiden 18, 64, 67, 86, 93,
  95, 99
Maatschappij Nederland 113
Maatschappij IJmuiden 61, 63, 64, 72, 86,
  102, 103
MacCormick & Son 17
Magazijn De Kroon 99
Magner 143
Mand, Kees van de (Blauwe Kees) 61, 75
Manders, Tom 207
Mao 145
Marconistraat 216
Marcuse 141
Mardjan 171
marechaussee 149, 196
Marez Oyens, De 81
Marezaten, N V Scheepsexploitatie-
  Maatschappij De 146
Margriet, prinses 203
Maria Cornelia Fröbelschool 101
Mariahof 13
Marianne, prinses 53
Marine Einsatz-Kommando 177
Marinehaven Den Helder 167
Marktplein 195, 207
Marnixschool 157, 163
Marrs, John 32, 33, 35, 37, 39, 41
Martens 143
Marx 129
Medemblikse Vlaak 11
Medisch Comité Vietnam 209
Meerweiden 27
Meeuwenoord en Co. 107
Mei-spel 164
Mekog (Maatschappij tot Exploitatie
  van Kooksovengassen) 133
Melgerd, J. 154
Melkinrichting Velsen 84, 153
Melklaan 192
Mellona, Bijenstand 172
Menten 196
Mentz 11
Mercurius 15
Mercurius (salonboot) 112
Messchert van Vollenhoven, J. 14
Mey, S. H. 170

Meij, Van der 121
Meijer, Abraham 34
Meyer, Arnold 139
Meijer, Jacob 77
Meijer, J. W. 211
Meijjes Wzn., J. J. 85
Michel, Niek 155, 169
Michels 143
Michiels, Augusta 18
Michiels-Arnoldlanden 18
Middelharnis 83, 125
Middeloolaan 216
Middenhavenstraat 170
Middenhoven 13
Middensluis 69, 79, 81, 93, 99, 106, 109, 169
Middenstandsbank 197
Milatz 163
Militair Gezag 191
militair tentenkamp 127
Militaire huisvlijttentoonstelling 121
Ministerie van Defensie 75
Minneboo, K. 147
misthoorn 67
mobilisatie 119, 121, 159, 202
Moerberg, de 102, 103
Moerberg, De (bejaardentehuis) 209
Moerbergplantsoen 188
Moerman, D. 157
Mollevanger, Guus 141
monopolie visafslag 103, 107
monopolie(positie) 103, 106, 107
monument, bevrijdings- 192
monumentale pomp 61, 64, 72, 102, 103, 114
Mooi, Jan 13
Mooij, Jan 32, 39, 41
Motten, C. van 48
Mulder, C. G. 216
Mulder, J. E. 137
Mulderije 196
Muller, Joan 7
Muller, P. N. 7
Musch, Jan 162
Musman 177
Musschenbuurt 35, 41
Mussert, A. A. M. 158, 159, 163, 168
Muziekschool 140, 141, 159
muziektent 114, 115, 139, 140

Naaldwijk (vrachtboot) 169
Naamlijst der Nederlandsche Reederijen en Haringschepen 75, 77, 83, 85, 99
Naarden 15
Nacht over Nazi-Duitsland (brochure) 163
Napoleon 11
N A S (Nationaal Arbeiderssecretariaat) 143, 145, 148, 150
N A S B (Nederlandsche Arbeiders Sportbond) 135
Nationaal Arbeiderssecretariaat (N A S) 143, 145, 148, 150
Nationale Jeugdstorm 168
Nauta, J. P. 106
Nazi-Duitsland 161, 163
Nederland, Maatschappij 113
Nederlands elftal 201
Nederlands Hervormde Bethlehemkerk (James Wattstraat) 163
Nederlands Hervormde Bethlehemkerk (Gijzenveltplantsoen) 216
Nederlands Hervormde Gemeente 52, 88, 137
Nederlands Hervormde Kapel (Santpoort) 163
Nederlands Hervormde kerk (Goede Herderkerk) 163
Nederlands Hervormde kerk (Kanaalstraat) 91, 163, 216
Nederlands Hervormde kerk (Santpoort) 163, 166, 171
Nederlands Hervormde Kerk (Velsen) 163
Nederlands-Indië 18, 64
Nederlandsch Magazijn, Het 27
Nederlandsch Verbond van Vakvereenigingen (N V V) 150

Nederlandsche Bell-Telephoon-Maatschappij 96, 97
Nederlandsche Bond van Christelijke Fabrieks- en Transportarbeiders 150
Nederlandsche Reederijen en Haringschepen, Naamlijst der 75, 77, 83, 85, 99
Nederlandsche Roode Kruis 106, 111, 122, 183
Nederlandsche Spectator 16, 17
Nederlandsche Staatscourant 39
Nederlandsche Zeemansvereeniging Volharding 148, 151
Nederlandsche Zuid-Afrikaansche Vereeniging 106
Nederlandse Gasunie 215
Nederlandse Protestantenbond 88, 113
Nederlandse Socialistische Werkgemeenschap 163
Nederlandse Visserijcentrale 205
Neeb, D. 115
Neeltje Jacoba (reddingboot) 195, 209
Neptunus 15
Neptunus (wachtschip) 167
Neptunusstraat 95, 153
Netscher, Frans 132, 138
Neutrale Partij 162
Neutrale School 157
Nieborg, K. 136
nieuwbouw (Oud-IJmuiden) 219
Nieuwe Avondblad, Het 137
Nieuwe Dagblad, Het 143
Nieuwe Diep 11, 19, 69, 83
Nieuwe Haarlemse Courant 197, 199
Nieuwe Rotterdamsche Courant 39, 45, 47, 59
nieuwe sluis (zie Middensluis en Noordersluis)
Nieuwe Waterweg 207
Nieuwenhof, Louis 171
nieuwjaarsrede 197, 207
Nieuwkerk, B. 136
Nieuws- en Advertentieblad voor IJmuiden en Omstreken 85, 109, 113, 137
Nieuw-Zeelandse Squadron 487 173
Niftrik, Van 79
N K V (Nederlands Katholiek Vakverbond) 213
Nobel, J. de 143
Nommer Eén, Hotel 48, 53, 63, 69, 93, 101, 111
noodwinkeltjes 190
noodwoningen 190, 191
Noorddorp (Blikkenbuurt) 109
Noord-Duin 13
Noorderhavenhoofd 23, 29, 45, 47, 78, 79, 165, 206
Noorderkade 168
Noord(er)pier (zie Noorderhavenhoofd)
Noordersluis 61, 83, 93, 138, 154, 157, 161, 207
Noord-Holland 11
Noordwijk 119
Noordzee 9, 11, 13, 20, 27, 42
Noordzee, badpaviljoen 140
Noordzee (radersleepboot) 69
Noordzeesluizen 37, 39, 42, 44, 45, 47, 51, 55, 59
Noorwegen 101
Noorwegen (pakhuis) 67
Noostraat, De 153
Noot, Martha 141
Nota van Uitgangspunten voor het Amsterdam-Noordzeekanaalgebied 216, 217
N S B (-ers) 123, 131, 149, 151, 153, 158-161, 165, 167, 168, 179, 183, 188, 191
N S B (Nationaal-Socialistische Beweging), Kringhuis der (Kerkstraat) 158
N S K K (National-Sozialistisches Kraftfahr Korps) 161
N V B (Noordhollandsche Voetbalbond) 142, 155, 169
N V V (Nederlandsch Verbond van Vakvereenigingen) 137, 143, 163, 213, 214

Nijssen, J. P. 199
Nijssen, P. 136
Nijverheid, N V De 170

Oceaan, N V Visscherij-Maatschappij 103, 146
Ockeloen, C. 208, 211, 215, 219
Oefening Kweekt Kunst, Christelijke Reciteer- en Debating-Club 145
Oekumenische Raad 216
Oldeman, R. H. 163
Oldenburg 142
Olie 132
Olie Fzn., C. G. 137
Olie en Gonnerman, N V Hollandsche Plaatwellerij en Pijpenfabriek, v/h J B D 132, 133, 136
oliegasfabriek 85, 91, 99, 106
oliehaven 198
Olympiade Amsterdam 155
omgekeerd IJmuidens 123
Ommelanden van Batavia 18
omnibus 69, 93
Omnibus, De 17
Onafhankelijkheidsfeest 1913 113, 115
Ondernemingsraad van het Hoogovenbedrijf 213, 214
onderzeeboot (type Seehund) 176
ongeregeldheden 32
Ons Genoegen (toneelvereniging) 102
ontruiming en afbraak van woningen 175
Ontruimingsbevel 173
Ontvanger van haven- en kanaalgelden van de Amsterdamsche Kanaal-Maatschappij 41
oorkonde (openstelling kanaal) 47, 57
Oorlogskaart (visafslag) 107
Oosterbroek, B. 216
Oostersche Handel (reddingboot) 89
Oostersche Handel en Reederijen, Vereeniging 89
Opbergen (gebroeders) 125
openbare Bewaarschool (Casembrootstraat) 157
openbare lagere School no. 4 (Wijk aan Zeeërweg) 171
openbare lagere School no. 6 (Eksterlaan) 171, 172
openbare lagere School no. 8 (Burg. Enschedélaan) 172
openbare lagere School B (Bothastraat) 132
openbare lagere School C (Breesaapstraat) 121, 145
openbare lagere School D (Schoolstraat, later Heidestraat) 87
openbare lagere School E (Eksterlaan) 157
openbare lagere School H (Wijk aan Zeeërweg) 157
openbare lagere School J (Hadleydwarsstraat) 157
openbare lagere School K (Van Hogendorplaan) (Velserbeekschool) 157
openbare school (hulpschool op de Heide) 93
openbare School voor U L O 157
Openbare Werken, Bedrijf 157, 205
opening kanaal 73
opening Vissershaven 70
openstelling van de nieuwe havenmond 203
operettevereniging Apollo 127
opheffing van de gemeenten Beverwijk, Heemskerk en Velsen en vorming van een nieuwe gemeente IJmuiden 211
Oprechte Haarlemsche Courant 137, 157
Oranje, ms 195
Oranje Vrijstaat 106
Oranjesluizen 19, 37, 47, 55
Oranjestraat 53, 69, 99, 125, 133, 136, 163, 188, 203
Oranjevereniging Driehuis 212, 213
Ortskommandant 166, 171
Ortskommandantur IJmuiden-Velsen 174, 175

Os, Jaap van 149
Osch, Paul van 169
Osendorp, T. 85
O S P (Onafhankelijke Socialistische Partij) 123, 131, 137, 139, 145, 151, 153
Ottens 139
Oud-Calvinistische 113
oude sluis (zie Zuidersluis)
oud-illegalen 196
Oud-Katholicisme 113
Oud-Katholieke Gemeente 52
Oud-Katholieke kerk (Breesaapstraat) 88
Oud-Katholieke kerk (Koningin Wilhelminakade) 88, 90, 129, 163, 216, 217
Oudshoorn, A. 151
Oudshoorn, S. 151
Oud-Velsen 133
Oud-IJmuiden, 125, 130, 135, 137, 141, 169-171, 185, 191, 192, 195, 197, 203, 208, 215, 219
Outenaar, weduwe 141
Ouwehand 191
O V B (Onafhankelijk Verbond van Bedrijfsverenigingen) 199
over de rand 95
overdracht van straten 48
overplaatsing 87

Paardenhoek 19
Paassen 115
padvinders 114, 115
Pagter, A. J. de 175
Paleis voor Volksvlijt 57
Palmenstraat 163
Paltzerhof 13
P A L V U (Proletariërs Aller Landen Vereenigt U) 135
Pampus 9, 11, 19, 20
Panamakanaal 32
pantoffelparade 97
pantserfort 75
papierfabriek 31, 82, 83, 113, 133, 138, 193, 215
Papiermolen van Van Gelder 101
Park Rooswijk 192
Parool, Het 191, 197
particuliere afslagers 103, 106, 107
particuliere visafslag 53
particuliere woningbouw 55
Pat, Cornelis 171
Paterskerk 185, 191, 216
Patriciuslaan 216
Patrimonium, Woningstichting 131
Patriot, De 191
Patriottentijd 18
Patronaatsgebouw 133, 166, 172, 179
Pels, Jean Lucas, heer van Hooglande 11
Pelsstraat 159
P E N-Centrale 127, 133, 171, 177, 191
Perponcher, De 115
Peters, Festungskommandeur Oberst 174
Peters, M. (Rinus) 79
Petrakerk (Gereformeerd) 216
Petruskerk (R K) 216
Phrontis (schip) 167
pieren (zie havenhoofden en Noorder- of Zuiderhavenhoofd)
Pieter Vermeulenmuseum 205
Pieterman 157
Pinkstergemeente IJmuiden 216
Pirovano, Joop 205
Plaat, Hein van der 123, 141, 151
Plaatwellerij 132, 133, 136
plan van IJmuiden 54
Plan Zeewijk 204
Planetenweg 200, 205
planologie en milieu-hygiëne 210
Planteijdt, C. J. 76, 88, 103, 105, 107, 109, 113
Planteijdt, Vischafslag 76
Plas, J. van der 143
Platanenstraat 157
Plein 1945 195, 207
Ploeg, Van der 151
Plomp, Maria 34
Plug, Huug 153

Polderman, Hans 141
Polderman jr, W. 132
Politie 102, 149, 163, 171, 196
politiebureau (Tiberiusplein) 133, 163, 179, 183, 185, 187
politiebureau (Willemsplein) 109
Politieke Opsporings Dienst 196
politieke samenstelling gemeenteraad 137, 162, 194
politiemannen 91
Politienieuws 81
politiepost 71
politieversterkingen 150
politionele acties 207
Polvliet, C. J. 61
pomp Willemsplein 61, 72, 102, 103, 114
pontveer 83, 181
pontveer (Donkersloot) 195
Pools, Henk 176
Portos (jacht) 118
Positie IJmuiden 127, 167
Post- en telegraafkantoor 41, 53, 59
Posthumus, L. E. 216
postkantoor 65, 206
Postma, Bouwe (gefingeerd) 65, 67, 71
Potgieter 13, 19
Poulus, Jan 169
predikbeurtenlijst 90, 163, 216
Pres. Krügerstraat 105
Pres. Steijnstraat 105, 121, 191, 211
Prins, De (tijdschrift) 81, 143
Prins, Hotel De 175
prins Albert 53
prins Bernhard 167
Prins, C. J. 38
prins Hendrik 81, 115
Prins Hendrikstraat 48, 55, 84, 111, 153, 170, 188
prins Willem Frederik 115
prinses Beatrix 167
prinses Irene 167
prinses Juliana 167
prinses Marianne 53
prinses Margriet 203
Pronk jr, Jacob 115
prostitutie 111
Protestantenbond, Nederlandse 88, 113
Protestantse Kerk IJmuiden 90
Provinciaal Ziekenhuis 216
psalmpies knakken 95
P T T 151
puin 185, 190
Purmerend 9
Put, J. 151
Put, M. (Teeuw) van der 79
Put, zwembad De 161
PvdA (Partij van de Arbeid) 194, 212

quarantainebarak 81, 91
Quien, C. F. 7, 20

Raad van Justitie 18
Raad van Kerken 216
Raad van Verzet 177
Raadt, P. de 77
radersleepboot 113
Radiocentrale Velseroord-Velsen 151
radiodistributie 151
R A F (Royal Air Force) 171
Ragut 177
Rahusen, E. N. 7
Raman, W. 115
Rambonnet 161
ramp 78, 199, 203
ramtorenschip Koning der Nederlanden 42, 43, 53
Ras 149
Ravensberg, George van 109
razzia's 140, 163, 175, 185
Recht door Zee (loodsensociëteit) 193
reddingbo(o)t(en) 29, 89, 91, 195, 209
reddingboot (Johanna Louisa) 209
reddingboot (Neeltje Jacoba) 195, 209
reddingbotenhuis aan de Geul 161
reddingen 91
Redding-Maatschappij, Noord- en Zuid-Hollandsche 89

reddingstation 79, 81
Redersvereniging 150, 205
Rederijkerskamer De Duinroos 52
Rederijkerskamer Heidebloem 110
Reedersvereeniging van de Nederlandsche Haringvisscherij 125
Reehorst, J. 187, 211, 215
Reeper, J. de 115
reepschieters 95
Regulus (loodsboot) 193
Reinier Claeszenstraat 131
Reinigingsdienst, Gemeentelijke 133, 135, 205
Rembrandt, ss 63
Renate Leonhardt (schip) 165
renovatie 109, 215
renovatie- en rehabilitatiebesluit 215
Rensselaer, ss Van 165, 167, 169
reserve bataljon V 122
Restaurant De Bijenkorf 153
Retz 79, 119
Retz, George 133
Reuther, A. E. 61
Rextheater 205
Reijstraat, De la 105
Ridder, D. de 129, 149, 154, 163
Ritman, W. 176, 177
R K Engelmunduskerk 216
R K Gemeente 52
R K Jongensschool 157
R K kerk St. Gregorius van Utrecht (Kanaalstraat) 67, 89, 129
R K Laurentiuskerk (Paterskerk) 185, 191, 216
R K Meisjesschool 157
R K Parochie (Santpoort) 216
R K Petruskerk 216
R K school (Kennemerlaan) 160
R K Staatspartij (R K S P) 162
R K Vakorganisatie (R K V) 150
R K Volksbond, gebouw van 166, 171
Rob 79
Rode Dorp 135, 215
Roëll, A. 135
Roëll, J. W. D. 34
Roelse, Pieter François Christiaan 136, 137
Roessingh, M. 211
Roggeband, A. M. 87
Roland Holst, Henriëtte 143
Rolff, H. 44
Rolle, Siebe 201
Roode Kruis (Nederlandsche) 106, 111, 122, 183
Rooie Jan (Veldman) 102, 123
rookerij Goedhardt, Visch- 170
Rookerij J. Groen 170
Rookerij S.H. Mey 170
Roosekrans, Geeri 141
Roosendaal, A. 219
Roosendaal, G. J. 177
Rooswijk 15, 138
Rooy, G. van 216
Rost van Tonningen 163
rotonde (Lange Nieuwstraat) 200
Rotterdam 14, 81
Rotterdamsche Zeemansvereeniging Volharding 150
Royal, Hotel 201
Roza, Nelly 141
Rozekruizers 163
R S A P (Revolutionaire Socialistische Arbeiders Partij) 151, 162, 163
R S P (Revolutionaire Socialistische Partij) 151
Ruigoord 38
ruilverkaveling 204
Ruiter, De 168
Rutgers van Rozenburg 51
Rutters, H. 70
Rijkens 140
Rijkens, D. 115
rijks Entrepôt-dok 81
Rijks H B S 109, 133
rijksafslag 105
rijksafslagerhalchef 201
Rijksduitsers 165

Rijksstraatweg 33
rijkstelegraafkantoor 59
rijksveldwacht 32, 39
rijksvisafslag 107
rijksvishal(len) 77, 95, 107, 125, 203
rijkswaterstaat 108, 125, 177, 205
Rijksweg 160
Rijn 15
Rijn, Van 21
Rijn, K. van 54
Rijn- en Amstelland 9
Rijneveld, J. 216
Rijnland 9, 18
Rijnland (trawler) 127
Rijpstraat, De 175

sabotagehandelingen 167
Sail Amsterdam 700 215
Salento, ss 157
Salomons, S. 127
Sam Vlessinghof 140
samenvoegen gemeenten 207
Sander, G. D. 132
sanering Oud-IJmuiden 208
saneringsplan van IJmuiden 211
Santhagens, J. J. A. 6
Santpoort(en) 73, 86, 90, 109, 132, 133, 140, 155, 163, 166, 171-174, 201, 216
Santpoorts Weekblad Huis aan Huis 217
Schaft, Hannie 177
Schallenberg 196
schandaal van Velsen 35
Schapenland 145
Schapenlust 13, 21
Schapenweide 159
Schee, J. v.d. 216
Scheeper, H. J. 211
scheepskamelen 11
Scheepvaart- en Steenkolen-Maatschappij, Agentschap IJmuiden 146
Scheepvaartinspectie 148
Scheeres 57
Scheibeek 11
Schellingwoude 19
Scheveningen 89, 129, 150
Scheveningen Radio 203
Schildersbuurt 133, 155
Schilling, D. S. G. (Daan) 123, 137, 138, 141, 143, 150, 156
Schilling, G. F. 194
schipbreukelingen (Eastwell) 79
schipbreukelingen (gebouw voor) 81
Schlingemann 108
Schol, Gerrit 63
Schol, Klaas 81
Scholten, J. R. 7
Schonenberg 41, 174, 180, 195, 201, 212
Schorel, A. 13
Schorpioen (ramschip) 55
Schoten 27
Schouten, M. 194
Schouwersbank 122
Schouwman, Gijsbert (gefingeerd) 37
schuilloopgraaf Willemsplein 166, 167
Schulpweg 11
Schijff, K. E. 50
S D A P (Sociaal-Democratische Arbeiderspartij) 129, 131, 136, 137, 159, 162, 163
Seehund (onderzeeboot) 176
Seepaerdt, Het 206
Seinpost, Vakantiecentrum De 216
Seladon (stoomtrawler) 125
Semafoor 60, 71, 119
Semafoorduin 31, 32, 61, 73, 111
Servaas, Tjeerd 169, 207
Seyss-Inquart 163
Shonga, ss 157
Siberische spoorweg 145
Sicherheitsdienst (S D) 171, 176, 177
Sikkel, N. J. G. 196
Sikkens, Klaas 171
Silbertanne-actie 176

Simson (radersleepboot) 69, 113
Sindanglaub (bij Cheribon) 64
Sinjewel, Jac. 79, 136, 137, 191
S(joerd) B(aarda) 192
Slegtkamp 79, 111
Slegtkamp, H. 104-106
Sleutel, Marcelina 141
Slikkerveer 142, 143
Slooten, J. van 115
Slooten, Teun van 197
sloper van IJmuiden 184
Sloterdijk 38
sluis (sluizen) 39, 41, 57, 73, 75, 169, 179, 188, 191, 203, 215
Sluis, vismeelfabriek 177
Sluiseiland 32, 203
sluispersoneel 41, 65, 108
Sluisplein 37, 41, 53, 59, 85, 103, 123, 167, 200, 203
sluiswachterswoningen 41, 109
Sluiswijk 140
Sluiters 114
Smakman, Alida 41
Smakman, D. 115
smees 124, 153, 199
smeesboten 119, 121, 123, 127
Smidt, Piet 145
Smidt van Gelder, Pieter 101
Smit 207
Smit, Bertha 141
Smit, Frits 141
Smit, J. 147
Smit, Kick 183
Smit, Pieter 63
Smit, Willem 141
Smitje 151
smokkelen 87
Sneeuwwitje (Jaap Visser) 51
Sneevliet, Henk 143, 151
snelbootbunker 177, 190
Snelliusstraat 145
Snoeks jr, (Toon) 142
Snoeks sr, (Henk) 142
sociale werkvoorziening, gemeentelijke 206
Sociëteit Toekomst 102
Soelen, Jan van 176, 177
Soli Deo Gloria, R K Harmonie-Vereeniging 140, 207
Son, Van 196
Spaarndam 119
Spaarnestraat 145
Spaarnhove 27
Spectator, Nederlandsche 16, 17
Sperrgebiet 171, 172
Spiering, Wammert (gefingeerd) 25
Spilbergenstraat 170
Spionskop, held van de 79, 104, 105
spoorbootje 93
spoorbrug 43, 81, 83, 160, 163, 185
spoorwegarbeiders 33
spoorwegemplacement 117
spoorwegen 181, 204
spoorwegovergangetje 209
spoorwegtunnel 201, 203
spoorwegverbinding 93
Sportpark Schoonenberg 195, 212
Sprokkreeff 142
Spuisluisput 161
Spijkerboer, D. J. 216
St. Engelmundusbeek 19
Staat der Nederlanden 33, 87, 103, 105
Staatscourant, Nederlandsche 39
Staatsvissershavenbedrijf 99, 107, 125, 200, 206
Stad Amsterdam, De (tijdschrift) 154
Stad Breda, ss De 45, 57
stadhuis 187, 192, 205, 207
Stadsschouwburg 205
stafkaarten 23, 59, 117, 171, 179, 219
Stafkwartier Kampfgruppe Süd 181
Stafleer 142
staking(en) 55, 123, 128, 131, 145, 147, 149-151, 157, 177, 199, 213
Stam 143
Stam, Café Engel 191
Starreveld, Jan 141

Statendam, ms 207
station Julianakade 130, 190
station Velsen 55, 69
station Velsen-IJmuiden-Oost 127
station IJmuiden 69, 85, 113, 115
stationnetje, houten 93
Stationsplein 105, 106
Stationsweg 34, 51, 109, 160, 163
steekpenningen 209
Steekwagen (Jelle Blinkhof) 155
Steen, Willem 52, 53
Steen, J. van der 139, 143, 150
Steenkolenhandel, N V Vereenigde
136, 137, 146, 174
Steenkolenhandelsvereeniging N V 118
steenkolenvoorziening in de Eerste
Wereldoorlog 136
Stek, Henk 135
Stek, Jaap 169
Stem des Volks, zangkoor 135
sterflat 212
Sterk, Syp 169
Stieltjes 81
Stols, Timmerfabriek 170
Stoombootdienst Amsterdam-IJmuiden
43, 49, 69, 112
Stoombootre(e)derij A. D. Zurmühlen
82, 83
stoomloodsboot 65
stoompont 122
Stoomsleepdienst H. Rutters 70
stoomtram 109
Stoomvaart Maatschappij Nederland 157
Stoomvisscherij, N V 85
Stores, De (English Provision) 41, 46, 57
storm(en) 47, 78, 199, 206
stormschade 29
Stormveld, Huize 109, 188
Stormvogels, IJ V V 125, 142, 143, 155,
169, 171, 197, 201
straatnamen 64
Straatweg van Velsen naar IJmuiden
67, 71
strandreddingboot 75
Strandweg 177
straten, overdracht van 48
Strating, J. I. 115
Streefkerk 163
Streefland, Truus 181, 188
Streekplan voor Zuid-Kennemerland 204
Strengholt 151
Strick van Linschoten 132
Stricker, B. H. 48
Struycken 196
Strijbosch, F. J. A. 194, 199
Stuart, Jacobus 10
Stubbe, M. C. 216
Stützpunkt-Batterie Bahnhof 181
Stuy, Heinz 205
Süd-Ost Batterie 181
Suezkanaal 32
Suomi, athletiekvereniging 135
Suwerink, Chr. 143, 201
Suyk, Kees 141, 155

Taanman 145
Tabitha, Gereformeerde meisjesvereniging
145
tankgracht 173
Tas, Sal 139, 145, 153
Tegeltjesmarkt 123, 169
Telegraaf, De 62
Tellier, Jacq. 188
Telstar 201, 204, 205, 217
Terneuzen 219
Tex, Den 181, 182
Texel 1 (trawler) 127
Teylingen, E. G. van 163
Teijnsmann 170
Thalia 88, 125, 140, 141, 162, 163, 187, 191
Thorbecke 11, 13, 14, 17
Thorina IJ M 33 (trawler) 191, 199
Thijssen, Theo 62
Tiberiusplein 133, 183, 187
Tiend, De 21
Tienhoven, Van 80
Timmers, R. 216

Tismeer, Leo P. 101
Titan (kraan) 29, 47, 51
Titan (zeesleepboot) 69
Tivoli 90, 133, 159
Tlabak, Kurt 121
Toekomst, Sociëteit 102
Tol, A. 216
Tol, Van 142
toneelvereniging Ons Genoegen 102
toncelvereniging Varia 127
toneelvereniging Vriendenkring 63, 102,
127
Tonino, H. J. M. 194
Toonen, A. 207
Toorts, De 166, 171
torpedoboot V 69 122
torpedobootjager Codrington 167
Traanbroek, Janus (pseudoniem) 62
traffelaar 23, 29, 45
Transvaal 105, 106
Transvaal Comité 106
Trawlerkade 149, 150, 170
trawlvisserij 75
Troelstra, P. J. 159
trolders 95
Trompstraat 35
Trotski 145
Trouw 203
Truppenkarte 171
Tuchtschool 109, 133
Tuindersstraat 135
Tunnel, De (Sociaal
Werkvoorzieningsschap) 206
Tusenius, K. H. 134, 139, 143, 156-158
Tussenbeeksweg 171
Tuyll van Serooskerken, F. W. C. H.
baron van 129
Tuyll van Serooskerken, W. baron van
137, 138
Tuyllweg, Van 154
T V IJ (Turnvereeniging IJmuiden)
144, 145
tweede sluis (zie Middensluis)
Tweede Wereldoorlog 61, 159, 161, 180,
205, 212
Tijdgeest, bakkerij De 159
Tijen en Maaskant (architecten) 190, 192
Typhoon, De, Dagblad voor de Zaanstreek
203
Tzonne IJ M 1 (stoomtrawler) 200

Ugrukostelling 180
Uitgevers-Maatschappij IJmuiden N V 137
U L O School 156
Unger 168
Unitas (voetbalclub) 127
Urk 89
Urkerbuurtje 133
Urkers 125
Uruguay 155

V 69 (torpedoboot) 122
Vaart, de 111
Vaderland, Het 105
Vakantiecentrum De Seinpost 216
vakbeweging 150, 161
Valk, Bouman, G. W. F. van der 209
Van de Pollstraat 141
Van Linschotenstraat 170
Van Tuyllweg 154
V A R A (Vereniging Arbeiders Radio
Amateurs) 127
Varia (toneelvereniging) 140
V D 276 (botter) 71
Veen, A. J. van 194
Veer, Jaap van der 145, 147, 149, 155, 187
Veeren van Veen, B. J. A. van 129
Veertig, de 55, 57, 67, 119, 191
Veld, J. in 't 192
Velsen, 14, 16, 21, 27, 33, 43
Velsen, dorp 135, 166, 172
Velsen, schandaal van 35
Velsen-Noord 57, 133, 135, 140, 166, 171,
174-177, 191, 192, 203, 209
Velsens Gratis Advertentieblad 43, 63, 71,
77, 83, 90, 93, 101, 105, 106, 111, 131
Velsens rapport (Voorhaven) 202

Velsen-Zuid 169, 176
Velser Affaire 196, 197
Velser Gemeenschap 198, 201
Velser Radio Centrale (V R C) 151
Velser tunneltje 93
Velser Zwem Vereniging (V Z V) 160, 201
Velserbad 161
Velserbeek 133, 154, 155, 160, 169, 176
Velserbeek, Hotel 155
Velserbeek, Huize 175
Velserbeekschool 157
Velserbosch 13, 21
Velser(broek)polder 167, 187, 209, 216
Velserduin (hofstede) 109
Velserduin (veldnaam) 33, 41
Velserduinplein 133, 163, 177, 183
Velserduinweg 133, 135, 159, 163, 187,
188, 216
Velseroord 86, 88, 123, 126, 127, 129-131,
133, 156, 201
Velser(spoor)brug 42, 43, 55, 83, 93, 113,
151, 207
Velsertunnel 188, 201-203
Velservoetbrug 43, 83
Velserzweminrichting 161
V E M, de, N V Visscherij-Exploitatie
Maatschappij 136, 143
Ver Loren van Themaatlaan 160
Verbaan, D. 194, 197
Verbeek, R. 194, 195
verboden voor joden 168
Verburg 181
verdedigingswerken 161
Vereenigde Steenkolenhandel N V
136, 137, 146, 174
Vereeniging ter bevordering van de
Nederlandsche Visscherij te Katwijk
a/d Rijn 106
Vereeniging van Kleine Reeders in het
Visscherijbedrijf 146
Vereeniging van Reeders van
Visschersvaartuigen 146
Vereeniging voor Algemeene
Scheepvaartbelangen 79
Vereenigingsgebouw (Kalverstraat) 163
Vereniging van Vrijzinnige Hervormden
158, 163, 212, 216
Vergadering van Gelo(o)vigen 163, 216
Verheij, G. 115
Verheij, J. 115
verkiezing gemeenteraad 162, 194
verkoop van bouwterreinen 54
Vermeulen, F. P. 135, 138, 139, 156,
199, 204
Vermeulen, Pieter 34, 35, 43, 45, 50, 93, 135
Verschoor, P. 145
verzetsstrijders 196
Verzijlbergh, J. Th. 154
Vesting-IJmuiden 173
Victorie, gebouw 158, 159
Viking (jacht) 118
Villapark (Velserbeek) 195
Vinkenbaan (Santpoort) 216
vinkenbaan (Velsen-Noord) 82, 101
Vis, Arie 139
Vis, Willem v. d. 141
visafslag 75, 89, 103, 106
visafslag, particuliere 53
Vischafslag Planteijdt 76
Vischhal, Coöperatieve 93, 105-107
Vischrookerij Goedhardt 170
Visgebruik, Commissie tot Bevordering
van het — in Nederland 205
Vishal(len) 95, 101, 105, 107, 125, 179,
195, 215
Viskil, H. 115
visknechten 85, 125, 139
viskopersoorlog 89
vislossers 125, 147
vislossteigers 53
vismeelfabriek Sluis 177
vispakkers 76
Visscherij-Exploitatie Maatschappij N V
(V E M) 136, 143
Visscherijschool, Gemeentelijke
132, 133, 204

Visscherijschool, Vereeniging 133
Visser 190
Visser, Cornelis 32, 39, 41
Visser, Herman 153
Visser, J. 219
Visser, J. 115
Visser, J. 194
Visser Hz., J. 129
Visser, Jaap (Sneeuwwitje) 51
Visser, Lou de 153
Visscr, Pieter 157
Visser, Reijer 53, 89, 91
Visser, W. F. 191, 192, 194
Vissering, S. 13, 19, 64
Visseringstraat 48, 64, 95, 96, 111,
153, 200
vissersbevolking 87
Vissersgedenkteken 200
Vissershaven 61, 75, 84, 86, 87, 95, 106,
107, 123, 125, 170, 171, 191 193, 195,
197, 199, 203
Vissershaven, Kop van de 106, 143,
200, 205
visserij 52, 83, 113
visserijbedrijf 118, 124, 146, 150, 157, 187
Visserijcentrale, Nederlandse 205
visserijstaking 123, 150, 151
Visstraat 96
Vlaanderen (sleepboot) 157
Vlaardingen 83, 89, 125, 129, 150
Vlaggetjesdag 199
Vlessing, Nettie 140, 159
Vlessing, Philip 140, 159
Vlessing, Samuel 105, 125, 136, 140, 141,
143, 160
Vlessing, Muziekschool van Philip en
Nettie 159
vletterlieden 63, 69, 75, 76, 83, 105, 107,
109, 111, 155
Vliet, P. van 107
Vlissingen, Paul C. van 7, 69
vluchthaven 106
Vlugt, S. v. d. 145
Vlugthoven 73
Vodje (Bakker) 61, 102, 103
voedseldropping 187
Voet, Siem 169
Vogelbuurt 133
Volendam 87, 113
Volharding, Nederlandsche
Zeemansvereniging 148, 151
Volharding, Rotterdamsche
Zeemansvereniging 150
Volharding, Zeeliedenbond 141
Volk en Vaderland 131, 159
Volker en Bos 115
Volksblad 157
Volkskrant, de 196, 197
Volle Evangelische Gemeente 216
Voogd, Pieternel 144
Voogt, Vrouw 135
Voorhaven 187, 188, 210, 215
Voorst, W. van 107
Voorwaarts (drumband) 208
Vos 142
Vos, J. 16
Vox Humana (zangkoor) 135, 201
V P R O (Vrijzinnig Protestantse Radio
Omroep) 213
Vraag en Aanbod 79, 87, 115, 121, 131,
133, 137, 141
vrachtrijderij 111
Vrede, C. van 160
Vriendenkring (toneelvereniging) 102, 127
Vries, De 128
Vries, Ab de 169
Vries, J. de 115
Vries jr, M. C. de 15
Vrind, J. de 135
Vroedvrouwenschool 197
Vroom & Dreesmann (V & D) 195, 199
Vrije Gereformeerde Kiesvereniging 194
Vrije Volk, Het 185, 196, 201, 205, 206,
209, 211
vrijgestelden 147
vrijheidsbeeld 162, 192
Vrijzinnig Democraten 212

Vrijzinnig Democratische Bond 137
Vrijzinnig Democratische Partij 162
Vrijzinnige Hervormden, Vereniging van 158, 163, 212, 216
V S V (Velseroorder Sportvereeniging) 125, 127, 142, 143, 155, 169, 201, 207, 212
Vuerhard, G. P. J. 85
Vuuren, A. van 177
vuurschepen 109
Vuurst, G. v. d. 200
vuurtoren(s) 60, 67, 71, 111
Vuurtorenstraat 170
V V D (Volkspartij voor Vrijheid en Democratie) 194
V V IJ (Voetbalvereniging IJmuiden) 135
vijfde colonne 165
vijfentwintigjarig bestaan van IJmuiden 61, 64, 72, 102, 103
vijfenzeventigjarig bestaan van IJmuiden 197, 207
vijftigjarig bestaan van IJmuiden 62, 115, 153, 155
V Z V (Velser Zwem Vereniging) 160, 201

W A (Weer Afdeling) 168
Waardenburg, P. 166
Waffen-S S 161
Walle, F. van de 157
Walravenstraat 177
Walserij-West 191
Warmenhoven, C. 13
Warmenhovenstraat 192
Warnzentrale 170
Wassenaar, G. 115
waterboeren 87
Waterland 181
Waterleiding, Gemeentelijke 135, 205
Watertoren (gemeentelijke) 134, 135, 143
Watertoren (Staatsvissershavenbedrijf) 99
Watervliet 27
Weber, Max 128
wederopbouw 205
Weers, H. de 50
Weerts, J. C. A. 61, 103
Weetsel 119
Weide, Tj. O. van der 168, 172, 176, 177, 185
Welink, G. 90
Weltevreden 13, 21
Wenckebach, H. J. E. 131
wereldwinkels 209
Werff, H. van der 211
werkgroep 100 jaar Oud-IJmuiden 219
werkloosheid 34, 47. 117, 123, 153, 155, 158, 161
Werklust 13, 21
Werkmansvriend, De 135
Werre-Anthonisse, M. G. 194
Wesbonk, S. E. 163
Wessem, J. C. van 6
Westerbegraafplaats 92, 93, 95
Westerterp, T. E. 215
Westerveld 140
Westwall 161
Wetstraat, De 89, 105, 177
Weys und Freitag 161, 170
Wezelaar, H. M. 200
Wichmann, J. 129
Wiele, J. (Nannie) van der 79
Wielinga 153
Wiemer, D. 115
Wilhelm, keizer 62, 63
Wilhelmina, Fanfarekorps (Santpoort) 140, 207
Wilhelmina, Harmonievereniging (IJmuiden) 198, 202, 208
Wilhelmina, koningin 113, 153
Wilhelmina, ss 81
Wilhelmina IJ M 35 (stoomtrawler) 118
Wilhelminakade, Koningin 88, 90, 115, 117, 129, 130, 168, 195, 216, 217
Wilhelmus 159, 181
Willebrordstraat 163
Willem I, koning 11, 115

Willem III, koning 14-16, 23, 41, 45, 47, 53, 55, 57, 61
Willem Barendsz (sleepboot) 157
Willem Barendz., Hotel 53, 69, 93, 97, 113
Willem Beukelszstraat 131
Willem de Zwijgerlaan 216
Willem Frederik, prins 115
Willems 19
Willemsbeekweg 109, 163, 192, 216
Willemsplein 48, 49, 61, 63, 71, 72, 77, 81, 101, 103, 109, 114, 115, 121, 125, 139, 145, 155, 160, 163, 166, 167, 195
Windhond, De 21
Winkel, Jan 123
Winkelman 167
winkelweek 152, 153
Wit, A. de 154
Wit, Simon de 135, 159
Witkamp 132
Witte Bioscoop 160
Witte Huis 119, 149, 150
Witte Jan (Blinkhof) 155
Witte Kruis 81, 200
Witte Paleis (zie Witte Huis)
Witte Zee 97
Wolf, George Paul 165
Wolterman, B. 50
woningbouw 191, 195, 216
woningnood 130, 190
Woningstichting Patrimonium 131
Wooning, Bert 205
Wortman 108
Woudenberg, H. J. 158, 159, 161, 163
Wij 151
Wijers 196
Wijk aan Zee 14, 186
Wijk aan Zee en Duin 34
Wijk aan Zeeërweg 83, 155, 171, 172
Wijkcomité Oud-IJmuiden 215
Wijkermeer 9, 11, 25, 27, 45
Wijkermeer (Droogmakerij I) 38
Wijkermeerhaven 21
Wijkeroog (buitenplaats) 25, 27, 33, 35, 41
Wijkeroog (gemeentedeel) 57, 83, 86, 101, 120
Wijkerstraatweg 166, 171, 176, 192
Wijlage, J. 115
Wijlage, K. 115
Wijn, Pieter de 91
Wijngaarden, N. 216
Wijnkoop 153
Wijnoldy Daniëls, Th. J. 81, 103
Wijnschenk, Bep 141
Wijnschenk, Tinie 141
Wijsmuller 156, 157, 169, 191, 200, 207
Wijsmuller, Joh. F. 155, 157
Wüste 191
Wüste, F. 7
Wüstelaan 163

IJ, het 9, 11, 13-15, 17-21, 27, 38, 57
Ydema 127
IJ M 139 (botter) 125
IJ M 143 (zeillogger) 77
IJmond (gebied) 202, 204, 207-209, 211, 215
IJmuiden, afscheiding 86, 87, 113
IJmuiden (batterijschip) 167
IJmuiden, grondleggers van 18
IJmuiden, grondplan van 54
IJmuiden, 100-jarig bestaan 208, 211, 219
IJmuiden, kaart van 49
IJmuiden, Maatschap 18, 64, 67, 86, 93, 95, 99
IJmuiden, Maatschappij 61, 63, 64, 72, 86, 102, 103
IJmuiden (naamgeving) 48, 57
IJmuiden, N V Uitgevers-Maatschappij 137
IJmuiden-Oost 123, 133, 135, 137, 149, 153, 155, 166, 169, 171-173, 185, 204, 215, 216
IJmuiden over de sluis (Blikkenbuurt) 109
IJmuiden (radersleepboot) 69
IJmuiden (sleepboot) 79
IJmuiden Stores 84

IJmuiden, vorming van een nieuwe gemeente 211
IJmuiden, 25-jarig bestaan 61, 64, 72, 102, 103
IJmuiden, 50-jarig bestaan 62, 115, 153, 155
IJmuiden, 75-jarig bestaan 197, 207
IJmuidens Advertentieblad 141
IJmuider begraafplaats 92
IJmuider Courant 63, 89, 90, 111, 117, 119, 121, 123, 125, 127, 129, 133, 135-138, 143, 145, 147, 151, 157, 159-161, 163, 167, 169, 179, 187, 192, 195, 197, 199, 201, 203-206, 209, 211, 213, 215, 217, 219
IJmuider Federatie 143, 145-148, 150, 151
IJmuider Harmonie 207, 208
IJmuider Vischhal, N V 107
IJmuiderstraatweg 83, 90, 93, 99, 155, 158, 170
IJ-polder 9, 13
ijs 101, 122
IJsbeer, Lunchroom De 155
IJsbreker I 67, 79
IJsbreker II 79
IJsfabriek der Maatschappij IJmuiden 99
IJsfabriek en Koelhuis IJsvries N V (Allard) 101
IJsfabriek Parlevliet 170
IJsfabriek (IJmuiden N V) 139
ijsgeld(en) 79, 80
IJsland 97, 119, 121
ijsploeg 67, 79
IJsploeg, Vereniging De 79
ijspret 67
ijsschip 85
IJssel 13

Zadok van den Bergh 105
Zandersstraat 215
Zandpoort 27
Zandsteenfabriek, Nederlandsche Kunst-82, 83, 106, 110
zandzuiger 27
zangkoor Stem des Volks 135
zangkoor Vox Humana 135, 201
Zee, Cor van de 127
Zeebad 188, 210, 211
Zeegers, G. J. 115
Zeegers, J. 115
Zeeland 199, 203
Zeeliedenbond, Algemeene Nederlandsche (A N Z B) 147, 150, 151
Zeeliedenbond Volharding 141
Zeemansvereeniging Volharding (Nederlandsche) 148, 151
Zeemansvereeniging Volharding (Rotterdamsche) 150
zeeredders 157
Zeestraat 95
Zeevaartschool 113
Zeevisserij, De Nederlandse - tijdens de 1e Wereldoorlog 1914-1918 119, 125, 129, 147, 149
Zeeweg 43, 51, 109, 133, 153, 176, 216
Zeewegziekenhuis 195, 216
Zeewijk 204, 205, 207, 216
Zeewijk, Opbouworgaan 205
Zegel, G. 111
Zegel, 't landje van 153
Zeilenmakerij P. de Raadt 77
zelfstandigheid 86
Zestig, de 67, 191
ziekenhuis (Antonius) 109, 133, 135, 165, 212
ziekenhuis, fonds tot oprichting van een 123
zigeuners 115
Zimmerman, J. C. 7
Zondervan, D. 200
Zouwe, Bram (gefingeerd) 25, 35, 39, 55
Zuid, de 128, 129
Zuid-Afrika 105, 107
Zuid-Afrikaansche Vereeniging, Nederlandsche 106

Zuider(haven)hoofd 46, 47, 81, 89, 161, 165, 180, 192, 198, 201, 204
Zuiderkade 168
Zuid(er)pier (zie Zuiderhavenhoofd)
Zuidersluis 99, 176
Zuiderstraat 191
Zuiderzee 9, 13
Zuiderzee, ss 42
Zuidzij 83-85, 95, 119, 141
Zurmühlen 77
Zurmühlen, A. D. 48, 69, 82, 83
Zurmühlen, C. E. 69
Zusters Franciscanessen 133
Zwaag, Van der 209
Zwaan, P. 145
Zwager, N. J. 87
Zwanenburg, A. 50
Zwanenburg, M. 50
Zwart, J. 136
Zwart en Duivenbode (firma) 170
Zwart Front 139
zwarte handel 171, 175
Zwarte Pad, 't 191
Zweden (pakhuis) 67
Zweedse wittebrood 175
Zweerts, Philip 11
zwembad de Put 161
zwembad Velserbeek 160
Zwiep, A. 163
Zwier, Pum 201
zijkanaal bij Beverwijk 45

colofon

Druk en lithografie: Vermande Zonen bv, IJmuiden.
Zetwerk: Internationaal Zetcentrum bv, Wormerveer.
Papier: Proost en Brandt nv, Amsterdam.
Bindwerk: Boekbinderij Albracht bv, Utrecht.

errata

Pag. 34, biografie Pieter Vermeulen: 28 januari = 25 januari.
Pag. 39, nr. 86: Het uitgraven van de kolk van de Noordzeesluizen landinwaarts gezien, ca 1870.
Pag. 139, nr. 378: Affiche = Herinneringsoorkonde.
Pag. 141, 2e kolom, 4e regel van onderen: Kempema = Keimpema.
Pag. 157, nr. 435: U L O = U L O-school.
Pag. 169, nr. 480: ir. A. J. van Leusen = dokter A. J. van Leusen.
Pag. 176, nr. 504: Links agent D. H. Bosman, die in september 1944 eveneens zijn ontslag kreeg omdat hij volgens Van der Weide 'zijn post verlaten had'. Beide politiemannen kregen na de oorlog volledig rechtsherstel. = Links agent D. M. G. de Leeuw.
Pag. 199, 2e kolom, laatste regel: J. A. Strijbosch = F. J. A. Strijbosch.
Pag. 219, nr. 658: halve waarheid = harde waarheid.
Pag. 223, nr. 639: Foto P. Korpershoek = Foto J. Abbing.
Pag. 223, nr. 526, 527, 531, 562: Foto C. Wetting = Foto W. H. Wetting.
Pag. 229, 3e kolom: Schilling, D. S. G. = Schilling, D. F. G.

naschrift van de uitgever

Bij de oudere inwoners van IJmuiden heeft de naam Drukkerij Sinjewel nog wel een bekende klank, al heet sinds 1953 het bedrijf Vermande Zonen. Onze drukkerij is – zover wij kunnen nagaan – het oudste grafisch bedrijf in IJmuiden en daardoor ruim tachtig jaar verweven met het wel en wee van onze stad aan zee. In feite heeft vanaf 1932, toen de IJmuider Courant werd verkocht, ons bedrijf zich niet meer beperkt tot leveranties van plaatselijk drukwerk, maar heeft het landelijk gerichte uitgevers- en handelsactiviteiten ontwikkeld.

Onze hoofdvestiging bleef evenwel op dezelfde plek als waar Jacob Sinjewel de vorige eeuw zijn bedrijf opende : aan voorheen het Willemsplein. Wij bleven in alle opzichten een IJmuidens bedrijf. Dit leek ons bij uitstek een voorwaarde om met de juiste inzet een jubileumboek over onze stad tot stand te brengen. Een boek over IJmuiden mag geen verzameling nostalgie opwekkende plaatjes zijn met een verplicht nummertje prietpraat van feestredenaars. Daarmee zou de – zacht gezegd – boeiende sociale geschiedenis van IJmuiden en zodoende de karakterschets van de IJmuidenaar en zijn woonoord onrecht worden gedaan.

Ik, IJmuidenaar, had enige notie van wat zich hier in sociaal opzicht heeft afgespeeld. Maar toen het materiaal door ons onvolprezen gemeentearchief bijeen werd gebracht, overtrof dit, in hoeveelheid èn kwaliteit, verre onze verwachtingen. De schrijver Theun de Vries verzuchtte op één onzer eerste werkvergaderingen naar aanleiding van de toegezonden literatuur, dat hij diep geschokt was over de inhoud van het materiaal.

Niettemin hebben wij gestreefd naar 'voor elk wat wils': veel en interessant illustratie-materiaal, een goed geschreven doorlopende tekst en voor de meer studieuze zielen onder ons een massa uniek documentatie-materiaal. Het schrijven van de 'verhalende' tekst vertrouwden wij toe aan Theun de Vries. Hij zorgde voor de opzet en schreef zelf het verhaal van de eerste twee hoofdstukken. Dick Schaap heeft op dit stramien in zijn hoofdstukken drie, vier en vijf voortgeborduurd. Dat de redactie van de documenterende bijschriften etcetera bij gemeentearchivaris Siebe Rolle in goede handen was, sprak bij voorbaat vanzelf.

Een aantal personen en instellingen wil ik in het bijzonder dank zeggen voor hun inzet bij de totstandkoming van dit boek – zonder hierbij wie dan ook die zijn medewerking heeft gegeven te kort te willen doen :

mr. A.P. van Uffelen, gemeentesecretaris Velsen
J. Dooijes, voorlichtingsambtenaar Velsen
mevrouw J.L. Krnjić-van Erven, gemeentearchief Velsen
mevrouw J. Woudsma, gemeentearchief Velsen
G.J. Bremerkamp, Driehuis
Ton Kors, Haarlem (bijdrage over Jan Bonekamp en de Velser Affaire)
Eddy Posthuma de Boer, fotograaf, Amsterdam
P.N. Steenbakker, IJmuiden
drs. J. van Venetien, Santpoort
Mariska Hammerstein, Vermande Zonen bv
P. Jaarsma, Vermande Zonen bv
H. van Tol, Vermande Zonen bv
J.C. Wijde, Vermande Zonen bv
Hoogovens IJmuiden, fotodienst
Kamer van Koophandel en Fabrieken voor Amsterdam
Visserijmuseum, Vlaardingen.

A.J. Allan jr.

Deze uitgave kwam mede tot stand met steun van het Provinciaal Bestuur van Noord-Holland, het Anjerfonds Noord-Holland en de Gemeente Velsen.